/ 马克思主义研究丛书 /

张一兵 主编

国家社会科学基金资助课题"历史唯物主义的空间化问题研究"
（11BZX005）最终成果

MAKESIZHUYI YANJIU CONGSHU

历史唯物主义的空间化问题

刘怀玉 著

江苏人民出版社

图书在版编目(CIP)数据

历史唯物主义的空间化问题/刘怀玉著.--南京：
江苏人民出版社,2022.5
(马克思主义研究丛书/张一兵主编)
ISBN 978-7-214-26525-8

Ⅰ.①历… Ⅱ.①刘… Ⅲ.①马克思主义哲学-历史唯物主义-研究 Ⅳ.①B03

中国版本图书馆 CIP 数据核字(2021)第 176064 号

书　　　名	历史唯物主义的空间化问题
著　　　者	刘怀玉
责 任 编 辑	曾　偲
装 帧 设 计	许文菲
责 任 监 制	王　娟　钱　晨
出 版 发 行	江苏人民出版社
地　　　址	南京市湖南路 1 号 A 楼,邮编:210009
照　　　排	江苏凤凰制版有限公司
印　　　刷	江苏凤凰新华印务集团有限公司
开　　　本	652 毫米×960 毫米　1/16
印　　　张	26.75　插页 3
字　　　数	357 千字
版　　　次	2022 年 5 月第 1 版
印　　　次	2022 年 5 月第 1 次印刷
标 准 书 号	ISBN 978-7-214-26525-8
定　　　价	68.00 元

(江苏人民出版社图书凡印装错误可向承印厂调换)

目　录

绪　论　*1*

第一章　历史唯物主义视野中的空间化与当代社会发展问题　*6*

　第一节　历史唯物主义为何与如何面对空间化问题　*7*

　　一、空间化研究已成为现时代突出课题　*7*

　　二、以往研究的空间角度的缺失及其基本难题　*8*

　　三、经典历史唯物主义的空间化问题的思想谱系考古　*8*

　　四、当代历史唯物主义空间化研究如何可能　*10*

　第二节　"空间化转向"问题研究现状、基本概念和历史逻辑　*12*

　　一、"空间化转向"问题的国内外研究现状　*12*

　　二、"空间化转向"的若干基本概念问题　*20*

　　三、"空间化转向"的历史逻辑　*25*

　第三节　空间化视野中的全球化、城市化与国家—再区域化发展问题　*35*

　　一、历史唯物主义视野中的当代资本主义空间化发展问题　*36*

　　二、全球化：交往—分工史观的世界化 VS. 资本积累史观的等级化体制　*39*

　　三、城市化：生产、消费、交往中心论 VS. 资本积累与调节的地理景观论　*45*

　　四、国家—再区域化发展观：阶级统治工具论 VS. 资本积累的调节—统治空间论　*50*

第二章　马克思主义哲学基本问题的空间化理解　56

第一节　问题史的考古与激活：哲学研究范式创新之源　57
一、新时期中国马克思主义哲学研究范式的转换与形态　58
二、对马克思主义哲学基本问题的重新清理与激活　59
三、当代中国马克思主义哲学研究总问题域及若干研究途径　63

第二节　历史唯物主义的"空间化"概念探源　68
一、辩证唯物主义的空间观之形成及其局限　69
二、历史唯物主义的空间化概念之多重意义　77
三、马克思"用时间去消灭空间"的"空间化"思想片论　104

第三节　帝国主义理论中的历史唯物主义空间化思想探源　108
一、卢森堡的资本积累论：打开空间化解释的一个历史缺口　108
二、列宁的两种资本主义观及其当代方法论价值　114
三、论布哈林在帝国主义理论发展史上的重要地位　123

第四节　论历史唯物主义的两种"历史"概念及其空间化意蕴　130
一、广义与狭义：研究对象之分或者叙述方式之别　131
二、广义与狭义：两种不同的叙述方式　134
三、广义与狭义之争的历史误区和当代反思　142

第五节　马克思主义辩证法的历史形态与当代空间化理解　147
一、历史辩证法：唯一的、"单义"的辩证法　148
二、社会历史实践中的辩证法及其"多义"性　157
三、当代社会批判理论视域中的"弱义"辩证法及其空间化意义　163

第六节　马克思主义认识论的历史回顾与当代空间化理解　168
一、新时期中国马克思主义哲学认识论体系探索的回顾与反思　169
二、普列汉诺夫与列宁对马克思主义哲学认识论的理解　175
三、从卢卡奇到哈贝马斯重建马克思主义认识论的努力　178
四、阿尔都塞对马克思主义认识论革命的诠释及其影响　182

第三章　西方马克思主义与当代激进思潮的空间化理论研究　188

第一节　从政治经济学批判哲学方法到当代空间化社会批判哲学　189
一、马克思社会有机体理论与再生产理论的社会空间哲学方法　190
二、列斐伏尔、阿尔都塞、哈维与吉登斯的空间化社会批判哲学建构　194
三、马克思主义空间化社会批判哲学建构的当代理解　204

第二节　不平衡发展的"现在的"历史空间辩证法　209
一、资本逻辑批判的理论"旅行"与"越界"　210
二、资本统治逻辑批判及其不平衡发展的历史辩证法　211
三、物化统治批判、结构主义的多元决定论与不平衡发展问题　214
四、当代西方左派社会理论视野中的不平衡发展问题　217
五、西方马克思主义的地理学想象与历史辩证法的"空间化转向"　221
六、大卫·哈维：资本的过度积累、经济危机及其转移的经济地理学分析　225
七、尼尔·史密斯：资本主义不平衡发展的地理辩证法　237

第三节　西方马克思主义的"政治文化哲学转向"的空间化反思　240
一、如何图绘西方马克思主义的"政治文化哲学转向"？　240
二、马克思主义需要回到市民社会理论才能开出自己的政治哲学与文化理论吗？　244
三、政治经济学批判仍然是政治哲学与文化研究的基础方法论　247
四、阿尔都塞：作为经济基础的凝缩和伪装的政治与文化　251
五、霍尔：作为对统治结构的反抗和解构的文化研究　254
六、哈维：作为科学抽象具体化的政治文化地理学　258
七、詹姆逊：作为空间化"认知图绘"的政治文化研究　261

第四章　列斐伏尔的空间化历史唯物主义研究　267

第一节　列斐伏尔与西方马克思主义的"空间化转向"　268
一、西方马克思主义的不祧之祖　268
二、西方学界对列斐伏尔的日常生活批判哲学研究概况　273
三、列斐伏尔去世之后英语世界的"空间研究转向"　280

第二节　《空间的生产》的空间化历史唯物主义观　291
一、传统解释模式的突破与空间问题意识的自觉　291
二、空间与生产、空间与社会的双向解构和重构　296
三、空间化视野中的人类空间历史谱系　300
四、简短的结语　308

第三节　《空间的生产》的空间辩证法思想　309
一、一部风格独特、思路诡异的哲学天书　309
二、一部曲折而复杂的接受史　311
三、对《空间的生产》一书的形成具体语境的重新回顾　312

四、对"三元空间辩证法"的不同理解　315
五、对"作为具体的抽象"的空间概念的深入理解　317
六、《空间的生产》中的矛盾空间辩证法思想　320

第五章　空间化视野中的城市哲学与中国道路问题研究　335

第一节　历史唯物主义视野中的城市哲学总问题　336
一、引论　336
二、在现代社会的工业化与城市化进程中发现历史唯物主义之路　337
三、在城市历史中发现历史唯物主义的现实来源　342
四、在城市历史比较研究中突破历史哲学思辨的束缚　345
五、在地租与资本的关系中破解城市问题　349
六、在全球化空间生产视野中理解城市问题　356
七、在未来社会的科学与理想中理解城市问题　359

第二节　"城市马克思主义"的问题域、辩证法与中国道路　362
一、全球城市化危机呼唤着"城市马克思主义"哲学研究　362
二、"城市马克思主义"哲学研究的问题与内涵　365
三、"城市马克思主义"哲学研究的人文精神底蕴与辩证想象　370
四、"城市马克思主义"哲学研究的空间辩证法　373
五、中国发展道路的城市化问题以及马克思主义理论的实践转换　377

第三节　中国道路自信的历史空间辩证法问题之若干反思　381
一、中国道路自信问题研究现状呼唤中国化马克思主义的空间辩证法研究　381
二、中国道路问题的空间化理论基础及其本质意义　386
三、经典历史唯物主义视域中的历史空间辩证法研究　390
四、中国道路自信的历史空间辩证法演变　397

主要参考文献　402

后记　418

绪　论

　　大约从 20 世纪 60 年代以来,许多西方马克思主义者和左派理论家就从历史唯物主义角度研究空间化问题,并提出各自的见解。如:列斐伏尔(Henri Lefebvre,亦译列菲弗尔)的空间生产与空间辩证法理论,大卫·哈维(D. Harvey)的弹性资本积累论与历史地理唯物主义,尼尔·史密斯(Neil Smith)的不平衡发展的空间生产理论,沃伦斯坦(Immanuel Wallerstein,亦译沃勒斯坦)、阿锐基(Giovanni Arrighi,亦译阿瑞基)的现代世界体系理论,卡斯特(Mannel Castells,亦译卡斯泰尔)的城市社会与网络社会理论,约翰·厄里(John Urry)、斯克特·拉什(Scott Lash)的符号空间与全球复杂性理论,弗里德里克·詹姆逊(F. Jameson,亦译詹明信)的空间图绘理论,索亚(E. Soja,亦译苏贾)的后现代地理学与第三空间理论,奈格里(Antonio Negri)、哈特(Michael Hardt)的帝国理论,尼尔·布伦纳(Neil Brenner,亦译博任纳)的新国家空间理论等。[①]他们认为:资本主义发展已从物质生产走向空间生产;空间已成为其最重要的生产力与统治工具;这种空间领域的扩张是资本主义得以克服危机、垂而不死的关键;当代社会空间化发展表现为全球性金融重组与政

[①] 有关概念内涵参见本书第一章第二节"'空间化转向'问题研究现状、基本概念和历史逻辑"。

治经济文化结构重组的地理景观。因此,只有赋予历史唯物主义和辩证法以空间化视角,才能理解当今世界的最新现实。应当说,西方学者从不同角度为历史唯物主义的空间化问题研究作出了可贵尝试,但其成果常有矫枉过正之嫌和后马克思主义特征,易盲从后现代理论而放弃历史唯物主义基本立场。

受西方思想界的影响,特别是伴随着我国日新月异的改革开放实践与大规模的城市化建设步伐,20世纪80年代以来国内学界开始逐步重视相关问题:一是关于社会的时—空特征研究,认为它们是基于人类实践尤其是生产劳动过程而形成的;也有学者认为时间是人类生存发展的积极形式,而空间则表征着人类生存的保守消极特征。二是从马克思的"世界历史"理论出发探讨全球化问题,认为今天人类正处在资本的全球化空间化发展时代。三是从空间视角探讨当代资本主义生产方式与积累方式问题。有学者认为当代资本主义生产方式主要是空间的生产和再生产,资本积累是通过地理空间上的不平衡发展实现的。① 以上讨论成果很多,但也有不足:一是比较零散,常局限于空间观等个别问题,未能明确指出当今社会的空间化发展不只是历史唯物主义的一个视角,且是其时代总问题;二是对马克思主义哲学的空间化问题意识及其历史研究不够自觉;三是多停留在对国外思潮的引进及评述上,理论自主性、创新性不够。

本书在综合借鉴以往成果的过程中发现,在相当一段时间内,历史唯物主义与空间是互不相干的:当人们讨论空间问题时,社会历史是在视野之外的;而在人们思考历史问题时,空间又消失了。这就需要我们从空间观与历史观彻底统一的角度,首先把空间问题提升为"空间化"问题:一方面把空间动态化地理解为历史发生的前提与结果,另一方面把历史具体化地理解为具有持存性、共存性形态的社会空间关系存在;其

---

① 对国内学者基本观点的评述详见本书第一章第二节第一目"'空间化转向'问题的国内外研究现状"。

次把空间化问题从一个哲学范畴与社会理论问题提升为历史唯物主义的当代特征与核心课题。由此出发,本书试图提出并思考如下三个基本问题:

(1) 历史唯物主义"为何"要面对空间化问题。一方面,当代社会现实新变化要求我们关注空间问题,而传统唯物史观不足以直接回答这个时代问题,空间化研究是弘扬马克思主义哲学当代价值的重要突破口;另一方面,只有以历史唯物主义为指导提出符合当代现实的空间化理论,才能澄清目前国内外相关研究中的困惑,辨明当代社会空间化发展研究的科学方向。

(2) 历史唯物主义"如何"面对空间化问题。首先,经典马克思主义理论中潜存着空间化问题视角。其次,从第二国际部分理论家经过苏俄马克思主义到西方马克思主义,走过了一个从重视历史阶段到重视空间发展问题的转变过程。再次,后马克思主义与当代西方左派社会理论自觉地把当代世界空间化发展问题提到了一个很突出的地位。

(3) "何为"历史唯物主义所说和所研究的空间化问题。首先是从经典核心逻辑中拓宽与翻新的基本理论问题,即以社会关系的生产与再生产历史辩证法为基础的当代理论建构问题。其次是面向当代人类社会空间化发展的重大现实问题,特别是关于城市化与全球化发展等重要问题。

首先,本书认为历史唯物主义所理解的"空间"既不是静止的几何学与地理学概念,亦非主观的心理形式、文化符号结构,而是社会秩序的实践性建构过程,即它是一种动态的历史关系,故"空间化"或"空间的生产"更能体现历史唯物主义对空间的独特深刻理解。其次,本书明确提出"两个提升"的观点:(1) 把空间问题提升为"空间化"问题;(2) 把空间化问题从一个哲学范畴问题提升到历史唯物主义的当代特征与核心课题之高度。再次,本书反思了马克思主义哲学对空间化问题理解与探索的历史过程,比较系统清晰地论述了历史唯物主义空间化理论的核心逻辑、研究对象和现实任务等观点思路。

本书所提出的"空间化"概念的核心逻辑:一是指在改造自然即人化

自然的物质生产过程中所形成的相对封闭的"社会生活空间"(相当于马克思或黑格尔通常所说的"人化自然"或"第二自然"①),它摆脱并区别于自然空间。二是指人们在社会关系的生产与再生产过程中所建构起来的相对静止的"空间性社会结构",这是一个既瓦解许多其他社会空间又形成新的社会空间的再生产结构。三是指占主导地位的空间性社会结构在自我超越、自我重组过程中所形成的"空间化社会存在",它具有非地域性、共时性、流动化特征。②

本书认为,历史唯物主义的空间化问题的提出,有助于扭转抽象哲学理论脱离当代社会发展实践经验的偏向,是实现经典理论与当代性结合的一个方法论中介。

本书根据历史与逻辑相统一的研究与叙述方法论原则,按照专题分为五个部分:

第一章"历史唯物主义视野中的空间化与当代社会发展问题",主要研究历史唯物主义空间化概念的内涵以及当代资本主义空间化发展的基本趋势与特征,重点研究历史唯物主义空间化这个提法的基本意义、研究现状、必要性与可行性,当代社会空间化发展的特征,以及空间化视野中的城市、国家与全球化发展问题。本章作为具有全书导言性质的一章,是"哲学中的问题"与"问题中的哲学"的结合。

第二章"马克思主义哲学基本问题的空间化理解"。首先是对马克思主义哲学基本问题史的考古与激活,以期从中寻找马克思主义哲学研究范式创新之源,包括对历史唯物主义与当代资本主义发展的空间化理解与研究范式,然后逐次分别研究马克思历史唯物主义的两种"历史"概

---

① 当然,在严格意义上,黑格尔的"第二自然"是唯心主义的第二自然。它不仅是对物质世界的改造和人的行为创造的,而且是自由意志创造的,它通过权力的系统而体现为现代社会的经济和政治结构。占据黑格尔的第二自然位置的,并非人造结构,而是包括市场法律在内的法律体系,以及现代社会的伦理规则——"实现了的自由王国,是精神从它自身产生出来的、作为一种第二自然的那个精神世界"(黑格尔:《法哲学原理》,邓安庆译,人民出版社2016年版,第34页)。
② 内容详见本书第一章第二节第二目"'空间化转向'的若干基本概念问题"。

念、辩证法与认识论一百多年来的发展过程及其当代的空间化理论意义。作为全书基础理论研究部分,本章无疑是"哲学中的问题史研究"。

第三章"西方马克思主义与当代激进思潮的空间化理论研究",分别研究了阿尔都塞(L. Althusser)、吉登斯(Anthony Giddens)、大卫·哈维、爱德华·索亚、尼尔·史密斯等西方马克思主义及西方左派社会理论代表人物对历史唯物主义的空间化理解及其方法论运用,从而也从辩证法、认识论以及社会、政治、经济、文化理论等诸多方面为我们理解历史唯物主义空间化意义提供重要的借鉴与窗口。

第四章"列斐伏尔的空间化历史唯物主义研究"。列斐伏尔是本书作者多年持续从事译介和研究的人物。本章及第五章部分内容以列斐伏尔这位推动当代西方人文社会科学"空间化转向"的开拓者为个案,在深入研究与解释其核心文本《空间的生产》等著作的基础上,对其关于历史唯物主义的空间化理解及其所开创的都市马克思主义理论中的空间化思想方法进行了深入的语境分析与思想提炼,这就为对于历史唯物主义的空间化理论理解及其对当代资本主义空间化发展趋势的批判反思做了一个比较具体的解释工作。

第五章"空间化视野中的城市哲学与中国道路问题研究",是本书中关于历史唯物主义空间化问题的现实运用研究的一个重要组成部分。本章从历史唯物主义空间化理解视野选取马克思主义城市哲学、中国式发展道路的理论与实践等几个方面进行研究,具有一定的现实意义与价值,显然是"问题中的哲学反思"。

本书的主要任务无疑是综合性与主题性的,而不是一部关于经典马克思主义哲学文本中的空间哲学思想的解释的著作,所以并没有过多涉及目前国内外学术界讨论甚为热烈的《资本论》及其手稿中丰富的社会空间理论问题,而是旨在研究历史唯物主义的当代意义价值与当代理论形态。这种研究计划的自我定位与其说是一种缺陷,毋宁说是一种特色。本书的完成对于理解当代世界发展的空间化趋势特征,特别是对于深刻理解中国道路的由来、发展趋势、发展问题具有一定的方法论借鉴意义。

第一章　历史唯物主义视野中的空间化与当代社会发展问题

　　历史唯物主义空间化问题从逻辑层次或角度来说可分为广义与狭义以及理论与现实两个大的方面，本章作为全书的导言部分，依次对历史唯物主义空间化问题的提出、研究现状、概念界定等问题逐一展开论述。在此基础上指出，"广义的空间化"是指任何一个社会的结构都需要一定的空间存在方式作为其载体，"狭义的空间化"主要是指资本主义社会所开辟的统治全世界的抽象生产方式。狭义的空间化研究不仅是一个时代与历史阶段概念，而且具有确定的对象。本章重点讨论历史唯物主义视野中的空间化概念问题，以及由此形成的空间化视野中的当代人类社会特别是资本主义全球化、城市化与国家的"再区域化"发展的趋势与特征等问题。第二章重点探讨历史唯物主义的空间化理论来源与基础问题。第三章与第四章专题性与个案性地研究西方马克思主义的空间化理论。第五章集中讨论空间化视野中的现实哲学问题，包括城市哲学问题与中国道路的空间化历史和逻辑等问题。这种谋篇当然有首尾呼应、从理论到现实、从历史走向当代的考虑。

第一节　历史唯物主义为何与如何面对空间化问题

一、空间化研究已成为现时代突出课题

当今人类正步入以航天、核能、计算机、电信、生物工程等技术为引擎的全球化时代，社会生活呈现出高度共时性、互动化、网络化、流动化特征。由此，"空间"问题渐次成为自然科学、建筑工程学、规划设计、地理学、哲学、文学艺术教育、史学、社会学、政治学、组织管理学、经济学、生态学等学科共同关注的焦点。始终走在时代前沿的马克思主义哲学，自然不能忽视这一重大的空间化转向问题。本书认为，空间化问题既是传统哲学研究所忽略的因而应当重视的领域，也是理解历史唯物主义当代意义的独特视角：首先，当代社会现实新变化要求我们关注空间问题，而传统唯物史观不足以直接回答这个时代问题。空间化研究是弘扬马克思主义哲学当代价值的根本途径。其次，只有以历史唯物主义为指导提出符合当代现实的空间化理论，才能澄清目前国内外相关研究中的问题，辨明空间哲学理论研究的科学方向。

一方面，当今世界在交通、通信、新能源等核心技术的推动下，原有的地理边界、社会结构、国际秩序被彻底打破，人员、资金、信息在全球规模上高度流动，生产、技术、资本、劳动力在全球空间重新布局，生态、性别、种族、阶级、国家等政治主题也发生着深刻变化。没有空间的理论视野，马克思主义是无法科学理解与判断这些新现象的。另一方面，当代空间研究又常被纷繁复杂、流动多变的空间现象所迷惑，容易走向相对主义，甚至陷入神秘主义与虚无主义。这正是缺少历史唯物主义科学指导所致。这不禁让我们想起康德的名言："概念没有某种方式与之相应的直观，或直观没有概念，都不能产生知识。"[①]总之，历史唯物主义只有走向空间化问题研究，才能深入当今社会具体现实，没有空间感的历史

[①] ［德］康德：《纯粹理性批判》，邓晓芒译，人民出版社2004年版，第51页。

唯物主义是抽象空洞的;而对空间问题的研究同样离不开历史唯物主义方法,没有历史方向感的空间哲学是神秘和盲目的。

二、以往研究的空间角度的缺失及其基本难题

以往唯物史观研究存在一些经典难题,这在很大程度上与空间视角缺失有内在关系。一是资本主义起源问题。传统观点认为资本主义起源于封建主义。该论点不能充分解释为什么资本主义最早出现于西方而不是东方? 究其方法论,这是一种隐性的西方中心论历史观、空间观,事实上资本主义的诞生是一个全球性历史地理"共时性"互动的空间化过程。资本主义作为一种历史的生产方式,它的出现不仅有赖于西欧近代社会所特有的地方与民族国家主权空间,而且内在地具有一种与生俱来的全世界性经济交往体系与政治统治空间。资本主义不仅是一种物质生产方式和社会关系生产方式,而且是一种政治权力与意识形态的生产空间。二是资本主义何以历经危机仍绵延不衰? 传统研究多因循直线论和历史目的论,把资本主义视为静止封闭的结构,而实际上资本主义社会既有周期性危机的历史特征,也有高度灵活的自我调节潜能和无限弹变、扩张的空间特性。三是经济决定论教条。它既缺少社会整体空间结构观念,墨守实体主义和本质要素还原论思维窠臼,也缺乏实践的复杂的社会空间辩证法意识,而拘泥于机械封闭的空间观。它无法理解社会现实是由多重异质空间冲突交融而成的具体总体。由此可见,历史唯物主义的自身难题不仅需要突出空间化问题意识,而且需要空间化理论研究方法创新。

三、经典历史唯物主义的空间化问题的思想谱系考古

历史唯物论的空间化问题绝非晚近的"发明",而是早已有之,但它经历了从不自觉到自觉、由隐而显的过程。① 首先,马克思关于"资本的

---

① 详见本书第二章第二节第三目"'空间化转向'的历史逻辑"。

本性力求超越一切空间界限"的观点,体现出他已经预感到资本主义的生产必然要突破自然空间限制,而寻求在社会关系所生产出的社会空间中实现自我无限生产。马克思哲学革命的关键,不是发现历史而是克服对历史的进化式庸俗式理解,确立具体总体性的视野;这个视野中的特定维度就是空间性,这个空间性是特定历史自身生产的总体。由此来看,普世主义的历史概念是缺少空间—地点感的抽象空间统治下的历史概念,后马克思主义的问题是用流动性空间对抗抽象空间。而实际上,特定的地方性历史性生产空间仍然是确立具体历史主体之所在,这正是马克思历史唯物主义科学性之特质所在。其次,列宁、卢森堡等经典作家关于资本积累与发展不平衡的理论。他们认为资本主义由于其不可克服的矛盾而必然导致发展的过程、结构与政治经济地理布展上的不平衡性。特别值得一提的是卢森堡,她明确指出:不平衡的空间结构是资本主义发展的历史前提而不是结果。资本主义历史地产生并发达于非资本主义环境之中,其可以分成三个阶段:资本对自然经济的斗争,资本对商品经济的斗争,资本在世界舞台上为争夺现存的积累条件而斗争。① 这些观点已敏锐直觉到当代人类社会的空间化发展现实。20世纪60年代以来南美洲的依附理论和世界体系论都秉承了该传统。再次,西方马克思主义总体性辩证法也暗含空间批判视野。无论是从卢卡奇到哈贝马斯所高扬的主体向度,还是从葛兰西到阿尔都塞、普兰查斯(N. Poulantzas,亦译濮兰查斯)所突出的结构分析,都把资本主义当成一种总体性空间来批判透视,但前者陷入人本主义的主观时间体验,过于强调空间化的消极物化统治特征,后者则沉迷于结构主义的共时性幻觉,空间化变成凝固历史的无意识语言牢笼。最后,受西方马克思主义影响的西方左派史学与社会理论(城市社会学、地理学、区域经济学等)。它们自觉凸显空间批判向度,强调哲学与具体实证科学的结合,更具现实

---

① 参见[德]卢森堡《资本积累论》,彭尘舜、吴纪先译,三联书店1959年版,第291—292、335页等处。

针对性和方法上的可操作性。但由于发达资本主义的现实迷惑,这些空间理论研究常热衷于追逐变幻无常的文化地理传媒景观而忽视了对经济基础、社会形态的历史批判。

四、当代历史唯物主义空间化研究如何可能

空间化是以物质生产与社会关系的生产和再生产为核心的历史辩证法内在的一个基本视野。① 它既是社会历史和社会关系得以传承与积累的物的载体,也是抽象的社会历史关系的具体化形式。历史唯物主义所理解的"空间",既不是传统的几何与地理概念或先验的感性直观形式,亦非透明或抽象的心理形式、文化符号结构,而是社会关系的重组与社会秩序实践性建构过程。在某种程度上,生产的社会关系是具有空间性存在的社会存在;它们在生产空间的同时将自己铭刻投射于空间,否则它们就会永远处于纯粹抽象状态。换言之,空间是"具体的抽象物",即其抽象母体(社会生产关系)的共存性与具体化。空间化研究不仅不否定历史原则,反而是其具体深化。我们认为历史唯物主义的空间化研究之所以可能,是有以下前提与结构作保证的:

1. 空间化概念的核心逻辑②。一是指在改造自然即人化自然的物质生产过程中所形成的相对封闭的"社会生活空间",它摆脱并区别于自然空间。如马克思所说的"地方性发展",德勒兹所说的"辖域化",福柯所说的"排斥性权力空间"。二是指人们在社会关系的生产与再生产过程中所建构起来的相对静止的"空间性社会结构",这是一个既瓦解或主导许多其他社会空间又形成新的社会空间的再生产结构。资本主义就起源于这种空间化生产方式,马克思喻之为"普照的光",列斐伏尔叫它"抽象空间",福柯称之为"规训性权力空间",德勒兹描述为"解辖域化"和"再辖域化",吉登斯称之为"脱域化"。它具有"同质化"、"碎片化"与

---

① 参见本书第二章第二节"历史唯物主义的'空间化'概念探源"。
② 详见本章第二节"历史唯物主义的'空间化'概念探源"。

"等级制"的特征(列斐伏尔语)①。三是指占主导地位的空间性社会结构自我超越、自我重组过程中所形成的"空间化社会存在",它具有非地域性、共时性、流动化特征。如马克思所说的"用时间去消灭空间"②,哈维所谓的"弹性积累空间",德勒兹所讲的"欲望主体游牧的高原",等等。

2. 空间化理论的认识对象。一是日常生活空间:消费社会和技术管理体制控制下的身体化的微观现实③;二是城市化社会空间:资本积累所支配、国家所规划以及全球化交往所链接拼贴的社会关系载体④;三是政治主权空间或者国家空间⑤:世界一体化、跨国资本主义体制和保持民族特性悖结中的地区国家;四是全球化空间,它具有共时性、流动化、等级制、超地域的网络化诸特征⑥。

3. 空间化视野中的人类历史发展问题⑦。前资本主义的历史是多种地方历史并存、相互排斥的异质生活空间,现代性历史则是统一的生产方式,即世界历史时间机制所支配下的多种文明交融过程,其极致就是全球资本主义所导致的世界体系,而未来的人类历史则是单一的统治空间和一元性历史的瓦解以及新的多元性空间化人类历史的形成。换言之,空间化视野中的人类历史就是从地方性的多元历史到世界性的一元历史,再到空间化流动化的多元人类历史。

4. 空间化视野中的社会批判与建设理论⑧。历史唯物主义的任务始终是在批判旧世界中发现新世界。当今资本主义的统治形式发生了

---

① 参见 Henri Lefebvre, *State*, *Space*, *World*, *Selected Essays*, edited by Neil Brenner and Stuart Elden, translated by Gerald Moore, Neil Brenner, and Stuart Elden, Minneapolis, London: University of Minnesota Press, 2009, pp. 212 – 216。
② 参见本书第二章第二节"历史唯物主义的'空间化'概念探源"。
③ 参见本书第四章第二节"《空间的生产》的空间化历史唯物主义观"。
④ 参见本章第三节第三目"城市化:生产、消费、交往中心论 VS. 资本积累与调节的地理景观论"。
⑤ 参见 *State/Space: A Reader*, edited by Neil Brenner, Bob Jessop, Martin Jones, and Gordon MacLeod, Cambridge, Mass.: Blackwell Publishing, 2003; Neil Brenner, *New State Spaces: Urban Governance and the Rescaling of Statehood*, Oxford University Press Inc., 2004。
⑥ 参见本章第三节第二目"全球化:交往—分工史观的世界化 VS. 资本积累史观的等级化体制"。
⑦ 参见本书第四章第二节第三目"空间化视野中的人类空间历史谱系"。
⑧ 参见本书第五章第二节"'城市马克思主义'的问题域、辩证法与中国道路"。

显著变化,它逐步从固定的地方与民族的有形空间统治走向流动的全球化网络化的隐形空间控制,这也是一个从抽象形式到具体内容、从宏观到微观、从经济政治到日常生活、道德心理逐步深入的异化过程。只有深入批判和改造资本主义的统治形式和时空生产机制,我们才有可能营造更加合理和美好的"希望的空间"。空间既可以是压迫的工具,也可以是理想的国度。当代马克思主义哲学既需要主体的重构和历史的重思,也呼唤空间想象力的重建。在某种意义上,当代社会主义的本质就是消灭作为空间压迫与空间异化的"房奴"或"蜗居""蚁民"现象,实现居者有其屋,建得广厦千万间,大庇天下寒士俱欢颜!

第二节 "空间化转向"问题研究现状、基本概念和历史逻辑

历史唯物主义的"空间化转向"问题,就其广义而言是面向当代社会各种空间化现象并实现自身理论逻辑与方法的空间化改造,就其狭义而言即特指对资本主义社会空间化发展理论与现实问题的分析批判。本着这一看法,本节在借鉴综合国内外相关研究成果的基础上,将重点围绕历史唯物主义的"空间化转向"的基本理论概念、"空间化转向"的历史逻辑过程,以及当代资本主义空间化发展等前沿问题进行初步探讨,以期展开深入讨论。

一、"空间化转向"问题的国内外研究现状

1. 西方学界对"空间化转向"研究之历史与现状概览

"空间化转向"是 20 世纪下半叶以降西方思想文化最基本的发展趋势之一。曾几何时,空间被当作"死寂、固定、非辩证和静止的"东西,而时间却是"丰富的、多产的、有生命的、辩证的"东西(福柯语)[①]。但从 20

[①] 参见[法]福柯《权力的眼睛:福柯访谈录》,严锋译,上海人民出版社 1997 年版,第 206 页;并参见[英]克莱普顿、埃尔顿编著《空间、知识与权力:福柯与地理学》,莫伟民、周轩宇译,商务印书馆 2021 年版,第 218 页。

世纪60年代伊始,"空间"开始取代"时间"成为诸多学科的关注重心。福柯可谓道出这种"空间的转向"的最有影响的思想家之一。1967年他如是写道:"19世纪最重要的着魔(或谵妄)……乃是历史。而当今时代或许应该是空间的纪元。"我们身处于同时性的时代中,处于并置的年代,远近合一的年代,比肩而立的年代,星罗散布的年代。① 实际上,早在20世纪初甚至于19世纪,一些经典大师就已经在空间问题还不时新的年代深入探讨过空间问题。如恩格斯在19世纪40年代伦敦与曼彻斯特拥挤而孤独的城市空间中发现了工人阶级与历史唯物主义。② 尼采超越暂时性背景下看似变化多端的现象,在不同时间中所出现的重复性、循环性和同时性现象世界里,发现了著名的"永恒轮回"与"权力意志"哲学。齐美尔则专门研究过城市空间社会学,把城市视为"看得见"却"听不见"的陌生人世界,把城市比喻作"门"(封闭的空间)与"桥"(开放的空间)。再如海德格尔在《存在与时间》中对此在的上手状态的周围世界的空间性进行过存在论分析③,而在其晚期著作中则围绕着存在的历史与真理问题,对所谓本有的敞开与遮蔽、世界与大地的争执、技术集置与天地人神的"四合"、筑居与栖居的关系进行讨论④。葛兰西在《狱中札记》中对资本主义发源地意大利南部与北部的关系进行了探讨。⑤ 巴什拉尔(亦译巴什拉)的《空间诗学》也充满着空间现象学想象:在他笔下,从屋基到层顶,从地窖到顶楼,它们随时都有着梦想与理性、土地与天空的意

---

① 参见[法]福柯《不同空间的文本/语境》,载包亚明主编《后现代性与地理学的政治》,上海教育出版社2001年版,第18页。
② 参见刘怀玉《青年恩格斯:从历史唯物主义创立者到都市马克思主义开拓者》,载《学习与探索》(哈尔滨)2020年第8期第1—9页。
③ 参见 Hubert L. Dreyfus, *Being-in-the-World: A Commentary on Heidegger's Being and Time, Division I*, The MIT Press,1991;并参见中文版:[美]休伯特·L. 德雷福斯《在世:评海德格尔的〈存在与时间〉第1卷》,朱松峰译,浙江大学出版社2018年版,第154-168页。
④ 参见 Theodore R. Schatzki, *Martin Heidegger: Theorist of Space*, Franz Steiner Verlag, 2007。
⑤ 有关葛兰西的空间哲学思想最集中的研究成果参见 Michael Ekers, Gillian Hart, Stefan Kipfer and Alex Loftus (eds.), *Gramsci: Space, Nature, Politics*, UK: Wiley-Blackwell, 2013。

蕴;一只贝壳,一个抽屉或箱子、柜子,它们都是对人类"空间"的一种浓缩;①巴赫金对一系列小说的时空交错、文学中时间与空间关系内在联系的详细探讨,也属于空间理论的经典之列。而本雅明则得益于齐美尔对柏林街头空间的陌生化体验,以惊人的梦游式的想象力捕捉到了19世纪巴黎的空间与文化移动现象。②

所有的"空间化转向"思潮都向启蒙运动以来的占统治地位的笛卡尔式空间概念与康德哲学的空间概念发起了挑战。后者这种类似于牛顿力学的绝对空间概念把空间当作一个不同于主体即精神实体的客观的同质延伸(物质实体),或者把空间当作人类活动在其中展开的一个空洞的容器。与此类假设相反,那些形形色色的"空间化转向"思想家们以令人惊讶的多种方式证明,空间本身既非"自在之物",也非一种主观精神,而是一种"产物",是由不同范围的社会进程与人类活动干预形成的;同时,它又是一种"力量",反过来影响、指引与限定人类在世界上的行为方式的各种可能性。西方的现代性因而被重新设想成为既是一种历史规划,又是一种地理与空间的规划,是对我们栖居于其中的环境包括我们的身体的持续的分解与重组过程。③

受此西方思想大气候的影响,自20世纪60—70年代以来,许多西方马克思主义者和左派理论家就从历史唯物主义角度研究空间化问题,特别是资本主义社会空间化发展趋势与特征问题,并提出各自见解。如:

(1) 资本主义生产与积累的空间化发展理论。其中的代表是:列斐伏尔的空间生产与空间辩证法理论④;大卫·哈维的弹性资本积累论与

---

① 参见[法]加斯东·巴什拉《空间的诗学》,张逸婧译,上海译文出版社2009年版。
② 参见菲利普·韦格纳《空间批评:批评的地理、空间、场所与文本性》,载阎嘉主编《文学理论精粹读本》,中国人民大学出版社2006年版,第136—137页。
③ 参见菲利普·韦格纳《空间批评:批评的地理、空间、场所与文本性》,载阎嘉主编《文学理论精粹读本》,第137页。
④ Henri Lefebvre, *The Production of Space*, translated by Donald Nicholson-Smith, Blackwell Ltd., 1991; *State, Space, World, Selected Essays*, edited by Neil Brenner and Stuart Elden, translated by Gerald Moore, Neil Brenner, and Stuart Elden, Minneapolis, London: University of Minnesota Press, 2009.

历史地理唯物主义①;受列斐伏尔与哈维、卡斯特②等经典空间批判理论大师的影响,随后出现了安东尼·吉登斯关于现代性社会的时空构成化理论③、戈特迪纳(M. Gottdiener)关于资本主义城市的社会空间生产理论④;尼尔·史密斯的不平衡发展的空间生产理论⑤;最后,还有受葛兰西的文化霸权理论与马克思的原始积累理论影响的后殖民主义批判理论家查卡拉巴蒂的"地方化欧洲"历史地理概念⑥。

(2)资本主义全球化、弹性化发展理论。在20世纪60年代所出现的南美依附论与世界体系论的理论基础上,随后出现了阿锐基的现代世界体系理论⑦、阿明(S. Amin)的全球化时代的资本主义理论⑧,阿里夫·德里克的"全球资本主义时代的现代性"理论⑨以及威廉·I.罗宾逊的作为跨国资本主义的全球化理论⑩,还有哈尔特穆特·罗萨的"加速时代的资

---

① D. Harvey, *The Limits to Capital*, London, New York: Verso, 2006; [美]戴维·哈维:《后现代的状况:对文化变迁之缘起的探究》,阎嘉译,商务印书馆2003年版;《新帝国主义》,初立忠、沈晓雷译,社会科学文献出版社2009年版。
② Mannel Castells, *The Urban Question: A Marxist Approach*, translated by A. Scheridane, Cambridge, Mass.: The MIT Press, 1979.
③ Anthony Giddens, *A Contemporary Critique of Historical Materialism*, London and Basingstoke, 1981.
④ M. Gottdiener, *The Social Production of Urban Space*, Austin: University of Texas Press, 1985.
⑤ Neil Smith, *Uneven Development: Nature, Capital, and the Production of Space*, Athens, London: The University of Georgia Press, 2008. 并参见该书中译本[美]尼尔·史密斯《不平衡发展:自然、资本与空间的生产》,刘怀玉、付清松译,商务印书馆2021年版。
⑥ Dipesh Chakrabarty, *Provincializing Europe, Postcolonial Thought and Historical Difference*, Princeton University Press, 2000.
⑦ [意]阿瑞基(即阿锐基):《漫长的20世纪:金钱、权力与我们社会的根源》,姚乃强等译,江苏人民出版社2001年版;《现代世界体系的混沌与治理》,三联书店2006年第二版。
⑧ [埃]阿明:《全球化时代的资本主义:对当代社会的管理》,丁开杰等译,中国人民大学出版社2005年版。
⑨ [美]阿里夫·德里克:《跨国资本时代的后殖民批评》,王宁等译,北京大学出版社2004年版;《全球现代性:全球资本主义时代的现代性》,胡大平等译,南京大学出版社2012年版。
⑩ [美]威廉·I.罗宾逊:《全球资本主义论:跨国世界中的生产、阶级与国家》,高明秀译,社会科学文献出版社2009年版。

本主义批判理论"①,等等。

(3) 资本主义社会结构的非组织化、网络化、虚拟化、流动化发展理论。与列斐伏尔与哈维并列出世的三位经典空间理论大师之一卡斯特则在20世纪70年代之后另辟蹊径,提出了网络社会理论②;随后才有约翰·厄里、斯克特·拉什联袂提出的符号空间与后组织资本主义理论③;来自东欧、被誉为后现代社会预言家的齐格蒙特·鲍曼则提出了"液化的、流动的现代性"时空概念④;而印度裔文化人类学家阿尔君·阿帕杜莱则以影像、想象、想象体为关键词,从族群、媒体、技术、金融、意识形态等景观角度指认全球文化的流动、分散特征⑤。

(4) 晚期的与后现代的资本主义理论。詹姆逊这位当代西方久负盛名的左派文论巨擘综合创新,成功地把德国与法国的诸多批判理论与后现代哲学移植到北美,将对资本主义社会现实的政治经济学批判、现代性文化批判与激进政治地理想象熔为一炉,提出了晚期资本主义、后现代主义与全球化空间图绘理论⑥;受其影响,更为晚近的米歇尔·瓦卡卢利斯(M. Vakaloulis)则提出了后现代资本主义批判理论⑦等。

(5) 左派激进地理学的空间理论与后马克思主义政治学的国家空间

---

① [德]哈尔特穆特·罗萨:《加速:现代社会中时间结构的改变》,董璐译,北京大学出版社2015年版;《新异化的诞生:社会加速批判理论大纲》,郑也彧译,上海人民出版社2021年版。
② [美]卡斯泰尔:《信息化城市》,崔保国等译,江苏人民出版社2001年版;《网络社会的崛起》,夏铸九、王志弘等译,社会科学文献出版社2001年版。
③ [英]斯克特·拉什、约翰·厄里:《符号经济与空间经济》,王之光、商正译,商务印书馆2006年版;[英]约翰·厄里:《全球复杂性》,李冠福译,朱红文校,北京师范大学出版社2009年版;[英]斯科特·拉什、约翰·厄里:《组织化资本主义的终结》,征庚圣等译,江苏人民出版社2001年版。
④ [英]齐格蒙特·鲍曼:《流动的现代性》,欧阳景根译,上海三联书店2002年版。
⑤ [美]阿尔君·阿帕杜莱:《消散的现代性:全球化的文化维度》,刘冉译,上海三联书店2012年版,第35—62页。
⑥ [美]弗雷德里克·詹姆逊:《文化转向》,胡亚敏等译,中国社会科学出版社2000年版;《晚期资本主义的文化逻辑》,张旭东编,陈清侨等译,三联书店1997年版。有关空间转向与空间图绘理论的最新成果可参见[法]米歇尔·柯罗《文学地理学》,袁莉译,福建教育出版社2021年版。
⑦ [希腊]米歇尔·瓦卡卢利斯:《后现代资本主义:社会学批判纲要》,贺慧玲、马胜利译,社会科学文献出版社2012年版。

化和区域化发展理论①。例如,紧步列斐伏尔与哈维以及詹姆逊后尘的洛杉矶学派代表人物索亚就以激进地理学为根据地,别开生面地提出第三空间与后现代地理学理论②;奈格里与哈特则秉承意大利马克思主义(葛兰西)与经典马克思主义的激进政治哲学传统(列宁主义),从跨国资本主义空间化、流动化、网络化发展的现实入手,提出了所谓"21世纪共产主义宣言"的帝国理论③;依循这种后马克思主义政治哲学传统,特别是法国结构主义马克思主义的普兰查斯④及其杰出研究者雅索普(Bob Jessop)⑤之脉络,纽约大学地理学教授尼尔·布伦纳,这位20世纪60年代末出生的后起之秀,则以左派地理学与政治学为本营提出了新国家空间与资本主义再区域化发展理论⑥。

(6) 后殖民主义的全球化批判视野中的"混杂空间""矛盾空间""差

---

① 有关这方面的历史演变与背景情况,可参见:[英]德雷克·格利高里、约翰·厄里编《社会关系与空间结构》,谢礼圣、吕增奎等译,北京师范大学出版社2011年版;[英]R. J. 约翰斯顿《哲学与人文地理学》,蔡运龙、江涛译,商务印书馆2000年版;[美]爱德华·苏贾《后现代地理学:重申批判社会理论中的空间》,王文斌译,商务印书馆2004年版;Michael J. Dear,《后现代都市状况》,李小科等译,上海教育出版社2004年版;[英]布赖恩·特纳主编《Blackwelll社会理论指南》(第2版),李康译,上海人民出版社2003年版;[美]保罗·诺克斯、史蒂文·平奇《城市社会地理学导论》,柴彦威等译,商务印书馆2005年版;[美]理查德·皮特《现代地理学思想》,周尚意等译,商务印书馆2007年版;Larry Busbea, *Topologies: The Urban Utopia in France, 1960–1970*, Cambridge, Mass.; London: The MIT Press, 2007;等等。
② E. Soja, *Third Space, Journey to Los Angeles and Other Real-and-Imagined Places*, Cambridge, Mass.: Blackwell Publishing Inc., 1996;[美]爱德华·苏贾《后现代地理学:重申批判社会理论中的空间》,王文斌译,商务印书馆2004年版。
③ [美]哈特、[意]奈格里:《帝国:全球化的政治秩序》,杨建国、范一亭译,江苏人民出版社2008年版。
④ N. Poulantzas, *State, Power, Socialism*, London, New York: Verso, 2000.
⑤ Bob Jessop, *The Future of the Capitalist State*, Cambridge, Mass.: Blackwell Publishing, 2003.
⑥ [美]尼尔·布伦纳:《全球化与再地域化:欧盟城市管治的尺度重组》,载《城市研究》1999年第3期;Neil Brenner, *New State Spaces: Urban Governance and the Rescaling of Statehood*, Oxford, New York: Oxford University Press, 2009; *State/Space: A Reader*, edited by Neil Brenner, Bob Jessop, Martin Jones, and Gordon MacLeod, Cambridge, Mass.: Blackwell Publishing, 2003;[美]尼尔·博任纳(即布伦纳):《城市,地域,星球:批判城市理论》,李志刚等译,商务印书馆2019年版。

异空间""第三空间"理论等。①

他们从不同角度认为:资本主义发展已从物质生产走向空间生产;空间已成为其最重要的生产力与统治工具;这种空间领域的扩张是资本主义得以克服危机、垂而不死的关键;当代社会空间化发展表现为全球性金融重组与政治经济文化结构重组的地理景观。因此,只有赋予历史唯物主义和辩证法以空间化视角,才能理解当今世界最新现实。应当说,西方学者从不同角度为历史唯物主义的空间化问题研究作出了可贵尝试,但其成果常有矫枉过正之嫌和后马克思主义特征,易盲从后现代理论而放弃历史唯物主义基本立场。

2. 国内学界的空间哲学理论与"空间化转向"研究现状

20世纪80年代以来国内学界开始逐步重视相关问题:首先值得一提的是不少学者从一般的空间哲学理论及其发展史角度入手思考当代人类所面临的空间问题。此类著述甚多,比如:罗嘉昌,《从物质实体到关系实在》,中国人民大学出版社2012年版;景天魁,《社会发展的时空结构》,黑龙江人民出版社2002年版;谭长流,《空间哲学》,九州出版社2009年版;吴国盛,《希腊空间概念》,中国人民大学出版社2010年版;冯雷,《理解空间:现代空间观念的批判与重构》,中央编译出版社2008年版;冯雷,《当代空间批判理论的四个主题:对后现代空间论的批判性重构》,载《中国社会科学》2008年第3期;胡潇,《空间正义的唯物史观叙事》,载《中国社会科学》2018年第10期;童强,《空间哲学》,北京大学出版社2011年版;顾佳峰,《时空社会科学:理论与方法》,经济日报出版社2020年版;等等。恕不一一列举。

从马克思主义学科角度研究的成果更是琳琅满目。一是对马克思的社会空间哲学概念和关于社会的时—空特征的研究,认为它们是基于人类实践尤其是生产劳动过程而形成的;也有学者认为时间是人类生存

---

① 参见《从解构到全球化批判:斯皮瓦克读本》,陈永国等译,北京大学出版社2007年版;《霍米·巴巴读本》,王立秋等译,南方日报出版社2010年版。

发展的积极形式,而空间则表征着人类生存的保守消极特征。① 二是从马克思的"世界历史"概念与资本积累理论出发探讨全球化问题,认为今天人类正处在资本的全球化空间化发展时代。② 三是从空间视角探讨当代资本主义生产方式与积累方式问题。有学者认为当代资本主义生产方式主要是空间的生产和再生产,资本积累是通过地理空间上的不平衡发展实现的。③

特别值得一提的是,近年来国内学者大量地评介与分析了西方马克思主义与左派社会理论家关于资本主义城市化发展的研究,并结合本土实际讨论空间生产时代中国城市化发展所面临的严峻挑战与新的可能未来。其实,早在 20 世纪 80 年代我国著名建筑学家吴良镛先生便从作为聚居生态系统的广义建筑学角度思考中国特色的城市哲学问题④。这方面的论著很多,近年发表的比如:高鉴国,《新马克思主义城市理论》,

---

① 参见刘奔《时间是人类发展的空间:社会时-空特性初探》,载《哲学研究》1991 年第 10 期;俞吾金《马克思时空观新论》,载《哲学研究》1996 年第 3 期;任平《论空间生产与马克思主义的出场路径》,载《江海学刊》2007 年第 2 期;张奎良《马克思时空观新论》,载《江海学刊》2004 年第 1 期;张康之《基于人的活动的三重空间:马克思人学理论中的自然空间、社会空间和历史空间》,载《中国人民大学学报》2009 年第 4 期;强乃社《空间转向及其意义》,载《学习与探索》2011 年第 3 期;刘森林《辩证法的社会空间》,吉林人民出版社 2006 年版;陈硕《历史唯物主义的空间化解释:历史与可能》,载《天津社会科学》2011 年第 1 期;等等。

② 参见丰子义、杨学功《马克思"世界历史"理论与全球化》,人民出版社 2002 年版;王南湜《新的全球秩序何以可能》,载《河北学刊》2002 年第 7 期;仰海峰《全球化与资本的空间布展》,载《北京大学学报》(哲学社会科学版)2005 年第 4 期;杨学功《全球化的多重维度与实质》,载《北京大学学报》(哲学社会科学版)2005 年第 4 期;冯雷《全球化时代的空间论课题》,载《浙江树人大学学报》2007 年第 1 期;李春敏《资本积累的全球化与空间的生产》,载《教学与研究》2010 年第 6 期;任平《新全球化时代与马克思主义哲学:挑战和应答》,载《江苏社会科学》2002 年第 2 期;熊敏《资本全球化的逻辑与历史:罗莎·卢森堡资本积累理论研究》,人民出版社 2011 年版;等等。

③ 参见胡大平《马克思主义与空间理论》,载《哲学动态》2011 年第 11 期;仰海峰《弹性生产与资本的全球空间规划:从马克思到哈维》,载《江海学刊》2008 年第 2 期;林密《马克思资本主义生产方式批判的空间视域》,载《天津社会科学》2011 年第 1 期;孙江《空间生产:从马克思到当代》,人民出版社 2008 年版;庄友刚《空间生产的历史唯物主义阐释》,苏州大学出版社 2017 年版;张佳《全球空间生产的资本积累批判:略论大卫·哈维的资本积累批判》,载《哲学研究》2011 年第 6 期;等等。

④ 吴良镛:《广义建筑学》,清华大学出版社 2011 年版。

商务印书馆2006年版;庄友刚,《唯物史观视野中的空间生产、城市发展与人类解放》,载《河北学刊》2011年第4期;张应祥、蔡禾,《资本主义与城市社会变迁》,载《城市发展研究》2006年第1期;陈忠,《空间生产、发展伦理与当代社会理论的基础创新》,载《学习与探索》2010年第1期;陈忠,《空间理论与城市秩序:中国特色城镇化研究报告(2010)》,黑龙江人民出版社2011年版;高峰,《城市空间生产的运作逻辑:基于新马克思主义空间理论的分析》,载《学习与探索》2010年第1期;李春敏、章仁彪,《论社会主义初级阶段城市空间发展的历史定位和价值选择》,载《前沿》2008年第8期;李春敏,《马克思恩格斯对城市居住空间的研究及启示》,载《天津社会科学》2011年第3期;张京祥等,《体制转型与中国城市空间重构》,东南大学出版社2007年版;陈映芳,《城市中国的逻辑》,三联书店2012年版;庄友刚,《从技术建构到社会建构:中国城市化发展的历史抉择:基于空间生产的视角》,载《苏州大学学报》(哲学社会科学版)2012年第2期;等等。

以上讨论成果很多,但也有不足:一是比较零散;二是对马克思主义哲学的空间化问题意识及其历史研究不够自觉;三是多停留在对国外思潮的引进及评述上,理论自主性、创新性不够;四是国内学界相关研究呈现出哲学理论反思与现实实证研究二元分立的格局,也就是未能自觉而系统地把对历史唯物主义的空间化理论研究与对当代社会空间化发展问题的研究有效与有机地结合在一起,而这种理论与现实研究的双向互动其实是十分重要的。

二、"空间化转向"的若干基本概念问题

历史唯物主义的空间化问题首先与其说是一个重大的时代挑战话题,而毋宁说是一个长期以来被忽略、误解乃至于被禁止的论阈与视野。在相当一段时间内,历史唯物主义与空间是互不相干的;在以往的历史唯物主义解释中,空间常被不自觉地视作地理环境,但出于对地理环境决定论的禁忌,因而空间的视角常常是缺席的。传统教科书对空间的理

解是一种基于物质世界本体论假设的关于物质存在方式的抽象规定,这其实是前康德式的、非批判哲学意义上的牛顿力学式的"绝对空间论"误认,与历史唯物主义的真精神相去甚远。在此视野中,空间与时间一起被看成是运动着的物质的存在形式,空间是客观的和无限的。由此,空间就失去了社会历史的具体性,而成为纯粹自然性的存在;自然与历史其实是严重脱节的。套用马克思批判费尔巴哈的言说方式来说就是:当人们讨论空间问题时,社会历史是在视野之外的;而在人们思考历史问题时,空间又消失了。

对空间化的另外一种误解是,历史唯物主义所谓的空间乃是特设的社会空间而非抽象的一般物质空间。此说无疑前进了一大步,但仍然并不准确全面。此说认为每个社会均有自己特殊的存在空间与空间表现方式,即指在改造自然即人化自然的物质生产过程中所形成的相对封闭的"社会生活空间",它摆脱并区别于自然空间;更进一步而言,所谓社会空间即指人们在社会关系的生产与再生产过程中所建构起来的相对静止的"空间性社会结构",这是一个既瓦解许多其他社会空间又形成新的社会空间的再生产结构。此说其实仍然并没有超出传统历史唯物主义关于社会关系与经济基础之表现方式与总体性再现的社会结构论。

空间化概念既不同于传统的物质空间范畴、地理环境理论,甚至也不是静态的社会结构与社会空间思想。首先,空间化是以物质生产与社会关系的生产和再生产为核心的历史辩证法内在的一个基本视野,也就是指占主导地位的空间性社会结构在自我超越、自我重组过程中所形成的"空间化社会存在"。它具有非地域性、共时性、流动化特征。换言之,空间化问题的要害是:我们既不能像牛顿或笛卡尔那样把空间视为现成的独立的"自在之物",也不能像康德那样把空间视为人的先验直观能力,即强加给现象世界的一种主观秩序,而是名副其实的马克思意义上的"历史前提"与"历史产物"的辩证统一。所以,空间化是由不同范围的社会进程与人类活动干预形成的产物,同时又是一种生产"力量",它反过来影响、指引与限定人类在世界上的行为方式的各种可能性。由此来看,西方的现代性既是一种历史规划,又是一种地理与空间的规划,是"对我们栖居于其中的环境包括我们的身体持续的分解与重组过程"①。这样,空间化概念就把空间与历史之间的森严壁垒打破了,把空间观与历史观彻底统一了起来:(1)把空间问题提升为"空间化"问题:一方面把空间动态化地理解为历史发生的前提与结果,另一方面把历史具体化地理解为具有持存性、共存性形态的社会空间关系存在;(2)把空间化问题从一个基本哲学范畴与社会理论问题提升为历史唯物主义的当代特征与核心课题。

其次,空间化是广义历史唯物主义的存在论与认识论的一种现象学特征与规定,也就是实现从科学的本质抽象上升到辩证的现实的具体的存在论与认识论统一的过程。空间化研究不仅不否定历史唯物主义原则,反而是其具体深化。历史唯物主义的彻底历史性精神不仅表现在它是一种具体总体的历史空间辩证法,而且克服了对任何既定的伪具体的空间存在的直观神秘崇拜,而道出了它们的历史构成性本质。强调历史总是处于特定时空条件和位置的历史,使得马克思超越了唯心主义历史观;强调历史总是处于某种主导的结构性关系之中,使得马克思摆脱了历史相对主义的困境。

综上,正如当代西方最重要的左派地理学家之一索亚所说:社会理论的空间化理解要反对下面两种难以克服的误解。一是认为一切均发生于空间中,二是认为空间是社会生活的承载容器与反射镜。前者掩盖了空间性与社会关系的具体性,后者把空间外化成一种容器或背景从而打断了这种历史的动态的相互生成性的关系。空间不是空间性,空间性也不是空间化,历史唯物主义核心问题并不是重视社会的空间或者任何社会存在都有空间外观、空间载体,而是与时间融为一体的矛盾冲突的

---

① 菲利普·韦格纳:《空间批评:批评的地理、空间、场所与文本性》,载阎嘉主编《文学理论精粹读本》,第137页。

空间化过程。①

再次，从更广泛的视野来看，历史唯物主义"空间化转向"乃是对当今西方哲学的普遍"空间化转向"的一种深度呼应。从表面看，后者甚至是"在开历史的倒车"——回到18世纪（福柯语）②，退回到一种被分割开来的空间结构上去，但是，实际上他们的这种"倒退"乃是对时间—空间问题的深化，是一种推进。海德格尔、福柯、德勒兹、德里达思考的是时间化（历史化）了的空间。这个时间化了的空间问题乃是要追问，时间是如何在空间里显现的，时间是如何通过人在世界这个舞台-空间上，演出了一幕幕的活剧——历史。③ 从现象学意义上说，"空间化转向"就是将时间空间化，让空间成为时间的轨迹，成为在场的不在场，让已经缺席的在场与原始踪迹再度出场。这是真正意义上的历史的具体存在论与历史的现象学。福柯明快地说过，这种空间化转向就是要写一部有关"空间的历史"，即用空间的方式谈论历史，也就是"不仅要说空间决定历史的发展，而且历史反过来在空间中重构并积淀下来"④。正如叶秀山先生画龙点睛式地指出的：空间存放着时间，也就是存放着人、存放着历史，空间首先向人开显为时间—历史。时间存放在空间中，就是历史。空间中的历史，就不会仅仅是思想史而同时也是现实史。⑤

最后，历史唯物主义的空间化既有丰富悠久的历史渊源，更是当代最有生命力的理论问题生长领域。有一种说法认为，对空间化的历史唯物主义转型理论的探讨起始于社会批判理论，是西方马克思主义历史逻辑的继续。西方马克思主义要么在激进现代性批判过程中由于迷恋意

---

① 参见[美]索亚《社会生活的空间性：迈向转型性的理论重构》，载[英]德雷克·格利高里、约翰·厄里编《社会关系与空间结构》，谢礼圣、吕增奎等译，北京师范大学出版社2011年版，第90页。
② 参见[法]福柯《权力的眼睛：福柯访谈录》，严锋译，上海人民出版社1997年版，第151—152页。
③ 参见叶秀山、王树人总主编《西方哲学史》（学术版）第1卷《总论》，江苏人民出版社2004年版，第51页。
④ [法]福柯：《权力的眼睛：福柯访谈录》，第152页。
⑤ 参见叶秀山、王树人总主编《西方哲学史》（学术版）第1卷《总论》，第52页。

识形态而陷入后现代主义这种虚无、保守的非批判的泥潭中,要么重新激活历史唯物主义基本原则而走上历史地理唯物主义的当代资本主义批判的科学正途。历史唯物主义的空间化重释或者说对空间化的历史唯物主义解释的关键词是空间的生产,它作为一种去除后现代的非历史的神圣化与非政治化的迷雾的基本哲学理论策略,是对历史唯物主义所固有的批判神秘化即去神秘化与政治化精神的继续弘扬。在对地点与时间、空间性与历史的重释中——这种重释是当代批判社会理论的一个非常明显的特征——存在着一种独特的历史与地理唯物主义的基础,也就是对于唯物辩证法更为完整与温和的一种表述。这种表达把人类历史与人类地理作为社会产物,政治意识根源与社会斗争舞台融为一体。①

在此意义上,我们同意索亚前面提到的这样一个基本观点:"空间性的历史唯物主义解释在许多方面与明显旨在使历史的创造去神秘化和政治化的历史唯物主义有不可分割的联系。"②唯物主义的空间性解释取决于社会关系的再生产理论逻辑,这个批判逻辑可以在诸多领域中展开:一是关于国家、政治以及权力产生过程的理论,二是城市化过程与地方主义,三是历史周期与资本主义积累过程中的危机,四是不平衡地理发展,五是资本主义作为世界体系的国际化。③

由此来看,历史唯物主义的空间化解释作为一种祛除现代性意识形态神秘性的哲学分析话语与高度自觉的政治化批判策略,包含着一个具有严谨的内在逻辑关联性的问题群,这就是城市、国家、资本主义不平衡发展与全球化资本主义。本书将在后文中专门讨论空间视野中的资本主义不平衡发展问题④,在本章第三节中专门讨论城市、国家与全球化资

---

① 参见[美]索亚《社会生活的空间性:迈向转型性的理论重构》,载[英]德雷克·格利高里、约翰·厄里编《社会关系与空间结构》,第90页。
② [美]索亚:《社会生活的空间性:迈向转型性的理论重构》,载[英]德雷克·格利高里、约翰·厄里编《社会关系与空间结构》,第117页。
③ 参见[美]索亚《社会生活的空间性:迈向转型性的理论重构》,载[英]德雷克·格利高里、约翰·厄里编《社会关系与空间结构》,第98页。
④ 参见本书第三章第二节"不平衡发展的'现在'历史空间辩证法"。

本主义这个三位一体的问题。

三、"空间化转向"的历史逻辑

如果说历史唯物主义内在着一种空间化理论视野,那么这也并非"现成可用"的,而是需要经过一番深刻而曲折的思想史的回顾与重构才是可能的,即要有一段很长的理论之路要走。历史唯物论的空间化解释问题绝非晚近的"发明",而是早已有之,但经历了从不自觉到自觉、由隐而显的过程。

历史唯物主义空间化研究首先是一个经典语境中次生的被忽略的问题,它发轫于对资本主义的非西方的非资本主义外围空间的关注。历史唯物主义经典形态根据19世纪的经验,把空间视为资本积累的基本条件和农业生产的地租问题,这是一种非本质的现象实证解释。其次是一个被逐渐突出却误解的问题,它产生于对20世纪经济危机与战争、革命与落后国家兴起等问题的思考。从第二国际到西方马克思主义的不平衡发展论、历史多线论和总体辩证法,以一种历史的方式揭示了现代性的空间化起源及其统治本质特征。到今天它则是一个突破与重建经典逻辑之后的新问题,它滥觞于城市化发展问题挑战,扩展于对资本主义国家本质的重新认识,而成型于对全球化资本主义的理论图绘。

1. 经典唯物史观潜在的思想资源

首先,马克思虽没有明确地提出自己历史观的"空间化转向"问题,但唯物史观中包含着其基本的方法论与核心逻辑。

(1)彻底的历史存在论的具体总体现象学方法。表现在:历史唯物主义的历史性是特定时间—地点基础上的感性具体的物质生产与生活现实。历史本身是一代又一代人在一定的生产力水平的基础上从事实践活动的结果。马克思所谓的"历史"绝对不是某种"处于世界之外和超乎世界之上的东西",这种历史只能来自现实生活的生产过程,它总是处在具体的时空条件之中。

(2)历史唯物主义的历史性是以特定的社会主导结构为中介与载体

的、本质具体意义上的关系生产总体。"问题不在于各种经济关系在不同社会形式的相继更替的序列中在历史上占有什么地位",更不在于在"观念上"的次序,"而在于它们在现代资产阶级社会内部的结构"。① 可以毫不夸张地说,历史唯物主义的空间化思想最核心最根本的经典方法,就来源于这句话。

(3) 历史唯物主义的彻底历史性精神,不仅表现在它是一种具体总体的历史空间辩证法,而且克服了对任何既定的伪具体的空间存在的直观神秘崇拜,而道出了它们的历史构成性本质。强调历史总是处于特定时空条件和位置的历史,使得马克思超越了唯心主义历史观;强调历史总是处于某种主导的结构性关系之中,使得马克思摆脱了历史相对主义的困境。② 但马克思历史观的更伟大之处在于,他强调无论是具体的空间景观的存在还是作为结构性关系的空间存在,都是历史性和生成性的。正如俄国的公社所有制并不意味着共产主义一样,资本的产生也并不意味着资本主义社会的产生。马克思全部理论工作的首要目标就是证明资本主义的空间结构的特定历史性。一方面,马克思通过研究资本主义与前资本主义经济形态的关联,来论证资本主义的形成过程;另一方面,通过挖掘资本主义自身的矛盾和危机来完成对资本主义的历史性超越。同时,马克思在对资本主义现代性的政治经济学批判中具有一种空间化视野:他经常在其著作中承认空间与地点的重要意义——城乡对立、地域分工、生产在城市群的集中、劳动力价值和价值规律的地理差异以及通过交通工具和通信手段创新减少空间障碍的重要意义。首先,空间是资本运动的客观前提;其次,空间本质上是抽象而流动的社会关系再生产;最后,资本主义生产过程也就是不断突破时空界限,在社会关系所生产出的社会空间中实现"无限"生产的过程。③

---

① 参见《马克思恩格斯全集》第30卷,人民出版社1995年版,第49页。
② 参见陈硕《历史唯物主义的空间化解释:历史与可能》,载《天津社会科学》2011年第1期。
③ 参见林密《马克思资本主义生产方式批判的空间视域》,载《天津社会科学》2011年第1期。

2. 列宁、卢森堡等经典作家关于资本积累与发展的不平衡理论预示了空间化批判视野

由于意识形态方面的某些原因,学界在反思传统历史唯物主义的某些理论过失之时,常常把这种教条化的起源追溯到第二国际。然而,如果我们抱着严肃的态度去审视这段历史,便会发现第二国际理论家的思想非常复杂多元。诚然,我们能在这里找到将马克思主义实证化、决定论和目的论化的理论源头,但同样也可以在此发现对历史唯物主义进行空间化理解的潜在倾向。其中最具代表性的就是卢森堡的"资本积累论"。

卢森堡虽然没有对广义历史唯物主义进行创造性阐发,甚至依然带有经济决定论和历史目的论的残余,但是她并没有固守马克思原来的理论和第二国际的窠臼,而是第一次把空间地理视角引入了历史唯物主义的狭义层面即对资本主义生产方式的分析和批判中①。首先,卢森堡明确揭示了空间扩张对于资本主义生存的意义所在;其次,卢森堡打破了资本主义生产方式下的社会空间的同质性假设,而看到历史地理发展的不平衡因素。这些思想为后来的阿明、弗兰克、多斯桑托斯、沃伦斯坦的有关"不平等交换""依附性积累与不发达""世界体系""中心与边陲"等理论奠定了基础。有学者据此认为,卢森堡的资本积累理论在多重意义上打开了马克思主义封闭体系,有力地预见到了资本主义全球化的逻辑进程与历史趋势。②

值得一提的是,列宁同样发现了"资本主义发展的不平衡"规律。不过,和卢森堡将这一不平衡作为资本积累的前提条件相异,列宁从垄断资本主义的经济关系出发,将不平衡看成帝国主义的必然后果。列宁的贡献在于突出了民族(国家)问题的重要性:社会历史在不同的民族国家那里便具有了自身的民族性和特殊性,从而在一定程度上弱化了正统马克思主义对历史的普遍性、同质性理解,开辟了从空间视角分析资本主

---

① 参见本书第二章第三节第一目"卢森堡的资本积累论:打开空间化解释的一个历史缺口"。
② 参见熊敏《资本全球化的逻辑与历史:罗莎·卢森堡资本积累理论研究》,人民出版社 2011 年版。

义的另一个重要维度,构成了后来关于新帝国主义理论争论的基础。

正像哈维所说,马克思只是提出一种关于阶级剥削推动资本主义历史的理论。地理变化作为马克思的科学抽象之中的次要部分而被排除出画面之外。"由于其思想未能系统论述独特的地理与空间维度,马克思的政治观点和理论的基础遭到了破坏。"而列宁则发展出了一种不同的传统,马克思的弱点与忽略正是列宁要填补的空白,后者对资本主义在俄国的起源以及帝国主义的相互竞争在第一次世界大战期间达到高潮这一事实的研究,直接使其把地理与空间维度引入论证。但列宁却把空间关系与地理结构还原为一种国家理论①。

3. 西方马克思主义与当代西方社会批判理论的"空间化转向"

首先,西方马克思主义总体性辩证法也蕴含着空间批判视野与转向。虽然这种辩证法有严重的人本主义与结构主义缺陷,但以葛兰西②与阿尔都塞③等为先导,以列斐伏尔④、普兰查斯⑤等为代表的很多学者还是突破了经济决定论,深化和具体了对社会生活领域的微观发生机制的研究,突出了当代社会生产方式的空间化发展以及生产关系、上层建筑的空间化调控功能等问题的研究,并提出了未来社会主义空间政治理想问题。

其次,受西方马克思主义影响的当代西方左派史学与社会理论(国

---

① 参见[英]德雷克·格利高里、约翰·厄里编《社会关系与空间结构》,第142页。有关列宁的帝国主义论的空间化意义及其局限详见本书第二章第三节第二目"列宁的两种资本主义观及其当代方法论价值"。
② 《葛兰西文选》,李鹏程编,人民出版社2008年版;[意]萨尔沃·马斯泰罗内:《一个未完成的政治思索:葛兰西的〈狱中札记〉》,黄华光、徐力源译,社会科学文献出版社2000年版;特别参见 Michael Ekers, Gillian Hart, Stefan Kipfer and Alex Loftus (eds.), *Gramsci*, *Space*, *Nature*, *Politics*, Wiley-Blackwell, 2013。
③ [法]阿尔都塞:《哲学与政治:阿尔都塞读本》,陈越编,吉林人民出版社2003年版。
④ [法]列菲弗尔:《论国家:从黑格尔到斯大林与毛泽东》,李青宜等译,重庆出版社1988年版;《空间与政治》,李春译,上海人民出版社2008年版。
⑤ 参见[美]史丹利·阿若诺威兹、彼得·布拉提斯编著《逝去的范式:反思国家理论》,李中译,吉林人民出版社2008年版;刘力永《资本主义国家和社会主义政治战略:普兰查斯思想研究》,中国文史出版社2009年版。

家理论、城市社会学、地理学、区域经济学等)自觉凸显空间化批判向度。当然这过程极其纠结与复杂:从最初地理学与马克思主义老死不相往来(19世纪末),到把马克思主义引入地理学的初步结合(20世纪50年代),到把地理学引入西方马克思主义内部所导致的对西马的历史主义"批判"的批判(20世纪60—70年代),再到正统西马对阿尔都塞的结构主义空间化批判的重新历史主义反击(20世纪70年代),最后才有真正意义上的空间化本体论批判(20世纪80年代以来)①。虽然由于发达资本主义的现实迷惑,这些空间理论研究常热衷于追逐变幻无常的文化地理景观而忽视了基于经济基础的历史批判。但以卡斯特、哈维、詹姆逊、索亚、雅索普等为代表的学者还是成功地实现了历史唯物主义与地理学、政治经济社会理论等的跨学科结合,提出了区域化、国家空间与全球化后现代地理景观批判等方法论,拓宽了历史唯物主义的视野,丰富了其当代意义。

总体上说,西方马克思主义与左派社会理论从空间维度对历史唯物主义基本范畴体系进行了改造,并对当代资本主义进行了深入分析和探讨。主要包括以下两大方面:

(1)对历史唯物主义的空间化解释与改造。西方马克思主义者中推动历史唯物主义"空间化转向"最为彻底和关键的人物当属列斐伏尔,至此,空间问题方才作为一个显性的主题被引入到马克思主义的理解当中。列斐伏尔一方面重新反思整个马克思主义的解释传统,另一方面批判性地吸取法国存在主义和结构主义的理论精华,声言只有将历史唯物主义空间化才能有效地分析和批判全新的资本主义现实。哈维、索亚等学者从激进地理学的视角继承和发展了列斐伏尔的思路,从而从整体上推动历史唯物主义乃至整个西方社会理论的空间转向。在他们看来,传统的历史唯物主义无论在元理论层面还是在对资本主义的批判中往往

---

① 参见[美]爱德华·苏贾《后现代地理学:重申批判社会理论中的空间》,王文斌译,商务印书馆2004年版。

都存在着历史时间性压制地理空间性的现象,因而主张在各个层次上将空间引入历史唯物主义之中。当然,哈维比列斐伏尔更接近经典马克思主义,表现在他更强调的是资本主义生产的空间化发展这种历史特点,而不是突出单独的空间的生产方式发展逻辑或者说所谓的空间的生产的资本主义发展。虽然索亚与哈维讨论的问题一样,但两人的风格却迥然不同。索亚更多强调对历史唯物主义进行空间化的本体论改造,对后现代主义缺少一种明确批判。而哈维则对后现代主义进行了坚决批判,而对历史唯物主义却没有进行质问。诚如有学者所言,与列斐伏尔的模糊开放性形成鲜明对照,哈维的文章表明了一种系统而完美的确定性。他认为:

第一,社会进程的所有方面无疑地都包含在历史唯物主义的基本范畴中。

第二,只要现实世界可以包括在马克思主义范畴之内,就没有必要对一个命题做进一步证明。

第三,历史唯物主义是通达社会分析的必经之路。

第四,历史唯物主义以外的理论没有存在的必要。①

列斐伏尔等人首先强调必须将空间引入历史唯物主义的基础理论层面。列斐伏尔提出,今天的"辩证法不再听命于时间性",只有"认识到空间是如何产生的、在那里发生了什么以及它有何效用",这才是"对辩证法的恢复"。② 哈维明确提出要将历史唯物主义升级为历史地理唯物主义,索亚则试图在列斐伏尔思想的基础上构建一种社会、空间、时间共存的三元辩证法。他们明确反对传统教科书体系或者以往哲学对空间的机械理解,反对把空间当成纯粹自然或者物质性的存在,也反对把空间看成仅仅是自然和社会存在的外在"容器"。他们认为无论是自然空

---

① 转引自 Michael J. Dear,《后现代都市状况》,李小科等译,上海教育出版社 2004 年版,第114页。
② 参见 Henry Lefebvre, *The Survival of Capitalism*, *Reproduction of Relations of Production*, London: Allison & Busby, 1978, pp. 17 – 18。

间还是社会空间都不具有既定的优先性,都应当放在特定的社会关系和结构中予以理解。"空间在其自身也许是原始赐予的,但空间的组织和意义却是社会变化、社会转型和社会经验的产物。"①

空间作为人所生存的"第二自然"恰恰是社会的产物。按照有些学者的考证,"直到交换经济的出现,国家机构是第二自然的想法才开始出现。在古希腊,柏拉图特别注意到人类活动改变地球面貌的方式。然而直到西塞罗,第二自然的观念才被真正地创造出来。根据他的观点,第二自然是人类活动产生的自然,而与所继承的非人的自然相对立。西塞罗用一种斯多亚派学派的腔调写作——这在两千年以后的今天看来仍旧保持着现代光环"②。西塞罗在《神性论》中作出了以下观察:

> 这样,我们看到感觉材料如何导致思想观念的产生,而工匠的手则把这些观念转变为现实,从而满足我们的所有需要,保证我们的衣食住行,给予我们城市、围墙、家园、庙宇。借助灵巧的手,我们为自己找到大量丰盛的食物。大地为探索的手提供了许多果实,这些果实可以即食,也可以储存。我们还捕获或有目的地养殖一些陆上、水下、空中的生物,以此为食。我们能够驯服和驾驭四脚牲畜,使它们的速度与力量为我们所用。我们给有些牲畜套上轭,有些则直接用来负重。为了自己的目的,我们开发大象的灵敏感觉,利用狗的精明。我们从地底下挖出铁,对土地进行必要的耕作。我们搜寻深埋在地下的铜、银、金,既为了实用也为了装饰。我们砍伐树林,利用各种各样的野生植物和种植的植物,为了取暖和烹调食物,我们发明了取火。我们也建造房子,使头上有屋顶可以避暑御寒。我们还用这些材料造船,航行到任何地方去获取我们的生活所需。只有我们人类才能利用航海知识来驾驭自然的强大力量,即海洋和

---

① [美]爱德华·苏贾:《后现代地理学:重申批判社会理论中的空间》,第121页。
② [美]尼尔·史密斯:《不平衡发展:自然、资本与空间的生产》,刘怀玉、付清松译,商务印书馆2021年版,第89页。

风浪,从而使自己能够充分享受海洋的富饶。我们还拥有陆地上的所有果实。我们有高山平原,也有河流湖泊。我们播种谷物,种植树林。我们通过浇灌使土壤变得肥沃,我们在河中筑坝以引导流水符合我们的意愿。有人说我们用自己的双手在自然界中创造了第二个自然。①

空间的社会性决定了空间的政治性和意识形态性。"空间性的历史唯物主义解释在许多方面与明显旨在使历史的创造去神秘化和政治化的历史唯物主义有不可分割的联系。"②不但空间的本质是社会性的,而且社会本身也总是脱离不了空间性,且存在于某种空间性的生产框架之中。任何一种实践也总是处于某种特定的空间和场所中的实践。社会关系和空间性之间存在一种辩证关系:一方面空间性在具体的社会关系中被生产出来,另一方面这种空间性又成为社会关系再生产的中介;"社会的各种生产关系既能形成空间,又受制于空间。"③也正是在这一意义上,列斐伏尔、索亚等人试图颠覆经济决定论的禁锢:因为传统教科书体系只是将各种空间关系的组织看成是上层建筑内部的一种政治或文化表现形式,只是经济基础的反映而已。实际上,社会空间同时起着生产力、经济基础、政治工具与艺术想象的作用④,是社会分工、政治结构与意识形态的制度性物质基础,是一种空间母体⑤。因此他们强调马克思主义绝不能够只是抽象地探讨某种起决定作用的最终结构性(还原主义),而是应该现实地分析一切历史和地理的具体性。

(2) 对狭义的历史唯物主义领域(资本主义批判)的空间化研究。众所周知,当少数西欧国家内部的资本主义生产方式逐渐取代原有的封建生

---

① [古罗马]西塞罗:《论神性》,石敏敏译,上海三联书店 2007 年版,第 104—105 页。
② [美]索亚:《社会生活的空间性:迈向转型性的理论重构》,载[英]德雷克·格利高里、约翰·厄里编《社会关系与空间结构》,第 91 页。
③ [美]爱德华·苏贾:《后现代地理学:重申批判社会理论中的空间》,第 124 页。
④ 参见 Henri Lefebvre, *The Production of Space*, translated by Donald Nicholson-Smith, Blackwell Ltd., 1991, p.349。
⑤ 参见 N. Poulantzas, *State, Power, Socialism*, London, New York: Verso, 2000, p.26。

产方式并逐步确立自身的经济、政治和文化统治之时,马克思、恩格斯对这一时代的资本主义作了分析;当资本主义国家通过军国主义、殖民扩张的方式赤裸裸地将其他非资本主义地区变为自己资本和商品输出的对象之时,列宁以及第二国际的部分理论家对这一时期的资本主义作了批判;而二战以后,过去帝国主义殖民体系的被打破、凯恩斯主义的盛行以及全球化的飞速发展,却似乎使人们忘却了资本主义的掠夺本性。正是列斐伏尔、哈维等人通过空间地理学视角的引入,深刻地说明了当代资本主义完成自身生产和再生产的全新方式。他们一致认为资本主义已经发展到"空间的生产"时代,如果不将资本主义的生产和再生产与空间的生产结合起来加以分析,根本无法理解全球化、城市化和空间化的全新现实。资本主义通过与市场、制度、国家、技术以及意识形态的结合,不断将社会空间同质化、碎片化、等级化,从而独特地生产和再生产着地理的不平衡发展。

具体来说,列斐伏尔、哈维等人从空间维度对当代资本主义的分析和探讨主要包括三个维度。

首先,资本积累与发展的空间条件问题。列斐伏尔认为,资本主义的空间生产历史起源于西欧原始资本积累的空间形成,而将终结于全球化资本主义的形成。哈维认为马克思关于原始积累的理论与卢森堡的资本积累理论之间的一个基本差别在于:马克思认为资本积累主要剥夺的是前资本主义社会形态的经济,而卢森堡认为这是资本主义中心对资本主义外围或非资本主义的剥夺,是一种始终同步发生的结构性不平等关系,而不是历史性的自我否定;一句话,是空间辩证法而不是历史辩证法,是空间角度的解区域化与再地域化,而不是传统社会的瓦解、否定与现代社会的重建。哈维宁愿用"剥夺性积累"而不是"原始积累",这个范畴对于理解新自由主义与当代新帝国主义形式至关重要。资本主义发展的终极动力并不停留于国家与超国家层面的空间干预和调节,而是基于资本积累动力需要的创造和破坏的动态地理景观与资本增长周期。[1]

---

[1] 参见 D. Harvey, *The Limits to Capital*, London, New York: Verso, 2006。

而约翰·厄里则认为,马克思的资本积累理论从抽象上升到具体的过程就是从抽象历史过程走向具体空间地理现象的过程。在他看来,资本主义积累过程有三种形式:一是不涉及任何空间变化的绝对剩余价值生产,换言之,剩余价值的增加是通过延长工作日或增加劳动强度来实现的。二是相关空间变化发生在流通领域中的相对剩余价值生产,换言之,这种生产涉及的商品运动包括劳动力的运动,而不包括生产资本的运动。三是相关空间变化发生在生产领域中的相对剩余价值生产,换言之,新的技术、分工的加强、新机器的使用等,都会带来生产资本的重新选址,并且形成了非常多样的和空间上独特的资本循环。①

对他们来说,要想弄清楚当前资本主义是如何完成自身积累的,就必须从研究当代的空间构型或者地理学出发。反之亦然。如果不从马克思的资本积累理论、不从历史唯物主义的方法论出发,要想真正理解当代的空间表象和现实,也是完全不可能的。城市化、世界体系和国际分工,都是资本主义成功地生产和再生产自身的重要空间手段和结果。资本主义一边生产出"人造环境/空间"(比如公路、城市等)来维持自身的积累,另一方面又不断选择性地破坏既有的人造环境,从而有效地避免过度积累的问题。

其次,当代资本主义的空间政治问题。他们部分地继承了卢森堡的如下观点:利用不同社会空间内部资本主义发展的不平衡性,资本主义很容易实现"价值的地理转移";同时,通过国家间的转移,资本主义有效缓和了阶级矛盾。这里就过渡到列斐伏尔等人所关注的第二个重要问题,即剥削问题和阶级斗争问题。毫无疑问,在列斐伏尔等人看来,资本主义世界中心—边缘的社会—空间结构本身就意味着一种剥削关系和阶级关系。今天的剥削关系甚至比以往的任何时代更加复杂,它"包容各种剥削关系的多层次等级体系,这种体系从全球延伸到地方,从世界

---

① 参见[英]约翰·厄里《社会关系、空间与时间》,载[英]德雷克·格利高里、约翰·厄里编《社会关系与空间结构》,第31—32页。

体系延伸到单独的工厂和家庭"①。

也因此,与高兹宣告"告别无产阶级"和马尔库塞将大众阶级化不同,列斐伏尔等人从资本主义空间生产和再生产的角度发现了新时代强调阶级斗争的重要性。实际上,阶级矛盾和斗争在今天绝不是已经消失或者衰微了,这种误解恰恰是资本主义通过地理转移的结果。列斐伏尔指出:"今天与以往相比,阶级斗争更是镶嵌在空间之中。实际上,只有这种斗争才能阻止抽象空间对全球的霸占及其对一切差异的掩盖。"②

哈维也同样强调需要从资本主义的动态积累中来定位阶级,并据此提出适当的阶级斗争策略;同时,也不应该忽视种族、民族、性别、文化等领域产生的可能性斗争策略。列斐伏尔、哈维等人的阶级观念,在一定意义上批判了传统教科书体系的"阶级观":后者一方面把一切阶级斗争机械地归因于经济利益,一方面把社会斗争简化为资产阶级和无产阶级两大阶级之间的斗争。

最后,未来社会主义的空间理想问题。列斐伏尔和哈维等人在反对资本主义空间的生产的同时,提倡应当重视一种辩证的、乌托邦式的空间想象。传统历史观将历史发展看成是线性的、必然的、目的论的,因而严重地压榨了乌托邦的存在可能。而列斐伏尔等人则认为,一场真正意义上的资本主义革命,必然是一种创造了新的空间和空间意识的革命。这种地理学的乌托邦想象(希望的空间)的提出,同样突破了传统历史观的"决定论假设"。③

第三节 空间化视野中的全球化、城市化与国家—再区域化发展问题

历史唯物主义的"空间化转向"所面临的现实问题之一,就是如何看

---

① Henri Lefebvre, *The Production of Space*, pp. 343 - 347.
② 同上书,第 55 页。
③ 参见[美]哈维《希望的空间》,南京大学出版社 2006 年版。

待当今世界的全球化、城市化与跨国的区域化发展趋势。广义空间化是以物质生产与社会关系的生产和再生产为核心的历史辩证法内在的一个基本视野；狭义空间化可归因为资本主义危机的产生和与此相关的重组资本主义积累过程的企图。由此来看，全球化与城市化实乃资本将自身呈现为一种按照自己形象创造的物质景观以及周期性毁灭与重建的地理舞蹈。也因此，传统国家的地理边界与主权形式开始松动与瓦解，一方面成为"去地域化"的全球国家，另一方面成为"再区域化"的地方经济政治组织。

一、历史唯物主义视野中的当代资本主义空间化发展问题

以往对资本主义的研究甚至包括对历史唯物主义的理解，都明显存在着对空间问题的忽视以及理论上空间维度的缺失。空间问题是一个十分复杂的问题，一不小心就会被惯俗的理解方式所误导。这里所说的空间实际上既不是物理学、几何学意义上的空间，也不是一个心理学概念，我们所理解的空间是一种社会空间，一种特定的生产方式和机制。我们对当代资本主义空间化发展的理解主要包括以下几点内涵。

1. 当代资本主义发展已经从物的和社会关系的生产走向空间的生产

在经典马克思主义著作中，"生产"主要被理解为物质生活资料的生产和再生产、人的生产和再生产、生产关系和社会关系的生产和再生产，最后还有意识和"精神"的生产。其中，物质层面的生产和再生产具有根基性的作用。而在当前，资本主义的发展已经从马克思时代的物的生产走向空间的生产，这里并不是说具体的物的生产已经完全被后者所取代，而是指"空间的生产"成为当前资本主义社会生产和再生产的主要方式。资本主义的"生产"不但是一定空间与时间制约下的物质生产，而且更是一个不断地超越地理空间限制而实现的空间的"自我生产"过程，换句话说，资本主义社会的生产关系生产和再生产本身就是空间的，而不是空间中的物的生产。资本的生产本质上绝对不是简单的重复生产，而

是不断扩大、突破自身界限的再生产。伴随资本的扩张的,是空间的拓展。而且这种空间的拓展并不仅仅是传统地缘意义上的地理空间的扩张,而是经由对日常生活、微观身体等领域的"殖民"走向抽象化、内在化控制。资本的扩张按照其自身的逻辑和殖民需求生产出特定的同质性和差异性的空间,这种生产出来的空间成为这个时代的生产和生活方式,现实地制约着人们的生存和发展。

2. 资本在空间领域的扩张是资本主义不断延续和幸存的关键

对当代资本主义社会空间化的理解至关重要,它不仅是理解当前资本主义生产方式的关键,而且也是理解资本主义所以不断得以延存的关键。我们知道,经典的马克思主义理论认为,资本主义的发展存在着自身的界限。在马克思关于资本主义的分析中,当生产力超出自己的时空界限的时候,社会中仅存的两大阶级即资产阶级和无产阶级间的对抗也会激化到极致,最终导致资本主义社会的崩溃。而列宁更是曾经断言帝国主义是资本主义发展的最高和最后阶段。然而实际上,资本主义始终是垂而不死、腐而不朽,甚至可以说在当代仍有很强的生命力。究其原因,除了资本主义自产生以来面对危机不断进行制度上的自我调整之外,资本在空间领域的拓展和殖民也是重要原因。某种程度上说,资本就像一个吸血鬼,通过不断地扩张和压榨,延续着自己的生命。而空间就成为资本扩展的核心领域,空间扩张成为资本扩展的核心工具和手段。

3. 当代资本主义空间化发展呈现为不断变化着的全球性金融重组周期与形形色色的政治经济文化结构重组的地理景观

20世纪五六十年代以来,垄断资本主义在全球化范围的扩展以及对国家管理和规划的高度依赖性,表明了资本主义社会形态中新的空间与时间重组。20世纪80年代以来资本主义又呈现出如下新的地理景观:金融资本不受地域限制地更加全球化流动。大规模的资本主义工业化首次发生于一系列的边缘性国家和区域,而许多核心国家已经历了广泛的区域性工业衰退。工业与资本加速的地理流动,引起了各国政府之间投资的地域性竞争。各国国内区域的劳动分工也正相应地发生着剧变。随之导致高工资/高技术工人与低工资/低技术工人之间的愈益明显的职业两极化,这加剧了劳工内部的竞争与矛盾。而职业、种族、民族、移民身份、收入、生活方式和其他与就业相关的可变因素,正在制造愈益严重的"区隔"现象。另外还有更为严重的全球性的文化认同危机及其难以为继的分裂趋势。① 只有理解了这种全球性空间的结构重组,以及由之带来的全新的地理景观,才能在当代的意义上重新理解和批判资本主义。

4. 资本主义的新变化与历史唯物主义的"空间化转向"

当今资本主义的新变化,呼唤问题意识的重建和方法论上的全新变革。要想真正去理解资本主义的新变化,就要求我们在方法论上也取得相应的突破。缺乏空间要素的历史唯物主义作为方法论的基础也是不牢固的,空间必须成为辩证法思想中不可或缺的核心要素。即使我们不一定套用哈维的说法,要将历史唯物主义升级为"历史地理唯物主义",但是历史唯物主义的"空间化转向"值得关注。我们认为,对当代资本主义的理解、研究,须将时间维度和空间维度结合起来,将历时性和共时性视角结合起来,既要探讨资本主义在时间上的发生过程,也要研究其在空间上的布展。用哈维的话说,我们必须研究"资本主义的历史地理学",即研究"资本主义怎样生产了它自己的地理"这个问题。这种方法论上的"转向"或"升级"的目标应该是建立一种开放的、辩证的方法,既注重资本主义的总体化和一体化的特征,也关注其内部的多元性和差异性;既重视对具体的、区域的地理学景观进行探究,也注重对抽象的话语、概念布展进行分析、探讨。

5. 空间既是资本主义压迫的政治工具,也是工人阶级社会主义运动的希望所在

资本主义本身不断地扩张,使得空间成为资本挤压的对象。空间统

---

① 参见[美]杜赞奇《全球现代性的危机:亚洲传统和可持续的未来》,黄彦杰译,商务印书馆 2017年版。

治是资本主义进行统治的全新的和最为抽象的方式,也是最为恐怖的方式。资本主义的空间压迫不是单单表现为资本家阶级对工人阶级的压迫,也不仅仅是资本主义生产方式对非资本主义生产方式的压迫。资本通过生产或再生产出其特殊的社会空间(关系)和实践秩序,以柔软却又强制的方式意识形态地将人类的日常生活空间占满,将人们的身体规训,人从而成为资本空间扩张和自我增殖的产物。资本也根据自己的需要将民族、国家、阶级等本来固有的差异重新生产与强化出来。但资本主义的空间化过程带来的压迫是不是就无法逃脱?现代人是不是就注定已经"无可反抗"或"无家可归"?我们认为答案是否定的。我们研究资本主义的空间化进程,正是为了寻找工人阶级斗争和社会解放的现实可能性空间。

本章认为,资本主义的空间化发展问题,不仅是一个重大的课题,而且将在相当大的程度上改变与更新历史唯物主义研究视角,这就是从重视物质生产与再生产发展问题研究转向对社会关系的生产与再生产的研究,特别是从以历史发展的辩证法为核心的研究转向对空间辩证法问题的研究。

二、全球化:交往—分工史观的世界化 VS.资本积累史观的等级化体制

1. 马克思的全球化思想与当代资本主义空间化发展特征

有一种广为流传的说法是,马克思在《德意志意识形态》与《共产党宣言》中已经预见并批判了资本主义全球化发展的未来趋势。本章认为,这是一种并不严谨的误解,因为在这两部著作中马克思所理解的资本主义世界化发展,是在一种并非严格意义的历史唯物主义的交往与世界分工历史观中讨论问题的。马克思批判狭隘的德国国民经济学家李斯特的闭关锁国式的历史观,是最有代表性的世界交往历史观。当时马克思站在古典经济学的世界主义立场上,强调工业即现代社会生产力发展所具有的超越民族国家界限的世界历史意义,认为在现代生产力与交往关系制约下,"凡是民族作为民族所做的事情,都是他们为人类社会而

做的事情"。① 真正体现历史唯物主义空间化视野批判资本主义全球化发展本质的方法论精神的,乃是马克思后期政治经济学批判著作中的资本积累理论。

历史唯物主义的空间化最为重要的成就之一是,它把一个空间问题域归因为资本主义危机的产生和与此相关的重组资本主义积累过程的企图②。正如哈维戏仿马克思的《共产党宣言》的语言风格所说:

> 资本将自身呈现为一种按照自己形象创造的物质景观,这种景观作为使用价值增加资本的积累。由此产生的地理景观就是过去资本主义发展的无上荣耀。但是,地理景观同时也表示死劳动对活劳动的支配,并且本身会将积累过程置于一组具体的自然因素制约之下……资本主义的发展一方面要保存建成环境中过去资本投资的交换价值,另一方面又要摧毁这些投资的价值以便为积累开辟新空间,因此,必然要走过一条艰难的道路。在资本主义制度下会有一种永久斗争——在这种斗争中,资本在特定时刻建立了一个适合自身条件的物质景观,结果却必须在随后的某个时刻将其摧毁(通常在危机过程中)。③

而约翰·厄里则认为,马克思的资本积累理论从抽象上升到具体的过程,就是从抽象历史过程走向具体空间地理现象的过程。在他看来,资本主义积累过程有三种形式:

> 一是纯粹抽象意义上的、与空间或地方无关的、以抽象劳动时间为本质的绝对剩余价值生产,换言之,剩余价值的增加是通过延长工作日或增加劳动强度来实现的。

---

① 参见《马克思恩格斯全集》第42卷,人民出版社1979年版,第257页。
② 参见[美]索亚《社会生活的空间性:迈向转型性的理论重构》,载[英]德雷克·格利高里、约翰·厄里编《社会关系与空间结构》,第117页。
③ 转引自[美]索亚《社会生活的空间性:迈向转型性的理论重构》,载[英]德雷克·格利高里、约翰·厄里编《社会关系与空间结构》,第118页。

二是与一定的空间地点变化有关的在流通领域中的相对剩余价值生产,换言之,这种生产涉及的商品运动包括劳动力的运动,而不包括生产资本的运动。

三是在一定的空间场所发生的资本主义生产总过程中的相对剩余价值的生产,换言之,新的技术、分工的加强、新机器的使用等,都会带来生产资本的重新选址,并且形成了非常多样的和空间上独特的资本循环。①

所以,在哈维、厄里他们看来,要想弄清楚当前资本主义是如何完成自身积累的,就必须从研究当代的空间构型或者地理学出发。反之亦然,如果不从马克思的资本积累理论、不从历史唯物主义的方法论出发,要想真正理解当代的空间表象和现实,也是完全不可能的。城市化、世界体系和国际分工都是资本主义成功生产和再生产自身的重要空间手段和结果。资本主义一边生产出"人造环境/空间"(比如公路、城市等)来维持自身的积累,另一方面又不断选择性地破坏既有的人造环境,从而有效地避免过度积累的问题。

由此来看,马克思在《德意志意识形态》中所使用的"世界历史"这个概念的"欧洲历史"和"19世纪历史"的局限性自然不可回避。我们不同意用马克思的"世界历史"概念来直接指认当下的全球化复杂社会现实。在没有真正了解东方社会历史的情况下,马克思当时的"世界历史"只能是世界的西方化。所以美国的马克思主义批评家阿里夫·德里克批评马克思所谓的"世界空间"是由欧洲资本主义经济的扩张而形成的,这种经济使其势力所及的所有社会同质化(homogenize)。所谓"世界时间"是指欧洲资本主义的时间性。在德里克看来,马克思认为社会主义要通过无产阶级推翻资产阶级来实现,这种观点实际上假设了全球化即欧洲

---

① [英]约翰·厄里:《社会关系、空间与时间》,载[英]德雷克·格利高里、约翰·厄里编《社会关系与空间结构》,第31—32页。

资本主义的普遍化(universalization)。① "实际上,对于《德意志意识形态》中的'世界历史'的研究而言,只有弄清楚了剩余价值—资本的世界性(以太的'一'),才可能懂得'一'的哲学本质。但马克思当时并没有注意到,这个以太对世界而言却是**西方中心主义**的殖民性。后来的历史进程证明马克思的这种认知是卓有远见的,资本不可阻挡地向全球挺进。这也是今天所谓'全球化'的真正意义。"②

2. 当代历史唯物主义视野中的资本主义全球化发展的空间化本质特征

以当代资本主义发展的客观现实为依据,以历史唯物主义基本理论和方法在当代的最新发展为指导,同时结合当前西方各种复杂的理论话语,我们认为,资本主义全球化发展具有以下本质内涵与特征:

(1) 资本主义全球化发展是一个不平等的等级制的世界体系

有一种观点认为,"世界是平的":全球化发展是不同国家(民族)之间的一种经济、文化等因素相互碰撞和交流的过程,在这一进程中,各个国家和民族之间地位是平等的,可以机会均等地参与全球化进程并共享全球化带来的成果和利益。③ 在我们看来,这种观点是严重失实的。实际上,在资本主义全球化发展的进程中,不同的共同体之间的交往和博弈构成的是一种不平等的等级制的世界体系,这种不平等表现在经济、政治、文化等各个维度。资本主义经济发达的国家和地区,由于对于资金、技术等因素的垄断,实际上在全球化发展进程中处于主导性的"中心"地位,而且更多地分享了全球化发展带来的利益;而那些经济欠发达的国家和地区则在资本主义全球化发展进程中处于弱势地位,一定程度上成为经济发达国家和地区的附庸,同时沦为资本主义经济发达国家转

---

① 参见[美]阿里夫·德里克《革命之后》,第四章"弹性生产时代的马克思主义";中译文载俞可平、黄卫平主编《全球化的悖论》,中央编译出版社1998年版,第263页。
② 张一兵:《回到马克思》(第四版),江苏人民出版社2020年版,第603页。
③ 最具代表性的观点参见[美]托马斯·弗里德曼《世界是平的:21世纪简史》,何帆等译,湖南科学技术出版社2017年版。

嫁风险的对象。

（2）资本主义全球化发展是一个全球性的制度一体化与民族化双重过程

关注资本主义全球化发展这一理论课题,绝不能仅仅局限于经济领域,而必须从经济、政治、文化等各个层面去进行探究。实际上,当代的全球化研究的理论视野早已越出传统的经济领域,地缘政治学、文化人类学等视角同样是研究全球化这一课题的有力的切入点。例如,当代英国著名的社会学家安东尼·吉登斯就认为:世界体系不仅由国际经济联系以及国家间的互赖关系所塑造,而且也由全球的民族—国家体系所构建,这两者中的任何一项都不可完全化约为另一项。① 而在我们看来,资本主义全球化发展应该被辩证地、全面地理解为一个全球性的制度一体化与民族化的双重过程。一方面,全球化以其浩浩汤汤、不可阻挡之势在全球范围内进行着制度一体化的进程;另一方面,也正是在这一进程中,不同的民族和国家又遭遇了不同的发展命运,在世界体系的纷繁格局中实现着民族的自我认同和定位、创新和发展。

（3）资本主义全球化发展是跨国资本主义发展的产物

在当今世界,真正意义上的资本主义全球化发展是跨国资本主义发展的产物,也就是资本主义生产关系与管理机构、文化观念的跨国化,特别是组织形式的跨国化即跨国公司化,诸如转包和外包,以及正式和非正式的跨国商业联系。之所以说它是真正意义上的"全球化",是因为资本主义的跨国公司化发展,第一次将资本主义的历史从一种具体而固定的地理位置与相对封闭的民族国家边界中超拔出来,进入到一种真正意义上的全球经济一体化发展时代。阿里夫·德里克对这一论题有一定的探讨②。这里,我们所说的资本主义的跨国公司化发展对具体地理位

---

① 参见［英］安东尼·吉登斯《民族—国家与暴力》,胡宗泽、赵力涛译,王铭铭校,三联书店1998年版,第199—210页。
② 参见［美］阿里夫·德里克《跨国资本时代的后殖民批评》,王宁等译,北京大学出版社2004年版。

置和民族国家空间状态的超越,与前面我们所说的全球化中的国家体系和民族化进程并不矛盾。两者同样是资本主义全球化发展进程中的客观现实,不能相互取代;从某种意义上说它们恰恰是全球化进程中的"两极"。超越具体地理位置和国别的跨国公司与全球化过程中不同国家、民族之间的竞争、压迫和对抗,构成了全球化矛盾的辩证统一。

(4)资本主义全球化发展是以发达的网络社会为技术基础的灵活复杂的国际分工过程

全球化发展既有赖于新组织,也以新技术为依托。全球化的新技术基础是信息技术革命或计算机化和电信化的结合及互联网,新的运输技术例如集装箱运输、联合运输及制冷技术,机器人化和其他的自动化形式,计算机辅助设计及计算机辅助制造等。而在这一特殊的时代背景中,全球化就必须被理解为一种以发达的网络社会为技术基础的灵活复杂的国际分工过程。一方面是生产过程、消费过程、流通过程、人口流动史无前例的碎片化和分散化①,另一方面是跨国资本主义及其代理人在全世界的经济管理、控制及决策权力方面的史无前例的集中化与集权化。某种意义上,跨国公司在当前的全球化进程中也离不开网络信息技术,正是借助于这一技术,跨国公司在全球范围内有效地管理和经营,生产、资源调配、销售等各个环节才得以有序有效地施行。②

当代法国著名的新马克思主义城市社会学家 M.卡斯特也认为,现在的世界不是一个静态的秩序化体系,而是一种体系化与非体系化相统一的网络化时代。这种新的国际分工可以说成是在一个信息/全球经济中的四个不同位置上建构起来的:基于信息劳动的高价值生产者;基于低成本劳动的大批量生产者;基于自然赠予的原料生产者;还原为贬值劳动的剩余生产者。这四种经济类型是无法与民族国家相对应的。它

---

① 参见[美]阿尔君·阿帕杜莱《消散的现代性:全球化的文化维度》,刘冉译,上海三联书店 2012 年版。
② 参见[美]威廉·I.罗宾逊《全球资本主义论:跨国世界中的生产、阶级与国家》,高明秀译,社会科学文献出版社 2009 年版。

们是在网络中和流动中被组织起来的,使用的是信息经济的技术基础结构。它们具有某些地理学意义上的地方性发展密集度,但全球经济并非因此是地理上的一体化经济。最新的国际分工不会发生在国家之间,而是发生在全球网络和流动结构中,发生在以上所说的那四个位置的经济代理人之间,所有国家都会被这四种位置所渗透。这是一种变动不居的"世界经济几何学",而不是传统的世界经济体系理论所抽象揭示的静态的"世界经济建筑学"或者地缘政治经济学①。

而拉什与厄里认为,马克思关于资本的四种流通理论仍然是理解当代社会的不二法门,包括货币资本流通、商品资本流通、生产资料资本流通与劳动力资本流通,它们穿过空间,按照不同的变动的时间性来运作。在19世纪的自由资本主义阶段,各种资本是在地区层次上流通运作的;在20世纪的组织化资本主义阶段,资本是在全国规模上进行的;而到了20世纪晚期,伴随着资本主义非组织化出现的零散的、柔性的生产种类,使得资本流通上升到国际与世界规模。② 马克思只是看到了资本主义生产的本质是"用时间去消灭空间",但是他忽略了一个问题:这种消灭只有通过新的、固定的和相对静止的空间结构的产生才能达到,用哈维的话来说"消灭空间"其实是重新组织空间③。

三、城市化:生产、消费、交往中心论 VS.资本积累与调节的地理景观论

城市在人类文明史上出现颇早,但古代乃至近代的城市更多是作为政治、宗教、军事或商业的中心而存在,现代意义上的城市则是资本主义生产的起源、发展的结果与载体。一般而论,现当代西方城市社会研究的理论方法或范式经历了三个阶段:从主流的城市社会学(芝加哥学派,20世纪30至60年代)到新马克思主义城市批判理论(巴黎学派,20世

---

① 参见王宁、薛晓源主编《全球化与后殖民主义批评》,中央编译出版社1998年版,第9—21页。
② 参见[英]斯克特·拉什、约翰·厄里《符号经济与空间经济》,王之光、商正译,商务印书馆2006年版。
③ 参见[英]德雷克·格利高里、约翰·厄里编《社会关系与空间结构》,第114页。

纪60—80年代),再到后现代主义的城市理论(洛杉矶学派,20世纪90年代至今)。①

作为现代城市社会学之滥觞,芝加哥学派的城市论的核心观点是"作为生态社群的城市"。芝加哥大学的罗伯特·帕克与欧几斯特·伯吉斯、路易丝·沃思等人在两次世界大战之间的那段时间第一次尝试着创立一门城市社会学理论。帕克认为,城市分析的对象是生态社群。生态社群与社会不同,其特征是其中的人类自发地进行生物性生存斗争,结果导致自身与环境间的功能适应。因而人类生态学就是对一个基本过程及其非预期效应的研究。但帕克无法确定人类生态学究竟是社会科学中的一个独立学科或者仅仅是社会学的一个分支学科。实际上,帕克的这个假设被转用来研究更广泛的人类环境适应关系理论而不再是城市问题,到二战之前这个尝试便失败了②。

第二次尝试是作为文化形式的城市。早在帕克之前的齐美尔已经知道,社会集合体的规模与复杂性会影响到在其中发展的社会组织形式。齐美尔试图确立一种与众不同的大都市人格类型理论。但20世纪30年代之后的芝加哥学派领军人物路易丝·沃思认为,城市生活方式的匿名性、肤浅性与易变性、时段性可以解释为聚落规模、密度与混合性的产物。他们所共同犯的错误是,混淆了社会学的规模效应与那些资本主义社会关系的文化影响可以更好解释的效应③。

第三次重要尝试是作为新马克思主义城市批判理论标志的巴黎学派。作为其领军人物,卡斯特从阿尔都塞的结构主义的马克思主义的立场出发,把社会形态视为经济、政治和意识形态等三大系统以特定方式联结而成的结构矩阵,而城市系统不过是这个社会结构的一个组成部分;具体而言则是由城市生产、消费、交换以及城市制度组织和城市象征

---

① 西方主流城市社会学观点参见[法]伊夫·格拉夫梅耶尔《城市社会学》,徐伟民译,天津人民出版社2005年版。
②③ 参见彼得·桑德斯《空间、城市与城市社会学》,载[英]德雷克·格利高里、约翰·厄里编《社会关系与空间结构》。

符号五个要素建构起来的结构系统,城市空间则是这种社会结构系统的具体物质表现。发达资本主义社会的城市主要是一种经济的存在,但由于经济结构的调整,生产在城市中的支配性地位正在削弱,而消费的地位却在稳步上升,成为城市结构系统的主导性要素,它涉及住房、医院、社会服务、学校、休闲设施以及文化环境等方面。因此,只有从生产的视角转向消费的视角才能准确定义城市,从而为城市社会学构建科学的研究对象。①

洛杉矶学派代表人物索亚则认为,20世纪70年代的传统城市理论与马克思主义城市政治经济学、新马克思主义的国际政治经济学,都已经无法在理论和政治上把握这种神秘莫测的当代城市化重构过程。能够透视晚期资本主义地理景观变幻之谜的,则是处于后福特主义、后现代主义和后历史决定论三大思潮交汇点上的"批判性的区域研究"方法②。20世纪80年代以来,资本主义城市化呈现出全球化、流动化、去工业化,以及去中心化与再中心化、去地域化与区隔化并存等极其矛盾而复杂的地理景观:金融资本不受地域限制地更加全球化流动化。大规模的资本主义工业化首次发生于一系列的边缘性国家和区域,而许多核心国家已经历了广泛的区域性工业衰退。工业与资本加速的地理流动性引起了各国政府之间投资的地域性竞争。各国国内区域的劳动分工也正相应地发生着剧变。随之导致高工资/高技术工人与低工资/低技术工人之间的愈益明显的职业两极化,这加剧了劳工内部的竞争与矛盾。而职业、种族、民族、移民身份、收入、生活方式和其他与就业相关的可变因素,正在制造愈益严重的"区隔"现象。③

在综合借鉴众多的城市理论成果的基础上,我们认为:(1)当代资本主义城市化发展已经突破了原来经典马克思主义的工业资本主义发展

---

① 参见 Mannel Castells, *The Urban Question: A Marxist Approach*, translated by A. Scheridane, Cambridge, Mass.: The MIT Press, 1979。
② 参见[美]爱德华·苏贾《后现代地理学:重申批判社会理论中的空间》,第287页。
③ 参见同上书,第280—283页。

理论模式;(2)资本主义城市化发展是金融资本积累本性与周期性变化的必然结果;(3)资本主义城市化发展是资本主义国家干预市场经济与公共消费经济发展的产物。

1. 资本主义城市化发展对经典马克思主义的工业资本主义发展理论模式的突破

在经典马克思主义城市理论中,现代意义上的城市是大工业和资本积累进程的历史产物;在工业资本主义发展模式下,一切资本都转变为工业资本,新兴城市发展的动力和依托主要是工业以及能源等相关产业。传统的马克思主义理论为我们提供了理解城市的基本理论框架,但是,当前资本主义城市化发展的现实已经突破了经典意义上的马克思主义的工业资本主义发展模式。正如西方马克思主义的城市社会理论所公认的,以马克思主义为出发点的城市研究的主要目标之一,是揭示出资本积累的动态过程与建筑环境的生产之间的关系。它是如下的更大规模研究的一部分,即将空间的社会生产过程与社会的空间再生产过程视作相关进程。为此,最主要的切入点乃是在区位策略、就业模式的变化与资本积累的发展之间建立起联系。① 城市不仅具有工业生产与积累的中心的作用,而且成为控制劳动力、交换与消费方式再生产的中心,成为国家控制社会危机的一种工具。②

在我们看来,对资本主义城市化发展的理解应该做到以下几点突破:(1) 在网络信息时代,不应该再把城市理解为资本集聚和集中化生产的某个地方/地点,而应将其理解为资本主义生产的空间化流动与集聚的物化与载体。城市不应再被作为现代社会的一个组织部分、一个固定的实体来看待与研究,而应该开始被作为全球化的流动着的社会关系、组织过程来理解和认识。(2) 当前的城市发展不再是完全依托于工业资

---

① 参见[美]肖特《城市秩序:城市、文化与权力导论》,上海人民出版社 2011 年版;M. Gottdiener, *The Social Production of Urban Space*, Austin: University of Texas Press, 1985。
② 参见[美]爱德华·苏贾《后现代地理学:重申批判社会理论中的空间》,第 143 页。

本,资本积累也在当前城市化进程中发展出了新的形态。(3)当代资本主义城市是由生产、消费、交换、行政、符号等多种要素组成的复杂性的完整系统。(4)城市化不能再被仅仅看作从某中心向外扩展的一个地方性历史过程,我们同时也应该将城市理解为多极化、多样态的分化、瓦解与自由的全球化连接过程。

2. 资本主义城市化发展是金融资本积累本性与周期性变化的必然结果

资本主义的发展也经历了不同的形态。在当前的资本主义社会中,金融资本发挥着越来越重要的作用。金融危机也成为资本主义经济的最为致命性的周期性的危机之一。从空间地理的角度来说,我们不妨将城市理解为金融资本积累本性和周期的某种必然结果,是资本积聚、流转的具体的时空构型。从某种意义上可以说,金融资本的积累过程参与、影响乃至决定了城市凝固和流变的具体化过程。因此研究资本的城市化和资本积累之间的关系显得尤为重要:一方面,城市化是资本积累的重要形式,构成资本主义再生产的基本条件;另一方面,资本积累某种意义上成为城市化进程的决定性力量。当前资本主义社会的资本积累方式也发生了重要变化,套用哈维的术语来说就是资本的"弹性积累"。要研究当前的资本主义城市化发展,就有必要关注当前资本的积累模式。

3. 资本主义城市化发展是资本主义国家干预市场经济与公共消费经济发展的产物

资本主义城市化发展离不开资本主义国家的干预,城市某种意义上成为资本主义国家干预市场经济与公共消费经济发展的产物。一方面,国家拥有的行政权力可能直接支配城市的发展和规划进程,另一方面,国家拥有资本、技术、公共权力等多方面的优势,其自身也可以通过商业性、公共性的投资现实地参与城市化进程。在当前的资本主义城市化发展进程中,国家权力已经渗透到城市生活的骨髓之中。卡斯特的研究表明,当代资本主义城市发展的动力已经不再是工业,而是集体消费,国家提供包括教育、娱乐、医疗保健、住房、交通运输等各方面的物品和服务。①

古典社会理论把城市视为人类地方性生存发展的生态体系;经典马克思主义把城市理解为资本集聚和集中化生产的地方;而在今天,它已成为超地域的"全球化地方"与网络化空间。城市化发展既是金融资本积累本性与周期性变化的必然结果,也是国家干预市场经济与公共消费经济发展的产物;城市空间微观具体地凝聚了当代社会的基本矛盾、问题、危机与希望。

四、国家—再区域化发展观:阶级统治工具论 VS.资本积累的调节—统治空间论

1. 资本主义国家的空间化特征

现代国家本质上不仅是资产阶级统治的合法的暴力工具,在其宽泛意义上更是抽象权力空间、制度化空间和"由暴力所确立与组成的空间"②。正像任何社会关系的存在与每种生产方式都必须有自己恰当的空间一样,国家也必须有自己相应的空间存在形式与基础。在资本主义组织结构中,国家的存在理由及其作用均与占主导地位的生产关系的扩大再生产有关。资本主义国家的存在意味着,从结构上说,资本不能通过自身保障社会再生产的紧密协调过程。积累的国家调节(资本主义内部关系与阶级关系之间的关系)乃是资本流通、剥削的组织的必要条件。

关于当代资本主义国家本质问题以及马克思主义究竟有没有或者在何种意义上有自己的国家理论,这曾是 20 世纪六七十年代发生于西方马克思主义内部的旷日持久的论战话题。美国学者史丹利·阿若诺威兹和彼得·布拉提斯编著的《逝去的范式:反思国家理论》一书,称这场论战为米里本德(R. Miliband)的工具主义与普兰查斯的结构主义国

---

① 参见 Mannel Castells, *The Urban Question: A Marxist Approach*。
② Henri Lefebvre, The *Production of Space*, p. 280.

家范式之争。① 从本章的角度来说,我们关注的是论战中把马克思主义国家理论与资本主义生产方式理论空间化的普兰查斯以及深入系统地研究了国家与空间的复杂关系的列斐伏尔。

普兰查斯作为阿尔都塞的学生,在继承其老师著名的意识形态国家机器理论(Ideological State Apparatuses)②的基础上,进一步把国家的本质空间化地解释为"制度性的实体"(institutional materiality),认为资本主义国家不能被还原为资产阶级专政机器,而是相对独立于经济之外的机构实体。他在其最后的著作《国家、权力与社会主义》一书中对现代民族国家的空间基础进行了一种明显的历史地理学分析。

领土是现代民族的构成要素,普兰查斯用"空间母体"(spatial matrix)表征它③。空间母体在不同的生产方式之中具有不同的意义。在资本主义和前资本主义生产方式中,城市、边境和领土根本不拥有同一个单一的实在和意义。众所周知,德勒兹曾把前资本主义国家的空间称为封闭式、辖域性的,而把资本主义国家的空间称为开放式、解域性的。与此观点正好相反④,普兰查斯认为,西方的古代空间是一个以城邦为中心的空间,是一个同心而没有外部与边疆的空间,其基本特点是同质和对称,不存在差异化和等级化。资本主义社会由于机器生产和大工业造成的劳动的社会分工(直接生产者和生产资料相分离),空间母体表现出两个向度:一方面,空间断裂,存在着闭合和边境;另一方面,没有终点,资本主义劳动过程不断向世界范围扩展。通过国家,领土构成了现代民族的一个要素。现代国家无限扩张的过程也是确立民族统一的过程;现代的征服不同于过去,不再是连续同质空间的统一,而是通过填补

---

① 参见[美]史丹利·阿若诺威兹、彼得·布拉提斯编著《逝去的范式:反思国家理论》,李中译,吉林人民出版社2008年版。
② 参见[法]阿尔都塞《哲学与政治:阿尔都塞读本》,陈越编,吉林人民出版社2003年版。
③ 参见 N. Poulantzas, *State, Power, Socialism*, London, New York: Verso, 2000, pp. 99 - 107。
④ 参见[美]史丹利·阿若诺威兹、彼得·布拉提斯编著《逝去的范式:反思国家理论》,序言第11页。

鸿沟实现征服。民族国家同质化差异,在民族国家的边界中压碎各种民族性,消磨土地的崎岖,把一切囊括在领土之中。①

普兰查斯的国家空间观与列斐伏尔的很接近。后者认为:"我们正在谈论的是这样的一个空间,在其中,核心的权力将自己置于其他权力之上并且消解其他权力——在此空间中,自我标榜的'主权'国家排挤任何其他的民族性,并在这个过程中摧毁这些民族性;在此空间中的国教禁止其他一切宗教;在此空间中具有权力的阶级主张抑制所有的阶级差异。"②

列斐伏尔在其皇皇巨制四卷本《论国家》的第四卷《现代国家的矛盾:国家的(和)辩证法》一书第五章系统阐述了国家与空间的辩证关系:国家天生就有空间,并且与其同生死共存毁。每一种生产方式都具有与其相适应的空间。资本主义生产方式的特征是国家控制空间,由此导致当代社会空间的同质化、碎片化与等级制化的特征。③ 对于列斐伏尔而言,国家与空间的关系使得国家包括三种形态:一是作为自然空间生产出来的疆域性国家,这是最狭义的传统意义上的国家;二是作为社会空间生产出来的制度性政治性国家;三是作为精神空间生产出来的表征性文化性的国家。④ 以此为基础,布伦纳与雅索普把国家概括为:一是狭义的具有确定的疆域和边界的国家(sate territoriality),二是以政策调整性为特征的一体化国家(state integral),三是具有图绘性与可再地域化从而不断调整边界的表征性国家(state representational)。⑤ 这就是说,现

---

① 参见 N. Poulantzas, *State, Power, Socialism*, pp. 99 - 107;并参见刘力永《资本主义国家和社会主义政治战略:普兰查斯思想研究》,中国文史出版社 2009 年版,第 154—156 页。
② Henri Lefebvre, The *Production of Space*, p. 281.
③ 参见 Henri Lefebvre, *De l'Etat*, Tome IV, Paris: Union Générale • e' editions, 1978, pp. 259 - 324。
④ 参见 H. Lefebvre, *State, Space, World, Selected Essays*, edited by Neil Brenner and Stuart Elden, translated by Gerald Moore, Neil Brenner, and Stuart Elden, Minneapolis, London: University of Minnesota Press, 2009, pp. 224 - 225。
⑤ 参见 *State/Space: A Reader*, edited by Neil Brenner, Bob Jessop, Martin Jones, and Gordon MacLeod, Blackwell Publishing, 2003, Preface, p. 6。

代民族国家有确定的边界,但这个边界却在不断的再生产与变动之中。现代国家是碎片化而又同质化的空间。

2. 当前资本主义国家空间的"再区域化"发展趋势

资本主义的全球化与都市化发展,并没有削弱国家的作用而仅仅改变了其统治管理形式。这就是国家的空间化转换。其表现在,传统国家地理边界与主权形式开始松动与瓦解,一方面成为"去地域化"(deterritoralization)的全球国家,另一方面成为"再区域化"(reterritoralization)的地方经济政治组织。当代国家正在变成全球地方化与地方全球化统一的多重尺度的动态存在。①

从20世纪70年代开始,列斐伏尔与哈维等人已经把资本主义城市化国家化与全球化互动交融发展趋势进一步概括为去地域化与再地域化理论。90年代之后哈维进一步把这种流动化与固定化的双重性空间修复过程称为新自由主义与新帝国主义。② 作为哈维的学生与左派地理学的后起之秀,尼尔·布伦纳在此基础上进一步提出新国家空间理论或者城市治理与国家尺度重建(urban governance and the rescaling of statehood)理论。③ 更泛而言之,就是研究"不平衡地理发展的变化着的政治形式与制度中介"④。

作为哈维的杰出学生,纽约大学的尼尔·史密斯是从空间角度研究资本主义不平衡发展的经典权威。他认为,尺度(scale)是表明空间独特

---

① 关于全球化时代国家的作用究竟是强化还是弱化了,始终存在争论。有关论述参见[英]苏珊·斯特兰奇《权力流散——世界经济中的国家与非国家权威》,肖宏宇等译,北京大学出版社2005年版。而阿帕杜莱甚至令人震惊地指出:在全球化时代,民族国家作为一种复杂的现代政治形式正在走向末路。(参见《消散的现代性》,刘冉译,上海三联书店2012年版,第209—236页)
② 参见[英]哈维《新帝国主义》,初立忠、沈晓雷译,社会科学文献出版社2009年版。
③ 参见 Neil Brenner, *New State Spaces: Urban Governance and the Rescaling of Statehood*, Oxford, New York: Oxford University Press, 2009。
④ 同上书,第12页。

性水平的地理学概念（诸如城市、国家、区域与全球）①；也就是说，历史与地理学的理论逻辑核心不再是传统的阶段与形态比较方法，而是空间化的尺度概念；这个尺度概念不再是单一的绝对地理空间，而是多重相对的、伸缩收放自由的人类生产活动性的空间单位，从最小尺度的建筑空间一直到全球性空间。

作为史密斯的学生，布伦纳得益于老师的不平衡发展尺度理论启示良多，他把研究重心集中于国家尺度重建上，而这又是通过关注资本主义城市化的调控来实现的。他认为，大部分世界城市研究的方法是地理尺度问题。它们绝大多数关心的是某一个尺度，不是城市就是全球。而实际上全球化城市是一种全球化地方，既是城市的又是全球化的，是全球化关系的一种地方性集中与汇聚。他认为，全球化可定义为社会、经济与政治制度空间的再地域化，以及这种再地域化与外在的多重地理尺度相互影响的过程。由此，城市空间与国家机器等地域组织与全球化互为因果。它们既是全球化的前提，也是全球化作用于地方的载体与结果。一方面，城市尺度与国家尺度重组可看作是资本主义危机所引起的全球化过程中的两种不同的再地域化的方式；另一方面，二者又互为因果。② 因此，资本主义的城市、国家与全球化等空间化发展已经交织为一体，变为多重空间尺度所组成的灵活弹性的复杂整体。研究全球化就是研究城市化，研究城市化就是研究区域化与全球化。对城市空间与国家空间的研究，说到底就是一种全球化的区域与再区域化的研究。

19世纪末的那一波资本主义全球化主要围绕着国家组织的地域层面展开。那时，国家空间被看成自我封闭且被动接纳社会经济活动的容器。以国家为核心的世界资本主义制度，企图在资本积累、城市化与国

---

① 参见 Neil Smith, *Uneven Development: Nature, Capital, and the Production of Space*, Athens and London: The University of Georgia Press, 2008, pp. 181—202；并参见［美］尼尔·史密斯《不平衡发展》，刘怀玉、付清松译，商务印书馆 2021 年版，第 235—261 页。
② 参见［美］尼尔·布伦纳《全球化与再地域化：欧盟城市管治的尺度重组》，载《国际城市规划》2008 年第 1 期；并参见［美］尼尔·博任纳《城市，地域，星球：批判城市理论》，李志刚等译，商务印书馆 2019 年版。

家调控之间建立起一种同构的空间关系。但20世纪70年代初期全球经济危机即石油危机之后这种制度开始瓦解。城市与国家长久以来形成的相互关系正在松绑,造就了前所未有的全球城市化与资本积累新模式,摆脱了国家机器的绝对控制,同时强化了次国家与超国家的地域组织的重要性。这种正在进行的地域性尺度重组,可以看成是当今世界资本主义转型的特征。城市尺度与国家尺度的重组是一个高度竞争与矛盾的过程,涉及不同空间尺度上各种社会政治空间的争夺战。在超国家的空间尺度上,福特—凯恩斯式的国家机器正在被欧洲、北美与东亚出现的区域性组织所取代,这促成了一种新的世界宏观地理。在次国家的空间尺度上,城市的区域间竞争加剧,各自渴望争取更多的资本投资与国家津贴。与此同时,由纽约、伦敦、东京等全球城市主导的新的世界城市等级正在形成,而跨国公司总部也不断地向主导城市聚集。最后,尤其是在20世纪80年代之后全世界的国家都在通过改革以适应不断增加的全球经济上的相互依赖性,鼓励本国投资,更新积累模式。[1]

---

[1] 参见[美]尼尔·布伦纳《全球化与再地域化:欧盟城市管治的尺度重组》,载《国际城市规划》2008年第1期;并参见其所著《城市,地域,星球:批判城市理论》,第41—70页。

第二章　马克思主义哲学基本问题的空间化理解

历史唯物主义的空间化问题研究,既是对其所处时代的现实的重大主题或症候的突出与显示,也是一种基本概念与研究范式的转换(当然这并不同于新的教科书体系建构,而是新问题的呈现)。但从经典文本及其语境来看,马克思主义哲学并没有"现成可用"的空间化理论表述,而只有相应的潜在的可能的思想方法论资源,需要深入挖掘与创造性转换。1976年,当一位地理学杂志记者问福柯是否存在作为一位地理学家与空间理论家的马克思时,他的回答是:这个"马克思"并不存在。但如果我们按照空间化视角重读马克思,马克思的著作就会"呈现出异质的、有大量的段落揭示出一种令人惊异的空间敏感性。……比如,马克思的所有关于军队及其在政治权力发展中的作用的部分……对剩余价值无休止的评论,有许多重要的材料没有得到充分重视"①。

一方面,本章旨在"返本开源",追寻经典马克思主义哲学文本以及传统历史唯物主义理论体系基本范畴中所潜在的空间化思想资源,这

---

① [英]克莱普顿、埃尔顿编著《空间、知识与权力:福柯与地理学》,莫伟民、周轩宇译,商务印书馆2021年版,第223—224页。

是在寻找"可能的"来源。① 本章通过深入研究经典历史唯物主义理论中的基本范畴诸如再生产理论、社会有机体理论以及人化自然和历史自然理论，从中寻找到空间化思想的理论基础，以期揭示马克思主义哲学的空间化概念原初性地本真性地属于历史唯物主义的基本精神、范畴与方法论（而不同于通常所说的作为辩证唯物主义基本范畴的空间观）。另一方面，本章的任务则在于"推陈出新"，对马克思主义哲学基本理论体系进行一次当代化空间化理解与重建。这其中包括对历史唯物主义的历史概念、社会理论的空间化解释，也包括对与历史唯物主义密切相关的马克思主义认识论与辩证法的空间化理解。除此之外，本章还专题研究了马克思、卢森堡的生产方式理论与资本积累理论以及列宁与布哈林的资本主义理论特别是帝国主义理论的历史意义及其对资本主义空间化发展问题的理论阐述，从而为历史唯物主义空间化研究提供了比较扎实的理论基础、开阔的思想史视野与明晰的思想轮廓。

第一节　问题史的考古与激活：哲学研究范式创新之源

中国马克思主义哲学研究范式转换的关键是对马克思主义哲学研究的当代性问题的反思与重构。当代性问题研究要从重新激活马克思主义哲学基本概念与方法论开始。其表现之一是对德国古典哲学遗产的重新解读；表现之二是直接沟通经典马克思主义理论硬核与当代西方哲学社会科学之间的对话；表现之三是激活马克思虽天才地提出却并没有真正见证的问题。这其中就包括马克思预见到的资本主义与人类未来社会的空间化自动化或智能化发展趋势。

---

① 需要说明的是，本书并没有像西方学界盛行的那样以马克思的政治经济学批判文本为依据，直接引申历史唯物主义空间化思想，而仍然是比较集中研究历史唯物主义中相关哲学范畴的深层的可能的空间化思想与方法论潜能，特此说明。

一、新时期中国马克思主义哲学研究范式的转换与形态

既然把马克思主义哲学研究范式的创新与转换作为一个主题提出来，这就说明它具有时代性意义与共识性价值。现在的问题是从何入手来实现范式创新与转换。我们认为，出发点仍然是对以往学术研究成果与传统的回顾。从范式创新与时代主题转换角度来看，新时期中国马克思主义哲学研究40余年的历史可大致概括为三个基本阶段与形态：(1)教材体系改革——马克思主义哲学形态与实质的"正本清源"(20世纪80年代中期至90年代中期)；(2)从哲学的现代化诉求到现代性的哲学透视——马克思主义哲学当代性意义与价值的重估与反思(世纪之交与21世纪之初)；(3)"价值重估"之后哲学研究问题的重构——新时代马克思主义哲学的"中国创造"(包括学科体系、学术体系与话语体系的创新)的出路与探索(目前的焦点)。如果说围绕哲学教科书体系的改革与对创新问题的讨论，旨在拨乱反正、突破禁区，其功莫大焉，那么，关于马克思主义哲学当代性意义、价值的讨论，则是一个更具基础性、根本性的思考研究过程。当代性意义的讨论，在清理历史尘垢、开阔视野、丰富内涵、提高学术水准，更新马克思主义哲学研究的时代性思想与方法，为马克思主义哲学的当代合法性地位进行辩护等方面，均取得了不容否认的长足进步。但与此同时，这个讨论过程也面临着马克思主义哲学研究边界过于松散与模糊，马克思主义哲学如何解决自身理论与时代现实问题上的迷惘与困惑等问题。于是，国内一批著名学者近20多年来在一些重要会议和论著中提出了"马克思主义哲学研究的当代性问题究竟是什么"，这个发问貌似平常，实乃带有强烈的时代责任感与危机感。

从对马克思主义哲学当代性意义价值的反思到对马克思主义哲学研究的当代性问题的反思，这实际上意味着新时期中国马克思主义哲学研究正在进行第三次范式与主题转换。如果说，当代性意义的讨论还带有马克思主义哲学在当代"应该是什么样子""应该做什么""应该成为什么"这些理想期盼特色，与之相比，当代性问题的反思之提出，则促逼着

我们思考"究竟要做什么""究竟从什么入手"来实现当代性的马克思主义哲学研究。

应该说,当代中国马克思主义哲学研究 40 余年的时代主题或范式的深刻变革从一个特定角度反映了中国社会结构的现代转型,即从单纯的意识形态宣传教育到专业理论研究、专业教育与人才培养以及意识形态教育与现实社会问题研究的分化与多元化发展态势。目前学界普遍关注马克思主义哲学研究的当代性问题这样一个趋势,既是一次重要的整合,同时也是深刻的分化。这种整合是学科建设意识的强化与清醒,是对学科现实严峻处境及其功能使命与发展方向的深刻反省;这种分化也主要不是观点与流派意义上的,而是一种问题研究与方法更新上的细化落实。

二、对马克思主义哲学基本问题的重新清理与激活

关于马克思主义哲学研究的重大问题的反思应该进一步讨论与深化的内容是,我们不仅要讨论马克思主义哲学究竟应该首先研究"重大现实问题中的哲学"还是"哲学自身中的问题",马克思主义哲学如何面对重大现实问题、应该面对什么样的现实问题,马克思主义哲学以何处为突破口介入现实即现实地"出场",而且要进一步反思马克思主义哲学的基本问题究竟是什么,今天我们所遭遇到的马克思主义哲学研究的当代性基本问题究竟是如何历史性地形成的。马克思主义哲学的问题不是一成不变的,也没有一成不变的或现成可用的理论观点、范畴概念与实践方法。马克思主义哲学既非"现成可用"的,更非"基本过时"的,而是"与时俱进""生生不已"的。在经典马克思主义哲学与当代性问题视野之间、在国外马克思主义与当代中国现实之间,并没有直通车。马克思主义哲学需要在清理历史与时代所造成的问题堆积物的过程中重建地基,激活其基本概念与方法,使之成为再生性的当代视野。

马克思主义哲学当代性问题研究从重新激活基本概念与方法论开始,其表现之一就是对德国古典哲学遗产的重新解读,这项需要不断重

复的工作将会导致对马克思主义哲学的本真精神的重新领悟。从思想史深处激发新的哲学问题视野,在此意义上,马克思主义哲学需要接着德国古典哲学逻辑往下讲;德国古典哲学的"旧瓶"仍然可以装"新酒",而不必完全另起炉灶。马克思主义哲学的当代理解需要经常借助于德国古典哲学的基本概念与问题而不断将现实问题重新哲学化。马克思主义哲学革命的巨大意义固然不能低估,但为此所付出的与德国古典哲学决裂的代价也需要我们关注。其中的可能后果之一就是使得马克思主义哲学向着"前康德式"的旧唯物主义倒退(普列汉诺夫与第二国际正统),或者无原则地与后黑格尔的、后形而上学的实证主义、经验主义、价值哲学(如奥地利学派)合流。第二国际与苏联马克思主义哲学的历史教训即根源于此。而晚年恩格斯留给我们的一则意味深长但又含糊暧昧的思想遗嘱就是:关于马克思主义与德国古典哲学的关系问题——不仅要研究马克思创立自己的哲学时如何与德国古典哲学进行必要的前提性问题的决裂(即以往哲学史的终结),而且要思考如何重新接着德国古典哲学问题往下讲(即以往哲学史的完成)。

  这就说明,没有德国古典哲学辩证法的理论底子与思想素养,马克思主义的唯物主义根本无法具有当代意义或合法性。我们学习马克思哲学,不能简单而现成地从马克思那里获得,而必须与马克思一道经过与克服德国古典哲学这个环节才行。马克思的哲学不是现成的,而是必须通过理解德国古典哲学的历史与逻辑才能生成与得到的。不经过黑格尔不可能有马克思主义哲学,而不超越黑格尔同样也不可能成为马克思主义哲学。没有德国古典哲学,马克思主义就很可能是肤浅的近代唯物主义,马克思哲学只有在超越黑格尔之后的同时重新回到黑格尔哲学问题的深处,才具有当代性哲学意义。列宁从第二国际哲学唯物主义(《唯物主义和经验批判主义》)走向重新认识黑格尔辩证法(《哲学笔记》)的哲学道路就说明,一个直接接受或仅仅通过马克思主义现成结论来学习马克思主义哲学的人,他的哲学不可能是真正的严格的深刻的马克思主义。必须通过深刻的唯心主义哲学的批判与洗礼,才有深刻的马克思主义哲学;或者必须通过马克思主义而重新回到深刻的德国古典哲学唯心论,才能重新激活马克思。没有对德国古典哲学尤其是黑格尔的哲学的克服与继承,就不会有真正的马克思主义哲学。聪明的发达的唯物主义形态,从来都是和同样聪明而隐蔽的唯心主义结伴而生的。正像列宁所说的,聪明的唯心主义通常比粗俗愚蠢的唯物主义更接近真理,更接近聪明的唯物主义。马克思主义哲学的历史与其说是以往的唯物主义辩证法的直接累加史,不如说是对更高级形态的唯心主义形而上学的扬弃史。从这个意义上说,马克思主义哲学史也就不是唯物主义辩证法的自动目的论生成史,而是自我解构史;它就是聪明的唯物主义辩证法"超克"聪明的唯心主义、隐性唯心主义,超越低级唯物主义的思想断裂史、范式变革史。

这里所采用的"激活经典概念"这个说法,固然得益于尼采的著名隐喻之启示:"精通古代的泉源的人,他到最后就会探求未来之源,探求新的泉源"①;但主要借鉴自两位把后结构主义与马克思主义批判精神结合起来的后马克思主义代表人物拉克劳与墨菲的观点。他们认为,在当代资本主义现实与马克思主义理论范畴能够合法包容的东西之间存在着日渐扩大的裂痕,为掩盖理论无法解释现实的绝望与无能为力感,马克思主义者就不得不重复上演"一方面坚持'经济决定论'"与"另一方面承认'政治文化相对独立性'"的"历史辩证法"的笑剧。有鉴于此,他们采取胡塞尔所说的再激活的方法拯救被沉积的理论。沉积的理论是指它们原初的创造活动被遮蔽了,而再激活因素能使它们的行动再显现出来。"对于我们来说,与胡塞尔不同,再激活应该显示综合的原初偶然性。马克思主义的范畴试图建立这样的综合。与'阶级'、三个层面(经济、政治和意识形态)或者作为被沉积下来的盲目崇拜对象的生产力与生产关系之间的矛盾关系这些方面无关,我们要复活它们的话语得以可能的前提条件,并且自问那个关于它们在当代资本主义之中的偶然性和

---

① [德]尼采:《查拉图斯特拉如是说》,钱春绮译,三联书店2007年版,第250—251页。

断裂的问题。"①我们想获得的结果是马克思主义理论的多样化与不确定性,而不是一种貌似完整、实际僵化的东西。

后马克思主义对马克思主义的核心基本范畴与方法(如生产关系与无产阶级专政理论)的放弃固然是错误的,但它们对马克思主义基本范畴生成的历史性、偶然性知识语境的再现与激活这种后结构主义的、新历史主义的方法,对于打破僵化教条、重新焕发经典活力很有启发性意义。

如果说后马克思主义通过解构经典马克思主义核心概念来激活马克思主义的政治策略总给人以"舍本求末"的感觉,晚期马克思主义思潮的"重新激活马克思主义概念"策略则会给我们以更多的有益启示。正像黑格尔说过的,哲学总像是一只黄昏时才起飞的猫头鹰。所谓的"晚期马克思主义",就是在后现代话语挑战中姗姗来迟的"西方马克思主义"。正如詹姆逊所反思的:形形色色的后现代主义与后马克思主义思潮联袂演出的"马克思主义终结论",迫使马克思主义者发展出一种"更加现代的"(实际上是"后现代的")马克思主义。它试图对传统的研究客体,即资本主义本身所呈现的"新的出乎意料的维度"即"后现代状况"加以理论化。② 由此,晚期马克思主义从不同角度得出一个近似的结论——晚期资本主义与后现代主义具有互为表里、彼此辩护的现实同谋关系!而达成如此共识的理论前提是,马克思以生产方式为核心的历史性哲学话语,在后现代语境中完全可以被激活而绝不可以将其瓦解;但这种历史决定论必须被重新主题化为一种"空间化的辩证法"。在他们看来,马克思所谓的资本主义再生产主要不是"物"的再生产,也不是"量"的扩大再生产,又不是同质的社会体系的再生产,而是社会关系的差异化再生产过程。马克思的历史观辩证法虽然未能从根本上摆脱工

---

① [英]恩斯特·拉克劳、查特尔·墨菲:《领导权与社会主义策略:走向激进民主政治》,尹树广等译,黑龙江人民出版社2003年版,第二版序言,第2—3页。
② 参见[美]詹姆逊《后马克思主义五条论纲》,载《詹姆逊文集》第1卷《新马克思主义》,王逢振主编,中国人民大学出版社2004年版,第310页。

业化社会生产过程的制约,但他实际上已经隐约地看到,资本主义的"生产"不但是一定空间与时间制约下的物质生产,而且更是一个不断地超越地理空间限制而实现的空间"自我生产"过程。资本主义发展到后现代,它的主导生产方式就是"空间的生产",而不是物的或社会的生产。所谓的后现代主义或后现代症状,是与资本主义的流动化空间化全球化发展过程,即"时空的压缩""共时性对历时性的胜利"等新的显化特征,无意识地相一致的空间化体验形式。①

所以,在这里我们很有必要专门提一下晚期马克思主义代表人物弗里德里克·詹姆逊,他与哈贝马斯的立场明显不同。后者认为经典马克思主义的生产方式理论已经不足以解释社会进化过程、回答当代问题,因而要用交往理论模式取而代之。而詹姆逊认为,马克思的生产方式概念仍然是当代西方各种现代性批判理论话语所无法超越的宏大叙述模式或者终极理论地平线。詹姆逊认为,马克思主义固然是一个符码体系,但更是一个有待于探讨的问题域。大理论家们更应该明确地意识到他们自己的工作是如何建立在马克思主义的问题性(再强调一下,不是马克思主义本身)之上的。我们的出发点不是马克思主义的某种理论观点本身,而是马克思主义所致力于探讨或者提出而尚未解决的现代性经典问题。② 这句话应当说是很有见地的,他有意无意中看到了马克思主义当代性意义的实质所在——不是某种现成的结论,而是提出的问题与思考问题的方法。

三、当代中国马克思主义哲学研究总问题域及若干研究途径

马克思主义哲学的当代性问题研究是一个回到经典问题、突破经典问题,重新激活经典问题域的创新—继承过程。第一,要历史性反思马

---

① 参见[美]大卫·哈维《后现代的状况:对文化变迁之缘起的探究》,阎嘉译,商务印书馆 2003 年版,第 149—150、251 页等处。
② 参见[美]詹明信(即 F. 詹姆逊)《晚期资本主义的文化逻辑》,张旭东编、陈清侨等译,三联书店 1997 年版,第 18、19、20、22、23、4、3 页等处。

克思主义哲学基本概念方法问题,坚持马克思主义哲学反思与资本主义批判和社会主义建设的"三位一体"。马克思主义的以把握生产方式发展逻辑为核心的历史唯物主义,以批判揭露资本主义基本矛盾为核心的现代性社会理论,以追求无产阶级和全人类解放为目标的科学社会主义,仍然是行之有效的。马克思关于一定时代的社会的生产与再生产是全部人类历史的出发点,关于占统治地位的生产关系与社会结构的生产与再生产主宰每一时代社会生活与人的存在的具体过程,关于任何占统治地位的社会关系的生产与再生产总是在偶然性、变动性连接中具体表现自身、实现自身、改变自身从而成为未来社会新萌芽等这些思想,仍然是我们要珍惜的历史唯物主义基本理论。马克思主义哲学的当代性问题研究,最根本的一点是始终坚持理论与实践的具体的辩证统一的原则,坚持历史与逻辑相统一的方法。马克思主义哲学的当代性问题研究,不能固守某种所谓不变的原则、原理与框架,以此来评判与要求已经深刻而急促变化的现实,不能用某些一成不变的必然性规律来裁定当代状况与趋势,却忽略了丰富的无法归纳到原有框架中的新的偶然现象,而需要在偶然性中透视当代现实与马克思主义的生命力。当然,马克思主义哲学的当代性问题研究也不能一味地让理论附和表面变化的现实而失去原则、迷失方向。

第二,马克思主义哲学的创新与发展,确实与人类思想史上的许多哲学思想变革一样,都是突破原有经典大问题而从亚形态、次问题中生长出新的基本问题。马克思主义哲学的历史并不是按照严格的历史目的论方式发展的,也不是一个基础不变的简单积累进化过程,而是一个不断突破原有框架、不断移心化的过程。借用福柯的话说,问题是要在没有一种目的论能预先限制的不连续性中分析思想史。[①] 20 世纪 60 年代的库恩的《科学革命的结构》(1962)与福柯的《知识考古学》(1968)一样,都认为科学史、思想史不是积累式而是断裂式的。也就是说,它们均

---

① 参见[法]米歇尔·福柯《知识考古学》,谢强、马月译,三联书店 1998 年版,第 9、19 页。

不是"同心圆式"的同化史,而是"移心化"的变异史。用福柯的话来说,思想史并非某个观念"逐步完善"以及它的"合理性不断增长,它的抽象化渐进"的历史,而是新的观念不断地突破原有的核心观念的历史。① 库恩说,其中的每一次革命都迫使科学共同体抛弃一种盛极一时的科学理论,而赞成另一种与之不相容的理论。"每一次革命都将产生科学所探讨的问题转移,专家用以确定什么是可接受的问题或可算是合理的问题解决的标准也相应地产生了转换。而且每一次革命也改变了科学的思维方式,以至于我们最终将需要做这样的描述,即在其中进行科学研究的世界也发生了转变。"②革命的本质就是新旧范式的转换。范式变革可谓"倒转乾坤"。"范式一改变,这世界本身也随之改变了。"就像心理学中的视觉格式塔转换一样,"革命之前科学家世界中的鸭子到革命之后就成了兔子"。③ 我们今天所遭遇的现实大问题经常是历史上的次形态问题(甚至是空前的),而我们所坚持的所谓基本问题,其实是"发生学"的而不是"目的论"的产物,是从历史上的次生问题中扩展与再生产出来的。马克思主义哲学在当代最需要研究的问题肯定是或经常是经典论述中比较含糊的、抽象的、次要的问题,所以没有现成的原理直接可用。诸如,消费社会的称霸、资本主义生产的空间化转向、全球资本主义文化的形成、市民社会/公共领域的衰落、微观政治的突现、女性政治的兴起、生态危机的普遍化……马克思主义也无法直接提供落后国家的社会主义新式现代化发展、民主法治建设以及社会治理现代化的方案。这些从表面上看经典马克思主义所缺失的东西,需要我们回过头重新加以审视。

第三,我们不能要求马克思主义经典直接回答在今天的现实中已经成为主导的问题。我们不仅要关注马克思所批判的资本主义本身的历史局限性,更要关注马克思所批判的那个时代的资本主义的历史局限性

---

① 参见[法]米歇尔·福柯《知识考古学》,第3页。
② 参见[美]托马斯·库恩《科学革命的结构》,金吾伦、胡新和译,北京大学出版社2003年版,第5—6页。
③ 参见同上书,第101页。

及批判本身的历史局限性。我们要弄清经典作家是在何种方法何种意义上看待今天我们正在面临的现实问题的。

正像当年马克思批判李嘉图并不能理解自己的古典经济学中的"工业主义""资本主义"的历史本质一样,同样,马克思也无法像我们今天这样,非常自觉地把他对资本主义、工业主义的批判当作是对作为"形而上学的完成"与"体现"的历史局限性的批判。马克思是用工业主义、资本主义的现代性理解维度,来表达他的"后工业"的即新的现代性的"历史科学"观点的。他是用工业主义的语言来批判工业主义的历史本体论的。他自己就说过:"对一个著作家来说,把某个作者实际上提供的东西和他自认为提供的东西区分开来,是十分必要的。这甚至对哲学体系也是适用的:例如,斯宾诺莎视为自己体系的基石的东西和实际上构成这种基石的东西,两者完全不同。"①

第四,马克思根据自己的时代理解,超越了资本主义那个时代的局限性,提出了相应的科学社会主义未来蓝图。但这个超越与展望,并不是一桩能立竿见影、一蹴而就、一劳永逸的事业,而是需要通过不断的发明、批判与反思才能成为可能的漫长过程。比如,马克思所预见到的而在今天已经基本实现的生产自动化与智能化,在他的问题视野中曾经是超越了资本主义物质生产过程与资本主义生产关系的历史局限性的"未来的人类广阔自由前景"②,在今天看来却仍然是资本主义生产方式的高级变形与替代,即资本主义的非物质劳动剥削形式的普遍化对资本主义的物质劳动统治形式的普遍化的取代,是资本主义对人的生命力的全面控制取代了资本主义对人的生产劳动力的有限约束。③ 在马克思主义经典作家曾经乐观地预言与追求的人类征服世界的无限自由与可能的崇

---

① 《马克思恩格斯文集》第 10 卷,人民出版社 1995 年版,第 429—430 页。
② 参见《马克思恩格斯全集》第 31 卷,人民出版社 1998 年版,第 100—102 页。
③ 参见[意]奈格里《〈大纲〉:超越马克思的马克思》,张梧等译,北京师范大学出版社 2011 年版;[意]保罗·维尔诺《诸众的语法:当代生活方式的分析》,董必成译,商务印书馆 2017 年版。

高美好前景的地方,我们在现实中则经常可以看到资本主义统治的异化与危机的当代形态与未来(如生态能源危机)。众所周知,马克思当年的政治经济学批判通过突出工业资本主义的决定性地位,而将李嘉图从不彻底的带着重农主义色彩的问题视野中拯救出来,使其成为彻底的工业资本主义社会科学家。今天的我们也要让马克思从工业社会,从资本主义形式本质上的统治、宏观抽象统治占主导的那个时代的批判家,转变成资本主义真正成为全面实质统治、微观具体统治、流动统治时代的批判家。①

马克思与列宁当年所期望的作为对资本主义社会的超越与替代的社会主义,所谓的人类最终与未来的解放形式(自动化、电气化、大生产),今天已经以漫画的现实形式实现和存在——它们无非是资本主义生产过程异化和对人的统治的更加高级与内在隐蔽的形式。在马克思当年自认为看到了超越资本主义历史局限性因而具有无限可能性的彼岸自由王国的地方,我们今天则经常看到马克思时代的资本主义历史局限性和马克思对资本主义理解的历史局限性。批判性地反思与超越资本主义的历史局限性,冲破资本主义形而上学"普照之光"的同质化、单一性统治之遮蔽,透视与拯救被遗忘被践踏的异质性传统残片,恢复与保护历史文化遗产的多样性尊严,唤醒多种多样的被压迫的人类群体(阶级、种族、性别、难民、弱势群体、亚形态文化社群),建立各种各样的连接(团结)解放政治力量的新形式,展望未来新的人类理想新境界,仍然是马克思主义哲学研究的总问题视野②。

第五,今天马克思主义哲学要研究的问题是马克思虽天才地提出但并没有真正见证的问题。诸如,资本主义从形式到实质、从抽象到具体、从物质关系到精神文化结构统治的新现象,资本主义从固定的地方性民族化显形态统治走向流动性的全球性空间化网络化的隐形态统治的新

---

① 参见[英]齐格蒙特·鲍曼《流动的现代性》,欧阳景根译,上海三联书店 2002 年版;[美]马歇尔·伯曼《一切坚固的东西都烟消云散了》,徐大建等译,商务印书馆 2003 年版。
② 参见[英]罗纳尔多·蒙克《马克思在 21 世纪:晚期马克思主义的视角》,张英魁等译,江苏人民出版社 2011 年版。

现实,是资本主义从宏观到微观、从经济政治到日常生活道德心理的统治逻辑的逐步完善与完成。在更深层、更隐蔽的现代性异化统治形式中寻找未来人类更高级、更全面的自由发展的可能性,在批判旧世界中发现新世界,在改造旧世界中认识新世界,这仍然是一个具有广泛感召力的真理。

总之,马克思主义哲学当代研究的总问题仍然是以历史唯物主义基本理论的自我反思、批判、重建为前提,以历史地透视批判资本主义当代发展的最新最高形态为对象与任务,以能动把握当下的全球性资本主义经济政治文化联系变动的现实为立足点,以高度关注"历史转变为世界历史"时代的不同地方—区域、民族—国家、阶级的交往与矛盾的政治实践为己任,构建符合新的时代要求的社会主义政治解放理想与现实制度。站在时代的制高点上,思考资本主义现代性的最深刻最内在的矛盾与问题,在现实的挑战过程中反思与重构马克思主义哲学最基本最核心最突出的问题,在超越与批判现实的资本主义最高形态的历史局限性的过程中,丰富与改变社会主义和人的解放的实践制度与理想内涵。正像资本主义总是一个不断地超克自身固有的界限、矛盾、危机而盲目地扩张的自然历史过程一样,对资本主义的批判也是一个不断地自我更新哲学方法论、历史观的认识过程。相应的,社会主义作为超越资本主义历史局限性的自觉而宏伟的历史过渡过程,也必然是一个不断与变革着的资本主义全球化现实相适应的、自我超越历史局限性的反复和漫长的过程。从历史角度来看,以往的社会主义制度形式不可避免地带着受资本主义历史时代影响的局限性;而从未来的发展角度来看,社会主义所采取的暂时的局部的资本主义成果与管理形式可以被合理地理解为超越资本主义及其自身历史局限性、向未来更高级社会形态过渡与飞跃的历史性当下性的具体表现。

第二节　历史唯物主义的"空间化"概念探源

历史唯物主义空间化概念并没有现成的经典文本与理论来源可以

遵循，而需要经过一番艰苦细致的前提性批判与内在逻辑重新建构工作才能窥其究竟。在这其中，前提性批判重点在于反思与检讨苏联传统教科书中著名的物质本体论的空间概念，它实际上掩盖了马克思主义空间哲学观念原初的历史唯物主义精神实质。历史唯物主义空间化问题之重构的第二个任务是批判社会空间论或者社会结构论概念，重点是纠正经济决定论与地理决定论的误解；造成这两种著名而流行的空间概念错误的原因，是没有把空间概念与历史概念统一起来。第三个任务是阐述空间化概念的基本内涵与建构的可能性，在这其中，生产实践特别是社会关系的再生产概念是基始的，而资本积累的逻辑是其主体部分。本节在简要反思传统空间观的局限性之同时，重点集中于政治经济学批判语境下马克思的社会关系再生产、社会有机体、历史自然观特别是"以时间消灭空间"的空间化思想。

一、辩证唯物主义的空间观之形成及其局限

众所周知，在马克思主义哲学史上，空间概念首先并不是作为历史唯物主义视野中的问题出现的，反倒是作为辩证唯物主义物质世界本体论问题出场的。恩格斯与列宁分别在《反杜林论》与《唯物主义和经验批判主义》这两部著名的论战体著作中表述了最为经典的马克思主义的时空观。我们有必要回顾他们的经典贡献。

（一）恩格斯的辩证唯物主义空间观

马克思主义哲学起初把空间作为一个辩证唯物主义本体论问题来对待，很大程度上是与恩格斯所面对的杜林将其作为自然哲学问题来研究高度相关。杜林在其《哲学教程——严密科学的世界观和人生观》一书中向我们依序展示了形而上学本体论、自然哲学、认识论、伦理学、历史哲学、社会哲学、人生哲学、科学哲学这样一个复杂体系。他在自然哲学即关于自然物质世界运动规律的部分提出如下观点："空间概念只是在观念上具有无限性，而在实际上不能具有无限本身这样荒唐的含义"。"物体实际上的广延性存在不同于单纯的空间概念，它总是有界限的。

物质的实际广延性,换言之,空间的充实是有其边界的,因此本身也有某种形式。在我们的思维中,不仅没有任何东西强迫我们用空间概念把空间的真实充满无限地继续下去,而且相反,这种无限继续本身同我们前面谈到的定数律是背道而驰的……真实部分存在,作为被分开的、实际上本身也是存在着的存在,不是无限量的。这样,空间的真正无限性观念,例如斯宾诺莎就曾用所谓自由的诗歌形式表述过这种混乱观念,就自我否定了。"①据此,恩格斯认为杜林"否认了空间的无限性"。

恩格斯于《反杜林论》一书第一编第五章中指出:杜林所谓关于"世界在时间上有开端而在空间上有界限"的观点,几乎原封不动地抄袭了康德著名的第一个"二律背反"这个命题。② 杜林只是把康德的概念改名为定数律,而康德根本没有说世界在时间上有开端而在空间上有界限。因为他提出并证明了相反的命题:世界在时间上没有开端而在空间上没有终点。杜林却把这个重要方面置于一旁而不顾。恩格斯借题发挥性地强调了世界在时间与空间上的无限性这个方面的特征,而相应地忽略了世界在时间与空间上的有限性这个同样重要的规定,特别是否定了康德关于时间和空间是先验认知形式这个重要规定,从而使时空概念又回到之前的形而上学唯物主义与牛顿力学绝对时空观那里去了。

恩格斯说:"时间上的永恒性、空间上的无限性,本来就是,而且按照简单的词义也是:**没有一个方向是有终点的**……"③空间的无限性并不是一个数学表达的问题而是一个客观存在。"杜林的囊括世界的定数律,是一个形容语的矛盾,它本身就包含着矛盾……很清楚,有终点而无开端的无限性和有开端而无终点的无限性,都同样是无限的。……杜林先生永远做不到没有矛盾地思考现实的无限性。无限性**是**一个矛盾,而且充满矛盾。……正因为无限性是矛盾,所以它是无限的、在时间上和空

---

① [德]杜林:《哲学教程》,郭官义译,商务印书馆1991年版,第61页。
② 参见《马克思恩格斯全集》第26卷,人民出版社2014年版,第52—53页;并参见康德《纯粹理性批判》,A426B454—A432B460,王玖兴等译,商务印书馆2019年版,第368—373页。
③ 《马克思恩格斯全集》第26卷,人民出版社2014年版,第53页。

间上无止境地展开的过程。如果矛盾消除了,那无限性就终结了。"①

如果说恩格斯的《反杜林论》"论时空"一节重点强调辩证唯物主义时空观的无限性特征,那么他在《自然辩证法》中则把重心放在了关于空间的本质抽象认识论方面的论述上。他承认我们所认识的时间与空间是有限的、相对的。比如,他在批判德国植物学家卡尔·耐格里不懂得空间的感性与抽象、主观与客观的辩证统一关系时指出:耐格里认为"我们只能认识有限的、暂时的、变换着的东西,只能认识等级上不同的东西和相对的东西……我们不知道任何无限的东西或永恒的东西……我们准确地知道一小时、一米、一千克的意思是什么,但是我们不知道时间、空间、力和物质、运动和静止、原因和结果是什么"②。恩格斯据此尖锐批评道,耐格里的观点是老生常谈:"先从感性的事物得出抽象,然后又期望从感性上去认识这些抽象,期望看到时间,嗅到空间。经验主义者深深地陷入经验体验的习惯之中,甚至在研究抽象的时候,还以为自己置身在感性体验的领域内。我们知道什么是一小时或一米,但是不知道什么是时间和空间!……仿佛空间不是实实在在的立方米而是其他某种东西!"③经验主义认识论最大的弊端就是无法从对空间的感性客观认识上升到抽象的客观认识。要知道:"事实上,一切真实的、寻根究底的认识都只在于:我们在思想中把个别的东西从个别性提高到特殊性,然后再从特殊性提高到普遍性;我们从有限中找出和确定无限,从暂时中找出和确定永久……对自然界的一切真实的认识,都是对永恒的东西、对无限的东西的认识,因而本质上是绝对的。"④这样一来,恩格斯重新又把时空观的研究重心拉回到了其绝对无限性一面。

一方面,恩格斯承认时间与空间是运动着的物质的客观存在形式以及对它的认识的主观相对性:"物质的这两种存在形式(即时间与空间——引者注)离开了物质当然都是无,都是仅仅存在于我们头脑之中

---

① 《马克思恩格斯全集》第 26 卷,人民出版社 2014 年版,第 55 页。
②③ 同上书,第 574 页。
④ 同上书,第 572—573 页。

的空洞的观念、抽象。……因为物质本身和运动本身还没有人看到过或以其他方式体验过;只有现实地存在着的各种物和运动形式才能看到或体验到。物、物质无非是各种物的总和,而这个概念就是从这一总和中抽象出来的,运动本身无非是一切感官可感知的运动形式的总和"①。总之,"只有研究单个的物和单个的运动形式,才能认识物质和运动,而我们通过认识单个的物和单个的运动形式,也就相应地认识物质**本身**和运动**本身**。"②但另一方面,恩格斯又批判耐格里不懂得从经验的感觉的客观认识上升到抽象的科学的客观认识,因此,当他说我们不知道什么是时间、空间、物质、运动、原因和结果的时候,他不过是在表明他不懂得抽象与具体的辩证法:他只知道感觉到的个别事物,却不明白还有抽象的客观事物。这正像黑格尔所讽刺的那样:"我们固然能吃樱桃和李子,但是不能吃**水果**,因为还没有人吃过水果本身。"③恩格斯的这段话再清楚不过地表明了时空固然是感性的客观存在,但时空只能通过人的抽象主观思维形式才能得以把握与认识。所以,空间的有限性与无限性的辩证统一不仅是客观存在的,而且是具有主观与客观、抽象与具体的认识辩证法形式与意义的。这就把辩证唯物主义的空间观的理解向前推进了一步。

正如南斯拉夫实践派哲学家弗兰尼茨基中肯地评价的那样,晚年恩格斯面临的任务是,保卫辩证法,反对杜林,阐明一种与当时十分时兴的庸俗唯物主义截然不同的新的哲学。一方面,这样的任务"不仅是艰巨的,而且是个人几乎难以解决的",他当然不可能完成这项任务,直到今天也没有人能够完成,所以如果谁想"以批判的态度对待开拓新道路的先驱者,那么就更加应当以批判的态度来对待我们自己"。另一方面,晚年恩格斯以不同的表述方式所表达出的对包括马克思主义时空观在内的问题的看法,"提供了对哲学问题作出不同的解释及不同的论证的可

---

① 《马克思恩格斯全集》第 26 卷,人民出版社 2014 年版,第 574—575 页。
② 同上书,第 575 页。
③ 转引自同上书,第 575 页。

能性"。①

（二）列宁的辩证唯物主义空间观

如果说恩格斯在同杜林论战的过程中，主要以"跟着杜林走"的被动形式捍卫着唯物主义的时空的绝对客观性与无限性原则，反对康德的先验直观的即主观的时空观，强调杜林把时空概念与时空客观实在混淆起来，是含糊的唯物主义者，列宁则在《唯物主义和经验批判主义》一书第三章第五节"空间和时间"中极其明确地系统阐述了辩证唯物主义的物质时空观，把恩格斯的思想实质性地向前推进了一步。

首先，列宁指出辩证唯物主义空间观的客观性本体论原则：唯物主义既然承认客观实在即运动着的物质不依赖于我们的意识而存在，也就必然承认时间与空间的客观实在性。这与康德站在唯心主义立场上认为时空不是客观实在而是人的直观形式的观点是根本对立的。②

其次，列宁指出了辩证唯物主义空间观与旧唯物主义空间观的根本联系与统一，却没有指出二者的根本区别，特别是后者的根本缺陷。列宁强调，在时空观上始终存在着鲜明的唯物主义与唯心主义的对立。费尔巴哈是唯物主义时空观的代表，他明确认为空间与时间不是现象的简单形式即先验的主观的直观形式而是存在的根本条件。费尔巴哈承认我们通过感觉认识到的感性世界是客观实在，自然也就是否认现象论或不可知论的时空观。正如物或物体不是简单现象，不是感觉的复合而是作用于我们感官的客观实在一样，空间与时间也不是现象的简单形式，而是存在的客观实在形式。世界上除了运动着的物质之外什么也没有，而运动着的物质只能在空间与时间中运动。人类的时空观念是相对的，但绝对真理是由这些相对的观念构成的，这些相对的观念在发展中走向绝对真理、接近绝对真理。正如关于物质的构造与运动形式的科学知识的可变性并没有推翻外部世界的客观实在性一样，人类的时空观念的可

---

① 参见[南]普雷德腊格·弗兰尼茨基《马克思主义史》第Ⅰ卷，李嘉恩等译，人民出版社1986年版，第236—237页。
② 参见《列宁选集》第2卷，人民出版社1995年版，第137页。

变性也没有推翻时间与空间的客观实在性。①

为了证明辩证唯物主义空间观与旧唯物主义空间观在坚持客观性原则上的高度一致性,列宁非常精准地转述了恩格斯对杜林的时空观的批判:恩格斯在揭露不彻底的糊涂的唯物主义者杜林时,抓住的地方正是,他只谈时空概念的变化而对下面的根本问题却闪烁其词——空间与时间是"实在的"还是"观念的"? 我们的"相对的"时空观念是不是"**接近存在**"的客观实在形式? 还是它们只是"发展着的、组织起来的、协调起来的和如此等等"的人类思想的产物? 恩格斯教训杜林说,一切存在的基本形式是空间与时间,时间以外的存在与空间以外的存在,同样是非常荒诞的事情。列宁认为,恩格斯这里的依据正是费尔巴哈的时空观念。恩格斯向杜林指出,否认时间与空间的客观实在性,在理论上就是糊涂的哲学思想,在实践上就是向信仰主义投降或对它束手无策。②

再次,列宁进而在批判马赫主义(或经验批判主义)与康德的空间观上的不可知论和主观唯心主义传统的一脉相承性的过程中,强调了辩证唯物主义空间观的客观性与可知论的密切关系。马赫主义公开否认时空的客观性。马赫就认为空间与时间是感觉系列的调整了的体系,它是从感觉的复合这个学说中必然产生出来的。不是具有感觉的人存在于空间与时间之中,而是空间与时间存在于人里面,依赖于人,为人所产生。马赫为了抵制从他的前提中必然得出唯心主义结论而反驳康德,坚持说空间概念起源于经验。但如果我们没有在经验中感知客观实在,那么这种反驳也就一点没有抛弃康德与马赫所共同的不可知论立场。列宁认为马赫是一个相对主义者。列宁说如果时空的感觉能够使人具有生物学上合目的地判定方位的能力,那也只有在这些感觉反映了人以外的客观实在的条件下才能做到。假如人的感觉没有使人对环境具有客观的正确的观念,人对环境就不能有生物学上的适应。③

---

① 参见《列宁选集》第2卷,人民出版社1995年版,第137页。
② 参见同上书,第138—139页。
③ 参见同上书,第139—141页。

最后，列宁在强调空间问题上的唯心主义与唯物主义、可知论与不可知论对立的基础上，进一步引出了空间认识论问题上的绝对空间与相对空间的辩证法。马赫主义之得出错误的空间不可知论，与其不懂得空间认识问题上的绝对性与相对性的辩证法有直接关系。列宁指出，马赫说牛顿的绝对时空观点对于我们来说是毫无意义的，但在实践中这种观点是无害的。列宁认为这种所谓唯物主义绝对客观的时空观无害论恰恰证明了唯物主义是正确的。有害的是马赫对时空观念的唯心主义解释。

俄国马赫主义者巴札罗夫认为，恩格斯关于绝对的时空的观念已经过时了，恩格斯关于时空的观念是一个个别的观点，这与其总体哲学立场关系不大。而列宁尖锐地指出巴札罗夫这是在玩弄折中主义。把马克思与恩格斯的唯物主义世界观的出发点，与他们关于时间与空间的客观实在性的个别观点对立起来，是荒谬绝伦的。巴札罗夫与一切马赫主义一样，把人类的时空概念的可变性，即这些概念的纯粹相对的性质，同下列事实的不变性混淆起来，这个事实就是：人与自然只存在于时空之中。而波格丹诺夫也是在重复马赫关于生理学空间与几何学空间的差别或者感性知觉空间与抽象空间的差别的论述。

列宁的回答是，人究竟怎样依靠各种感官感知空间，抽象的空间概念又如何通过长期的历史发展从这些知觉中形成起来，这是一个问题；不依赖于人类的客观实在同人类的这些知觉和这些概念是否符合，则完全是另外一个问题，虽然后一个问题是唯一的哲学问题。①

列宁认为，马赫主义关于时空是各种人的经验的社会一致的形式，它们的客观性就在于具有普遍意义，这种观点完全是骗人的。"在波格丹诺夫看来，空间和时间的各种形式适应人们的经验和人们的认识能力。事实上，恰好相反，我们的'经验'和我们的认识日益正确而深刻地

---

① 参见《列宁选集》第 2 卷，人民出版社 1995 年版，第 149 页。

反映着客观的空间和时间,并日益适应它们。"①

以上观点充分表明,恩格斯的《反杜林论》与列宁的《唯物主义和经验批判主义》中所表达的空间观念基本上还属于一般的哲学唯物主义范畴意义上的空间概念。由于论战需要,他们当时不可能从马克思的社会生产实践特别是社会关系的生产与再生产的角度来理解空间的社会历史内涵特征,首先是资本主义条件下现代社会空间的抽象性、流动性、自我生产性本质内涵与特征②。

在马克思那里,空间是人的生产实践历史性活动引起的周围世界的存在论现象,而不是物自身的存在方式。同时,必须看到,马克思的空间概念虽然不是物质本体论的,却是存在论意义上的,即人的在世之在的基本存在方式;其次才是认识论意义上的具体表现社会历史的现象学概念。正像叶秀山先生所说的,空间存放着时间,就是存放着人与历史,空间原始地向人开显为时间历史。换言之,空间化是让时间化历史从不在场的抽象变成具体的在场,这是一种认识论意义上的现象学。③ 但从更深刻的存在论意义上说,空间是社会与历史得以存在的基质,但这种基质不是现成存在的而是通过人的实践活动而引起并呈现出来的。对马克思主义空间概念的另外一个可能误解是认为马克思主义的空间概念既不是自然概念也不是精神心理概念而是社会空间概念。但如何理解这种社会空间是关键问题之所在。如果仅仅在决定论意义上把空间视为一种再现更为本质深层的存在比如经济基础的方式,即一种社会结构,这仍然是对历史唯物主义空间概念的一种误解。所以,必须把对空间的概念理解再次上升为空间化,这就是把空间与历史概念统一起来、结合起来:空间是历史过程的空间而历史是空间中的历史。空间化转向

---

① 《列宁选集》第2卷,人民出版社1995年版,第149—150页。
② 但需要提出的是,恩格斯与列宁倒是在并非严格而自觉地表达哲学观点的资本主义政治经济学批判著作中,表达了极其深刻的历史唯物主义空间化概念,这是学术界所长期熟视无睹的问题。本书的下文(本章第三节及第五章第一节)将专门研究他们的这些思想,兹不赘述。
③ 参见叶秀山、王树人主编《西方哲学史》第1卷,江苏人民出版社2004年版,第47—52页。

并不是对历史唯物主义的否定,而是更彻底的贯彻。历史唯物主义空间化概念可以从广义上理解为生产实践的关系性空间性基础、社会关系的再现性主导性空间结构机制及历史可能性的创造性机制的三位一体。狭义上的空间化就是,资本主义历史性存在是一个空间化过程。这主要通过资本主义不断的积累与危机转移不断突破旧的空间而实现新的空间生产表现出来。而马克思实际上已经明确地表达了以上思想。这正是我们接着要讨论的问题。

二、历史唯物主义的空间化概念之多重意义

我们不止一次说过,在相当长一段时间内,历史唯物主义与空间素不往来。在以往的历史唯物主义解释中,空间常被不自觉地视作地理环境,但出于对地理环境决定论的禁忌,空间视角常常是缺席的。传统的苏联教科书体系基于恩格斯《反杜林论》与列宁《唯物主义和经验批判主义》的某些论战性的只言片语,在物质世界本体论假设的前提下,把空间视为运动着的物质的存在方式。这其实是前康德式的、非批判哲学意义上的空间观,抑或说囿于牛顿力学式的"绝对空间论"的实体性误认,它严重遮蔽了历史唯物主义的真精神。在此视野中,空间据说是"客观的"且"无限的"。但实际上它失去了社会历史的具体规定性,蜕化为纯粹自然存在。空间与历史于是严重脱节或相互隔阂。套用马克思当年批判费尔巴哈的措辞[①]来说,这就是:当人们在讨论空间问题时,社会历史是处于理论视野之外的,而在人们思考历史问题时,空间又消失了。而我们要说的是,只有在历史唯物主义视野中,空间的起源、本质特征问题才能得到真正的澄清,而只有通过空间的视角,历史唯物主义的现实性科学性本质才能得以呈现。没有以科学历史观社会观实践观为支撑的空间观是盲目神秘的,反过来说,没有空间维度的历史观是抽象的。

马克思主义的空间观作为历史唯物主义范畴,是与其以社会关系为

---

① 参见《马克思恩格斯选集》第1卷,人民出版社1995年版,第78页。

核心的生产实践概念、表征社会结构性共时性存在的社会有机体概念及高度历史化的第二自然概念密切相关的。

(一) 社会关系再生产实践意义

历史唯物主义视野中的空间并不是既定的客观的自在之物，而是在一定的社会关系中不断生产与再生产的历史前提与结果的辩证统一体。所以对于历史唯物主义而言，关于空间哲学研究的正确提法并不是将其作为一个孤立对象，而是作为与社会关系的生产及其历史发展过程相融合的空间化过程来加以把握。对于马克思的空间哲学思想，不能从现成的关于自然空间与社会空间的论述中去寻找，而必须在其关于社会关系的生产与再生产的历史辩证法之中去理解。

社会关系的生产与再生产具有两重基本含义。首先，它是指任何社会都是在结成一定社会关系的前提下才能进行生产，而这种一定社会关系中的物质生产，在同一个过程中不仅生产出物质产品或财富，而且引起一定的新的社会关系。社会关系的生产与再生产，就是一方面社会关系生产出或凝结为"物"，另一方面"物"又再生产出社会关系这种生产过程的二重性。例如，马克思多次强调，资本不是物，而是一种社会生产关系，这是资产阶级的生产关系，是资产阶级社会的生产关系。构成资本的生活资料、劳动工具和原料，并不是天然的自然物质，而是在一定的社会条件下、在一定的社会关系内生产出来和历史积累起来的关系物。资本是在一定的社会条件下、在一定的社会关系内被用来进行新生产的抽象物。"难道不正是这种一定的社会性质把那些用来进行新生产的产品变为**资本**的吗？"[①]资本主义生产一方面生产出巨硕的社会财富，另一方面同时生产出越来越不平等的社会关系与尖锐的阶级矛盾："在一极是财富的积累，同时在另一极，即在把自己的产品作为资本来生产的阶级方面，是贫困、劳动折磨、受奴役、无知、粗野和道德堕落的积累。"[②]资本

---

① 《马克思恩格斯选集》第1卷，人民出版社1995年版，第345页。
② 《马克思恩格斯文集》第5卷，人民出版社2009年版，第743—744页。

主义形式下的财富生产处处表现为它自己的对立面。"这是始终以贫穷为前提、并且只有靠发展贫穷才能使自己得以发展的财富。"①

其次,它是指任何社会生产都具有阶段上的连续性与形态上的转化性的过程关系特征,即作为生产结果的生产关系又作为生产前提而被再生产出来,即再生产出或引起新的生产关系与过程。这导致了社会生产的连续不断性与周期性循环。"社会生产过程的任何前提同时也是它的结果,而它的任何结果同时又表现为前提。因此,过程借以运动的一切**生产关系**,既是它的产物,又是它的条件。"②同样,资本既是它之前的社会形式生产与解体的沉淀物或产物,又是资本主义"自行起作用""自我实现"的前提,它甚至是"它自己再生产的产物"。资本主义生产是在作为资本主义生产的既定前提的资本这个基础上进行的,"但是这种前提,也像雇佣劳动一样,是资本主义生产的经常的创造,是它的经常的产物"③。

马克思主义之所以不是当代西方形形色色的社会思潮所曲解的庸俗的"经济技术决定论",而是辩证的和历史的唯物主义,就在于它不是用单纯的经济或技术因素,而是始终坚持用社会关系的生产与再生产来说明历史发展根本动力和社会存在的客观本质。社会关系的生产与再生产理论是历史唯物主义的基本思想,是马克思主义区别于以往的历史观(包括英国古典经济学、空想社会主义和德国古典哲学)的根本所在,是解答各种历史难题的利器。

关于社会关系再生产思想在历史唯物主义中的举足轻重的核心地位,经典作家们的立场是一贯的、明确的。恩格斯在 1890 年致约·布洛赫的信中即曾指出:"……根据唯物史观,历史过程中的决定性因素**归根到底**是现实生活的生产和再生产。无论马克思或我都从来没有肯定过比这更多的东西。如果有人在这里加以歪曲,说经济因素是**唯一**决定性

---

① 《马克思恩格斯全集》第 35 卷,人民出版社 2013 年版,第 57 页。
② 同上书,第 367—368 页。
③ 同上书,第 351 页。

的因素,那么他就是把这个命题变成毫无内容的、抽象的、荒诞无稽的空话。"①列宁后来非常清晰地阐明了在马克思那里社会生产关系的基础性作用。他指出,马克思"从社会生活的各种领域中划分出经济领域,从一切社会关系中划分出**生产关系**,即决定其余一切关系的基本的原始的关系"②。马克思的整个思想"体系"的基本思想即"生产的社会关系"的思想。③

社会关系的生产与再生产理论贯彻了生产实践第一、历史性第一的辩证的和历史的唯物主义方法论精神。它强调的与其说是物质生产和经济技术在历史发展中的决定性作用,不如说是指出任何社会形态与生产方式存在的暂时的历史的特征,指出任何社会都不会是"从来如此、永远如此"的僵硬的自然结晶体,而是在一定社会关系条件下所产生的因而必然要被新的生产关系所取代的暂时的历史形式。马克思指出,坚持用生产劳动原则来说明资本主义社会的古典经济学家,最终仍然是历史唯心主义的,其主要原因就在于,它们想把资产阶级的生产关系的一定历史形式说成是绝对的永恒的自然的生产形式,把资产阶级的资本的生产变成某种绝对的物的生产,而不是把它仅仅看成某种相对的历史的关系的生产,看成是物和社会劳动的关系。古典经济学家们没有把资本看作是一种关系。他们不可能这样看待资本,因为他们没有同时把资本看作是历史上暂时的、相对的而不是绝对的生产形式。古典经济学的缺点与错误在于,"它把**资本的基本形式**,即以占有他人劳动为目的的生产,不是解释为社会生产的**历史**形式,而是解释为社会生产的**自然形式**"④。而实际上,任何物的生产并不是某种绝对的本质统一或第一性的东西,而只是一定的社会关系的生产的历史表现。"只有把资本看做一定的社

---

① 《马克思恩格斯选集》第 4 卷,人民出版社 1995 年版,第 695—696 页。
② 《列宁选集》第 1 卷,人民出版社 1995 年版,第 6 页。
③ 参见《列宁全集》第 55 卷,人民出版社 1990 年版,第 13 页。
④ 《马克思恩格斯全集》第 35 卷,人民出版社 2013 年版,第 360 页。

会生产关系的表现,才能谈资本的**生产性**。"①而只有用生产的眼光看待资本或任何一种社会存在,那么这种关系的历史暂时性质才会显露出来;这种用关系的生产来说明历史的观点,无非指出了任何社会的生产关系本身都为自己的灭亡创造了手段。

社会关系的生产与再生产,既是物质资料的生产与再生产的必然结果,也是其必要前提。为了生存,也就是为了能够进行生产,任何社会形态都必须在生产的同时进行生产条件的再生产,即必须进行现存生产关系的再生产。社会关系的生产与再生产是体现社会物质生产过程具体内容的"形式",是支撑社会存在的整体结构力量。具体而言,社会关系的生产与再生产具有以下几个特点:

第一,社会关系的生产与再生产是一个不可分割的总体。一定的人类社会存在本身并不是一个孤立静止的物质实体存在,而是一个由特定社会关系的生产与再生产维系的复杂总体结构。马克思说过:"每一个社会中的生产关系都形成一个统一的整体。"②生产关系的总和就是全部社会关系,构成为所谓社会,并且是构成为一个处于一定历史发展阶段上的社会。古代社会、封建社会和资产阶级社会都是相应生产关系的总和,各自标志着人类历史发展进程中的一个特殊阶段。社会关系是连接一个社会的物质生产与精神生产、文明社会中的经济基础与上层建筑的基本结构,它是以整体的面目呈现的。社会关系的生产与再生产既包含了物质资料的生产与再生产过程中的社会关系,也体现了人们的精神文化生产过程中的社会关系;既反映了文明社会经济活动中的社会关系,也内在地包含着上层建筑领域中人们的社会政治关系与思想关系。社会关系的生产与再生产一方面取决于相应的物质生产资料和生产力的发展状况,另一方面也反过来决定着该社会政治思想上层建筑的状况与方向。

---

① 《马克思恩格斯全集》第 35 卷,人民出版社 2013 年版,第 239 页。
② 《马克思恩格斯文集》第 1 卷,人民出版社 2009 年版,第 603 页。

第二，社会关系的生产与再生产归根到底是伴随着社会历史的发展而不断向前发展的客观过程。生产总是在一定社会历史条件下进行的，它必然是在一定的社会关系中，以一定的形式构成的物质实践过程。"生产者相互发生的这些社会关系，他们借以互相交换其活动和参与全部生产活动的条件，当然依照生产资料的性质而有所不同。"①任何社会关系都是由一定的物质生产水平决定的，并随着生产力的发展而不断变化。生产方式和生产资料也不断地革命，越来越精细的劳动分工必然引发更进一步的分工，机器的广泛采用也必然导致机器被更广泛地采用，大规模生产则势必导致更大规模的生产组织。总之，社会生产关系随着物质生产资料与生产力的变化和发展而发生相应的变化和发展。而当这些生产的社会关系的总和所构成的社会经济结构，即经济基础发生变更之后，或快或慢地，庞大的上层建筑也必然发生变革。社会关系的生产与再生产是社会结构变迁所必需的动力机制和保障。

第三，社会关系的生产与再生产是具有主导性和历史性特征的动态结构。在任何社会形态下，社会关系的生产与再生产过程都不是单一的，它的形式十分复杂多样，并存与交融。其中，各种社会关系的地位与作用都各不相同，往往有一种形式处于统治地位、起到支配作用。正像马克思明确指出的那样："在一切社会形式中都有一种一定的生产决定其他一切生产的地位和影响，因而它的关系也决定其他一切关系的地位和影响。这是一种普照的光，它掩盖了一切其他色彩，改变着它们的特点。这是一种特殊的以太，它决定着它里面显露出来的一切存在的比重。"②相应的，在每个时代和社会形态中，"占统治地位的思想不过是占统治地位的物质关系在观念上的表现，不过是以思想的形式表现出来的占统治地位的物质关系"③。例如，在土地所有制处于支配地位的社会形式中，宗法的、血缘的、地域的自然联系与宗教文化观念占据优势；在自

---

① 《马克思恩格斯文集》第 1 卷，人民出版社 2009 年版，第 724 页。
② 《马克思恩格斯全集》第 30 卷，人民出版社 1995 年版，第 48 页。
③ 《马克思恩格斯选集》第 1 卷，人民出版社 1995 年版，第 98 页。

然经济为主的社会里,商品经济关系的生产与再生产就只能处于附属的地位。事实上,古代社会的生产关系是被掩蔽在自然的血缘关系之下的;而到了资本主义社会中,直接按照生产过程的本性而形成的生产关系取得支配地位,社会历史所创造的物质条件占优势,原来支配人们的自然的、地方的社会关系生产与再生产,便越来越被社会化的大生产和市场交往关系所排挤,甚至消亡;古代曾经作为最基本的生产单位的血缘家庭,现在被降低为一个单纯的消费单位。同样,在古代社会中曾经成为主宰的农业就反过来作为工业经济和市场经济的一个部门而从事生产与再生产。

在晚期马克思主义者看来,马克思所谓的资本主义再生产主要不是"物"的再生产,也不是"量"的扩大再生产,又不是同质的社会体系的再生产,而是社会关系的差异化再生产过程。马克思的历史观辩证法虽然未能从根本上摆脱工业化社会生产过程的制约,但他实际上已经隐约地看到,资本主义的"生产"不但是一定空间与时间制约下的物质生产,而且更是一个不断地超越地理空间限制而实现的空间的"自我生产"过程。资本主义发展到后现代,它的主导生产方式就是"空间的生产",而不是物的或社会的生产。所谓的后现代主义或后现代症状,是与资本主义的流动化空间化全球化发展过程,即"时空的压缩""共时性对历时性的胜利"等新的显化特征,无意识地相一致的空间化体验形式。① 资本主义何以"长盛不衰",或"衰而不亡""僵而不死""危而不灭",关键就是它利用空间而不断地生产出自己的空间来。

第四,生产的各种社会关系具有一种社会存在,但唯有它们的存在具有空间性时才会如此。它们将自己投射于空间,它们在生产空间的同时将自己铭刻于空间。否则它们就会永远处于纯粹的抽象。空间性是一种实体化的并可以辨识的社会产物,是"第二自然"的一部分,是社会

---

① 参见[美]大卫·哈维《后现代的状况:对文化变迁之缘起的探究》,阎嘉译,商务印书馆2003年版,第149—150、251页等处。

生产关系的一种共存性与具体化。而对马克思的再生产哲学概念及其空间化内涵特征的进一步理解,势必涉及他的社会有机体概念与人化自然、历史自然概念问题。

（二）社会有机体辩证法特征

在马克思主义哲学看来,社会有机体之所以可能,就在于:它是人的实践特别是交往实践的产物,交往实践的总体性联系内含着社会的不可分割的有机整体性;它是人与自然特别是人与社会相互矛盾的产物,因而是一个内含着社会的矛盾的产生与解决的动态平衡状态与过程;它是稳定的自我调节的制度整体,内含着能动性。一个社会有机体进步复杂程度越高,这种自我调节的程度、能力与自觉性也就越高,该社会的和谐性便有可能越强。从马克思的社会有机体理论出发,我们能够理解通过人与人的关系所构成的社会结构的共时性与空间性内涵特征。

实践既是人从动物分化出来形成为人的基础,也是社会从自然分化出来形成社会的基础。人和人类社会都是在物质生产实践中历史地形成和发展起来的;因此,对于社会的本质和特征,必须从实践入手并以实践为基础才能正确地了解。在这个基础之上,不同的人类实践和社会活动交往生成了社会生活的诸多领域,如经济生活、政治生活和文化生活等。全部社会存在在本质上是实践的。正是人类交往实践活动的历史的积淀或凝固化,形成了不同的社会生活结构和社会体制,并形成了具有一定结构的社会有机体。随着物质生产实践的变化与发展,社会有机体也历史地随之改变。

所谓"社会生活在本质上是实践的",主要是指实践构成了社会关系的发源地,构成了社会生活的基本领域,也构成了社会发展的动力之源。而所谓"实践构成了社会关系的发源地",归根到底就是说:"社会不是由个人构成,而是表示这些个人彼此发生的那些联系和关系的总和。"[①]这

[①]《马克思恩格斯全集》第30卷,人民出版社1995年版,第221页。

就意味着,一方面人类的实践活动是在既定的结构与空间下进行的,另一方面人的社会实践内在地包含着形成社会有机整体的结构与空间化因素。

社会是人们之间通过交往实践而形成的。可以说社会是人类个体之间的交往关系。更深一层说,社会是由制度化的交往关系建立起来的物质生活世界。社会交往关系根源于物质生产活动,并构成物质生产活动的社会条件。生产活动要求人们的社会交往活动具有稳定的秩序和结构,即制度化,也就是社会空间结构。社会交往的秩序和结构,是通过社会交往的规范化、制度化过程建立起来的。社会制度是人类交往关系成千上万次重复之后所积淀下来,并加以抽象化、凝固化的空间结构。

"积淀"本来是一个文化人类学概念,其最初含义是指人类经过漫长的历史进程才产生了人性,即人类独有的文化心理结构,如人的类(历史主体)经验积淀为个体的心理,理性的积淀为感性的,社会的积淀为个体的,原来是动物性的感官人化了,自然的心理结构和素质转化为人类性的东西。正像马克思所说:"五官感觉的**形成**是迄今为止全部世界历史的产物。"[①]事实上,包括制度在内,"文化是一种从历史上沿袭下来的体现于象征符号中的意义模式,是由象征符号体系表达的传承概念体系,人们以此达到沟通、延存和发展他们对生活的知识和态度。"[②]人类通过语言把以使用制造工具活动及其形成的社会交往为核心的人的生存状态的各种经验保存、贮藏、传递下来。个体的人在此群体活动中,一方面回忆、学习、巩固各种经验、技能,另一方面认同这个群体,归属和服从于这个群体。这即是从外在行为和内在心理两个方面建立起社会的形式、秩序、规则即社会空间。

制度在每个社会都是一个"更带有根本性、全局性、稳定性和长期

[①]《马克思恩格斯全集》第3卷,人民出版社2002年版,第305页。
[②][美]克利福德·格尔兹:《文化的解释》,纳日碧力戈等译,王铭铭校,上海人民出版社1999年版,第103页。

性"①的问题。制度从空间上看是人们日常生活交往微观实践的宏观化扩展化,从时间上看是历史的集体经验通过内化沉淀到个体交往实践经验之中而被积累传承与持续再生产的过程。社会实践具有时空上的连续性,具有循环往复的特性,正是最日常的活动塑造和再塑造了人类的社会生活。"社会结构和国家总是从一定的个人的生活过程中产生的。"②英国当代著名社会理论家安东尼·吉登斯借鉴马克思的社会实践理论而提出的"结构二重性"理论,充分地揭示了人类行动者的社会实践与社会制度及秩序之间的链接关系。他认为,人类行动者认识的反思能力与实践的连续性过程导致了社会秩序的生产与再生产。既不存在没有社会结构的行动,也不存在凌驾于行为之上的社会结构。结构是行动的媒介,也同时是它的成果。结构不是外在于个人的,而是个人的记忆里的痕迹和内化于人的行为之中。由此来看,社会体制和制度就是那些透过行动者和社会实践而在时空里伸展开来的持续和稳定的社会关系的形态。制度是在社会中跨时空的深层积淀。③

从可能性上说,人际交往的方式或类型是无限制的;从现实性上说,社会的物质生活活动在其一定的发展水平上,又只能允许某些特定的交往关系规范化、制度化、空间化。也就是说,在可能性上无限制的交往形式,在物质生产发展水平的制约下只能以特定的社会空间形式而现实化,这也正是社会交往关系客观化的过程。作为社会交往规范化、制度化之产物的社会制度、社会空间,具有其出现和存在的历史必然性。对于生活在这种制度下的人们来说,它又成了一种外在的环境或空间,一种既定的独立的力量,支配着人们的活动。

历史地形成的交往活动的制度化表现为三个层次:社会经济结构、社会政治结构或政治上层建筑以及社会文化结构或思想上层建筑。

---

① 《邓小平文选》第 2 卷,人民出版社 1994 年版,第 333 页。
② 《马克思恩格斯选集》第 1 卷,人民出版社 1995 年版,第 71 页。
③ 参见[英]安东尼·吉登斯《社会的构成:结构化理论大纲》,李康、李猛译,三联书店 1998 年版。

社会经济结构,是在一定社会的生产过程中,包括社会产品从生产到消费的运动过程中所结成的人们的经济关系。其性质决定于生产资料所有制关系的类型,取决于劳动者和生产资料结合的特殊方式。例如,资本主义经济结构的产生,主要依存于资本家对生产资料的私人占有制的出现,以及摆脱了人身依附关系而又丧失了劳动资料和生产资料的自由劳动者的出现。

自从人类进入阶级社会之后,就出现了政治结构。该结构主要体现为国家政权机构与设施。随着阶级的出现,就产生了阶级利益及其矛盾与冲突,这主要靠国家政权来解决。以政治权力为轴心而形成的人们在国家中的地位关系,就构成了人们的政治关系。它的基本格局就是统治与服从的关系,全部政治结构及其具体形式均由此衍生开来。

在社会结构中,精神文化结构或思想上层建筑是一个比较特殊的结构。广义说来,精神文化结构包括自然科学、技术结构、社会意识形态以及与之相应的制度与设施。但从狭义上讲,主要指社会的意识形态,以及与之相适应的制度和组织机构。思想上层建筑具体来说,包括政治思想、法律思想、道德、哲学、艺术、宗教等社会意识形态,它们相互关联、相互作用,在每一个历史时期都形成一种特定的结构。其中,每个社会的思想上层建筑又是由各不相同的占统治地位的文化与不占统治地位的文化组成的,是等级化的、异质性的、多样态的结构性存在。列宁在谈到资本主义社会的情况时就指出过:"世界上没有而且也不可能有'纯粹的'资本主义,而总是有封建主义的、小市民的或其他的东西**掺杂其间**。"①

社会作为人类个体之间交往关系的产物,是一个有机的系统。有机系统是因其各个部分之间具有内在联系而相互制约的整体。包括社会在内,所有的有机系统的最重要的功能都是自我组织、自我调节。社会是因一定的内在联系而构成的有序系统,而不是个人活动的无序总和,

---

① 《列宁选集》第 2 卷,人民出版社 1995 年版,第 483 页。

是一个既自我矛盾分化,又自我协调完善的自组织系统。

马克思的社会有机体理论虽然借用了他的同时代古典经济学与社会学家们关于"社会是一个有机体"之隐喻的说法与术语,但就其根本思想实质与哲学方法论精髓来说,却是黑格尔的总体性辩证法概念。黑格尔《逻辑学》第二部分"本质论"关于绝对观念发展到"现象"阶段所遭遇到的整体与部分的关系问题的讨论,正是马克思社会有机体理论的辩证法思想之真正来源。

黑格尔指出,在"现象"阶段中,主要的发展是关系的理念。"现象"的确切含义是,我们把事物看作显露的、被设定起来的、通过必然性而得到展现,而不是只把事物看作直接地存在着。把事物看作"现象",就是不仅把它们看作基于自身而且看作较大整体的环节。被视为现象的实在,高于直接地、独立地存在的某物。现象于是就是整体与部分相互作用的世界。整体和部分是互为条件的。在整体中,没有不是在部分中的东西;在部分中,也没有不是在整体中的东西。整体不是抽象的统一,而是作为一个"差异的多样性"的统一。但这个统一,作为"多样性的东西"在其中彼此相关的东西,是这多样性的东西的"规定性",它由此而是部分;而部分作为部分,不等于整体本身,而是在整体中等于自身,即部分。整体如果对部分漠不关心,便是抽象的、自身不曾区别的同一,这个同一只有作为自身区别的东西,才是整体;同样,部分如果对整体的统一漠不关心,便只是无关的多样性的东西,或自身即他物,它本身就是自己的他物。因此,整体与部分双方均"不在本身中而在它的另一方面中有其独立性"。①

由是观之,马克思的社会有机体理论就是黑格尔关于部分与总体互为中介、互相转化的辩证思维的产物。一个部分是组成它的更小的部分的整体,一个整体是构成另一个更大整体的部分。马克思早在《哲学的贫困》一书中曾针对蒲鲁东把社会的各个环节变成同等数量的独立社会

---

① 参见[德]黑格尔《逻辑学》下卷,杨一之译,商务印书馆1982年版,第160—161页。

的虚假辩证法做法指出,总体的范畴决不是把它的各个环节归结为无差别的统一性、同一性,而是认为这些环节彼此间处于一种动态的辩证的关系中。每一个社会中的生产关系都形成一个统一的整体。在研究社会时,不应该"把社会体系的各个环节割裂开来",否则就不能正确说明"一切关系在其中同时存在而又互相依存的社会机体"。① 后来马克思的政治经济学批判方法进一步说明,例如生产、分配、交换、消费就不是同一的东西,它们构成一个总体的各个环节、一个统一体内部的差别,"因此,一定的生产决定一定的消费、分配、交换和这些不同要素相互间的一定关系。……不同要素之间存在着相互作用。每一个有机整体都是这样。"②

由此可见,马克思主义所说的社会有机体不是"自然的"或"永恒的"实体与秩序,而是生产实践的自我生成与矛盾发展着的历史过程。马克思的社会有机体理论与古典社会学和20世纪的结构主义的社会观的根本区别就在于,他首先从实践的观点出发把社会看作一个以物质生产活动为基本动力源泉的自我生成、自我组织的系统与过程,而不是某种一成不变的自然秩序或无意识结构;其次,坚持从矛盾的观点出发来理解社会有机体的自我协调、自我冲突的功能特点,坚持社会有机体既在矛盾冲突中产生发展,又在协调统一中自我完善巩固的观点;再次,坚持社会历史性优先于社会机体的结构性共时性的观点。

所谓从总体上来把握人类社会的全部生活,首先不是把社会生活的各个领域看作是孤立的、分散的存在,也不是把社会看作是各个不同领域(其中每一个领域又都按其自身独立的规律发挥作用)的机械组合或简单相加,而是看作一个统一的有机整体。"辩证方法的本质在于……全部的总体都包含在每一个被辩证地、正确地把握的环节之中,在于整个的方法可以从每一个环节发展而来。"③"即个别的环节不是机械的总体

---

① 参见《马克思恩格斯选集》第1卷,人民出版社1995年版,第143页。
② 《马克思恩格斯选集》第2卷,人民出版社1995年版,第17页。
③ [匈]卢卡奇:《历史与阶级意识》,杜章智等译,商务印书馆1992年版,第254页。

的部件……而是在个别的环节中隐藏着从其本身发展出总体的全部丰富内容的可能性。"①"如果说,在完成的资产阶级体制中,每一种经济关系都以具有资产阶级经济形式的另一种经济关系为前提,从而每一种设定的东西同时就是前提,那么,任何有机体制的情况都是这样。这种有机体制本身作为一个总体有自己的各种前提,而它向总体的发展过程就在于:使社会的一切要素从属于自己,或者把自己还缺乏的器官从社会中创造出来。有机体制在历史上就是这样生成为总体的。生成为这种总体是它的过程即它的发展的一个要素。"②

人类社会,特别是现代社会,是一个有机程度极高的、开放的系统。这是因为社会作为一个系统,必须和外部自然界进行物质交换,同时它自身又是一个由若干子系统构成的经常处于变动中的有机整体,社会区别于自然的重要特征就在于它是一个自我控制的系统。这就是历史唯物主义意义上的社会空间化的内涵特征。也就是说,"马克思的社会概念必须空间化。在马克思不同的社会理论中存在着一种内在化的空间要素",特别是在马克思关于资本主义生产方式和社会关系的分析中,存在着大量的"即便是并不明晰具体地呈现但隐含存在的有关空间化问题与空间化概念"。③

首先,社会可以被理解为一组关系。社会是人类相互作用的行为的产物。但这并不意味着社会不会被其参与者经验为某种外在的东西。这就意味着所谓构成社会的相互作用必须在空间中发生。

其次,马克思把空间视为一种物质性的交互过程。在其中,一些社会关系对于物质生活及其延续是本质性的。不同社会不同时期的生产、交换与消费形式,同时具有空间特性与社会特性。在其中,空间以不同的方式得到使用与体验。于是社会就成为连接个体的一整套关系,其中

---

① [匈]卢卡奇:《历史与阶级意识》,第255页。
② 《马克思恩格斯全集》第30卷,人民出版社1995年版,第236—237页。
③ 参见[英]安杰伊·齐埃利涅茨《空间和社会理论》,邢冬梅译,苏州大学出版社2018年版,第7页。

最本质的与主要的关系正是那些构成人们的物质性连接的关系。

再次,马克思深刻地认识到并阐明了在为交换而创造的资本主义生产中,空间何以与如何成为一个基础性的要素。他对作为资本主义社会生产细胞的商品的分析基于这样一个假设,即商品需要经过空间才能维持运动。生产与消费商品的空间性组织要求一种对空间的驾驭以确保生产与消费的最有效的组织运行。马克思在对资本主义生产方式进行空间性分析的过程中,确定了社会关系如何在空间中发生变化、发挥作用以及实施运作,如何在时间中日益得到更加普遍的承认。通常人们对马克思《资本论》中关于工厂制度下的时间管理关注较多,但对空间组织规训研究不多。实际上,马克思在对时间的作用、时间的标准化与时间对生产的传统方式控制作出分析之同时,也对空间方面作了不少分析。资本主义制度下的指令与控制的实现,依赖于工人不仅仅接受生产过程中的时间规训,而且接受空间的限制。工厂于是成为一个有组织的生产空间,在其中机器优先于劳动,而劳动则被固定与集中在空间中并被迫承受运作过程的结果。这就是傅立叶所说的"作为温和的监狱的工厂",后来被福柯作了著名的淋漓尽致的发挥。①

从更宽泛的视野来看,资本主义社会对空间的控制与生产不仅局限于物质生产领域,而且扩展到交换、流通、消费等各个环节与领域。正如列斐伏尔从一种资本主义生产方式空间化变革的高度所指出的:"资本主义生产方式需要在一条更为广大、多样化与复杂化的战线上进行自我防御,即生产关系的再生产。生产关系的这种再生产不再和生产方式的再生产同步,它通过日常生活来实现,通过娱乐与文化以及学校与大学来实现,通过古老的城镇的扩张与繁殖来实现,也就是通过整个空间来实现……正是在这个意义上,空间变成了这种再生产的场所,包括都市的空间、娱乐的空间、所谓的教育的空间、日常生活的空间等等"②。

---

① 参见[英]安杰伊·齐埃利涅茨《空间和社会理论》,第1—33页。
② [法]列斐伏尔:《空间与政治》,李春译,上海人民出版社2015年版,第26—27页。

再换个角度来看,当代资本主义通过空间生产方式转移与解决发展中的社会矛盾和危机,正是现代社会有机体具有高度的自我调节能动性与复杂功能性的表现。

事实上,当代西方发达资本主义社会就是一个具有高度自我调节能力的社会形态。从19世纪的自由资本主义发展到20世纪上半叶的国家垄断资本主义再到今天的全球化资本主义或国际垄断资本主义,这既是资本主义社会一次次不断地陷入矛盾与危机的过程,也是逐步自我完善和成熟的进步过程。比如,今天国际垄断资本主义在生产力、生产关系和上层建筑方面都发生了一系列新的变化。表现在生产力方面的变化,就是以信息技术为代表的新科技革命的迅猛发展,经济形态从工业经济走向知识经济。表现在生产关系方面的变化,是所有制形式出现多元化趋势;经济运行出现政府宏观调控的趋势;收入分配关系出现兼顾公平的趋势。表现在上层建筑方面的变化,是发达资本主义国家的阶级结构出现了多层次的特点;发达资本主义国家的政治制度出现了民主化的趋向,民主选举制度更为完善,对政府的监督和制约因素大大增强;公民参与政治的程度越来越广泛深入。发达资本主义的主流意识形态出现了新的变革。导致这些变化的原因包括:科技革命的推动,社会主义的影响,对经济危机的恐惧等。但最重要的原因还是资本主义国家对生产关系的自我调节,国家的社会职能大为增强,它不仅以各种政策手段从外部干预和影响社会经济的发展过程,而且还以大量的国家投入与国家消费直接地介入社会经济生活之中。国家干预的实质就是资本主义国家为了适应生产力发展和生产社会化的客观要求,对资本主义生产关系进行的自我调节。①

发达资本主义国家通过一系列的自我调整、改良和改善,在一定程度上缓和了私有制对生产力的束缚,并使资本主义社会的阶级矛盾和其他社会矛盾得到暂时的缓和,从而使西方发达资本主义国家在20世纪

---

① 参见刘昀献《国际垄断资本主义论》,河南人民出版社2005年版。

50—70年代赢得了在资本主义历史上没有先例的、主要依靠劳动生产率提高的经济快速发展的"黄金时期"。但社会有机体的自组织、自调节能力是有限的,当矛盾的激化超过了自我调节的限度时,必然会被新的社会形态所代替,又开始新的自我组织与调节的运动。所以马克思主义认为,资本主义由于不可克服的自我矛盾而必然要被一种更高级更先进的社会形态,即社会主义与共产主义所取代。

以上思想充分表明了历史唯物主义所谓的空间化思想与马克思关于社会有机体辩证法的高度统一性。

(三)空间化概念的发生逻辑:自在自然、人化自然与历史自然

如果说马克思的社会关系再生产实践概念是理解历史唯物主义空间概念的核心逻辑,马克思的社会有机体概念是理解空间的社会性共时性结构性内涵特征的极为重要的经典理论基础,那么马克思的人化自然与历史自然概念则是深化理解空间概念的历史唯物主义本质的必经逻辑环节。传统教科书体系对马克思的空间概念的"自然物质本体论式"误解,很大程度上应归咎于其无法理解自在自然向人化自然与历史自然的实践性历史性生成逻辑。换言之,要理解历史唯物主义空间化概念,不仅要从理解人与人之间的社会生产与交往关系着眼,而且要从理解人与自然的关系入手。马克思哲学因坚持"自在自然"存在的客观性、第一性,而与一切哲学唯物主义相联系(同时也与一切唯心主义相区别),这是马克思哲学不可动摇的唯物主义前提;马克思哲学因发展出以实践为中介的"人化自然"概念而超越旧唯物主义,从而是人类对自然界认识的重大飞跃;马克思哲学因提出并阐述了"历史自然"的概念,而超越了近代人类中心论和整个资产阶级的自然主义意识形态,因此具有重要的当代性意义。其意义之一就是揭示出人类通过实践不断地超越自然界限与人化自然的历史界限从而自我生成与构成社会空间的自由自为的空间化过程。

自然界是一个不断变化和发展的历史过程,人类的出现和人类社会的形成是自然历史发展的结果。人类社会历史的产生,改变了我们周围

自然进化的本质,使自然的发展从单纯的物质演化过程提升到人化自然的历史发展阶段。

所谓自然的进化,不仅是指自然界经历了一个发生在时间中的变化过程,也意味着这个过程具有一定的时间方向,它是一个变化和发展的过程。考察自然界的发展史,我们清楚地看到,自然界漫长的演化和发展进程中确实存在从无序到有序和从有序到无序两个截然相反的方向。进化,指的就是自然界由无序到有序、由低序到高序的演化趋势和过程;退化,则是指自然界由有序到无序、由高序到低序的蜕变趋势和过程。总体上看,进化是我们周围自然物质发展的主要进程,而人类和人类社会的出现,就是这一时间进化之矢的结果,是我们周围的自然界从无序到有序、由低序变高序的不可逆的发展过程与趋势的产物。人类社会进步的方向与自然史进化的方向完全一致,或者说从根本上就是由自然史的时间之矢所规定的。但是,人类的历史是一个更加复杂和丰富的全新发展过程,同时,随着人类历史的进步,我们周围的自然存在就在人类社会历史中同步延续和发展下去。

人类社会是自然界长期发展进化的产物。人类是在地球的怀抱里诞生的,这颗星球上的自然界是人类社会产生和发展的自然物质前提。现代科学表明,在地球和地球周边的整个自然环境和系统当中,具备了人类生命出现所必需的自然条件。太阳照射形成的稳定合宜的温度、地球构造中含有的各种化学元素和环绕地球表层的大气层的存在,等等,都为生命的出现提供了必要的条件。但在地球诞生之后的前 30 多亿年的历史中,蔚蓝色的表面上始终是漫无边际的死寂和荒凉,没有任何生命出现。在漫长的自然演化中,无机元素不断进行化合反应,逐渐形成了氨基酸一类的有机物;氨基酸再进一步形成蛋白质和核酸,这才产生了生命。生命的出现是自然演化进程中的一个质变,它是能够进行自我繁殖、自我复制、自我调节的新型存在,它的出现标志着一种新的规律——生命进化规律在地球上开始发生作用。在生命进化规律的作用下,生物体由简单向复杂、由低级向高级不断进化,发展出微生物、植物和动物，进而形成人类的祖先——类人猿。至此，人类社会产生的自然前提大体具备。虽然人类和人类社会都是从自然中产生出来的，但并不是自然界自发形成的产物，因此，仅仅用生命进化规律并不能充分说明人类社会的起源与现实性。生命的产生，尤其是类人猿的出现，只是为人类的出现提供了自然前提和可能性，假如没有新的生存规律发生作用，类人猿就无法进一步进化发展为人类。

马克思主义哲学在人类社会起源问题上的伟大贡献，在于它提出并确定了劳动实践的观点，揭示出由自然历史向社会历史、由自然的进化向自然的人化转变的基础与机制。劳动生产是人类和人类社会存在与发展的根本基础，人，是在劳动生产的过程中产生的；自然的人化与人类社会历史，都是自然界被纳入人的实践活动过程之后，在人通过实践活动创造维持自身生存发展所需的物质资料的过程中最终形成的。

由此可见，自然的人化也是人类历史发展进程一个不可或缺的组成部分。人在实践活动中实现自身力量的对象化，使被人类加工和改造过的自然日益成为属人的自然。我们周围的自然被纳入人类历史进化与历史化中的过程，也是自然的人化过程，其结果就是"人化的自然"。

自然的人化过程是一个人类实践活动深刻地影响和改变自然界的历史过程，其中，发明和使用劳动工具是关键。黑格尔曾经深刻指出，"人为了自己的需要，以实践的方式同外部自然界发生关系；他借助自然界来满足自己的需要，征服自然界……为了征服它们，人在它们中间加进另外一些自然物，这样，人就使自然界反对自然界本身，为了这个目的而发明工具。"[1]"人因自己的工具而具有支配外部自然界的力量……"[2]列宁将这些思想高度而热情地评价为"黑格尔的历史唯物主义的胚芽"[3]！

自然的人化过程包括这样几个方面。首先，人类通过改造自然物的形态，强化自然物原有的某些符合人类自身需要的属性，甚至通过劳动

---

[1] 转引自《列宁全集》第 55 卷，人民出版社 1990 年版，第 274 页。
[2] 转引自同上书，第 159 页。
[3] 同上。

为自然物创造出新的属性。例如,工业生产所用的原料本身就是采矿业、农业或者其他过程的产品,再经过无数道工序加工成品种繁多的工业品之后,我们从最终产品中往往完全辨认不出自然物原有的形态了,诚可谓"面目全非"！其次,自然的人化还意味着人们在改造自然物的形态,使之成为符合人类需求的各种物质生产生活资料的同时,也悄然改变了周围的自然环境。例如,人类长期的实践活动往往会显著改变自身生存环境系统中的地形地貌、气候气流、动植物系统等。再次,人类实践活动会改变自然界各个组成部分之间的关系,改变各种自然过程特别是生物圈内的物质与能量流通和变换过程,也改变自然规律作用的范围和结果。这些改变常常是在无意中形成的,有些改变符合人们的主观意图和目的,另外一些则是意料之外的结果。人们的实践活动直接指向自然物和自然环境,但对其中部分的触动必然会影响整体,影响自地球形成以来历经数十亿年的发展才最终建立起来的物质和能量大循环系统。

因此,自然的人化过程不仅是一个改造自然、造福人类的过程,同时也可能会是破坏自然生态系统进而殃及后世的过程。人类在让自然为人类服务的同时,反过来也对自然的进化施以深刻影响。而当今时代,过度的自然人化已引起了日益严重的资源枯竭与环境恶化问题,追求人与自然的协调发展正在成为人类共同面对的重要问题。

人与自然的双重性关系是永不停歇的冲突与协调。我们不能将人类社会的发展进程简单描述成从协调走向冲突或者从冲突趋于协调的单一过程。人类社会始终是在协调和冲突交织的矛盾中前进和发展的,只是因为生产力发展水平、社会制度、特定阶段政治经济文化背景和社会组织形式的不同,使人与自然的冲突和协调具有鲜明的时代特征。

从人类历史发展过程来看,自然的人化经历了三个基本阶段:第一个阶段是远古时代人们在简单劳动生产中对外部自然的直接利用;第二个是古代农业生产形式下人们对自然的局部性改造和利用;第三个则是近现代自然科学和工业生产技术迅猛发展之后,人类对自然的全面支配和重组。

远古时期,人类对自然的改造程度和影响力都是极其微弱的,低下的生产力水平使人类无法深刻显著地改造自然,而是像婴儿依赖母亲那样依赖和求助于自然,这就是马克思所说的"人们就像牲畜一样慑服于自然界"①。此时,自然界作为一种完全异己的威力无穷、难以驯服的神秘力量与人类相对立,原始的图腾崇拜和宗教仪式就是人对自然极其狭隘的依赖关系之神秘而形象的反映。在这个阶段里,人同自然的关系十分接近于动物对自然的依存关系。

当人类由采集经济和狩猎经济阶段进入农业文明进程之后,人与自然的关系发生了很大的变化。人类的生存状况已经不完全取决于自然提供的现成资源(野生的动植物),而更多地取决于人类自己的劳动(耕作)。当然,农业自然经济在总体上仍然依赖于自然,人们仍然在"靠天吃饭",土壤和气候、地质和水源对农业生产来说至关重要。但这种依赖关系是在生产过程中存在的,自然界已经作为人类劳动的对象和条件进入了人的实践领域。人,已经不是在完全被动地等待自然的恩赐,他们开始向自然索取,尝试用劳动改造自然条件。农业时代中,人类与自然的关系比较和谐、温情脉脉,农民往往将自己的宗教虔诚转移到对土地的顶礼膜拜之中。以土地为中介的人与人之间的宗法性的奴役关系,就是被人与自然田园诗般的温情关系悄悄掩盖了。

14至18世纪以来,资本主义工业文明的大幕掀开,特别是以机器系统为主导本质的现代生产的出现,使人与自然的关系呈现出崭新的样态。如果说,农业文明是人类依靠水土资源、运用自身力量发展起来的话,那么,工业文明则是人类利用科学技术,利用新的自然力,广泛开拓各种资源的结果。人们借助于自己发明创造的机器,极大地增强了自身改造自然的力量,特别是大工业生产时代的到来,使自然科学直接服务于工业生产过程,科学技术直接转化为生产力,增强了人类控制自然和改造自然的能力。与此同时,破坏自然、污染环境的问题已经开始在每

---

① 《马克思恩格斯选集》第1卷,人民出版社1995年版,第81页。

一个工业化国家中都逐渐形成潜在威胁和隐患。

20世纪40至70年代,新一轮科技革命进一步提高了人类控制和改造自然的能力。一方面,人类开拓自然的利剑穿透了地球的表层,深入地球深处;另一方面,人类的征服脚步超越空间界限,走出地球、飞向宇宙空间。技术进步的同时,原先尚处于隐蔽状态的人与自然的矛盾急剧浮现并日趋尖锐,人类不得不面临自己肆意妄为所引发的一系列全球性环境问题,例如伴随高度城市化和工业化出现的人口急剧增长、森林面积锐减、沙漠化严重以及全球气候变暖,等等。在人们无止境的攫取之中,地球内部的自然资源越来越少乃至枯竭,环境污染愈演愈烈,甚至直接引发大规模的生态灾难,等等。正是在这样严峻的现实面前,西方出现了各种密切关注生态危机问题的社会思潮与政治运动。

实现人与自然的和谐发展是马克思主义的一贯思想。马克思早就说过:"人靠自然界**生活**。这就是说,自然界是人为了不致死亡而必须与之处于持续不断的交互作用过程的、人的**身体**。所谓人的肉体生活和精神生活同自然界相联系,不外是说自然界同自身相联系,因为人是自然界的一部分。"[①]恩格斯更明确地指出:"因此我们每走一步都要记住:我们决不像征服者统治异族人那样支配自然界,决不像站在自然界之外的人似的去支配自然界——相反,我们连同我们的肉、血和头脑都是属于自然界和存在于自然界之中的;我们对自然界的整个支配作用,就在于我们比其他一切生物强,能够认识和正确运用自然规律。"[②]"事实上,我们一天天地学会更正确地理解自然规律,学会认识我们对自然界习常过程的干预所造成的较近或较远的后果。特别自本世纪自然科学大踏步前进以来,我们越来越有可能学会认识并从而控制那些至少是由我们的最常见的生产行为所造成的较远的自然后果。而这种事情发生得愈多,人们就越是不仅再次地感受到,而且也认识到自身和自然界的一体性,

---

① 《马克思恩格斯文集》第1卷,人民出版社2009年版。第161页。
② 《马克思恩格斯全集》第26卷,人民出版社2014年版,第769页。

那种关于精神和物质、人类和自然、灵魂和肉体之间的对立的荒谬的、反自然的观点,也就越不可能成立了"①。可见,自然界及其规律系统是经济发展乃至社会整体进步的基础。自然,是人类社会发展的活动空间;它规定了人类活动,特别是人类经济活动的范围和边界,因而既为人类社会发展提供了前提,也带来了约束。其实,各种自然资源从来就是制约经济社会发展的基本因素。经济与社会的进步作为一种现实的物质运动,是一个以资源为基础进行的生产和消费过程,因此必然要受资源的制约,尤其是要受到自然资源有限性的制约。

从自然的进化到自然的人化进而从自然的历史到历史的自然,这是理解人类社会历史起源和进程的秘密的一把钥匙。正如马克思所说,自然的历史与人类社会的历史两个方面密切相连,"只要有人存在,自然史和人类史就彼此相互制约"②。自人类产生以来,自然与历史就是一个双向互动的过程,由此才出现"自然的历史"与"历史的自然"交融并存的复杂关系与整体历史格局。

所谓"自然的历史"具有双重含义:其一是指在人类历史出现之前,自然本身也有自身的历史发展;其二是指人类社会形成之后,自然的历史也开始渗透到新的社会历史进程中。现代复杂性科学的研究成果证明,较低层次的系统在时间上先发生,再通过低层次系统的会聚产生较高层次的系统。下层系统是上层系统的元件,上层系统则控制了下层系统某些方向上的行为。这是自然的历史性发展的真正本质,而我们周围的自然界发展史中最重要的一次系统"会聚"发生在由自然史向人类史转化的进程当中,此时,较低层次的自然系统成为较高层次的社会系统的组成部分,而社会系统又反过来对自然系统施加影响。这种所谓"会聚",也就是自然被纳入人类社会历史过程,获得一种新的"历史性/时间性",即成为自然的历史。

---

① 《马克思恩格斯全集》第 26 卷,人民出版社 2014 年版,第 769—770 页。
② 《马克思恩格斯选集》第 1 卷,人民出版社 1995 年版,第 66 页注②。

一方面，自然高度发展，进入一定的历史阶段之后，可能经过人类活动转化为从属于人类历史的自然，这就是自然的"历史化"，即自然界被纳入人类历史过程的转变，也是在新的进化形式下掀开了新的历史。这个飞跃是由人类实践活动引发的新的自然历史过程。正是在这一点上，马克思主义的辩证自然观从根本上超越了旧唯物主义的自然观。"把马克思的自然概念从一开始同其他种种自然观区别开来的东西，是马克思自然概念的社会—历史性质。"①正如马克思在批判费尔巴哈的直观唯物主义没有正确理解人类周围自然世界的社会历史性时所指出的那样："他没有看到，他周围的感性世界决不是某种开天辟地以来就直接存在的、始终如一的东西，而是工业和社会状况的产物，是历史的产物，是世世代代活动的结果……甚至连最简单的'感性确定性'的对象也只是由于社会发展、由于工业和商业交往才提供给他的。"②马克思试图借此来说明人们周围的感性世界和自然界是在人类历史过程中，在人的实践活动作用下不断发展变化的。人的实践和人类社会活动是自然界被纳入人类历史过程之后继续发展和变化的深刻基础。尽管自然界的运动仍然遵循其固有的客观规律，这种规律永远不可能被人类完全控制，但它还是不可避免地日益从属于由人类实践所引起的自然界的变化发展过程。进而，自然界的历史化也就成为人类历史的一个不可缺少的组成部分，自然界在新的进化形式下开始了新的历史篇章，人类历史反过来也同样成为自然历史的一部分。

所谓"历史的自然"，则是指在人类实践过程中被打上了社会的烙印，转变成为人类社会系统和人类历史一部分的自然过程。从理论上说，自然存在的属性——除客观实在性之外——都可能被人类实践所改变；但从现实性上看，任何一种人化或历史化的自然都只能部分地改变实践对象的自然属性。由于任何对象的规定性都是无限的，其组成部分

---

① ［德］A.施米特：《马克思的自然概念》，欧力同等译，商务印书馆 1988 年版，第 2 页。
② 《马克思恩格斯选集》第 1 卷，人民出版社 1995 年版，第 76 页。

也是无限的,被人类改造过的属性与部分都只能是其中极小的部分。例如,一块石头被人们磨成石斧,形状发生了改变,石头的质地和硬度等却没有发生根本变化;矿石被冶炼成金属,分子水平起了变化,原子水平上却没有改变。因此,潜藏于人化的、历史的自然中的那部分自在自然,将继续永不停止地受到自发的、不以人的意志为转移的自然规律的支配;同时,任何一种历史的自然都必须加入整个大自然系统的相互流通和作用之中,成为自在的自然向前进化的一个组成部分。

自然界在资本主义与前资本主义两种生产方式中存在的样态具有本质的区别。前资本主义社会中,虽然也有人类实践,但这种实践在总体上并没能根本改变自然的性质,或者说自然还没有被对象化为历史存在,仍然进行着一部"自然自己"的发展历史,一部"自然联系还占优势"①的自然性历史。工业生产与资本主义经济体制产生之后,我们周围的自然日益成为人类直接操控的对象,成为由社会规定的历史存在,人类社会也才真正有了自己的独立历史。正如马克思揭示的那样:只有在资本所创造出来的资产阶级社会中,社会成员对自然界和社会联系本身的普遍占有才能出现。"与这个社会阶段相比,一切以前的社会阶段都只表现为人类的**地方性发展**和**对自然的崇拜**。只有在资本主义制度下自然界才真正是人的对象,真正是有用物;它不再被认为是自为的力量"②。工业使人类从对自然的崇拜转向对自然的利用。

由上述人与自然的关系的两次历史飞跃,即从前资本主义社会人对自然的依赖性发展的自然历史状态到资本主义社会人对自然的支配性发展的历史自然状态,我们可以看到这实际上也是从第一自然空间中的物质生产过程与方式上升到第二自然空间即社会空间本身的生产过程与方式。当然,这并不是说具体的地方的自然的物的生产已经完全被非物质生产方式所取代,而是说脱离地域与具体的物质内容的"空间的生

---

① 《马克思恩格斯全集》第 30 卷,人民出版社 1995 年版,第 49 页。
② 同上书,第 390 页。

产"成为当代资本主义社会赖以生存与发展的主要方式。上升到一个规律性认识的高度,我们可以说,纵观历史发展趋势,整个人类社会特别是现代人类社会的"生产"不但是一定自然物质环境(表现为空间与时间特性)制约下的物质生产或人化自然的过程,而且更是一个不断地超越地理空间与时间条件限制而实现的社会关系空间或"历史自然"的"自我生产"过程,即创造出一个"普遍有用性体系"。换言之,现代人类社会的生产关系生产与再生产本身就是历史性自然与社会空间的反思性自我重构,而不是自然空间中的物的生产。资本主义生产受追求剩余价值和交换价值的"绝对命令"的控制,这便意味着其使命和任务从根本上就与传统社会及自然经济条件下的简单的重复生产绝对不可同日而语,而是冲决一切自然界限与神意禁忌而实现的既是"革命性的"也是"虚无主义的"疯狂扩张过程。[1] 资本的扩张表面上是马克思所说的"用时间消灭空间",而实际后果却是实现了自身空间的不断升级换代与无限高速的扩张。这正是现代性的历史自然或空间生产所导致的日益严重的生态危机与能源危机等现象。

这就是说,资本主义生产方式的性质使人类置身于一个被自身创造出来的物质力量盲目地统治的历史阶段。人类刚刚从外部自然必然性的枷锁中挣脱出来,又颓然落入人类自己所创造的经济必然性的窠臼之中,这使人类社会历史表现出与自然界盲目运动相似的性质。具体表现在:

首先,在资本主义社会的早期历史进程中,社会经济活动变成了一个由"看不见的手"所支配的人之外的"无主体""自然"过程。社会发展中的这种无主体现象的本质,其实就是人的创造物颠倒过来,成为控制人的外部强制力量。例如,作为整个资本主义生产发展杠杆的"自由竞争使资本主义生产的内在规律作为外在的强制规律对每个资本家起作用"[2]。对此,马克思在早期曾经将其指认为"异化"现象,后来他则通过

---

[1] 参见《马克思恩格斯全集》第 30 卷,人民出版社 1995 年版,第 389—390 页。
[2]《马克思恩格斯文集》第 5 卷,人民出版社 2009 年版,第 312 页。

经济拜物教批判对此进行了深刻的揭露。其次,在资本主义条件下,由人类主体活动构成的社会历史进程表现出强烈的盲目性。"资产阶级社会的症结正是在于,对生产自始就不存在有意识的社会调节。合理的东西和自然必需的东西都只是作为盲目起作用的平均数而实现。"①当然,在当代资本主义的发展和体制调整中,通过国家干预和一定的计划控制,这种盲目状态有所改变。其三,资本主义生产方式的存在与发展导致人类社会的现代历史发展运动表现出对自身进程的破坏性。工业使人类从崇拜自然转向利用自然,但生产力已经发展到了一个特殊的阶段,在这个阶段高度发达的生产力和交往手段在现存资本主义条件下却给人类带来巨大的灾难,这种生产力已经不再是"生产的"力量,而是一种"破坏的"力量。在资本的统治之下,自然界遭到了有史以来最严重的毁灭性破坏和过度掠夺。生态危机是当代资本主义生产方式过度奴役与支配自然所产生的重大的生存危机,这种深刻的社会矛盾预示着深层次的危机,呼唤着一种人与自然、人与自己的创造物能在其中和谐共处的新的社会形态的出现。马克思从另外一个角度指出了资本主义条件下人与自然关系的狭隘性局限性与必然被终结的命运:"从一个较高级的经济的社会形态的角度来看,个别人对土地的私有权,和一个人对另一个人的私有权一样,是十分荒谬的。甚至整个社会,一个民族,以至一切同时存在的社会加在一起,都不是土地的所有者。他们只是土地的占有者,土地的受益者,并且他们应当作为好家长把经过改良的土地传给后代。"②对此列斐伏尔作了一个富有激情的预言:"与科学技术进步相伴随的大规模工业的到来,动摇了这个世界的基础。生产力由此产生了另一次巨大的飞跃,从空间中物的生产,跃升为空间的生产"③。"空间的生产则将另外的事物纳入了安排,在其中,空间的私人所有权将衰落,与此同时,支配空间的政治国家也将衰落。这体现了从支配到取用的转变,

---

① 《马克思恩格斯文集》第 10 卷,人民出版社 2009 年版,第 290 页。
② 《马克思恩格斯文集》第 7 卷,人民出版社 2009 年版,第 878 页。
③ [法]亨利·列斐伏尔:《空间的生产》,刘怀玉等译,商务印书馆 2021 年版,第 526 页。

以及使用价值对交换价值的优先性地位(即交换价值的衰退)。"①"如果说**空间的生产**确实对生产力的飞跃(在技术、知识和对自然的支配中)做出了一种反应,如果这种趋势推进到了它的极限——或者更好一些,克服了它自身的局限性——那么,最终必然会引起一种**新的生产方式**,它既不是国家资本主义,也不是国家社会主义,而是对空间的联合管理、对自然的社会管理,是对自然与反自然矛盾的超越。"②这当然是另外一种文明形态了。

三、马克思"用时间去消灭空间"的"空间化"思想片论

A. 施米特说过,马克思绝少谈论自然哲学意义上的"自然本身"的概念。于他而言,自然是一个社会历史范畴,即"自然"是社会与自然相互中介中的自然以及历史与自然相互转化与生成中的自然③。与此相类似,马克思事实上也没有直截了当地专门阐发一种空间观念,也并未试图把社会的、地理的、经济的、政治的等空间假设为绝对自然或物理空间。但他确实相应地意识到了以上诸种空间形态的相对性和历史性,这在他关于资本主义生产方式的革命性本质在于"用时间去消灭空间"(或者"一切等级的和固定的东西都烟消云散了")、"时间是人类发展的空间"的论断中,再清楚不过地体现了出来。④ 可以说,这是马克思几近于认为现代空间实质上是资本主义生产方式的产物的地方。

按照当代西方著名的左派地理学家尼尔·史密斯的考证⑤,第一个

---

① [法]亨利·列斐伏尔:《空间的生产》,第 605 页。
② 同上书,第 151 页。
③ 参见[德]A. 施米特《马克思的自然概念》,欧力同译,商务印书馆 1988 年版。
④ 分别参见《马克思恩格斯全集》第 30 卷,人民出版社 1995 年版,第 521 页;《马克思恩格斯选集》第 1 卷,人民出版社 1995 年版,第 275 页;《马克思恩格斯选集》第 2 卷,人民出版社 1995 年版,第 90 页。
⑤ 以下内容参见 Neil Smith, *Uneven Development: Nature, Capital, and the Production of Space*, Athens and London: The University of Georgia Press, 2008, pp. 281 - 282, n47;中译本参见[美]尼尔·史密斯《不平衡发展:自然、资本与空间的生产》,刘怀玉、付清松译,商务印书馆 2021 年版,第 166 页注①。

提出"用时间消灭空间"的概念和思想的是英国 17 至 18 世纪著名诗人亚历山大·蒲柏(Alexander Pope,1688—1744)。尽管马克思并非这一术语的首创者,但是他极其独到地把这种根植于神秘幻想中的唯心主义目的论式的只言片语,改造成了一种具有崭新唯物主义内容的锐利批判工具。资本的本性是试图减少流通时间和成本,以此推动扩大的资本更快地流回生产和积累领域,从而进一步加速它们的过程。但是,价值的循环同样需要物质客体的物理循环,在其中价值得以体现或再现。资本的所有形式——生产资本、商品资本和货币资本——都必须发生转移。生产力的发展也是如此,它的一部分要用于发展生产领域之内和之外的交通和通信手段。马克思曾经把运输业当成与采掘工业、农业和加工业并列的资本主义社会第四大物质生产领域。但它与以上三个领域的不同之处在于:"劳动对象发生某种物质变化——空间的、位置的变化……它的位置改变了,从而它的使用价值也起了变化,因为这个使用价值的位置改变了。商品的交换价值增加了,增加的数量等于使商品的使用价值发生变化所需要的劳动量。……商品一到达目的地,它的使用价值所发生的这个变化也就消失了,这个变化只表现为商品的交换价值提高了,商品变贵了。"[①]正如马克思所说的,这就导致了持续地克服所有时空局限,并试图用时间消灭空间的动力。

> 生产越是以交换价值为基础,因而越是以交换为基础,交换的物质条件——交通运输工具——对生产来说就越是重要。资本按其本性来说,力求超越一切空间界限。因此,创造交换的物质条件——交通运输工具——对资本来说是极其必要的:用时间去消灭空间。[②]

因此,资本一方面要力求摧毁交往即交换的一切地方限制,征服整个地球作为它的市场,另一方面,它又力求用时间去消灭空间,

[①]《马克思恩格斯全集》第 37 卷,人民出版社 2019 年版,第 342—343 页。
[②]《马克思恩格斯全集》第 30 卷,人民出版社 1995 年版,第 521 页。

就是说，把商品从一个地方转移到另一个地方所花费的时间缩减到最低限度。资本越发展，从而资本借以流通的市场，构成资本流通空间通道的市场越扩大，资本同时也就越是力求在空间上更加扩大市场，力求用时间去更多地消灭空间。①

这里表现出了资本的那种使它不同于以往一切生产阶段的全面趋势。②

正是由于马克思发现了铁路交通运输使得资本主义把人类历史变成统一的市场与世界历史，这种空间化的历史经验才让历史唯物主义得以诞生。反过来说，马克思的历史唯物主义之中"潜存"着社会空间理论。对此，哈贝马斯作了非常精彩的评价：众多文献告诉我们，铁路在诞生的时候对当时人们的时空经验产生了革命性的冲击。铁路并未创造现代时间的意识，可是，在整个19世纪，铁路的确成了现代时间意识震动大众的工具，火车成了推动一切生活关系快速进步的显著象征，而不仅仅是知识精英感受到具有界限的传统生活世界发生了动摇。马克思在《共产党宣言》中也诉诸一种日常经验，把一切社会状况不断遭到打破、不断的动荡还原为生产方式与交换方法的革命。这就是说，马克思著名的"**革命是历史的火车头**"③的历史唯物主义命题，来自火车对于当时人们的时空观的强烈影响。④ 另外一位专门研究19世纪铁路史的学者更具体而系统地指出，马克思在铁路"用时间去消灭空间"的背后发现了资本的积累运动：创造交换的物质条件对于资本而言相当必要，因为资本就其本质而言，就是要跨越所有空间的障碍。产品只有在进入市场时才会成为商品，而要进入市场，就需要在空间中移动，需要一种位置性的环节。工业体系也需要把资源从矿井移动到工厂，这种移动就已经是对自然的一种转化。因此，铁路满足了资本的内在需要，仅铁路一项，就

---

① 《马克思恩格斯全集》第30卷，人民出版社1995年版，第538页。
② 同上书，第539页。
③ 《马克思恩格斯选集》第1卷，人民出版社1995年版，第456页。
④ 参见［德］哈贝马斯《现代性的哲学话语》，曹卫东译，译林出版社2011年版，第68页。

促进了资本在 19 世纪的不受阻碍的发展。①

社会从空间中获得解放的历史趋势,在资本主义条件下获得了重要的发展,并且采取了一种能够反映资本内在逻辑的独特形式:通过消灭来实现解放。在此情况下,"资本的普遍化"趋势代表了一种朝向脱离空间的冲动,换言之,即朝向一种生产状况和水平的均等。"我们所生活的地球正在缩小"已经变成了众所周知的常识,也是千真万确的现实,似乎没有什么玄奥,也不需要惊奇。但现象背后的本质只有通过历史唯物主义空间化视角才能科学地理解。马克思给我们提供了辩证解释,这就是表面上自然与经济地理之压缩,实乃资本主义空间化生产方式之必然结果。在历史唯物主义视野中,空间不仅仅是社会发展的一个背景与舞台,也不仅仅是一种独立的要素;空间的发展已经成为整个社会发展的必要环节,所谓世界的压缩不只是受现代化普遍进程的影响,更是建立在劳动和资本关系之上的生产方式的具体必然。

马克思强烈地意识到资本的这种"普遍化"趋势的更为具体的空间含义。他不仅关注到铁路的发展以及它们所带来的每个民族经济空间的扁平化,而且还关注到世界经济。由此,他早已经预言在英国殖民统治之下,印度会因资本的存在而实现自身强制性的发展,甚至还会导致印度经济迅速发展到英国已经达到的水平。② 除了这些对于空间生产的暗示之外,马克思还认识到问题的另一面——资本的空间扩张。所以他在《资本论》第一卷中用一章的篇幅讨论了殖民问题,这不仅是因为在那些殖民地以及在资产阶级殖民理论当中,扩张的现实已经被书写出来,可谓有目共睹,而且还因为殖民地对资本而言承担着具体的职能。通过外贸、经济和地理扩张,资本的核心矛盾多多少少被转移到了体系的边缘地带,资本的界限得到了扩展。③

---

① 参见[德] 沃尔夫刚·希弗尔布施《铁道之旅:19 世纪空间与时间的工业化》,金毅译,上海人民出版社 2018 年版,第 3 页。
② 参见《马克思恩格斯文集》第 2 卷,人民出版 2009 年版,第 685—691 页。
③ 参见 David Harvey, *The Limits to Capital*, Oxford, 1982, pp. 413 - 445。

综上所述，马克思的历史唯物主义之中潜在地存在着社会空间理论。比如，他把资本主义的空间性当作一种生产方式、一种生产力，作为劳动的一种空间分工，从城市与劳动再生产的空间社会分工的角度，从渗透于帝国主义的资本空间的全球性扩展过程来理解与把握。虽然马克思并没有对资本主义生产方式的空间性特征及其细节做专门研究，但他所作的努力为对资本主义空间问题进行更精细的分析与批判提供了基础，为以空间作为基本要素的资本主义扩张和渗透提供了分析的路径。①

当然，话还得说回来，在马克思的著作中，关于空间化的思想只是从属于他的资本积累、再生产与流通过程论述的一种具体例证，特别是其地租理论问题的一个例证："一方面，土地为了再生产或采掘的目的而被利用；另一方面，空间是一切生产和一切人类活动的要素。"②有关历史唯物主义空间化思想与资本主义的空间化发展问题的系统讨论，在他的继承者如卢森堡、列宁等人那里才真正得到开启。这当然是需要篇幅更大的另外的文章才能说明的话题了。

第三节　帝国主义理论中的历史唯物主义空间化思想探源

一、卢森堡的资本积累论：打开空间化解释的一个历史缺口

《资本论》第一卷出版（1867）大约半个世纪以后，罗莎·卢森堡在她的著名著作《资本积累论》（1913）中批评马克思对资本主义生产方式的普遍性统治的假设，认为马克思的扩大再生产图式不符合积累在实际进展中的诸条件。她认为，积累不只是在资本主义经济的各部门之间的内部关系，它首先是资本与非资本主义的环境之间的关系。然而她却又得出了马克思自己已经做出的逻辑结论。她说，如果没有为其提供市场、

---

① 参见［英］安杰伊·齐埃利涅茨《空间和社会理论》，第33页。
② 马克思：《资本论》第三卷，载《马克思恩格斯文集》第7卷，人民出版社2009年版，第875页。

劳动力和原材料等来源的非资本主义的存在,资本主义便无法幸存下去;剩余价值实现的第一条件,是要求一个资本主义社会之外的购买者阶层存在,"起决定作用的一点是在于,剩余价值既不能由工人、也不能由资本家来实现,而是由那种属于非资本主义生产方式的社会阶层或社会结构来实现的"。"成熟的资本主义在各方面都有赖于同期相互并存的非资本主义阶层和社会组织。"①因此,对卢森堡来说,帝国主义不过是一个吞噬非资本主义的过程,并由此在概念上可以被视为资本主义的最后阶段。当资本的绝对地理扩张接近尾声时,也正是资本主义必将崩溃的那一天。卢森堡把马克思的分析做了进一步的发挥,已经超过了她本应完成的部分。她不是把地理分化视为资本的内在趋势,而是视为从过去获得的一种残留,它在资本阔步前进的过程中不可避免地遭到了破坏。它只是一些生产方式之间的暂时性连接物而已②。

马克思的原始积累与卢森堡的资本积累理论之间的一个基本差别是:马克思认为资本积累主要剥夺的是前资本主义社会形态的经济。而卢森堡认为资本主义中心与资本主义外围非资本主义的关系是一种始终同步发生的结构性不平等关系而不是历史性的自我否定;一句话,是空间的辩证法而不是历史辩证法,是空间角度的解区域化与再地域化,而不是传统社会瓦解与否定以及现代社会重建。为此,后来哈维宁愿用"剥夺性积累"而不是"原始积累"概念来理解卢森堡的思想③。

但是,卢森堡虽然看到资本主义全球化积累的本质与发展趋势,却并没有真正理解资本主义垄断组织形式与国家以及民族国家战争所具有的再生产的空间经济学意义。她只看到战争的破坏性,她在混淆外部

---

① 参见[德]卢森堡《资本积累论》,彭尘舜、吴纪先译,三联书店1959年版,第276、364—365页。
② 参见[美]尼尔·史密斯《不平衡发展》,刘怀玉、付清松译,商务印书馆2021年版,第170页。
③ 参见[美]大卫·哈维《新帝国主义》,初立忠、沈晓雷译,社会科学文献出版社2009年版;D. Harvey, *The Limits to Capital*, London, New York: Verso, 2006;[英]安东尼·布鲁厄《马克思主义的帝国主义理论》,陆俊译,重庆出版社2003年版,第73页。

市场与外围地区的同时,轻视了中心地带(资本和集中,决定的权力与巨大的城市的形成等)的经济的、政治的结构与国家的相应作用。她确实没有逃避葛兰西所说的经济主义与自发主义的指责,但我们不应该把这种指责也加在马克思本人头上。卢森堡的重要性就在于她是在马克思主义的基础上打开了马克思主义,而其他很多马克思主义者则把马克思主义禁锢起来了。

列斐伏尔在《论国家》一书中高度评价卢森堡的重要意义在于:通过研究资本积累与扩大再生产问题,提出并回答了资本主义何以历经危机而又能够持续发展的问题。卢森堡的资本积累论是打开历史唯物主义空间化解释的一个历史缺口。卢森堡的重要性在于重新激活了马克思的再生产理论而打开了理解马克思的历史观、政治观等重要基础问题的新的视野。①

按照卢森堡著名的总结,关于资本积累问题先后发生了四次论战:第一次是西斯蒙第反对李嘉图;第二次是德国社会主义内部的争论;第三次是俄国马克思主义与民粹主义的争论;第四次则是第二国际内部的争论,即奥托·鲍威尔与卢森堡的争论。② 卢森堡是第一个真正关注资本主义在世界范围内空间化不平衡发展的思想家。她关于资本积累的理论论述的意义,远远超出了她与列宁关于无产阶级领导权问题的争论。卢森堡与众不同,她提出的问题是:资本主义将会自行崩溃,然而资本主义依然存在着,这又如何解释呢?③ 她的问题包含着这样一些重要观点与暗示:

第一,资本主义的生产方式是通过该词的下列含义中的再生产来确定的,即从生产力的再生产到各种生产资料和各种生产关系的再生产。

---

① 参见[法]亨利·列菲弗尔《论国家:从黑格尔到斯大林和毛泽东》,李青宜等译,重庆出版社 1988 年版,第 189 页。
② 参见[德]卢森堡《资本积累论》,彭尘舜、吴纪先译,三联书店 1959 年版;M. C. 霍华德、J. E. 金《马克思主义经济学史(1883—1929)》,顾海良等译,中央编译出版社 2014 年版。
③ 参见[法]亨利·列菲弗尔《论国家》,第 177 页。

剩余价值及其形成、实现、再投资,成了生产方式的因而也是扩大积累的作用的组成部分。

第二,只要存在着剩余价值的生产与各种关系的再生产,资本主义就能够继续存在下去。

第三,资本主义合并并创建了各种新的部门以便扩大生产与剩余价值,它部分地分解—纳入即破坏性重建了历史上的城市、前资本主义的农村,它发明了闲暇娱乐部门,它直至扩张到武器和能源的大量生产。①

综上所述,卢森堡认为马克思的纯粹资本主义研究既有利也有弊,它忽略了资本主义现实发展的结构性因素而只关注到它的历史阶段性与周期性,而实际上资本主义与非资本主义的不平等的结构关系不是科学抽象可以去掉的次要因素而是本质因素。如果说卢森堡之前的马克思、恩格斯只是从抽象一般的商品经济角度揭示资本主义转变为世界历史的资本主义之趋势,而卢森堡则主要从资本主义与非资本主义之间出于资本积累的特殊需要而必然发生联系这一经济逻辑必然性来论证,资本主义积累的顺利进行必然要依赖于资本不断向全球扩展的运动。出于实现剩余价值和进一步资本化的需要,资本必然要摆脱它的一切限制,无限地走向全球,朝着最终的统一的无个性的世界市场运动②。就此而言,创造世界市场的趋势已经直接包含在资本概念本身中。"任何界限都表现为必须克服的限制。"③但卢森堡认为马克思并没有讲清楚资本家是如何把自己的商品卖出去的。这是外部条件,这种外部条件与资本主义内在发展趋势不是一回事儿,于是她得出结论,从历史的角度来看,资本积累乃是资本主义生产方式与前资本主义生产方式之间所进行的新陈代谢过程④。在此意义上,资本全球化既是马克思主义资本积累理

---

① 参见[法]亨利·列菲弗尔《论国家》,第187—189页。
② 参见熊敏《资本全球化的逻辑与历史:罗莎·卢森堡资本积累理论研究》,人民出版社2011年版,第14页。
③《马克思恩格斯全集》第30卷,人民出版社1995年版,第388页。
④ 参见[德]卢森堡《资本积累论》,第332页。

论的研究对象，也是它所揭示的资本主义逻辑发展的必然结果。全球化并非动力，相反，全球化的动力始终是在扩张的且常常是爆发性的资本积累过程。

由卢森堡的资本积累理论的空间化意蕴和不平衡发展辩证法，我们不难发现，发达资本主义或帝国主义在对非西方的非资本主义世界进行殖民掠夺的同时，也创造了自己的对立面即不发达的边缘世界对核心世界的反抗与革命。这一点是卢森堡意识到但并未充分重视的。社会主义革命往往发生在帝国主义链条最薄弱的地方，即通常发生在经济文化比较落后的国家里，而不是通常所认为的工业发达国家。甚至于可以说，社会主义革命由于处在这样一种经济政治发展非常不平衡的世界历史背景下，所以不会出现同时胜利的局面，倒是往往出现一国首先胜利的独特现象。毛泽东在领导中国革命的过程中形成了著名的具有典范意义的半封建半殖民地理论以及相应的新民主主义革命理论。他认为，由于苏联十月革命的世界历史性影响，中国革命从此以后便成为世界革命特别是社会主义革命的一个组成部分。由于西方资本主义与殖民主义的入侵，近代以来的中国社会逐步沦为半封建半殖民地性质。这就决定了中国革命必须分两步走。第一步，是改变这个半封建半殖民地的社会形态，使之变为一个独立的民主主义的社会。第二步，是使革命向前发展，建立一个社会主义的社会。① 与经典的马克思主义的全球化观念相比，列宁、斯大林、毛泽东等所确立与阐述的新的全球化观念，基本上准确及时地反映了剧变的历史时代特点，特别是由此打破了西方资本主义、殖民主义体系统治世界的单极世界政治经济格局，在落后国家首先建立了一系列社会主义国家，从而从根本上改变了现代世界历史与世界政治经济总格局总面貌，极大地鼓舞了广大第三世界国家获得民族解放的斗争精神与勇气，极大地促进了人类的和平与进步事业，也是对马克思主义理论与实践的最伟大的贡献。可以说，社会主义与资本主义的对

---

① 参见《毛泽东选集》第 2 卷，人民出版社 1991 年版，第 666—672 页等处。

抗是全球化进程在20世纪的基本主题之一。而且正是这种对抗的存在,才有助于今天全球化进程中多元化、多维度的形成。虽然从历史角度来看,列宁、斯大林等所提出的社会主义与资本主义两大阵营或两大世界体系理论这样的全球化观念具有毋庸置疑的功绩、无可否认的客观必然性,但是我们今天不能不看到这种全球化观念当然具有不可避免的时代局限性与理论上的片面性,特别是对之后长达半个多世纪的社会主义现代化建设的消极影响。总的来说,从列宁的帝国主义是无产阶级革命前夜的理论到斯大林的一国胜利说与一国建成社会主义学说,再到后来的社会主义阵营理论,本质上是一种分裂对抗的全球化观念以及一种相对封闭的世界体系理论。它用两种社会政治制度来抽象与概括世界上千差万别的文明与民族国家的特点,未免有些简单化。它过分强调了世界的政治军事斗争与对抗在无产阶级革命中的作用,只是片面地看到了资本主义世界体系内在尖锐矛盾的发展以及世界资本主义体系对广大不发达民族国家的侵略的影响及其对社会主义革命的积极作用,而忽视了世界各国经济文化上的密不可分的交流关系及其对社会主义现代化发展的积极推动作用,从而导致了苏联为首的社会主义阵营在现代化经济建设过程中实际上长期的闭关锁国的发展方针与策略,进而最终窒息了社会主义经济文化发展的活力。苏联的解体与东欧的剧变可以说是一种以分裂对抗与封闭自足为特点的全球化观念与模式的失败。①

具有中国特色的新民主主义革命和社会主义现代化建设事业,自始至终是与现代世界历史发展过程紧密地联系在一起的,换言之,它本身就是全球化发展过程的一个组成部分。正如毛泽东早已指出的,中国革命就是世界革命的一个组成部分。20世纪50年代,中国采取的是向苏联东欧"一边倒"的对外方针。这是一种以分裂、对抗、半封闭为特征的"阵营"意识。60年代中苏交恶之后,中国采取的基本上是一种封闭的、独立自主的政治经济文化制度,以对抗西方资本主义的与苏联的现代化

---

① 参见胡元梓、薛晓源主编《全球化与中国》,中央编译出版社1998年版,第15页。

模式。80年代开始的改革开放战略,则是一种以独立自主与积极发展对外经济文化交流为己任的发展战略。这整个历史过程的基本特点是,在坚持民族独立性的前提下,通过对话与斗争相结合的策略,既改变了资本主义所垄断的全球化统治秩序,促成了多极化的平等对话与共同发展的格局和意识,使中国从狭隘封闭落后走向开放的世界经济体系之中,同时这也有助于变革当代世界中的不合理现象。社会主义中国在全球化时代的存在与发展,既辩证地扬弃了传统的封闭的社会主义观念模式,也深刻改变着由资本主义西方所统治的全球化格局。全球化时代的到来,既为中国的发展提供了难得的时机,也对中国的经济安全、政治和文化价值观念的独立及国防军事安全等构成了各种威胁与挑战。这就需要当代中国的马克思主义者站在21世纪的发展战略高度,对于全球化问题以及中国在全球化时代的地位、作用与前途命运做出正确回答与科学预测。从邓小平理论一直到习近平新时代中国特色社会主义思想等中国共产党人在改革开放以来的实践中所形成的中国特色社会主义理论体系,为我们思考这些问题提供了科学的世界观与方法论指导。

二、列宁的两种资本主义观及其当代方法论价值

列宁的资本主义观不仅是列宁思想的一个重要组成部分,而且是其社会主义革命与建设的思想理论基础;进而言之,也是理解苏联模式成因与当代社会主义现代化建设规律的一个重要理论源泉。列宁所领导的十月革命及其所缔造的苏联社会主义制度,正是基于他对第一次世界大战前后世界资本主义发展特征和规律的正确把握与利用。苏联马克思主义与社会主义体制,一方面是列宁思想的实践,另一方面又表现出对这种具有时代特征与历史局限性的科学理论的片面与僵化的理解倾向。列宁对资本主义基本特征、发展规律及其趋势的判断虽然难免有时代精神氛围与俄国历史经验的局限性,但他对资本主义经济政治文化发展的规律、特征以及其垄断的必然性所做的基本判断,仍然是我们把握资本主义全球化发展规律与社会主义未来发展方向的重要理论和方法。

这就是列宁的两种资本主义观,它一方面揭示了资本主义所具有的不断发展与创新的自发的历史辩证法,另一方面包括了由于自身发展空间局限性而不断地自我克服空间局限性的空间辩证法。

在列宁的理论体系中,他对资本主义的分析有前后两种明显不同的范式,我们姑且把它们称为前期资本主义观和后期资本主义观。

前期资本主义观指的是在1914年之前列宁对资本主义的分析与认识。在这一时期,资本主义处于自由竞争阶段。列宁把这一时期的资本主义发展看成是一个自然的历史过程,是一个从低级到高级、从自然经济到商品经济不断发展的过程。在自然历史过程的基础上,列宁把它划分为四个阶段,即借贷资本阶段、商品资本阶段、生产资本阶段和大工业阶段。

1914年之后,随着第一次世界大战的爆发和资本主义发展表现出新的特征,列宁的资本主义观也发生了变化,即后期资本主义观的形成。列宁认为资本主义在现阶段已发展到帝国主义和无产阶级革命视野中的国家垄断资本主义阶段,他把帝国主义当作垄断资本主义的一种特殊表现。帝国主义已经从本质上发生了改变,从竞争的、具有强大推动力的、前进的资本主义变成了垄断的、垂死的、腐朽的垄断资本主义。列宁认为,任何帝国主义的界定都包含以下五个基本特征:"(1)生产和资本的集中发展到这样高的程度,以致造成了在经济生活中起决定作用的垄断组织;(2)银行资本和工业资本已经融合起来,在这个'金融资本的'基础上形成了金融寡头;(3)和商品输出不同的资本输出具有特别重要的意义;(4)瓜分世界的资本家国际垄断同盟已经形成;(5)最大资本主义大国已把世界上的领土瓜分完毕。"①

列宁的前后期思想之所以发生巨大变化和转折,与当时的社会历史背景和理论背景密切相关。前期资本主义观既受第二国际正统理论(特别是普列汉诺夫和考茨基)的影响,又同俄国的合法马克思主义和民粹

---

① 《列宁选集》第2卷,人民出版社1995年版,第651页。

派关于俄国社会出路问题的争论密切相关。普列汉诺夫认为俄国已经有了曾被马克思所描述过的资本主义发展的特征,但是这一发展特征仅仅是被普列汉诺夫简要地提及。列宁在马克思关于"资本主义是一个自然历史发展过程"观点的基础上,又将其划分为四个阶段。关于资本主义的发展过程,列宁和普列汉诺夫的观点也是不同的。普列汉诺夫从资本主义的最高阶段和抽象概念出发,把大范围的机器工业作为一个既定的事实,然后开始分析资本主义。与普列汉诺夫相反,列宁接受了资本积累是一个历史过程的基本观点,从资本主义的低级阶段出发,分析了商品经济的发展来源于自然经济,因此列宁的论述更具有可信性和科学性。

另外,和民粹派的辩论和斗争,也是列宁前期资本主义观形成的一个重要因素。民粹派认为,由于国外市场已被先进国家占领,而国内市场的开发又需要有效的交通系统,俄国作为落后国家已经无法占领国外市场,由于经济落后也无法发展交通运输。"'获得国外市场'是'摆脱'实现额外价值的'困难的出路'。……上述两位著作家认为资本主义国家所以必须有国外市场,是因为资本家不能用别的办法来实现产品。俄国国内市场由于农民破产和没有国外市场无法实现额外价值而日益缩小,而国外市场又是很晚才走上资本主义发展道路的年轻国家可望而不可及的"[①],这就决定了俄国不具备资本主义发展的条件。再加上在俄国还存在着原始的村社制度,以及落后的思想,从而决定了资本主义在俄国的发展是必然会失败的。

在列宁看来,民粹派的主要错误在于他们不能把资本主义的发展看成是一个有机的发展过程,看不到这一过程在不同的发展阶段有着不同的特征。资本主义国家必须获得国外市场,不取决于额外价值的实现规律,而取决于:"第一,资本主义只是超出国家界限的广阔发展的商品**流**

---

① 《列宁选集》第1卷,人民出版社1995年版,第170页。

通的结果。"① "第二,社会生产各部分之间的比例(按价值和按实物形式),是社会资本再生产理论所必须有的假定……这种相适应经常遭到破坏……因此较为发达的生产部门就寻求国外市场。"② 第三,"资本主义生产的规律,是生产方式的经常改造和生产规模的无限扩大……资本主义企业必然超出村社、地方市场、地区以至国家的界限。"③ 同时,分工的发展也开创了国内市场。围绕这一辩论主题,列宁得出结论:俄国已经有了资本主义的发展,资本主义在俄国的发展是必然的历史趋势。

列宁的后期资本主义观——帝国主义理论,并非独创而是综合创新,是在基本继承霍布森的"资本扩张本质论"、希法亭的"金融资本垄断论",部分借鉴卢森堡的"积累规律论",全盘否定考茨基的"超帝国主义论"的基础上完成的。正如尼尔·哈丁所说:"毫不过分地断言,希法亭对帝国主义的分析以及布哈林的理论构成了列宁帝国主义理论的经济框架。"④

列宁首先运用马克思与黑格尔的辩证法,以"资本主义的生产集中"这个"自在之物"为逻辑出发点,指出生产的集中导致垄断,而垄断与金融寡头必然发展成为资本主义生产关系对全球的超地域、超经济控制的帝国主义形态。其次,他剖析了帝国主义的经济实质及其内在矛盾,发现资本主义经济政治发展不平衡规律,指出这个规律必然导致现代世界战争,而战争随之引起革命。再次,他全面概述了马克思主义关于国家与革命学说方面的历史发展和主要经验。列宁的帝国主义论虽然是多种理论的综合,但是在本质上又有别于卢森堡、布哈林等人的理论。卢森堡和布哈林是从抽象出发,而列宁是从具体的经济事实出发,也就是从资本主义发展的不平衡理论出发,正是在反驳他们的过程中,列宁发展出了帝国主义理论。同时,第一次世界大战的爆发也迫使列宁去研究资本主义发展的新变化。

---

①②《列宁选集》第 1 卷,人民出版社 1995 年版,第 191 页。
③ 同上书,第 192 页。
④ Neil Harding, *Lenin's Political Thought*: Volume 2, New York: St. Martin, 1977, p. 53.

列宁对资本主义的经济分析一直是其政治思想的基础,不同时期的经济分析对其政治思想的影响是不相同的,它们的历史意义也就不一样。列宁的政治观点与经济分析之间的关系在于:他是根据经济发展的变化来决定其政治思想;他对社会经济基础结构的分析、对生产力发展水平和相应的社会阶段发展水平的分析,构成了他的实践的基础。

总之,对社会的经济分析在列宁思想中发挥着关键作用。在这一点上,列宁要比任何其他的俄国马克思主义者更为突出。充分认识到经济思想在列宁政治思想中的关键和核心的地位,会使我们更加深刻地理解列宁的思想理论。西方列宁学研究的一个致命弱点,就是把列宁当作一个不太关心理论问题的实践家或者是一个机会主义者、一个唯意志论者。而实际的情况是,列宁的政治策略作为一个内在的有机整体是立足于严格的理论研究基础之上的。

列宁资本主义观中的这两个基本范式在当代仍具有可资借鉴的意义:一是"资本主义发展论",即如何利用资本主义先进成果发展落后国家的现代化事业;二是"垄断资本主义阶段形态论",即垄断资本主义仍然是当今全球资本主义发展的基本形态与规律。列宁关于"帝国主义是资本主义的最高阶段"之说①固然已成为历史,但目前的全球化资本主义仍然具有垄断的、帝国主义的特征,国家垄断与跨国垄断仍然是世界资本主义的基本结构与现实特征。列宁帝国主义论的时代价值就在于他所说的帝国主义历史阶段仍然没有终结。只不过这种帝国主义已经从当年单纯的军事扩张、无耻的财富与资源掠夺、霸道专横的技术金融垄断和野蛮的贸易战争,进一步发展为更隐蔽、更"文明"、更富有欺骗性的

---

① 公正而言,列宁并不是"最高阶段论者"。他于1917年出版这本书时用的书名并非"帝国主义是资本主义的最高阶段",而是模仿希法亭《金融资本》一书的副标题"资本主义最新发展的研究"采用了"帝国主义是资本主义的最新阶段"这个标题。直到列宁逝世十多年后,即1935年,其书名才首次被改为"帝国主义是资本主义的最高阶段"。这个改动绝非细枝末节,而是意味深长,且影响深远。

文化的、消费的、娱乐的、生态的、生物的、空间的、信息的、速度的、生命权力的统治与扩张。从这个意义上说,今天的马克思主义要想对资本主义的全球化发展有更加自觉和深刻的理解与认识,就不能不从列宁的经典问题与立场开始。①

首先,当代资本主义的全球化发展表明列宁主义并没有过时。列宁思想在今天之所以惹人非议、遭人诋毁,就是因为资本主义既没有像列宁所说的那样停滞不前,也没有消亡。相反,资本主义在经过调整后继续往前发展,并且在信息技术的推动下趋于全球化发展。但仔细研究列宁的资本主义思想,会发现今天的社会发展状况与列宁的资本主义观不但不矛盾,而且在一定程度上还不谋而合。在《帝国主义论》中列宁指出,从生产集中的垄断资本主义发展到托拉斯、辛迪加式的国家垄断,资本主义的扩张性又导致了国际的垄断,从而最后走向全球化;也就是说,早在帝国主义阶段,列宁就看到了资本主义的全球化趋势,从这个意义上说,今天的全球化正是列宁早期预言的实现。

资本主义的全球化发展并不等于资本主义的全球性胜利,而只是资本主义固有矛盾与危机的全球化蔓延。全球化时代再次证明马克思关于资本主义基本矛盾与危机的政治经济学批判理论仍然是科学真理。但是仅仅回到马克思、重复马克思的分析是不够的,因为马克思只是提供了科学的理论,而没有提供实现理论的政治实践道路。所以我们还需要回到列宁去,像列宁当年那样根据资本主义经济变化的分析去制定相应的社会主义政治方案。但是回到列宁并不是简单地重复列宁,正如齐泽克所说:"回到列宁不是说去重复列宁,而是在克尔凯郭尔的意义上去发现一个列宁,在今天的情境下去发现那种相同的脉动;回到列宁不是像一个怀旧者一样回到'美好的革命的旧时代',或者是在'新的条件'下,对旧的方案作机会主义—实用主义式的调整,而是像列宁在帝国主

---

① 参见刘怀玉《列宁思想的时代意义:写在 150 年后的今天》,载《马克思主义理论学科研究》2020 年第 3 期,第 61—70 页。

义和殖民主义的条件下……重新制定革命方案一样,去重新认识当前的世界条件。霍布斯鲍姆将20世纪界定为1914年到1990年,即从资本主义漫长的和平扩张结束到现实社会主义的崩溃,新形式的全球资本主义出现这一历史阶段。列宁在1914年所做的,值得我们在1990年效仿。'列宁'这一名字就代表了抛弃僵化的、现存(后)意识形态的统合,即我们生活在其中的那种虚弱的Denkverbot(禁止思想)的情境的自由,简单地说,列宁就意味着恢复我们思考的能力。"①

其次,列宁的资本主义观仍然是一个具有丰富理论价值的思想宝库。第一个方面,从列宁的帝国主义理论中我们依稀可见刚刚浮现在历史地平线上的国家垄断资本主义、国际垄断资本主义乃至于全球化资本主义。列宁认为国家垄断资本主义是金融资本家利用国家政权掠夺全体劳动人民以及未加入垄断组织的外部企业,以便保证金融寡头们能够攫取到超额利润的一种手段。国家垄断资本主义是垄断资本主义发展的一个阶段,是垄断资本主义存在的一种新形态,所以从本质上说,国家垄断资本主义依旧是资本主义。列宁批判了那种把资产阶级国家对经济的干涉看作是社会主义的实现的国家社会主义论者的谬论。第二个方面是有关不发达国家的资本主义发展问题。由于俄国当时正处于过渡的中间阶段,列宁想尽力解决相对落后国家的政治策略问题,因此仔细考察过渡的过程和所形成的过渡形式。他关注的问题实质上是那些与今天的不发达国家的马克思主义者有关的问题:资本主义发展的前景以及其中固有的阶级斗争和可能的阶级联盟。

再次,列宁的资本主义发展论特别是帝国主义论已经从方法论意义上揭示了资本主义发展的空间性特征及其空间化发展趋势。如前述,大卫·哈维敏锐指出,马克思只是提出一种关于阶级剥削推动的资本主义历史的理论。地理变化作为马克思的科学抽象之中的次要部分而被排

---

① 转引自许纪霖、罗岗主编《帝国、都市与现代性》(知识分子论丛第4辑),江苏人民出版社2006年版,第88页。

除在外。但马克思的弱点与忽略恰好是列宁要填补的空白,他关于俄国的资本主义起源与发展以及帝国主义的相互竞争导致第一次世界大战这一事实的研究,直接刺激他把地理与空间维度放到突出位置,但又把空间关系与地理结构还原为一种国家理论。① 或如另外学者所概括的②,列宁虽然从历时性角度把帝国主义视为资本主义发展的最高(最后)阶段,但是他对帝国主义的地理以及资本主义发展的一般内涵有着更强烈的体认。在其 1899 年发表的早期著作《俄国资本主义的发展》中,列宁强烈地意识到伴随着资本扩张的空间的内部分化问题。他讨论了劳动的地域分工,认为它构成了由工业专门化所造成的地区分化的根据,并将其追溯到由资本扩张所导致的劳动的社会分工。更重要的是列宁讨论了城乡在地域分布上的分化,这构成了其著作的大多数篇幅。他还用一节来讨论出现在城市与郊区之间的城区本身的空间分化,并同样把这一现象与劳动的社会分工联系起来。③ 列宁在其后来的著作中又进一步发展了这些洞见。他对帝国主义的态度是具有明显的地理眼光的,并且,在这一点上他坚持认为尽管全球已经被分成民族和信托公司,但是"落后"民族依旧成为出口资本有利可图的销售地。同马克思和卢森堡相仿,列宁也把帝国主义的地理扩张视为资本主义的幸存方式,但是他把地理分化的根源视为资本所内在的,并没有把资本的这种过程同消除这些地理分化直接等同起来。事实上,列宁走得更远,他坚持认为先进与"落后"民族之间的分化被帝国主义强化了,而不是弱化了。他指责考茨基(因其超帝国主义思想)"鼓舞了那种十分错误的、为帝国主义辩护士助长声势的思想,似乎金融资本的统治是在**削弱**世界经济内部的不

---

① 参见[美]德雷克·格利高里、约翰·厄里编《社会关系与空间结构》,第 142 页。
② 以下观点参见 Neil Smith, *Uneven Development: Nature, Capital, and the Production of Space*, Athens and London: The University of Georgia Press, 2008, pp. 129 – 130。
③ 参见列宁《俄国资本主义的发展》,载《列宁全集》第 3 卷,人民出版社 1984 年版;列宁《关于农业中资本主义发展规律的新材料》,载《列宁全集》第 27 卷,人民出版社 1990 年版。

平衡和矛盾,其实金融资本的统治是在**加剧**这种不平衡和矛盾"①。宣扬超帝国主义论,不过是企图回避欧洲已经到来的帝国主义时代,缓和帝国主义的矛盾。

然而,列宁却在同一著作中承认资本主义内在的真实力量,尤其是金融资本的普遍化,将会"力求消除各个地方或各个工业部门因各个企业历史情况不同而形成的资本分配不均现象"②。资本主义社会的空间化矛盾表现在一方面是空间的日趋分化,而另一方面又是能带来从空间中解放出来之希望的那种资本的均等化趋势,这种矛盾在列宁的帝国主义分析当中是晦暗不明的。这种晦暗不明,就如同在现实中,我们还没有十分明确地认识到这种矛盾推动了资本主义独特的空间生产一样。当然,列宁承认地理空间的全新重要性,但又存在明显的缺陷,这在他的哲学巨著中表现得再明显不过。这就是在列宁那里实际上存在着空间观问题的内在张力,一方面列宁的政治经济研究表明他深刻认识到马克思空间概念的深刻的社会历史性相对性特征,但另一方面在自觉的哲学世界观上列宁为"客观的物理空间"辩护,反对他所称的马赫的唯心主义学说,确认了绝对空间概念,而且总是把他的抽象的哲学讨论同资本主义的具体空间结构联系起来,这同样体现在他的《唯物主义和经验批判主义》等书中③。列宁的重要性在于,他在马克思主义哲学史上首次指认了空间基本矛盾的两个方面即客观绝对性与主观相对性,只不过他并没

---

① 《列宁选集》第 2 卷,人民出版社 1995 年版,第 656 页。
② 同上书,第 610 页。这并不是列宁本人的观点或原话,而是引用了德国经济学家奥托·耶德尔斯(Otto Jeidels)所著《德国大银行与工业的关系,特别是与冶金工业的关系》一书中的观点。
③ 列宁问道:"空间或时间是实在的还是观念的? 我们的相对的时空观念是不是**接近**存在的客观实在形式? 或者它们只是发展着的、组织起来的、协调起来的和如此等等的人类思想的产物?"(《列宁选集》第 2 卷,人民出版社 1995 年版,第 138 页)而他的答案却是毫不含糊的:"唯物主义既然承认客观实在即运动着的物质不依赖于我们的意识而存在,也就必然要承认时间和空间的客观实在性。这首先和康德主义不同。康德主义在这个问题上是站在唯心主义方面的,它认为时间和空间不是客观实在,而是人的直观形式。……世界上除了运动着的物质,什么也没有,而运动着的物质只能在空间和时间中运动。"(同上书,第 137 页)

有通过把马克思主义哲学与资本主义社会历史研究相结合来深化对这个问题的认识。这说明历史唯物主义空间化研究或对空间的历史唯物主义研究在列宁那里仍然需要进一步自觉化明确化。

三、论布哈林在帝国主义理论发展史上的重要地位

一般来说,布哈林作为重要的马克思主义学者,其首要的历史地位在于他是20世纪初的一位帝国主义理论家。从十月革命胜利到战时共产主义,再到新经济政策时期,这是苏俄马克思主义的资本主义理解史上的一段重要过渡时期。布哈林是这一时段最重要的理论家,他既为列宁的帝国主义理论提供了重要思想资源,也是从列宁到斯大林的政治与思想的历史性过渡的重要环节。

布哈林关于资本主义的理论研究主要集中在《食利者的政治经济学》《世界经济与帝国主义》《过渡时期经济学》《帝国主义与资本积累》等著作中。布哈林对资本主义的理解可以大致概括为三个发展时期:第一次世界大战时期提出的"帝国主义是全世界范围的资本积聚和集中过程的再生产"理论,战时共产主义时期提出的"有组织的资本主义"与"消极扩大再生产"理论,新经济政策时期提出的资本主义发展进入"相对稳定阶段"理论,但最为重要的还是第一个时期。

布哈林帝国主义论的思想逻辑是这样展开的:帝国主义是商品生产,特别是资本主义商品生产的历史的和逻辑的必然结果;是资本主义基本矛盾,即社会化大生产同生产资料资本主义私人占有制度之间的矛盾发展的必然结果。在帝国主义条件下,这一矛盾已经发展成为高度社会化大生产同局限于民族国家范围内的生产资料所有制之间的矛盾。

他认为,世界生产力的发展以及世界资本主义的发展不断地影响着国民经济,促使"资本国家化",并且以"世界经济"与"国民(即民族化)经济"的相互对立关系为杠杆说明帝国主义各种关系的发展。世界经济与国民经济的相互关系从萌芽状态发展到最繁荣兴盛的阶段就是帝国主

义,也就是"国家资本主义托拉斯"①。

布哈林的帝国主义论是20世纪60—70年代盛行于南美地区的世界体系论与依附论的先驱。他指出,现代资本主义是一个世界经济体系。世界经济由世界规模的生产关系和交换关系的体系所组成。商品交换关系构成了资本主义组织的最原始形态,而托拉斯与卡特尔则代表着国际范围内资本主义组织的最高形态。不平衡发展反映了各国生产力的差异,可是世界资本主义生产力的迅速发展导致了19世纪末以来世界经济的扩展。这一扩展是新的经济形态的结果,这种形态就是卡特尔、托拉斯以及资助它们的银行等这样的资本主义垄断组织——银行资本转化成为工业资本,成为金融资本。这种形态的资本主义垄断超越了国界并导致发达的中心大国与欠发展的外围国家的二元对峙结构:一方面是少数几个巩固的、有组织的经济体即文明大国,另一方面则是半农业或农业体系的外围不发达国家。国别资本主义寻求把自己扩张到世界经济的三个领域——商品销售市场、原料市场和资本投资——中去。其不可避免的结果就是冲突、资本主义扩张与帝国主义。接踵而至的结果就是,资本主义发展的节奏愈快,经济生活的工业化和国家城市化的进程就愈快,工农业之间的平衡就愈混乱,工业发达国家为占有落后国家的竞争就愈激烈,它们之间发生公开冲突也就愈加不可避免。

布哈林批评了当时的有关帝国主义的两种流行而庸俗的解释——"种族论"与"征服策略论",接着提出了一种马克思主义的帝国主义理论。这就是:帝国主义是一种金融资本的政策。它以金融资本对全部社会生活的绝对而抽象控制为本质特征,使世界屈从于金融资本的统治结构,以金融资本的生产关系去取代旧的前资本主义的或旧的资本主义的生产关系。争夺商品销售市场、争夺原料产地和争夺投资范围的斗争,正是金融资本家在资本主义范围内解决这一矛盾的三项基本措施。

---

① [日]岭野修:《帝国主义及其崩溃的理论》,载苏绍智、韩佳辰、林英、张伟垣主编《布哈林思想研究(译文集)》,人民出版社1983年版,第79页。

总之,布哈林是独特的帝国主义理论体系与重要范畴的建构者,形成了不同于希法亭、卢森堡与考茨基等第二国际理论家的思路与逻辑。第二国际时代的理论家大多否认帝国主义是一个历史时代,但布哈林把帝国主义视为资本主义发展的一定阶段;布哈林克服了当时的研究者不重视资本主义关系变化的倾向,研究了帝国主义产生的经济基础,对垄断、金融资本以及国家资本主义等问题作了分析;布哈林肯定了帝国主义的必然性,批评了第二国际机会主义的错误观点。① 布哈林先于当时的研究者把世界经济作为独立的经济范畴来研究,考察了世界经济和资本国际化的问题,对垄断资本的国际活动作了研究;指出了危机和帝国主义战争的不可避免,从而提出"帝国主义是资本关系国际化和资产阶级利益民族化的产物"这样一个核心观点②,也提出颇受争论的"有组织的资本主义理论"③。

总体而论,布哈林在马克思主义思想史上的重要性在于,他是连接第二国际的帝国主义理论与列宁的帝国主义理论的过渡环节。众所周知,第二国际时期的帝国主义理论代表主要有卢森堡的资本积累论、希法亭的金融资本论和考茨基的超帝国主义论。其中,卢森堡认为,帝国主义的出现是由于在纯粹资本主义的条件下,资本为了实现积累扩张而向非资本主义地区扩张所导致的必然结果,"消费不足"和剩余价值实现的困难是帝国主义对外扩张的根本原因,即必须在资本主义结构之外寻找剩余产品的买主。她认为,马克思关于社会资本再生产的理论,特别是关于扩大再生产的理论是不正确的,因为马克思在考察社会资本的扩大再生产时抽象掉了非资本主义经济成分的存在。希法亭作为第一个认真研究帝国主义理论的马克思主义者,集中于对金融资本在发达工业国中的中心地位的研究,并同时评述了它们对世界不发达地区的影响。对他而言,资本集中改变了资本主义的竞争结构,方便了卡特尔价格垄

---

① 参见蔡中兴、漆光瑛《马克思主义经济思想史》,复旦大学出版社 1994 年版,第 182—187 页。
② 参见马健行《帝国主义理论形成史》,中国社会科学出版社 1993 年版,第 256 页。
③ 郑异凡:《布哈林论》,中央编译出版社 2006 年版,第 3 页。

断阴谋的出现,"帝国主义通常意味着与资本主义联系的军国主义和扩张主义"①。他强调,工业资本与金融资本结合为一种新形式的资本,即金融资本。因此,希法亭认为帝国主义是金融资本发展的必然。考茨基从工农业发展的比例失衡来解释帝国主义。他认为,马克思把整个社会生产划分为两大部类,是一种抽象的划分;为了更深入地认识资本主义社会各生产部门的比例关系,必须从产品的物质特征进行划分,即工业和农业。工业的发展离不开农业的原料供给,但随着技术和生产的发展,工业发展远远快于农业的发展,农业出现了滞后,越来越无法满足工业的需要,而帝国主义就是工业高度发展的民族国家推行的一种不断扩大为自己服务的农业区域的政策。考茨基的帝国主义理论割断了帝国主义与资本主义经济制度内在的必然联系,否定了帝国主义是资本主义发展的一个阶段,并认为靠武力对外扩张的帝国主义完全可以被和平的"超帝国主义"所代替,即被各帝国主义强国联合起来共同剥削全世界的方法所代替。

大致上说,关于帝国主义概念的争论可以分为两种观点:一种是以卢森堡和考茨基为代表的一部分人。他们把帝国主义仅仅看作是资产阶级为解决积累问题和工农业之间的比例问题而采取的一种特殊的扩张政策。他们不承认甚至公开否认帝国主义是资本主义发展的一个特殊阶段。另一种意见是认为帝国主义是资本主义基本特征的继续和发展,是资本主义发展的最新阶段或最高阶段。持这种意见的有希法亭、布哈林等人。

布哈林在帝国主义理论史上的重要性最直接地表现为他是一条思想导线,由于他才在历史与逻辑意义上把希法亭、卢森堡与列宁联系在一起。

布哈林的经济学教育来自奥地利经济学派,出发点上来自希法亭,

---

① [美]罗纳德·H.奇尔科特:《比较政治学理论:新范式的探索》,高铦、潘世强译,社会科学文献出版社1998年版,第223页。

研究对象与问题和卢森堡具有高度一致性。所以,布哈林与希法亭和列宁共同成为经典马克思主义帝国主义理论的主要著作家,他们根据马克思关于"资本主义生产发展趋势是集中,而集中必然导致垄断"这样的理论假设而发展出帝国主义理论。希法亭的主要贡献是提出了金融资本概念。布哈林则把希法亭的分析置于世界经济的背景中并将其进行改造而形成自己的帝国主义理论。他认为,帝国主义的形成有两种趋势在起作用:垄断的和金融的资本集团的形成是一种趋势,另一种趋势是资本主义在地域上的加速蔓延及其整合为单一的世界资本主义经济。①

由此可见,布哈林在学术上受惠于希法亭是显而易见的。"重组希法亭的思想"是布哈林对帝国主义理论的三大贡献之一。也有学者以类似方式总结说:"布哈林帝国主义论的中心思想是,资本主义的发展通过各个方面不断地导致帝国主义国家之间的战争。布哈林从战争发现了资本主义崩溃的原因。其公式是:国家资本主义托拉斯之间的战争→工人阶级的贫穷化(军费负担增加、物价上涨、战争带来工人死伤等)→工人阶级阶级觉悟的提高→对资本主义的革命的扬弃"。② 第二点贡献是布哈林主张,资本的国家集中化已经超越金融资本而组成了一套新的巨兽("利维坦")或者说准极权主义的国家资本主义。第三点贡献是他认识到帝国主义的历史性以及推翻它的形式——社会主义革命。③

简短的结语:一位"不完全了解空间辩证法"的帝国主义理论家

布哈林在马克思主义的帝国主义理论史上的重要地位在于,他明确提出了资本主义的组织化发展问题与资本主义总危机问题。但布哈林的观点只对了一半,那就是:确实帝国主义崩溃了,但只是一种形态,而

---

① 参见[英]安东尼·布鲁厄《马克思主义的帝国主义理论》,陆俊译,重庆出版社2003年版,第113页。
② 参见[日]岭野修《布哈林的经济理论》,载苏绍智、韩佳辰、林英、张伟垣编《布哈林思想研究(译文集)》,人民出版社1983年版,第22,88页等处。
③ 参见 M. C. Howard and J. E. King, *A History of Marxian Economics: Volume Ⅰ. 1883 - 1929*, Macmillan Education Ltd., 1989, pp. 246 - 248; 中译本参见 M. C. 霍华德、J. E. 金《马克思主义经济学史(1883—1929)》,顾海良等译,中央编译出版社2014年版,第250—253页。

不是所有形态都崩溃了。应当指出,布哈林(包括列宁)并没有看到,资本主义发展的本质不仅是垄断与同化世界经济的过程,而且还通过不断地将世界分裂,不断制造出新的异质空间,也就是新的非资本主义的边缘区域而获得发展。这就是不断制造落后国家、殖民地国家。在这一点上卢森堡比他们有预见性。

需要进一步指出的是,无论是布哈林的"崩溃论"、列宁的"最高阶段论",还是考茨基的"超帝国主义论",他们在第一次世界大战期间对于帝国主义前景的预言,从后来的历史实践证明来看,没有一个完全胜利、完全正确,但同时也没有一个完全没有合理性。从最直接的实践证明来看,考茨基的"超帝国主义论"失败得最早、最惨或者说其断言太早。从资本主义发展的根本趋势上看,列宁的"最高(新)阶段论"是最能经得起历史考验的。从今天变化着的资本主义形势来看,世界确实没有朝着"超帝国主义"那样发展,但世界经济确实出现了比考茨基的想象力复杂得多的另外一种一体化、流动化发展的全球化跨国式"和平"发展形式。他的"超帝国主义预见"只能是通过战争的重创之后才有可能重建,但他对资本主义自我完善与富有弹性调节能力的预见还是值得我们重视的。这说明,任何抽象的理论都无法完全预见后来极其复杂多变的世界经济政治形势。正像邓小平后来在接见戈尔巴乔夫的谈话中所说的,绝不能要求马克思与列宁回答他们逝世之后的资本主义与社会主义的一切问题。① 列宁与布哈林正确地看到,资本主义发展到一定阶段必然是帝国主义,但他们低估了帝国主义的发展潜力与形式的多样性。帝国主义的出现是资本主义自由贸易经济危机的必然结果,但帝国主义并不消灭与否定自由经济,而只是自由资本主义经济为了摆脱危机、解决矛盾而寻找的一种新的途径,也就是为自己的进一步发展创造条件的短暂的历史形式。布哈林既低估了帝国主义的形式多样性,也低估了自由世界市场经济的潜能。他把资本主义发展的一种短暂形式当成最后阶段,把一种

---

① 参见《邓小平文选》第 3 卷,人民出版社 1993 年版,第 291 页。

可能趋势当成必然灭亡的唯一规律与趋势。这仍然是一种封闭的、抽象的和静止的世界体系理论思维定式。

布哈林的帝国主义论是一种封闭与半封闭的资本主义世界体系论；他的资本主义总危机理论则是一种简单的直线过渡假设。资本主义的危机既是其自身基本矛盾无法解决的表现，也是其发展的周期性、盛年期的生理特征，而并非"死亡""灭亡"的特征。资本主义经济危机与灭亡之间具有一定的必然联系，但并不是一个直线过渡过程，而是周期性的漫长发展过程。资本主义经常是在危机与繁荣的周期性波动发展过程中不断成熟与进步的。对此，当代最为著名的马克思主义地理学家与经济学家大卫·哈维甚至认为，资本主义的历史地理表现之一就是经常通过战争与经济危机这种自我毁灭的方式来为自己的延存创造新的空间与周期："资本主义在20世纪的延续是以两次世界大战造成的死亡、混乱与毁灭为代价的"。比如，"正是第二次世界大战带来了充分就业和再投资，但后者的实现是以大量资本被彻底摧毁和许多闲置工人化为炮灰为代价的。恰恰是这种毁灭的地理不平衡性使战后在以马歇尔计划著称的仁慈的'空间修复'的保护下为美国剩余资本的吸收开辟了新空间"。而苏联和一系列社会主义国家的出现不仅没有历史性地宣布资本主义的终结，反倒以空间分裂与共时性结构对峙的方式为资本主义的延续生存创造了政治地缘学的条件。①

另一位当代杰出的帝国主义理论家阿明则对以布哈林为代表的"过渡时期经济学"和后来的苏联社会主义经济体制理论的哲学方法论误区也作出了类似的批判："苏俄的历史经验提醒我们：资本主义制度的自发倾向不是产生社会主义。"②资本主义在发展到某一阶段之后，它的必然趋势并不是通过自觉行动克服所有矛盾而实现社会主义革命，而是进入资本主义的一个新阶段。它决不是"最高"阶段，而只是"更高"阶段。在

---

① 参见[美]大卫·哈维《资本主义的地缘政治学》，载[美]德雷克·格利高里、约翰·厄里编《社会关系与空间结构》，第156—157页。
② [美]萨米尔·阿明：《不平等的发展》，高铦译，商务印书馆2000年版，第325页。

其中,资本主义生产方式的基本矛盾表现为一些新的形式。在资本主义已经具有全球性并在全世界规模上组织生产关系的情况下,社会主义只能在全世界范围出现。"所以这个过渡将包括社会主义目标(全球性的)与过渡结构(民族性的)之间的一系列具体矛盾。在全世界范围设想过渡,必须以外围的解放作为开端。外围国家不能仅仅靠发展的策略赶上资本主义模式,它必须超越它"①。布哈林的"过渡时期经济学"与斯大林的"一国建成社会主义",均是把国家垄断资本主义、帝国主义当成了资本主义必然灭亡、向社会主义过渡的"最后的形式"或者"前夜",均存在着一种隐性的历史目的论和直线论的方法论缺陷。

第四节 论历史唯物主义的两种"历史"概念及其空间化意蕴

广义与狭义历史唯物主义之二分法,与其说是由于研究对象的广义与狭义之分所造成的,不如说反映了马克思在创立与发展历史唯物主义过程中的两种叙述方法。这集中体现在《〈政治经济学批判〉序言》(1859,以下简称《序言》)与《〈政治经济学批判〉导言》(1857,以下简称《导言》)这两种明显不同的解释方式上。《序言》的广义历史唯物主义采用的是一种通俗或大众化的理论叙述方法,而《导言》的狭义历史唯物主义采用的则是一种严格而富有创造性的理论叙述方法。广义历史唯物主义的传统理解误区在于庸俗肢解和封闭僵化,西方马克思主义对狭义历史唯物主义的理解误区则在于看不到马克思历史辩证法的核心意义而各执一端。广义历史唯物主义是马克思主义哲学得以在当代言说的合法性底线,应当保留其可能性视角与开放性视野;狭义历史唯物主义是具有特定叙述边界的、作为辩证认识论的历史性唯物主义,需要经过严格追问并赋之以严格形式,从而形成一种新的严格的批判维度。唯有如此,历史唯物主义才能合乎时代要求而始终具有旺盛的理论生命。在

---

① [美]萨米尔·阿明:《不平等的发展》,第329—330页。

这方面,以大卫·哈维为代表的地理维度和空间维度的历史唯物主义是一个典型的对狭义历史唯物主义的激活与运用。

"回到马克思"的口号已经在中国学术界喊出了几十年,一个实质性的成果是:人们发现,马克思的哲学理念其实就是历史唯物主义。用历史唯物主义解读马克思主义哲学,已成为许多学者的共识,进而人们也普遍接受对历史唯物主义做出"广义"与"狭义"的理解。① 对于广义历史唯物主义之内涵,争议不大,可否定者不少,人们普遍认为决定论的进化论的唯物主义历史观过于"僵硬"而显得"迂阔";对于狭义历史唯物主义,争议很大,可感兴趣、求新解的人很多,人们总在追问政治经济学批判何以是现代性批判的历史唯物主义的哲学话语。我们认为,历史唯物主义在原初经典中的面貌并不十分清楚,在很大程度上与马克思的叙述方式不无关系,因此有必要从叙述和研究方式的角度去理解历史唯物主义中广义与狭义的历史概念与意蕴,弄清二者在通俗性与严格性、时代流行性与独创性上的区别。对这些问题的探讨,有助于更深入地理解马克思的哲学思想,也有助于推进历史唯物主义的研究。

一、广义与狭义:研究对象之分或者叙述方式之别

马克思、恩格斯生前均没有对历史唯物主义作出过广义与狭义的区分,这只是后人的理解和说明。恩格斯在马克思逝世时动情地谈及马克思一生的"两个发现",即后来广为人知的唯物史观与剩余价值学说。② 恩格斯作为第二小提琴手,在使历史唯物主义变得通俗易懂和广为流传方面功不可没,但他对马克思青年时代就已指出并在政治经济学研究中着力证明的资本主义社会异化的、颠倒的历史特征并不十分重视,这仅

---

① 国内学界最早提出此问题的可能是南京大学的学者:1982 年,孙伯鍨、姚顺良在《晋阳学刊》当年第 5 期合作发表了《从"两种生产"的理论谈对历史唯物主义的狭义和广义解释》一文,提出若不对历史唯物主义的基本观点作广义的解释,就不能对全部人类历史发展做出统一的、科学的说明。之后,张一兵教授出版了《马克思历史辩证法的主体向度》一书,明确了广义历史唯物主义和狭义历史唯物主义的提法。
② 参见《马克思恩格斯选集》第 3 卷,人民出版社 1995 年版,第 776 页。

从他对"两个发现"的表述中即可见一斑:作为"人类历史的发展规律"的唯物史观,在篇幅上比作为"现代资本主义生产方式和它所产生的资产阶级社会的特殊的运动规律"的剩余价值学说多了一倍。再加上《政治经济学批判。第一分册》的匿名书评(但书评颇有影响)、《反杜林论》、《社会主义从空想到科学的发展》、《路德维希·费尔巴哈和德国古典哲学的终结》等公开发表的著作,恩格斯对历史唯物主义的通俗解释都加深了人们的如下判断:唯物史观与剩余价值学说是前后两种不同的理论形态,唯物史观既然研究并揭示的是人类社会历史的发展规律,当然是广义的,而以剩余价值学说为标识的政治经济学批判既然是以特定的现代资本主义社会为对象,那自然就是狭义的。在很长一段时间里,人们对历史唯物主义的理解就是广义历史唯物主义,是唯物主义历史观。

早在1973年前后,日本马克思主义学者望月清司就曾针对苏联僵化的教科书体系指出,"要严格区分马克思历史理论和唯物史观教义体系":马克思的历史唯物主义与其说是反映人类社会历史发展普遍规律的历史哲学,不如说是主要局限于地中海和阿尔卑斯山脉以北的西欧市民社会兴起过程问题研究的历史理论。① 这实际上是较早地把历史唯物主义从研究对象上作出广义与狭义区分的重要尝试。改革开放后,历史唯物主义传统理解中含混的、模糊的广义和狭义之两分,逐渐被我国学者意识到并突出出来。南京大学的孙伯鍨先生从研究对象、研究重点和研究方法上对历史唯物主义作出了广义与狭义的区分:在研究对象上,广义历史唯物主义主要指整个人类社会历史发展的一般的规律和本质,狭义历史唯物主义主要指当代社会尤其是资本主义社会历史发展的逻辑、特点以及研究方法;在研究重点上,广义历史唯物主义侧重于社会发展理论,狭义历史唯物主义侧重于当代资本主义社会的批判。在他和姚顺良合著的《马克思主义哲学史》第2卷部分章节中他们又指出,在研究方法上,广义历史唯物主义是通过对德国思辨唯心主义和传统唯物主义

---

① 参见[日]望月清司《马克思历史理论的研究》,韩立新译,北京师范大学出版社2009年版。

历史哲学的批判,而实现了对所有唯心主义历史观的唯物主义批判;狭义历史唯物主义则是通过认识论的批判揭示资本主义社会颠倒着的物化外观,从而恢复人的实践的主体性,实现人的自由解放。① 张一兵教授是国内最早明确采用广义历史唯物主义与狭义历史唯物主义提法的学者之一。他指出,广义历史唯物主义是客体向度的、在历史发展中始终起决定和基础作用的客观的物质生产过程,任何一个社会都有着人们无法选择、无法改变的客观的历史基础;狭义历史唯物主义则是主体向度的、需要认识的主体批判地揭示资本主义社会种种迷雾和假象的辩证的历史的唯物主义。人类社会不存在一个一般的、永恒的社会生产,还原论意义上的历史是不存在的,只有用历史的、批判的方法才能重构历史认识论意义上的历史。② 几乎与张一兵教授同时,俞吾金教授也提出广义与狭义的历史唯物主义概念,但明显对狭义历史唯物主义持批判态度。他认为,如果对历史唯物主义的理解仅仅停留于社会历史领域的观念的"狭义的历史唯物主义概念",就不可能理解马克思划时代的哲学变革的真正的实质和意义,马克思哲学是对应于广义的社会或社会生活(即在人的生存实践活动中展现出来的整体世界)的"广义的历史唯物主义概念"。③

本书认为,广义与狭义历史唯物主义之二分法,与其说是由于研究对象的广义与狭义之分而造成的,不如说实际上反映的是马克思在创立与发展历史唯物主义过程中的两种叙述方法,换言之,广义的历史唯物主义是一种通俗或大众化的理论叙述方法,而狭义的历史唯物主义则是一种严格的而富有创造性的理论叙述方法。

---

① 参见孙伯鍨、姚顺良《从"两种生产"的理论谈对历史唯物主义的狭义和广义解释》;孙伯鍨《探索者道路的探索》,江苏人民出版社 2002 年版;孙伯鍨、张一兵主编《走进马克思》,江苏人民出版社 2020 年版;黄楠森、庄福龄、林利主编《马克思主义哲学史(修订本)》第 2 卷,北京出版社 2005 年版,第 109—262 页。
② 参见张一兵《马克思历史辩证法的主体向度》,河南人民出版社 1995 年版;张一兵《回到马克思》(第四版),江苏人民出版社 2020 年版。
③ 参见俞吾金《论两种不同的历史唯物主义概念》,载《中国社会科学》1995 年第 6 期。

正如马克思所说的,"在形式上,叙述方法必须与研究方法不同"①,他因此还自我提醒同时也警告别人,"叙述的辩证形式只有明了自己的界限时才是正确的"②。马克思生前不止一次指出,一个哲学家要想突破时代局限性尤其是权力话语的束缚,表述出自己真正的原初的思想是多么的困难:"即使在那些赋予自己的著作以系统的形式的哲学家如象斯宾诺莎那里,他的体系的实际的内部结构同他自觉地提出的体系所采用的形式是完全不同的。"③"对一个著作家来说,把某个作者实际上提供的东西和他自认为提供的东西区分开来,是十分必要的。这甚至对哲学体系也是适用的:例如,斯宾诺莎视为自己体系的基石的东西和实际上构成这种基石的东西,两者完全不同。"④而当我们面对马克思本人的哲学时,实际上也存在着马克思表面的叙述形式与他其实想表述的真实思想之间的重要区别,这就使得他的思想不是现成可用的而是需要进行兼具回溯性与重建性的双重阅读研究过程。

马克思出于要为同时代人所理解的考虑,常常要采用19世纪流行的价值观念、思想方法和语言风格来叙述自己的思想,而他的本真的创造性的哲学革命思想,往往被遮蔽在对他而言不得已的、时代化的语言风格中或者无声地隐匿在没有发表的手稿中。"历史"作为马克思主义哲学的基本的理论空间,无论是广义的还是狭义的,都并不是可以现成接受的,而是需要经过批判予以重构的。

二、广义与狭义:两种不同的叙述方式

马克思确立广义历史唯物主义的《德意志意识形态》(以下简称《形态》)生前没有发表,他是在"第一次科学地表述了关于社会关系的重要

---

① 马克思:《资本论》第1卷,人民出版社2004年版,第21页。
②《马克思恩格斯全集》第31卷,人民出版社1998年版,第398页。
③《马克思恩格斯全集》第29卷,人民出版社1972年版,第540页。
④《马克思恩格斯文集》第10卷,人民出版社2009年版,第429—430页。

观点"①的《〈政治经济学批判〉序言》中对相关问题作了集中而简要的论述,即人们耳熟能详并进行了概述的"社会存在决定社会意识"、"生产力和生产关系、经济基础和上层建筑的矛盾运动与社会革命"、"五形态社会理论"。恩格斯在马克思墓前的讲话基本上又是《序言》中相关论述的浓缩,所以《序言》就成了马克思第一次也是唯一一次公开系统阐述广义历史唯物主义乃至历史唯物主义基本原理、创立过程及其与经济学研究的关系的文本。

不到3000字的《序言》以"警示性的语言和简短的回顾"②,将广义历史唯物主义的重要观点高度概括又中规中矩地表达了出来。但《序言》中还是有一点"悬念"的。马克思开篇在介绍全书内容时写道:"我面前的全部材料形式上都是专题论文,它们是在相隔很久的几个时期内写成的,目的不是为了付印,而是为了自己弄清问题,至于能否按照上述计划对它们进行系统整理,就要看环境如何了。"③遥相呼应,在《序言》的倒数第三段,马克思在"不点名"地回忆《形态》书稿的命运时写道:"两厚册八开本的原稿早已送到威斯特伐利亚的出版所,后来我们才接到通知说,由于情况改变,不能付印。既然我们已经达到了我们的主要目的——自己弄清问题,我们就情愿让原稿留给老鼠的牙齿去批判了。"④马克思的思想发展确实存在"自己弄清问题"的艰苦历程,这个历程也几乎伴随他终生,但鉴于他在一篇不长的序言里两次强调"自己弄清问题"与"环境"(能否系统整理取决于环境如何)、"情况"(因情况有变而不能付印)的紧

---

① 《马克思恩格斯文集》第10卷,人民出版社2009年版,第167页。
② [英]戴维·麦克莱伦(David McLellan):《马克思传》,王珍译,中国人民大学出版社2006年版,第318页。
③ 《马克思恩格斯选集》第2卷,人民出版社1995年版,第31页。关于马克思所说的"面前的全部材料",《马克思恩格斯选集》的注释部分认为是"指他的1857—1858年经济学手稿和一些准备材料、大纲及摘录笔记等"(《马克思恩格斯选集》第2卷,人民出版社1995年版,第648页);而麦克莱伦则认为"完全是指1844年手稿和1850—1852年的伦敦笔记"([英]戴维·麦克莱伦:《马克思传》,第313页)。二者虽然在解释的范围上差别不小,但都确证了马克思"自己弄清问题"与其思想历程息息相关。
④ 《马克思恩格斯选集》第2卷,人民出版社1995年版,第34页。

密关系,我们有理由认为他之所以在《序言》中公布广义历史唯物主义,着实有着对《形态》没能发表之遗憾的弥补之意。

在当时还不为人知的《形态》中,马克思就指认了向为传统哲学所忽视的物质生产的基础性地位,也借此确立了广义历史唯物主义。他在批判费尔巴哈的直观唯物主义"根本不理解人类历史"的基础上,指出物质生产作为连续不断的感性劳动和创造,正是整个现存的感性世界的基础,它哪怕只中断一年,不仅整个人类世界甚至连单个人的存在也就没有了。① 所以,人类历史就是生产的历史,就是社会生活生产和再生产的历史;人类物质生活条件的生产与再生产是全部社会存在和发展的基础。在第一分册出版前,马克思就已敏锐地觉察到一般意义上的物质资料生产亘古就有且会一直存在下去,但建立在其之上的哲学反思却是当代历史与思想的结果;只有通过政治经济学批判,才能将对传统哲学的批判推进到对社会历史生活本身的批判。正如国内有学者所言:"马克思的政治经济学批判,就是要揭示资本逻辑的运行规律及其历史效果",与此同时,"超越资本逻辑构成了其理论指向"。②

马克思的研究理路和潜在动因在当时还不为人知,他庞大的政治经济学研究又尚在进行中,他既觉得"预先说出正要证明的结论总是有妨害的"③,又不确定读者是否愿意真想跟他一道下定决心"从个别上升到一般"④,所以,他在《序言》中就用一种迎合当时在英国流行的进步主义历史观的文风阐述了自己"所得到的、并且一经得到就用于指导我的研究工作的总的结果"⑤。马克思的表述逻辑周延、结构清楚,也顾及了人们普遍的接受能力与习惯,所以很容易被时人理解。列宁认为这就是马克思本人对"推广运用于人类社会及其历史的唯物主义的基本原理"所

---

① 参见《马克思恩格斯选集》第1卷,人民出版社1995年版,第77页。
② 参见仰海峰《历史唯物主义的双重逻辑》,载《哲学研究》2010年第11期,第17—18页。
③④《马克思恩格斯选集》第2卷,人民出版社1995年版,第31页。
⑤ 同上书,第32页。

作的"完整的表述"。①

这种人们理解起来不怎么困难的表述,影响是巨大的,几乎所有关于历史唯物主义的研究与论争都绕不开这个"纯粹典型形式"。② 但《序言》中的经典表述恰恰存在三个不容忽视的问题:第一,《序言》中的广义历史唯物主义确实存在有违马克思实际上已经在《政治经济学批判(1857—1858 年手稿)》(以下简称《57—58 手稿》)中确立的严格的历史批判精神,因而没能完全摆脱超历史的形而上学幽灵的问题。

> 人们在自己生活的社会生产中发生一定的、必然的、不以他们的意志为转移的关系,即同他们的物质生产力的一定发展阶段相适合的生产关系。这些生产关系的总和构成社会的经济结构,即有法律的和政治的上层建筑竖立其上并有一定的社会意识形式与之相适应的现实基础。物质生活的生产方式制约着整个社会生活、政治生活和精神生活的过程。不是人们的意识决定人们的存在,相反,是人们的社会存在决定人们的意识。社会的物质生产力发展到一定阶段,便同它们一直在其中运动的现存生产关系或财产关系(这只是生产关系的法律用语)发生矛盾。于是这些关系便由生产力的发展形式变成生产力的桎梏。那时社会革命的时代就到来了。随着经济基础的变更,全部庞大的上层建筑也或慢或快地发生变革。③

马克思先是用社会静力学的方式对人类社会的结构层次做了决定论意义上的说明,又从社会动力学角度指出了两重社会基本矛盾所推动的人类社会发展过程及其形态。这无疑是在实证科学层面指认人类

---

① 参见《列宁选集》第 3 卷,人民出版社 1995 年版,第 423—424 页。
② 苏联学者巴加图利亚语,原话为:"为了把握一种观点最一般最本质的特征,必须考察这种观点表现为纯粹典型形式的时刻。而对于唯物史观来说,这一时刻在马克思主义史上就是 1859 年马克思所发表的《政治经济学批判》一书的序言。"(参见[苏]Г. A. 巴加图利亚《马克思的第一个伟大发现:唯物史观的形成和发展》,陆忍译,中国人民大学出版社 1981 年版,第 3 页)
③《马克思恩格斯选集》第 2 卷,人民出版社 1995 年版,第 32—33 页。

社会有一个普遍适用的过程与规律,实际上也就成了对生产方式、社会结构等马克思自己的核心概念的非历史、非批判的扩张和运用。第二,马克思因为当时对东方历史还不够了解,使用了"亚细亚生产方式"一词,这难免会落入欧洲中心论的历史哲学狭隘性之窠臼。《序言》里的马克思对社会历史形态所作的划分,与《形态》《雇佣劳动与资本》等当时未公开和已发表的文本中所作的划分一样,都是以欧洲的历史为线索展开的。第三,马克思阐述的作为社会发展动力的两种革命形式,可以看成是对人类社会作出了直线性的决定论的进步论假设。这种假设极易导致在政治行动策略上忽略历史复杂性、跳跃性与历史主体能动性作用的误解,这就有了第二国际后来"坐等革命"的改良主义严重错误。也就是说,由于缺失狭义而严格的历史唯物主义理论规定,广义历史唯物主义便有可能沦落为晚年马克思所担心的超历史的历史哲学,以致恩格斯不得不引用马克思批评 19 世纪 70 年代末的法国马克思主义者时说的话来告诫"唯物史观的许多朋友":"我只知道我自己不是马克思主义者"①。

与叙述流畅、表述完整的《序言》相比,被马克思坚决压下来的、隐藏着狭义历史唯物主义的要害的《导言》中叙述的声音则是多重的,里面有科学的话语,有反讽的话语,有审美的话语,也有道德的话语,这些不同话语交织在一起,使人们在阅读时颇感艰涩。所以,《导言》在 1902 年发表时,世人对这个未完成的手稿并不十分在意。直到 1939—1941 年《57—58 手稿》陆续公之于世后,人们才回过头来发现《导言》的震撼力与穿透力。

《导言》表达的强烈意向和透露的理论意图表现为三个方面:第一,构成历史发展本质的,不是每个历史时代连续的一般性和共同点,而恰恰是"有别于这个一般和共同点"的"差异"。正如马克思所言:"构成语

---

①《马克思恩格斯选集》第 4 卷,人民出版社 1995 年版,第 691 页。

言发展的恰恰是有别于这个一般和共同点的差别"①。社会历史总是有一定的差异的生产方式。第二,马克思在《导言》中强烈反对启蒙时代的进步观。他以古希腊艺术显示出恒久魅力为例,说明了文化、艺术的发展与社会的经济发展并不具有一一对应的同构性或者普遍的进步性。历史有断裂、有分叉、有不平衡性,线性的平滑的积累式的进步观应当让位于断裂的分叉的不平衡的历史观。第三,马克思强调研究历史尤其是研究资本主义的历史,不在于研究历史上究竟发生了什么与延续了什么,而在于我们必须研究既定的、当下的主体的结构,"问题不在于各种经济关系在不同社会形式的相继更替的序列中在历史上占有什么地位,更不在于它们在'观念上'(蒲鲁东)(在关于历史运动的一个模糊的表象中)的顺序。而在于它们在现代资产阶级社会内部的结构"②。资本主义社会的历史不仅是以往人类历史的高度发展和继续发展,而且是一种断裂、一种中断,更是在总体性结构中对以往历史的摧毁和重构。马克思用"世界史不是过去一直存在的;作为世界史的历史是结果"③这句结论道破了天机:资本主义社会以前是没有严格意义上的世界历史的。

而《形态》中的世界历史,则是基于不同民族、族群、国家在商业、经济、文化、政治等现实交往过程中,慢慢地由多样性转变为普遍性、统一性的世界史。"只有随着生产力的这种普遍发展,人们的**普遍**交往才能建立起来;普遍交往,一方面,可以产生一切民族中同时都存在着'没有财产的'群众这一现象(普遍竞争),使每一民族都依赖于其他民族的变革;最后,地域性的个人为**世界历史性的**、经验上普遍的个人所代替。"④这是交往的世界历史观,还明显带有亚当·斯密的分工理论与交往理论的经验主义历史观的痕迹,即将历史看成是交往之"多"所形成的最终之"一"。《形态》中所展望的未来共产主义也是"以生产力的普遍发展和与

---

① 《马克思恩格斯选集》第 2 卷,人民出版社 1995 年版,第 3 页。
② 同上书,第 25 页。
③ 同上书,第 28 页。
④ 《马克思恩格斯选集》第 1 卷,人民出版社 1995 年版,第 86 页。

此相联系的世界交往为前提的"①,是摆脱了地方局限性和私有制狭隘性的交往共同体。《序言》中的"经典表述"与《形态》中带有目的论色彩的历史观是一致的。这些实际上仍是基于资产阶级市民社会关系的批判性超越想象,并不足以揭示资本主义社会特殊的、必然的历史特征。既然历史唯物主义针对的世界历史乃是历史发展到资本主义阶段的产物,就有必要对"历史"作出限定,以使其具有严格的当代性意义。因此,马克思的狭义历史唯物主义进行了非常有意义的区分:一是区分经济社会的客观物质性特征与经济社会的暂时的历史的物化特征;二是区分经济发展的基础性决定性作用与经济的历史阶段性的主导性总体影响;三是区分经济发展的不可超越的历史过程的必然性与经济发展的盲目扩张的暂时必然性。

正是基于对"历史"严格的自觉的限定,《导言》以及《57—58 手稿》、《资本论》及其手稿所表达的历史观,才突破交往历史观的局限而转向了资本积累的历史观。马克思深刻指出,现代社会的本质是资本的权力,"资本是资产阶级社会的支配一切的经济权力"②,资本主义社会之所以不是以往历史的简单继续和数量积累,是与其资本逻辑的特殊生产方式密不可分的。马克思在《资本论》中使用从抽象到具体的黑格尔逻辑学的叙述方式,从某种意义上说正是他找到了理论再现资本主义生产逻辑发生、发展过程的最好方法。资本主义的生产不是为了眼前的直接的物质生活需要,而是为了追逐剩余价值,是一种抽象的价值驱动和支配下的现实的生产与再生产。在前资本主义社会的社会生产中,商品生产是为了获得货币以购买想要的商品,是 W—G—W,起点和终点都是商品;而在资本主义生产中则是为了价值的增殖,是 G—W—G',"循环的动机和决定目的是交换价值本身"③,"货币在运动终结时又成为运动的开

---

① 《马克思恩格斯选集》第 1 卷,人民出版社 1995 年版,第 86 页。
② 《马克思恩格斯选集》第 2 卷,人民出版社 1995 年版,第 25 页。
③ 马克思:《资本论》第 1 卷,人民出版社 2004 年版,第 175 页。

端"①。资本主义社会追求剩余价值的现实历史活动过程与黑格尔的绝对观念自我外化、自我扬弃的过程恰是高度地一致的,正像绝对观念是遮蔽了历史起源、社会起源和意识起源的形而上学怪影一样,资本主义也总是想尽一切办法遮蔽自己作为以往历史结果的前提,将资本生产的前提当成永恒的自我运动。在马克思那里,从抽象到具体当然不是观念生成万物并在万物中认识自身、实现自身的唯心主义的神秘过程,也不只是科学再现事物的研究方法,而更是揭示资本主义特殊的必然的历史特征的科学方法。

资本主义社会的特殊性就在于其是一个以掩盖自己历史起源、将自己作为自己起源的自我膨胀、自我繁殖的过程,在资产阶级国民经济学家看来,资本主义的历史成了一个没有主体的、抽象物支配人的主客颠倒的必然性过程。对这个过程如果不采取一种历史的辩证的想象是无法把握的,只有指出资本主义是独特的、暂时的历史形态,而不是以往社会的自然延续,才能洞穿资本主义社会的暂时性、独特性,才能在根基上批判资本主义。狭义历史唯物主义的独特意义在于,它决非广义历史唯物主义的具体运用,而是一种哲学方向的转折。马克思在《导言》中实现的话语转换,正是从之前本质地认定经济是人类社会发展永恒的基础前提与最终动力机制,转换为历史地确认资本主义所开创的发达的市场经济社会形态无非是人类历史上暂时出现的一种以盲目—自发的调节机制来控制社会生活的现实秩序。他深刻地写道:"在一切社会形式中都有一种一定的生产决定其他一切生产的地位和影响,因而它的关系也决定其他一切关系的地位和影响。这是一种普照的光,它掩盖了一切其他色彩,改变着它们的特点。这是一种特殊的以太,它决定着它里面显露出来的一切存在的比重。"②"因此,把经济范畴按它们在历史上起决定作用的先后次序来排列是不行的,错误的。它们的次序倒是由它们在现代

---

① 马克思:《资本论》第 1 卷,人民出版社 2004 年版,第 177 页。
②《马克思恩格斯选集》第 2 卷,人民出版社 1995 年版,第 24 页。

资产阶级社会中的相互关系决定的,这种关系同表现出来的它们的自然次序或者符合历史发展的次序恰好相反。"①在后来的《资本论》中,马克思更是深入而具体地阐述了这种不平衡发展的特点。

不过,人们以往不太注意的是,马克思的政治经济学批判一方面充分揭露了资本主义社会不可克服的内在矛盾及其不平衡的发展特征,另一方面又指出现代社会是一个有机社会。他在《资本论》第 1 卷第一版序言中写道:"现在的社会不是坚实的结晶体,而是一个能够变化且经常处于变化过程中的有机体。"②这也就是说,一方面,从人类发展的总过程和总趋势看,社会愈来愈具有有机整体性;另一方面,社会机体具有自我更新的能力,任何一个具体的社会都会经历从形成、发展到衰亡,最后被新社会取代的过程。人类社会的历史就是社会有机体不断自我更新代谢的历史,具体表现为各种社会形态的更替,即社会机体类型或"形式"更迭的历史。当然,社会有机体的自组织、自调节能力是有限的,当矛盾的激化超过了自我调节的限度时,必然会被新的社会形态所代替,又开始新的自我组织与调节的运动。一个是对过去起源的批判性的追溯,一个是对未来的科学展望,两端共同构成马克思的非普通意义的、批判的历史辩证法,使得马克思牢牢地把握住资本主义独特的、矛盾的、必然灭亡的本质。

三、广义与狭义之争的历史误区和当代反思

在马克思主义发展史上,广义和狭义的两种"历史"概念时常被人们自觉不自觉地提到,却又总是被误解、曲解和非难。

受恩格斯影响,第二国际开启了广义历史唯物主义的解释模式。在第二国际理论家那里,马克思的历史观不是被简化为达尔文进化论意义上的社会进化论,就是被简化为机械力学意义上的经济决定论;或者,干

---

① 《马克思恩格斯选集》第 2 卷,人民出版社 1995 年版,第 25 页。
② 马克思:《资本论》第 1 卷,人民出版社 2004 年版,第 10、13 页。

脆用康德式的二元对峙取代马克思哲学中主客体统一的、辩证的历史概念。前者表现为以考茨基为代表的主流的、实证科学的社会进化论,后者表现为以伯恩施坦为代表的修正主义的人道关怀的价值哲学。在面对资本主义的现实与矛盾时,他们不是用实证科学的办法就事论事地解释,就是仅从外在的、主体的、道德的良知来论证社会主义。这实际上是对历史唯物主义的庸俗化和肢解化。

苏联和东欧的马克思主义(尤其是斯大林意识形态体系),基本沿袭了第二国际的理解模式。尽管他们也不同程度地强调社会的内在矛盾而不再将社会看成是一个简单的进化过程,但仍然片面强调历史规律的客观性与经济的决定作用,同时又小心翼翼地掩盖甚至竭力消解人的主观能动性和无产阶级的主体意识,试图用一种虚假神圣的历史必然性命令来代替历史主体的选择,从而形成了对广义历史唯物主义机械教条化的理解,历史唯物主义从而成为无历史的、封闭的、必然逻辑的五形态历史哲学和经济决定论。

随着马克思生前手稿的陆续发现,西方掀起了关于"两个马克思"(即青年马克思与老年马克思)的持久争论,许多西方学者指摘第二国际和苏联教科书体系中非批判性的机械决定论的弊端,转而强调无产阶级和人的主体性问题。在以卢卡奇、葛兰西为开端的第一代西方马克思主义学者看来,历史唯物主义的主要任务不再是揭示人类社会历史的客观规律,而是批判地揭示资本主义社会物化的、异化的拜物教现实。这实际上就是将广义历史唯物主义悬置了。而以阿尔都塞为代表的结构主义的马克思主义学派则将广义历史唯物主义改造成为一种社会关系、社会结构的多元决定论,从而将历史决定论变成了结构决定论,历史也就成了"无主体的过程"。① 以霍克海默和阿多诺为代表的西方马克思主义最有影响力的学派之一——法兰克福学派,在反对机械决定论、经济决

---

① 参见[法]路易·阿尔都塞《列宁和哲学》,台湾:远流出版公司1990年版,第146页。并参见张一兵《问题式、症候阅读与意识形态》,中央编译出版社2003年版,第265页。

定论和庸俗唯物论解释模式的同时,将历史唯物主义置于工具理性批判的理论逻辑之中,认为当代资本主义已经从马克思所看到的生产关系异化发展为生产力的异化,即从"过去"劳动对"现在"劳动、资本对人的奴役发展成为科学技术生产力对人的自我奴役,人与人的矛盾被人与自然的对抗所取代。广义历史唯物主义成了他们眼中非批判的社会进化论或工具理性支配下的进化过程。他们或是以青年马克思的异化和人道主义思想为基础,认为历史唯物主义理论的价值指向在于反对资本主义社会的异化和不人道现象,从而实现人的自由解放,如马尔库塞和弗洛姆;或是以青年马克思的劳动概念为基础,强调历史唯物主义的批判超越性质,如施密特;或是以晚期资本主义社会的现实为基础,如法兰克福学派晚期代表人物哈贝马斯,他认为马克思主义经典论述已经不能解释晚期资本主义的社会实践,而需要在科学和价值两个向度上重建历史唯物主义,强调用以价值理性为特质的交往理性填充历史唯物主义,并最终用交往行动理论替代了历史唯物主义。

另一方面,法兰克福学派和结构主义学派又都从狭义历史唯物主义强调的资本逻辑中寻找为其所用的理论资源。前者从以隐性人本主义价值悬设为前提的物化、主客体颠倒的角度,将马克思对资本主义的批判转化成对工具、技术的批判,最终把资本主义看成是人类不可抗拒、不断陷入危机的命运,从而在消极悲观意义上看待现代性的矛盾和危机。后者则用无主体的、无历史的结构取消了人的主体地位,成了另一种悲观主义。到了后马克思主义那里,由于阿尔都塞的消极影响,他们不约而同地放弃了历史唯物主义的核心构件,生产方式的作用、资本逻辑的批判双双被话语批判、权力批判、符号批判、意识形态批判等微观批判幻觉所取代。这些各执一端的理论想象不同程度地遮蔽了狭义历史唯物主义的"历史"概念,从而也付出了沉重的理论代价:历史唯物主义的理论锋芒被钝化,马克思历史辩证法严格的核心意义也愈加含混。

我们认为,历史唯物主义不是一般意义上的唯物主义历史观,不是一般意义上的历史哲学,不是批判社会的价值悬设和人文解释学,也不仅是认识社会的逻辑方法,而是独特的、辩证的逻辑形态和结构。历史一方面有其客观实在的过程,另一方面则必须通过辩证的科学的认识逻辑加以把握。历史唯物主义的关键既不是简单地将人类社会历史过程还原成一个基本的客观实在,也不是把人的历史本质还原成一种永恒不变的客观实在,更不是将历史归结为一个所谓客观的决定过程;历史唯物主义的要害是彻底的、历史性的精神和方法,只有彻底的历史性才能保证历史唯物主义的合法性。

虽然广义历史唯物主义备受责难,但广义、通俗的唯物史观叙述逻辑在苏联等国家的革命与现代化传播实践过程中确实起了重大作用,这一点无可否认。广义历史唯物主义仍是马克思主义哲学得以当代言说的合法性底线。马克思有明显地域性特征的语意自然不能成为超越地理空间的理论声明,迄今为止也没有一个民族完全匹配《序言》中的"五形态",但谁也无法否认物质生活资料的生产与再生产是全部人类社会生存的基础,人类必须不断地与外部自然界进行物质和能量变换才能生存,这是人的生命活动的本质特征。人类社会历史既是物质生产发展的历史,也是社会关系不断变化的历史。物质资料、人和社会关系的生产与再生产本身是同一个历史过程,共同构成了人的社会活动的三个方面,而且社会关系的生产与再生产构成社会结构变迁所必需的动力机制和保障。这正是广义历史唯物主义的开放性意义之所在。我们不赞成将广义历史唯物主义仅仅看成是供马克思进一步研究的指导线索和一个研究假设,[①]但

[①] 英国学者特雷尔·卡弗(Terrell Carver)在《马克思的社会理论》(*Marx's Social Theory*)一书中强调,《序言》中广义历史唯物主义的经典表述只是供马克思进一步研究的指导线索,更像是研究假设。用卡弗在书中引用的劳丹的《进步及其问题:科学增长的理论》中的话说就是,"关于某一研究领域的实体和过程、关于用以探究该领域问题和建构理论的一套一般假定",它"既不是解释性的,也不是预测性的或可直接验证的"。卡弗还进一步认为,虽然在马克思看来,特定现象或环境与实际确证这一研究假设的程度完全是一个不能肯定的问题,但这不妨碍这一研究假设在历史学研究中的生命力以及其对后来历史学研究的很大影响。国内有学者基于此认为卡弗要表达的意思就是:马克思的唯物史观不是"科学"(因为它不可证伪),但却有"意义"(参见鲁克俭《国外马克思学研究的热点问题》,中央编译出版社 2006 年版,第 196—198 页)。

确实也要看到其实乃一个期盼中的可能，而正是因为其没有现成的方案，我们才需要激活马克思辩证的批判的历史概念。

狭义历史唯物主义的理论优势在于，当古典政治经济学和传统的进步观念把自己封闭在由历史上资本主义特定经验衍生出来的观念范畴的局限中，封闭在有关人性、合理性、系统的运动法则及历史过程的资本主义假定中的时候，其提供了超越资本主义的政治经济学批判，从而解构了资本主义最顽固的意识形态。马克思的创造性就在于不再把感性的和现象形态的社会现实作为社会的唯物主义的客观本质，而是将以颠倒的神秘的方式存在着的统治人的资本的力量和资本的逻辑作为社会最深刻的现实，通过从抽象上升到具体的辩证方法，既指认了资本主义是过去历史的断裂，也指认了资本主义自身不可克服的局限性和向未来社会飞跃的可能性。与此同时，马克思狭义的严格的"历史"概念也是一种颠倒与摧毁资本主义颠倒世界的辩证想象。马克思的历史辩证法不仅是科学地解释、再现社会矛盾发生和发展的辩证过程，而且是通过理论方式获得人的自由的可能和自由的追求，包含存在论、价值论、实践论在内的哲学活动。从必然王国抵达自由王国的过程，就是重新获得人的主体性，摆脱类似形而上学的资本逻辑统治，从抽象的客观性所支配下的片面的抽象的主观的个人，变成具有社会丰富性规定、社会发展能力的人，实现个人与类的重新统一。① 历史唯物主义的生命力过去、现在、将来都在于既批判性地揭示资本主义对现代历史的总体性统治的逻辑及其必然的危机命运，又提出历史发展新的可能途径或替代性前景。

在资本主义全球化发展的今天，"历史"已不再是多线论与单线论、普遍论与特殊论的"非此即彼"的二者择一式命题，也不再是传统马克思主义所强调的世界历史体系的等级制，而是资本的统治逻辑不断流动、不断制造地方性差别和对立以及中心和边缘等级制的过程。我们一方面必须恪守广义历史唯物主义的策略底线和开放性视野，另一方面必须

---

① 参见马克思《资本论》第 3 卷，人民出版社 2004 年版，第 928—929 页。

坚持狭义历史唯物主义把握特殊对象的特殊逻辑的科学方法论,赋予历史唯物主义以严格的形式,从而形成一种新的严格的批判维度(在这方面,以大卫·哈维为代表的地理维度和空间维度的历史唯物主义是一个典型的对狭义历史唯物主义的激活与运用)。唯有如此,历史唯物主义才能合乎时代要求而始终具有旺盛的理论生命。至于马克思在表述上的"弱点、空缺和疏忽"(阿尔都塞语),尚可进一步研究,但这不影响其基本理论的正确性。

第五节　马克思主义辩证法的历史形态与当代空间化理解

马克思主义辩证法的百年发展历程一波三折,历经"单义""多义"之变,在当代西方则呈现为"弱义"的态势。"单义"是指辩证法的唯一性诉求。历史辩证法是马克思心中严格、绝对、唯一的辩证法,作为严格体系的辩证法与作为方法论的辩证法不可分割。"多义"是指辩证法在理论与实践的双重转换中所表现出来的未完成性和不确定性。在西方,辩证法的多样化发展以脱离历史唯物主义基本原则和政治经济学批判语境为代价,从而以各种微弱和坚守的方式存在于文化研究、社会理论研究以及社会抗议活动之中,使辩证法呈现出弱势的姿态。这既是辩证法在继强势一元性的辩证法体系与多元化的辩证法探索之后的潜伏与徘徊,也是辩证法在当代西方的现实策略。

100多年前(1905),列宁在第一次世界大战的隆隆炮声中写下了著名的以《黑格尔〈逻辑学〉一书摘要》为核心文本的伯尔尼"哲学笔记",辩证法自此成为20世纪马克思主义的重心。从20世纪30年代进入中国化马克思主义语境后,直至80年代,辩证法都一直是革命政治的实践话语与理论学术界的显学。然而,时过境迁,当下关于唯物辩证法的讨论,自然不如从前那般时髦与热烈,甚至在理论上还遭遇了极大的挑战,面临被冷落、边缘化甚至被遗忘的命运。但表面的沉寂却未必是一件坏事,且自有其内在的真相与原因。当各种肤浅的空洞热闹的口号与争论渐次销声匿迹、尘埃落定之后,恰好是那些具有严肃头脑的人们深入思考马克思主义辩证法现时代意义与发展方式的时候。正像有学者所指出的,研究苏联解体以来全球资本主义最新发展变化的现实,思考处于资本主义危机困扰与压制下的当代人类的前途命运,探讨人类新的替代性的解放议程,这些重大的认识课题,让我们再一次回到马克思对于诸如"资本主义是什么,可能成为什么,不应该成为什么,以及能为此做些什么"此类基本问题的思考过程与方法上。这正是辩证法所要做的最重要的"事情本身"。所以有迹象表明,辩证法研究正在复兴,乃至"成了当今马克思主义研究与争论之中最活跃的领域之一,尤其是在盎格鲁-撒克逊世界"①。本节无意于研究辩证法当代复兴的细节与趋势,而旨在从宏观角度回顾和反思马克思主义辩证法百年来起起落落、分分合合的曲折历史过程与周期及其丰富的内涵变化。由此我们注意到当代美国最重要的左派批判理论家詹姆逊在近期力作《辩证法的效价》(Valences of the Dialectic)一书导言中所提出的一个重要观点——辩证法"一体而三名"(the three names of the Dialectic):"大写的"(The Dialectic)、"多样的"(Many Dialectics)与"形容语的"(the adjective "dialectical")。②受此启发,我们认为,马克思主义辩证法"一波三折",历经"单义"、"多义"与"弱义"之变,眼下绝不是宣布辩证法终结的时候,也远不是终结辩证法的时代。我们的任务是一如既往地追问辩证法。

一、历史辩证法:唯一的、"单义"的辩证法

所谓"单义"的辩证法,就是指"大写字母的"辩证法。这源于列宁《哲学笔记》中的著名说法:"虽说马克思没有遗留下'**逻辑**'(大写字母

---

① [美]伯特尔·奥尔曼:《辩证法的舞蹈:马克思方法的步骤》,田世锭、何霜梅译,高等教育出版社2006年版,第Ⅷ页。
② 参见Fredric Jameson, *Valences of the Dialectic*, Verso, 2009, pp. 3 - 5;并参见该书中译本:[美]弗雷德里克·詹姆逊,《辩证法的效价》,余莉译,中国社会科学出版社2014年版,第3—5页。

的),但他遗留下《资本论》的**逻辑**,应当充分地利用这种逻辑来解决这一问题。在《资本论》中,唯物主义的逻辑、辩证法和认识论[不必要三个词:它们是同一个东西]都应用于一门科学,这种唯物主义从黑格尔那里吸取了全部有价值的东西并发展了这些有价值的东西。"[1]长期以来,人们倾向于认为马克思设想过唯一的辩证法原型和体系,只不过没有完成,也试图以各自的方式来填补马克思的承诺与设想,但是对于如何认识和理解"单义"的辩证法,则是众说纷纭,莫衷一是。

1. 从"偶然的"设想到"唯一的"体系

确实,马克思1858年1月16日在给恩格斯的信中流露出如下打算:由于某种偶然原因,他重读了被搁置多年的黑格尔《逻辑学》一书,深受启发,表示,"如果以后再有工夫做这类工作的话,我很愿意用两三个印张把黑格尔所发现、但同时又加以神秘化的方法中所存在的**合理的东西**阐述一番,使一般人都能够理解……"[2]此时的马克思正值以狂草方式奋笔疾书《57—58年手稿》(也称《政治经济学批判大纲》)的激情岁月,他激活了德国古典哲学的精神力量,开始形成自己独特的政治经济学批判语境中的辩证法话语,这才萌生了用纯粹的唯物主义改造辩证法逻辑的想法。但我们不得不遗憾地承认,截至目前都没有证据表明马克思真去写作这"两三个印张"了;而且,随着政治经济学批判的深入推进,马克思本人也许发现给恩格斯信中的设想是无法兑现的承诺!马克思甚至不止一次地自我批评说,建构一种抽象体系很有坏处:采用完全是格言式的叙述把全部材料压缩在一部著作中,这只会造成"任意制造体系的**外观**"[3]。"我把已经起草好的一篇总的导言压下了,因为仔细想来,我觉得预先说出正要证明的结论总是有妨害的,读者如果真想跟着我走,就要下定决心,从个别上升到一般。"[4]所以,我们有理由相信构建唯一的辩证

---

[1]《列宁全集》第55卷,人民出版社1990年版,第290页。
[2]《马克思恩格斯文集》第10卷,人民出版社2009年版,第143页。
[3]《马克思恩格斯全集》第3卷,人民出版社2002年版,第219页。
[4]《马克思恩格斯选集》第2卷,人民出版社1995年版,第31页。

法标准体系只是马克思的思想火花与偶然设想。

恩格斯真诚地相信并真心努力实现马克思的设想。他全力以赴地探索与完成他心目中马克思唯物主义版的"大写字母的"研究计划:"这样,辩证法就归结为关于外部世界和人类思维的运动的一般规律的科学……概念的辩证法本身就变成只是现实世界的辩证运动的自觉的反映,从而黑格尔的辩证法就被倒转过来了,或者宁可说,不是用头立地而是重新用脚立地了。"①但平心而论,恩格斯此举颇让人有力不从心之感,他既没能使马克思的设想真正落实,也未能把这个原貌含混的马克思主义哲学核心部分阐释清楚。他也自谦地说,《反杜林论》是不得已从事的"啃酸果"工作,而自然辩证法研究乃是自己理论"脱毛"的过程。② 但那些并没有深刻领悟恩格斯的哲学崇高抱负及其思想苦衷的第二国际理论家们,普遍对马克思主义哲学持消极厌倦的态度。以伯恩施坦为首的右翼理论家们甚至认为马克思没有哲学而只有政治经济学,马克思主义可以与任何一种哲学相结合,直至提出回到康德,但却对黑格尔哲学百般责备,以至于认为马克思主义作为精确的科学,从斯宾塞的进化论那里继承的东西,远比从黑格尔的否定辩证法那里继承的东西多得多。③这些都导致第二国际马克思主义者在辩证法问题上的集体失语与弱智。

先是列宁的伯尔尼哲学笔记改变了马克思主义辩证法失落的命运,继而苏联教科书体系的形成"改变了"辩证法的"模糊"形象。在苏共中央1938年审定并出版的《联共(布)党史简明教程》中,斯大林亲自撰写了第四章第二节"论辩证唯物主义和历史唯物主义",明确地把马克思主义辩证法界定为"马克思主义的辩证方法"即"唯物辩证法",认为其是研究自然界现象及其发展过程的方法,具有联系、发展和量变质变等基本

---

① 《马克思恩格斯选集》第4卷,人民出版社1995年版,第243页。
② 参见《马克思恩格斯选集》第3卷,人民出版社1995年版,第344、349页。
③ 参见《伯恩施坦文选》,殷叙彝编,人民出版社2008年版,第361页。

特征。① 这个具有最高意识形态权威的马克思主义哲学教科书纲要的出台,标志着马克思主义"大写字母的"辩证法(即唯一的辩证法体系)理解模式的确立。尽管苏联有学者在 20 世纪 60 年代就已认识到恩格斯与教科书体系都没能全面完成马克思的辩证法构想,便转而重视列宁的《哲学笔记》以从中寻求新的理论资源与思想因子,但由于深陷预成论和目的论的窠臼,他们始终认为马克思、恩格斯和列宁均怀有建立完整严格的辩证法理论体系的鸿鹄之志②。一部马克思主义哲学史就是逐步接近完成这个唯一的辩证法体系的探索过程。这实际上还是把马克思主义哲学发展的历程看成某一哲学原理和教科书体系的注脚。

马克思主义并非不能采取教科书体系的形式,但将经典作家偶然的设想绝对化并神化为所谓唯一的科学的逻辑体系,这当然难以让人完全信服。苏联教科书体系的硬伤就在于将马克思主义哲学简化并硬化为现成存在且不容置疑的理论体系和原理,但人们在对此表示质疑时,往往只对作为辩证法唯一性表述和尝试的形式与观点表示怀疑,却依然认可辩证法有着唯一的严格体系。而实际上,正如列宁所言,"马克思和恩格斯多次说过,我们的学说不是教条,而是行动的指南"③。马克思和恩格斯除了对辩证法有过一个理论体系的构想之外,还认为辩证法不是封闭的、自洽的、严格的逻辑体系,而是指导实践与认识的方法论。这也就

---

① 参见联共(布)中央特设委员会编《联共(布)党史简明教程》,中央编译局译,人民出版社 1975 年版,第 115—146 页。
② 苏联著名学者鲍里法季·米哈伊洛维奇·凯德洛夫认为马克思的辩证法作为一个严格的理论体系有着三个伟大构想:第一个构想是马克思本人的伟大的构想。马克思虽然没有专门去写纯粹的辩证法著作,但《资本论》实际上就是以特殊的具体的方法论形式展示马克思对唯物辩证法的理解。第二个构想是恩格斯继承并补充完善了马克思的辩证法构想。表现在马克思研究的是社会历史特别是资本主义社会历史的辩证法、认识资本主义社会历史发展的思维的理论的从抽象到具体的辩证法,而恩格斯则研究了自然界的运动发展的辩证法,不过恩格斯并没有完成。第三个构想是列宁在第一次世界大战期间阅读黑格尔的《逻辑学》时形成的。列宁通过读马克思恩格斯的通信看到了他们对于辩证法的设想,列宁当时还看不到《自然辩证法》,就想自己写,但苦于没有时间只是草草留下了十六条和一两篇文章。(参见[苏]Б. М. 凯德洛夫《论辩证法的叙述方法:三个伟大的构想》,章云、马迅译,求实出版社 1988 年版)
③《列宁全集》第 35 卷,人民出版社 1985 年版,第 219 页。

提示我们马克思主义辩证法在源头上就同时有两种模式。

2. "体系"与"方法"

一种就是纯粹的理论意义上的自我解释的逻辑，反映的是德国古典哲学及西方哲学史数千年的传统，即哲学就是关于世界本质逻辑的学问，是解释和追求作为真理的逻各斯(logos)的思维活动与思维艺术。康德、黑格尔和马克思更多的是使用"logos"或者"逻辑"而不是用辩证法来表征自己的哲学：康德谈了很多辩证法，但没有使用"辩证法"这个词而称之为"先验逻辑"；黑格尔的书名干脆就叫《逻辑学》；马克思则将《资本论》看作逻辑学。在这个意义上，辩证法就是逻辑学，就是一种严格的逻辑体系；相信世界有一个内在的超验的逻辑或逻各斯，哲学的任务就是用理论的方式将这种逻辑再现和描述出来。列宁正是在这个逻各斯的传统意义上指出，辩证法既是世界的本体论，又是历史认识论，也是主观的语言思维逻辑。

与之相对，马克思、恩格斯在理解辩证法的时候，又走向了似乎与逻辑体系相反的方向，即反体系的方法论与实践论思考。他们不是从理论而是从理论与实践的结合、从实践对理论的批判角度来理解自己的哲学和辩证法革命的使命。从《〈黑格尔法哲学批判〉导言》《论犹太人问题》《关于费尔巴哈的提纲》一直到《资本论》的序言与跋，马克思都强调应当从理论与实践相结合、理论转化为实践的角度来界定辩证法。"辩证法不崇拜任何东西，按其本质来说，它是批判的和革命的。"①恩格斯由此便将马克思的辩证法理解为实践的方法论，并反复做了说明（不少说明都很精到），最突出的是他在《路德维希·费尔巴哈和德国古典哲学的终结》结尾处宣称，随着德国古典哲学的终结，哲学实际上也整个终结了，剩下的只是逻辑和辩证法。② 如此，马克思的哲学也就成了后哲学，成了学院哲学和体系哲学终结之后用于各门具体科学研究和指导无产阶级

---

① 《马克思恩格斯选集》第 2 卷，人民出版社 1995 年版，第 112 页。
② 参见《马克思恩格斯选集》第 4 卷，人民出版社 1995 年版，第 257—258 页。

革命实践的方法论。显然,恩格斯否定了辩证法作为唯一的严格的纯粹理论逻辑的合法性。但问题也变得更加复杂:如果辩证法不是唯一的理论逻辑体系而是活生生的方法论,①那么"体系"与"方法"这对明显矛盾着的两个方面何以共存于马克思的辩证法中?

辩证法在古希腊是人类研究哲学、讨论真理问题时的辩论术,也就是修辞和思想的智慧。到了中世纪,辩证法作为神学论战和论辩中的修辞技术得以延续,其只不过是神学庇护下的人文学科的修辞手法。但辩证法的命运在德国古典哲学那里得到了改变,辩证法开始占据相当重要的地位。德国古典哲学重视辩证法,原因在于辩证法此时是介于近代兴起的自然科学的知性思维与基督教神学的逻辑思维之间的理论形态(黑格尔称之为"理性的思维")。古希腊的作为世界终极意义的理性的逻各斯、中世纪的作为神存在的证明的逻各斯,到了德国古典哲学那里,则变成调节科学与神学之间矛盾的人的主体自我反思、自我批判、自我超越的理论话语。德国古典哲学特别是辩证法,正是科学与神学形而上学相互冲突、相互交融的产物。换句话说,正是在把近代科学语言上升为哲学语言,把中世纪的神学语言还原为人的科学语言的过程中,才有了德国的唯心主义辩证法。这种辩证法是把经验世界的客观知识与神学的形而上学独断论的真理二元性对峙加以调和与沟通的中间环节,这个环节通过人的自我意识、自我反思、自我超越的批判哲学或认识论得以体现。

在德国古典哲学的语境中,辩证法带有后神学、准神学的超越科学

---

① 关于这一点,国内学者在 20 世纪 90 年代曾有过著名的争论。南京大学孙伯鍨教授强调了晚年恩格斯对辩证法的理解与说明;北京大学黄楠森教授则认为马克思主义哲学主要不是体系,但必须有一个完整的理论说明和内在体系,这个体系不是思辨的体系而是表述问题、宣传马克思主义的一种必要的方法,因为没有体系我们就不可能完整准确地理解马克思主义。孙伯鍨教授进一步指出,我们没有必要为了反体系而反对体系,而是必须看到马克思在研究具体的社会科学和现实问题特别是资本主义经济学过程中运用和发展了辩证法,马克思主义辩证法主要是革命的方法论而不是体系;不能从纯粹的哲学史和哲学的逻辑出发,而应该从马克思研究社会现实以指导工人阶级现实实践的过程中来研究马克思的辩证法。

的紧张与崇高感。辩证法作为绝对科学、作为科学的科学，恰恰表明了它具有一种使命感，一方面要替代神学衰微、上帝死后空缺的神圣的位置，另一方面则肩负超越经验实证、平庸乏味的科学世界之狭隘性，赋予其浪漫、崇高的内涵特征的使命。所以，辩证法有一种超越知性世界、经验世界矛盾而达到一种绝对的真理与统一的愿望，但这种统一是通过人的主体性达到的绝对性，不可避免地带有鲜明的人的主观性、历史性、暂时性的缺陷，辩证法的绝对性因此也就有了永无休止的自我批判、自我反思、自我否定的持久的历史急促感与历史目的论特征。

辩证法就其可能性、开放性而言，不会是只有唯一的体系形式；假定马克思的辩证法有唯一的严格的形式和逻辑，恰恰是违背辩证法的。但就其彻底的严格的批判精神和理性追求精神而言，辩证法似乎又致力于建立某个心目中绝对的严格的体系。这是一种纠结！马克思主义辩证法脱胎于德国古典哲学，自然有这样一种纠结与矛盾。

一方面，就其追求绝对的崇高的真理、理想和彻底的批判精神而言，它不可能放弃这种唯一性和大写的辩证法的理想，一种彻底的、严格的理论总是试图去解释、批判、涵盖一切。辩证法注定不是一般的部门的实证的科学，它有一种以有限的主体性追求绝对精神、追求无限的真理的使命，其心目中至少有一个"唯一"规定与方案设想；如果没有这种精神，辩证法在思想史上就不会有这么大的影响。德国古典哲学史上的哲学家们，特别是黑格尔《哲学全书》的努力就表明了这样一种崇高愿望；马克思虽然从来没有兑现自己的"大逻辑"，但他无疑也有着这样一种使命感。另一方面，致力于超越理论、批判所有理论并且将理论现实化，致力于通过否定理论从而实现理论改变现实的理论与实践相统一的哲学，决定了马克思主义辩证法又必然反对任何封闭体系做法。所以，体系论和方法论的张力与追求，自然就成为马克思主义辩证法无法回避的历史遗产。

辩证法本质上是反体系的，要冲破理论逻辑的边界，成为改变现实的实践力量。从这一点上讲，马克思主义辩证法是革命的实践的辩证方法而不是理论体系。体系论有悖于辩证法的彻底的自我否定的历史精神;追求"唯一"的绝对辩证法体系论,其缺点并不在于是否关注人与社会历史,而在于这个设想本身就违背了辩证法。但与此同时,方法论的辩证法则面临着相对主义的困境,因为既然辩证法是一种方法,而方法总要为一定的目的服务,离开了目的,方法极易陷入诡辩论、实用主义、机会主义、非本质主义、虚无主义(相对主义)的困境。马克思主义哲学史上棘手的问题之一,就是辩证法经常被各式冠冕堂皇的理由与名义所利用。正是因为洞悉了这一点,列宁才在《黑格尔〈逻辑学〉一书摘要》及《谈谈辩证法问题》中强调,辩证法要想与诡辩论、相对主义区别开来,就不能没有本体论规定,就不能是"枝节之论",而应是"自在之物"本身。这个"自在之物"就是客观的辩证法,但这种客观辩证法其实是一种绝对的逻辑学。① 所以,作为严格体系的辩证法与作为方法论的辩证法实际上是不能截然分开的。

3. 作为"唯一"辩证法的历史辩证法

前文已提及马克思最终放弃了"两三个印张"的设想,究其原因,我们认为当是在马克思发现历史唯物主义无法与德国古典哲学辩证法彻底分道扬镳,而必须内在于对古典哲学和古典经济学的双重批判之中后,他认为辩证法除了作为一种具体的科学与现实批判研究中的方法论(即"从抽象上升到具体"的叙述方法),不可能独立存在,便转而致力于阐述一种学院体的作为学科方法论与历史认识论的辩证法。《资本论》中的辩证法,是马克思心目中未完成的大写字母的辩证法构想的最重要最深入最系统的,然而毕竟是具体局部的兑现与实践。如果没有《资本论》及其手稿的辩证法思想实验,就形成不了马克思那令人叹为观止的现代性资本主义本质批判。正因为如此,很多学者认为马克思的辩证法就是对资本主义发展抽象逻辑的辩证批判。正像德国古典哲学是通过批判近代科学抽象的知性范畴而指出现实世界的二律背反,指出现象世

---

① 参见《列宁全集》第 55 卷,人民出版社 1990 年版,第 71—206、305—311 页。

界背后的本质世界的矛盾一样,马克思是通过批判古典经济学范畴体系和理论逻辑内在的矛盾,而哲学地批判了范畴中的资本主义现实矛盾。

马克思通过恢复人的历史的具体的实践活动的根基性地位,将黑格尔的绝对逻辑历史化,并将这种历史化"绝对化"。正如卢卡奇所言:马克思把黑格尔哲学中的历史概念推到了它的逻辑的顶点,他把无论是社会的还是社会化了的人的一切现象都彻底地变成了历史问题。马克思的辩证法坚持不懈地继续了黑格尔竭力要做而未能具体做到的事情,从而消解了黑格尔辩证法无法突破的非历史的不彻底的形而上学残余。① 在马克思看来,严格的绝对的唯一的辩证法就是历史辩证法、历史唯物主义与历史认识论。唯物辩证法与历史唯物主义是同一个东西。这就是马克思主义笔下"严格"而"绝对"的即"大写字母的"唯一的辩证法!

与卢卡奇完全一致,德国著名的马克思学家伊林·费彻尔也认为黑格尔与马克思的辩证法的根本区别表现在历史观上:前者是一种抽象观念支配下的历史哲学,而后者则是从作为历史发展暂时结果的现实出发的社会批判理论。二者的对立表现在他们各自核心概念的差别上:马克思的资本概念是一个暂时的表面的体系从而是一个必然会被瓦解的历史环节,而黑格尔的绝对精神则是一个完全封闭的神秘化的绝对统一体系;前者表现为具有统一性而实际上是对无法克服的现实客观矛盾进行掩盖的虚妄性,后者则是绝对精神的自我运动从而是自由的主体的历史生成过程。② 用马克思的话来说:"辩证法,在其神秘形式上……似乎使现存事物显得光彩。辩证法,在其合理形态上……辩证法在对现存事物的肯定的理解中同时包含对现存事物的否定的理解,即对现存事物的必然灭亡的理解;辩证法对每一种既成的形式都是从不断的运动中,因而也是从它的暂时性方面去理解"③。所以马克思是通过历史实践活动双

---

① 参见[匈]卢卡奇《历史与阶级意识》,第66—67页。
② 参见[德]伊林·费彻尔《马克思与马克思主义:从经济学批判到世界观》,赵玉兰译,北京师范大学出版社2009年版,第16页。
③《马克思恩格斯选集》第2卷,人民出版社1995年版,第112页。

重性批判绝对观念的形而上学与资本主义社会现实的。这是马克思的具有唯一性严格性的辩证法之核心逻辑所在!

二、社会历史实践中的辩证法及其"多义"性

所谓"多义"的辩证法,就是指马克思主义辩证法须臾不能离开社会历史现实而始终保持未完成性和不确定性。只有将辩证法运用于现实问题的研究,我们才能深刻理解辩证法。

1. 辩证法理论的"多义"之旅

马克思主义辩证法在理论上的"多义"与现实的实践紧密联系,而实践中出现的历史时机与情境是多种多样的,即便是旨在指导实践并改造实践的马克思主义辩证法,它仍然是许多重大革命实践的事后反思。马克思终其一生都没能遭遇辩证法转化为成功的革命实践的历史契机,尤其是通过对1848年欧洲革命和巴黎公社两次重大历史事件和情境的研究,马克思逐步认识到作为无产阶级的哲学与实践的辩证法是一个需要经过漫长等待才能实现的理论武器,首先能做到的(亦可说退而求其次的)是将辩证法从一种哲学转变为研究资本主义现实的科学世界观,①转变为纯粹的理论批判资本主义社会现实的学术事业。这一方面使得马克思主义辩证法更具有理论的深邃感和深刻性,但另一方面也使得辩证法只能作为局部的科学理论批判而存在,②辩证法往往就因此变成过于理论化甚至非常实证化的思维活动。

列宁在第一次世界大战期间敏锐地发现了被第二国际长期束之高阁的辩证法对俄国革命的至关重要性,为此他在《哲学笔记》中做了深入思考,但列宁没有来得及对十月革命折射出来的辩证法问题进行完整的

---

① 伊林·费彻尔敏锐地看到这一点,便用"从无产阶级的哲学到无产阶级的世界观"这个著名概括来表征这种转变。(参见[德]伊林·费彻尔《马克思与马克思主义:从经济学批判到世界观》,第164—194页)
② 我们注意到伯特尔·奥尔曼在《辩证法的舞蹈:马克思方法的步骤》一书中的一个说法:马克思的思想是通过辩证法而实现了科学、批判、理想与革命策略的"四位一体"。(参见[美]伯特尔·奥尔曼《辩证法的舞蹈:马克思方法的步骤》,第Ⅱ-Ⅲ页)

理论阐述。这个艰巨而光荣的哲学抽象工作倒是被作为西方马克思主义奠基人的卢卡奇"部分完成"了:他在《历史与阶级意识:关于马克思主义辩证法的研究》中用一种浪漫又多少有点误解的方式极其深刻地阐述了十月革命所表征出来的马克思主义辩证法的时代精神与理论形态。此书的重要性有三:第一,突破了第二国际反对辩证法的实证主义思维方式,克服了长期存在于其中的理论与实践相脱节的现象,通过理论与实践相统一的方式重新恢复了辩证法在马克思主义哲学中的"王位"。第二,以预言的方式批判了苏联马克思主义对辩证法所作的决定论理解,强调马克思主义辩证法的实质是以无产阶级——同时是社会历史过程的主体和客体——的实践所体现出来的一种总体性的革命要求和理想。第三,指出20世纪辩证法的重要任务不再是批判以经验现象方式出现的阶级剥削和压迫,而是揭露以抽象形而上学方式出现的资本主义社会现实对人的全面统治,并进一步指出马克思主义辩证法是实现主体与客体双重解放的总体性辩证法。①

《历史与阶级意识》当然不是马克思主义辩证法构想唯一的绝对的实现形式,但毋庸置疑是马克思主义在20世纪第一次也是最重要的实践冲击波影响下的理论显现与在场。它揭示了十月革命中没有真正出场但经由革命光芒而照亮的发达资本主义国家最本质最深刻的现实——物化对人的统治,这是对马克思《资本论》及其手稿中揭示的资本主义最深刻现实的新世纪回响和重新认识。与此同时,卢卡奇把马克思的辩证法限定在社会历史领域特别是资本主义社会历史领域,认为辩证法作为包罗万象的普遍绝对的科学实际上是不可能的。马克思主义辩证法研究由此打破了唯一的绝对的无限的真理信条,而具有了转变为多种多样的具体与有限的理论话语的可能性。

2. 实践冲击波下的"多义"辩证法

如前所述,辩证法就其追求的神圣的历史使命而言是单义的,就其

---

① 参见[匈]卢卡奇《历史与阶级意识》,杜章智等译,商务印书馆1992年版。

实践的情境与本性而言则是多义的。马克思主义辩证法在理论上的多义正是与实践的时机直接联系在一起的。马克思主义辩证法真正的生命力在于其实践的机会,而不是理论的构想。

十月革命一改第二国际理论家们强加在经典马克思主义形态上的蹩脚的"科学主义"紧身衣,而赋予马克思主义一种激进的内涵与高度的理想主义特征;但紧随其后的1918年欧洲革命的全面失败,以及垄断资本主义的长期稳定发展,则给西方马克思主义带来一种强烈的现代消极悲观意识。① 撇开众多流派的差异不论,20世纪马克思主义发展有某种"家族相似性",即均以"背叛"19世纪末第二国际经济决定论的权力话语结构为开端(葛兰西早已经明言:十月革命即是"反《资本论》"式的理论—实践胜利②),以多线条、多角度"过度诠释"属于上层建筑领域的政治文化发展的历史辩证法为特征(从落后国家的"农村包围城市"的武装革命逻辑到西方马克思主义对发达资本主义文化逻辑的批判皆是如此)。20世纪60年代则是这种脱离现实平台的全球性革命狂欢节、现代主义乌托邦并发症的高潮期,经典马克思主义在这样一个各种造反主体峰起的历史幻觉时期反倒显得"并不真实"甚至过时。③

当卢卡奇及之后的霍克海姆、阿多诺等人用马克斯·韦伯的工具合理性概念来阐释马克思政治经济学批判中关于资本主义社会关系的颠倒性统治特征的物化和异化理论,进而将马克思笔下作为"人类解放力量"的现代生产力理解为新的压迫力量时,这标志着马克思主义理论视野已经从古典资本主义转向现代资本主义,马克思的"主义"也就从广义变为狭义,从经典马克思主义转变为"新马克思主义"。新马克思主义(包括后马克思主义)的基本特点是试图重建马克思主义哲学的理论基

---

① 参见R. Jacoby, *Dialectic of Defeat: Contours of Western Marxism*, Cambridge: Cambridge University Press, 1981;[加拿大]本·阿格尔《西方马克思主义概论》,慎之等译,中国人民大学出版社1991年版。
② 参见《葛兰西文选(1916—1937)》,国际共运史研究所编译,人民出版社1992年版。
③ 参见[美]弗里德里克·詹姆逊《60年代:从历史阶段论的角度看》,载[美]弗里德里克·詹姆逊《晚期资本主义的文化逻辑》,张旭东编、陈清侨、严锋等译,三联书店1998年版。

础与核心规范,主张对生产方式、阶级斗争等马克思哲学历史观的核心概念进行严格的批判清理,通过批判经济决定论而逐渐远离经济必然王国,不是在经济领域和劳动领域而是在其他领域寻求人类解放的希望。当然,早期西方马克思主义的批判是不自觉、含混与局部的,而在其发展后期,这种趋势就越来越明显。① 在此过程中,辩证法经历了从主客体辩证法到人学辩证法,到结构辩证法,再到空间辩证法的多重转向,其中,既有绝对一元论实践形态的辩证法追求,也有多元理论形态的辩证法探索与建构,由此导致了 20 世纪马克思主义辩证法在东西方世界、在理论与实践之间的分裂与分化式的繁荣发展。

3. "多义"的代价与归宿

以历史辩证法为显性的主导性话语的 20 世纪马克思主义,其繁荣与僵化、深刻与迷惘,均以相对脱离历史唯物主义基本原则和政治经济学批判语境为代价。在经典马克思主义历史观看来,现代社会发展理论、现代社会批判理论与现代社会革命理论三者是不可分割地重叠交融在一起的;而无论是西方马克思主义还是苏联马克思主义和中国化马克思主义,其现代社会批判理论与现代社会革命理论都是在相对脱离、"遗忘"乃至"背叛"现代社会发展理论这个最终的历史唯物主义基础的情况下,被片面地发展或者抽象地或过度地膨胀起来的。特别是西方马克思主义,作为俄国革命的西欧理论,是在革命不断失败以及发达资本主义社会"超稳定"的情况下,在越来越远离革命实践与拒斥现代化现实的语境下抽象发展起来的。形象地说,第二国际后期理论家对经典马克思主义理论的误读与背离,乃是一次意味深远的使马克思主义"向西转"(即非历史地面向与无批判地承认发达资本主义社会现实)的开始,而西方

---

① 从 20 世纪二三十年代开始,弗洛姆、马尔库塞、萨特、列斐伏尔、赖希、哥德曼、梅洛-庞蒂,"东欧的马克思主义"(如科拉柯夫斯基、沙夫、科西克、赫勒等)乃至南斯拉夫"实践派",相继用新人本主义(如弗洛伊德主义、现象学与存在主义)重建马克思主义哲学本体论,以取代生产方式理论的核心地位。到 20 世纪六七十年代,西方马克思主义者进一步用"反人类中心论"(如结构主义的马克思主义、生态学的马克思主义等)式激进话语来批判发达资本主义工业社会。

马克思主义则恰恰是对这种"向西转"趋势的一种自我理论批判,是一次理论越来越抽象与深刻也越来越远离现实实践的"向内转"(主体向度)思想之旅。十月革命所开辟的世界范围的社会主义现实运动,则是马克思主义理论伟大的"向东转"(实践向度)的长征过程。① 在此境遇下,要捍卫马克思主义合法性言说的权利,确保马克思主义在各式各样繁华一时的理论泡沫中不迷失方向,辩证法的归宿似乎有二:一是历史性的重新构成,二是空间性的想象与重构。

历史性的重新构成,就是回到全球化资本主义的"当下"客观现实,重新理解马克思主义。这里面临着两种抉择:要么以彻底瓦解近代启蒙主义以来的一切宏观历史逻辑与总体进步理念为"政治快感"——以埋葬乌托邦为己任,并因此患上"恐巨症"的后现代主义,便是对这种后革命历史语境的一种"零度写作";要么以经典历史唯物主义为原点重建历史辩证法,也就是所谓"向历史唯物主义的回归",让现代社会批判理论与现代社会革命理论这两个本来"次生的"然而是"显性的"辩证法理论形态,向现代社会发展理论这个初始平台降落。借用詹姆逊的话来说就是,伴随着20世纪80年代以来全球资本主义的"全面胜利","传统的"马克思主义客观历史决定论反倒"再度变得真实起来了",这也许恰好为所谓的马克思主义危机提供了出路。② 放眼历史,形形色色的马克思主义危机只存在于资本主义剩余价值生产方式发生出人意料的范式变化之时,各式各样的后马克思主义(从伯恩施坦修正主义到今天的后马克思主义)均是在社会主义陷入低潮而资本主义发展具有转机的时刻才出现;相应的,马克思主义的范式新变化也总是与资本主义生产方式的变化联系在一起。其中,19世纪经典马克思主义是与以流线型技术水平为基础、以民族国家为核心的自由市场竞争的资本主义生产方式相呼应的;19世纪末以来以电力和内燃机技术为基础、以帝国主义的殖民扩张

---

① 参见刘怀玉《20世纪马克思主义的"谱系"》,载《江苏行政学院学报》2001年第1期,第15页。
② 参见[美]弗里德里克·詹姆逊《晚期资本主义的文化逻辑》,第394—395页。

为特征的国家垄断资本主义,则导致了20世纪世界范围内的各种马克思主义;20世纪60年代之后以原子能与电脑技术为支撑、以跨国资本主义体制所主宰的世界体系为舞台的晚期资本主义弹性生产方式,则需要新的马克思主义理论形态与政治实践主体形式的出场。①

所以,随着资本主义成功跨入更富有制度弹性与技术动力的全球化发展阶段,资本主义生产方式作为一种抽象的时间统治机制(即速度),把时间扩展到了全球,于是超越一切地点与空间限制的"同时性"发生的时间(极限速度)把自身悖反性地变成了静止的空间。因此,"我们这里根据时间性试图寻求的一切,必然会首先经过一种空间的基质才得以表达。"②所有的历史都变成了"空间性",同质化高速扩展的时间对空间与地方的统治,二律背反地依赖于或者表现为一种同质性空间对时间的统治。今天马克思主义的历史辩证法必须采用空间的辩证法形式,正如20世纪西方马克思主义"空间化转向"第一人列斐伏尔所言:

> 空间本身,既是资本主义生产方式的**产物**,也是资产阶级的经济政治**工具**,现在它将被视为体现了它自身的矛盾。于是辩证法从时间中浮现出来,并使其自身得以实现,它正以一种意料不到的方式在空间中发挥作用。空间的矛盾,并没有消除从历史时间产生出来的矛盾,而是把历史留在身后,并把那些旧矛盾在全世界的范围内同时提升到一个更高的水平。当这个矛盾的整体呈现出一种新的意义,指向"一些其他东西"——另外一种生产方式——的时候,其中的一些矛盾就被削弱了,另外一些则加剧了。③

---

① 参见《詹姆逊文集》第1卷《新马克思主义》,王逢振主编,中国人民大学出版社2004年版,第310页。
② [美]弗雷德里克·詹姆逊:《文化转向》,胡亚敏等译,中国社会科学出版社2000年版,第61页。
③ [法]亨利·列斐伏尔:《空间的生产》,第189页。

三、当代社会批判理论视域中的"弱义"辩证法及其空间化意义

所谓"弱义"的辩证法,是指以各种微弱声音、冷静姿态和坚守方式存在于文化研究、社会理论研究以及社会抗议活动之中的当代辩证法。毋庸讳言,由于社会主义运动的暂时低潮与资本主义的再度稳定,辩证法今天已不再可能成为宏大的历史过程和历史实践,强势的一元性的辩证法体系与多元化的辩证法探索不得不让位于一种潜伏与徘徊的弱势辩证法策略。辩证法一方面要与新自由主义、后形而上学时代的实证主义作抗争,始终保持一种哲学的批判能力和传统;另一方面则要同否定一切宏观历史期盼的后现代思潮区分开来,耐心等待实现的时机。

1."弱义"辩证法的成因与弱势

在"后形而上学"与"后革命"的两路夹击下,马克思主义的主导形态和持久生命力已集中表现为融合于当代社会政治经济文化实践中的历史辩证法。但这种方法论式的马克思主义,既可以是回到马克思历史唯物主义基本精神基础之上的科学理论话语或者社会批判话语,也可能是脱离马克思主义基本宗旨而被"过度诠释"的理论工具;还可能变为面目全非的理论——信仰的虚无主义。① 马克思主义辩证法不再是一览无余的总体性把握与解决社会矛盾的话语和实践,而越来越成为一种对自身、对理论的批判,极易被无限否定的怀疑论和失败主义、悲观主义所感染而变得歧义丛生且弱势起来。后现代式的激进思潮作为辩证法的派生

---

① 后马克思主义便是这样一种主义"之后"("之外")的方法论哲学。马克思主义哲学本是体系与方法统一的哲学,而后马克思主义则是一种没有马克思"主义"而只有马克思"方法"的后哲学。在后马克思主义那里,只有反体系的方法(如阿多诺的"否定的辩证法"),反逻辑连续性的、无主体的历史(如福柯的"知识考古学"与"权力谱系学"),无本质的"当下"的生存现象与体验(如鲍德里亚的"符号—影像消费"与"欲望主体"、利奥塔德的"力比多经济学"),无理想的"不在场"(如德里达的"异延"与"撒播"、"踪迹"乃至于"幽灵"),无本质统一的、异质性的非辩证统一的结构性"分裂"(如德勒兹与加塔利的"反俄狄浦斯"式的"精神分裂"、"茎块思维"与"游牧式自我"),无历史连续性与继承性的"历史终结",无中心甚至无自我的"他者"世界(如女权主义与"差异政治")。(参见[美]凯尔纳、贝斯特《后现代理论:批判性的质疑》,张志斌译,中央编译出版社 2011 年版)

物而登场也就在所难免。

后现代主义激进思想在某种意义上正是辩证法批判精神的延续与回光返照,辩证法怀疑的精神、批判的精神、否定的精神正是后现代思潮否定一切、重估一切、颠覆一切的思想温床。但二者的根本区别不容混淆:辩证法始终认为事物有本质与现象、主体与客体的差别,坚信可以把握和认识世界本质并通过实践获得人的自由解放;而后现代激进思想则一味强调本质对人的压迫性,声称要摧毁对事物本质的信仰和服从,进入一个差异的多元世界以宣布人类的自由解放。而实际上,多元价值差异视角下的平面化世界是一个失去了批判与否定能力的世界,没有了实践的根基和阶级的支撑,无论多么激进的话语都会很快畸变为花哨的、时髦的学术商品而被资本的逻辑所消解与收编。后现代主义最终也没能逃脱与资本主义现实同谋的命运。不过吊诡的是,激进话语往往又在自觉或不自觉、显性或隐性地继承并吸收马克思批判否定资本主义社会同一性统治的辩证话语,从而积聚和形成自己的批判能量。在相对主义、虚无主义的"理论肥料"中,我们仍然可以提炼出辩证法的真谛。"弱义"的辩证法正是以这样一种局部的不自觉的甚至反辩证法的方式而存在。

2. "弱义"辩证法的优势与可能

对辩证法的实质与核心向来有着积极进取的强势理解与消极谨慎的弱势理解两种姿态,二者间的区别集中表现为:前者坚持在矛盾双方的对立中把握事物的统一、转化与发展,后者则仅仅指出人类知性一旦超出此岸现象世界、面向彼岸的自在之物则必然无能为力而陷入二律背反。德国古典哲学的伟大与悲壮,皆在于它无情、坦诚地道出了哲学的使命和辩证法的生命力就是揭露现实的二律背反性。在今天,任何一种试图以单一性话语或实践统一现实的做法,都有可能病变为隐蔽流动着的弹性的资本同一体的同谋或化身;任何一种试图通过拒绝、回避总体在场的现实从而寻求另外一种可能或者作为无限差异游戏的不在场的他者的哲学努力,却往往又都走向了暗示现实内在矛盾之不可解决的二元论。马克思早已言明:"世界被二重化为宗教世界和世俗世界这一事实……只能用这个世俗基础的自我分裂和自我矛盾来说明"①。无论是一元论的普世主义还是多元论的相对主义,都回避了社会历史的本质问题与矛盾:要么认为现实世界一切都是自然状态,可以通过理性知识技术手段予以解决;要么认为我们已经生活在一个没有真正现实生活意义的、"怎么都行"的价值多元时代。双方实际上都否定了现实的矛盾本质以及超越的可能性,从而也就无法把握现代社会的整体本质和矛盾现实。

虽然辩证法在今天已不再可能因袭照搬经典西方马克思主义的应然论的(主体性的)总体性辩证法批判立场,但是面对资本主义社会现实这样无处不在、无孔不入、无处可逃的隐蔽而流动着的抽象统治力量和结构,辩证法是唯一能够超越直观经验和实证分析、超出专业狭隘知识框架的想象力和总体性的认识能力,它不局限于对世界和事物的片面的、实证的、对象性的肯定认识,而是强调发现与揭露世界不可解决的本质矛盾,从而指明超越这种矛盾的可能。用阿尔都塞式的语言来说,辩证法是对主体与其真实生存关系的想象性再现,即把充满着分裂、矛盾的现实作为一个缺席的总体性来想象、感知与图绘。没有总体性的辩证法概念及其批判改造现实社会制度的实践潜能,就不可有社会主义的正义政治。

以辩证法视角冷观,正如法兰克福学派批判法西斯主义是资本主义工具理性统治导致的自然反抗怪物一样,后现代主义及其后马克思主义变种作为现代性反抗现象,实际上是对完全失去神圣魅力的高度理性化、科学技术化的物质生活世界的大拒绝,这正是资本主义社会不可克服的二元矛盾所引起的文化症候,是资本主义生产方式延续过程中新的表现形式而已。正如哈维所言,后现代状况绝不是从资本主义走向另外一个时代的开始,而恰恰是资本主义从目前阶段向未来不确定阶段转变

---

① 《马克思恩格斯选集》第 1 卷,人民出版社 1995 年版,第 55 页。

和过渡的形态,是资本主义内在危机转移和缓解的文化总症候。后现代主义是资本主义过度积累的历史地理学的一种神秘化的空间与时间体验,即时空压缩的历史地理景观的一种主观文化症状。由于没有历史地反思资本主义变化的阶段性特征及其相应的经济、政治与文化之间的无意识的本质的同构性,后现代主义表面上作为一种激进的突破资本主义物化统治的文化策略,一种反权威主义和反偶像崇拜的思想方式,一种坚持他者声音之本真性的思想方式,一种赞美差异、非中心化和趣味民主化的思想方式,一种赞赏想象战胜物质性之力量的思想方式,实际上是一种非批判的实证主义,因为它丧失了历史方向感与总体的社会本质批判能力。① 而后马克思主义则把辩证法的总体性批判想象现实的观念与方法作为极权主义政治的同义词、暴力叙述逻辑的象征来加以攻击与解构,其结果当然不可能消解资本主义与极权主义抽象统治的现实,而只是取消了辩证法或者说导致了一种陈旧而保守的本质主义的复活,它取消了辩证法批判地总体地本质地再现现实世界的认识能力,从而也取消了马克思主义规划设计新的社会制度的实践能力。

当一个社会尚未找到解决不可克服的矛盾的实践途径时,哲学的理论批判与想象往往就有了用武之地。马克思主义辩证法在20世纪的履历已表明,当社会还缺乏解决重大现实问题的实践能力时,辩证法就已用理论的思辨方式来表现自己了。马克思的创造性就在于不再将感性和现象形态的社会现实作为唯物主义的客观本质,而是将以颠倒、神秘方式存在着的统治人的资本力量和资本逻辑作为社会最深刻的现实,通过从抽象上升到具体的辩证方法,提供了一种颠倒、摧毁资本主义世界的辩证想象。辩证法迄今为止仍然是最严格、最能真正意义上把握社会本质现实的科学。这正是"弱义"辩证法的生命力和合法性之所在。

3. "弱义"辩证法的使命与作为

辩证法能否依旧发声乃至有所作为,关键就在于能否坚守自觉的反

---

① 参见[美]大卫·哈维《后现代的状况:对文化变迁之缘起的探究》,第1、438页等处。

思的敏感的内在主体性,坚持对现实的批判态度,保持对现实的批判张力。辩证法的理论立场和现实姿态始终都在于指出我们面对的世界不是一个已经完成了的、统一了的、历史终结的世界,也不是一个本质已经消失的、价值已经多元的、可以放纵的多元世界,而仍然是一个本质冲突的、充满压迫的因而需要新的自由的实践的世界。卢卡奇曾深刻地指出:"由于不能把形式和内容的联系理解为、'创造为'具体的联系,而且不仅仅是纯形式估计的基础,这就陷入了自由和自然,唯意志论和宿命论的不可克服的两难困境之中。自然过程的'永恒的、铁的'规律性和个体道德实践的纯内在的自由,在《实践理性批判》的结尾处表现为人的存在的两个永远相互分离的、但在这种分离中又是同样不能消除的基础。康德在哲学上的伟大就在于,在这两种情况下,他不是随心所欲地、独断主义地决定沿着哪个方向前进,从而掩盖问题的不可解决,而是坦率地、不折不扣地突出了问题的不可解决。"①这就是最深刻的辩证法,也是辩证法明智的现实策略:或许真的无法解决矛盾,但真的希望矛盾会解决。与其回应以笼统的一元论的肤浅或者多元论的回避,倒不如指出资本主义社会现实存在着各种各样无法解决的矛盾,而把希望寄托在未来解决的实践的时机上。

康德的这种弱势的辩证法多少也影响到了马克思。马克思在《资本论》第三卷即将结束处曾以令人费解的方式强调,人类的自由王国并不是历史必然王国的直接发展与延续,而是存在于现实历史的彼岸。② 这恰恰说明马克思在某种程度上也采取了"弱义"的辩证法:人类的自由并不建立在扬弃知性矛盾的基础之上,而恰恰建立在对现象世界矛盾不可解决的辩证想象基础之上。马克思的历史辩证法不仅是科学地解释、再现社会矛盾发生和发展的辩证过程,而且是通过理论方式获得人的自由的可能和自由的追求,包含存在论、价值论、实践论在内的哲学活动。从

---

① [匈]卢卡奇:《历史与阶级意识》,第 208 页。
② 参见马克思《资本论》第 3 卷,人民出版社 2004 年版,第 928—929 页。

必然王国抵达自由王国的过程，就是重新获得人的主体性，摆脱类似形而上学的资本逻辑统治，从抽象的客观性所支配下的片面的抽象的主观的个人，变成具有社会丰富性规定、社会发展能力的人，实现个人与类的重新统一。

诚如詹姆逊所言：在此，我们有保留地赞成科学社会主义一度宣布禁止的乌托邦想象，辩证法是最后的乌托邦视阈。辩证法作为一种持久性的政治策略，它既不是先验的方法，也不是普遍的科学，而是对一种尚未到来的集体的逻辑上的现实和人类争取解放的斗争所带来的无阶级社会的预测。解决辩证法危机问题的出路是，"唯有进行一种新的乌托邦式的思考，在历史时间的另一个终点，在超越了阶级组织、商品市场、异化劳动以及那种非人性所能支配的历史逻辑决定论的社会秩序中对主体的位置进行新的创造性思辨"①。当然，这仍然是一种意识形态而不是现实实践，在这个意义上，辩证法仍然是"弱义"的。一言以蔽之，这种弱义的辩证法是对自由主义所宣称的"历史终结论"的抽象而软弱的反抗，是一种缺少明确历史方向感的神秘的空间辩证法想象。

第六节　马克思主义认识论的历史回顾与当代空间化理解

马克思主义哲学源自对近代认识论哲学的历史观革命，但它并没有现成独立的认识论。这种"空场"在一定程度上造成了相关理解的困难与歧义。传统教科书体系对马克思主义认识论的解释实际上有某些"危险的增补"。这始自苏俄马克思主义。普列汉诺夫等人由于深受近代唯物主义物质本体论之累，而使马克思主义认识论倒退为一种反映论，导致了把认识论置于历史观之前的苏联教科书体系的形成。新时期中国哲学界基本上突破了传统认识论框架的束缚。以卢卡奇和哈贝马斯为代表的西方马克思主义以回到德国古典辩证法的方式重估了马克思主

---

① ［美］弗里德里克·詹姆逊：《晚期资本主义的文化逻辑》，第 258 页。

义认识论的特质,却终因过度诠释或片面放大某些方面而走入变相取消马克思主义认识论的误区。阿尔都塞开辟了反主体的、非历史的结构主义认识论道路,但由于从根本上取消了认识主体的本真性与合法性地位,又无意间复活了马赫主义所曾引发的马克思主义本体论危机与缺失问题。我们有必要借鉴詹姆逊所倡导的空间辩证法的"再现"方式把认识论从这种本体论空场中解救出来。而当代东方马克思主义学者(如日本的广松涉等人)也以独特方式对马克思主义认识论进行了富有成效的探索。

一、新时期中国马克思主义哲学认识论体系探索的回顾与反思

20世纪80年代以后中国马克思主义哲学研究者们从苏联教科书体系的框架中摆脱出来,结合时代和哲学主题的变化,对哲学基本问题做了大量深入系统的甚至是颠覆性的理解。第一种解读就是最有影响的实践唯物主义。这种范式的出现固然有中国本土改革的实践需要,但从学理上说更多地借鉴了苏联东欧的认识论哲学与新人本主义哲学的突破性成果。它从认识论的角度把思维与存在的关系(也就是传统的本体论意义上的物质与意识的关系问题)整体转换为主客体关系,即以实践为中介的主体与客体之间的对立统一关系;二者同时并存,它们在主体认识和改造现实世界的社会实践活动中达到了统一。就是说,作为唯物主义本体论与反映论的思—存关系问题,被转换成实践视野中的主客体认识论与价值论关系问题。

第二种解读是辩证认识反思论的。这实际上是从苏联新的教科书体系的次生形态进一步退回到德国古典哲学最深刻基础问题的"正本清源"的理论创造,恢复了马克思主义哲学所应有的德国古典哲学之先验主体批判哲学基因,彻底突破了传统的本体论哲学束缚,力图实现列宁在哲学笔记中所理出的在实践论基础上的马克思主义哲学的认识论、辩证法与逻辑学的具体的历史的逻辑的统一。它在"存在"概念上下功夫,把"存在"的所指从外部客观现实转移到思想内部,指称思维活动中看不

见的但却具有强制性的思想前提。其理由是哲学不是实证科学,不需要也不可能直接地面对现实存在,故它所面对的现实只能是思想中的现实。这一隐蔽的思想前提决定着主体的思维模式,哲学的任务遂从认识外部世界变成了反思和批判这个思想前提。这是改革开放以后提倡解放思想的政治理念在哲学中所得到的最深刻的说明。解放思想即是通过超越思想前提来改变思维模式,主体正是在不断地突破原来的妨碍认识的主观思维前提中才越来越接近现实的。

第三种解读是存在论的或生存论的。这场解读无疑是在更为"当代的"西方哲学的存在论转向对近代认识论的根本瓦解的语境下,对马克思主义哲学革命的更为深刻与全面的重建工作。它在超越作为反思与认识论的"思维"概念上做文章,把"思维"替换成"存在者",故"思—存"关系变成了存在与存在者的关系。这种解读把"存在"理解为一种历史的、感性的、丰富的、生成着的存在状态,它致力于不断超越在主观思维和逻辑中把握的抽象静止的存在者。从"存在者"走向"存在",是从静止的认识论上的把握走向实践着的、生成着的、历史的存在状态,打破自我意识的主观思维逻辑强制的存在者状态,上升到一种历史的、现实的、实践的和社会的存在。

第四种解读是把哲学基本问题理解为批判的社会认识论。这种解读是重新回到马克思主义政治经济学批判的哲学方法论问题与语境之中,以突出马克思主义哲学作为科学历史观与历史的批判的认识论的本质统一关系。这实际上是对苏联与中国新时期的马克思主义认识论新体系探索理论事业的一种独特而深入的继续推进,也是对德国古典哲学主体批判哲学传统基因的深刻的历史唯物主义改造,由此开启了马克思主义哲学作为一种文化的意识形态的批判哲学与社会现实批判哲学的可能途径。作为一种在社会历史语境中的认识论,它深化了社会历史观的双向互动过程。一方面,它把德国古典哲学的主客体辩证法的认识论,还原成一个社会历史条件下的人的活动及其社会历史现实关系这样的社会历史观问题;另一方面,它反过来又在批判的认识论中把社会历史观问题变成对作为认识论先验条件的社会历史条件的追问与把握。这种社会历史条件经常是一种被遮蔽的抽象的意识形态,因此我们必须先追问认识这种社会历史的先决条件,然后才能走进真正的社会现实,走向对社会历史本身的批判性认识。故马克思主义哲学作为社会历史观是一种社会历史批判的认识论,从而是一种社会批判理论,最终还要上升到一种意识形态的批判理论,即对资本主义社会现实的颠倒的拜物教的批判。

由上述可见,认识论一度是我国马克思主义哲学研究最为活跃的领域之一。但学界对该问题域的理解与研究几经嬗变之后,似乎陷入了"长期的沉寂"。当我们静下心来回顾这段坎坷的认识论之旅时,一个深刻的印象是:我们所熟悉的传统教科书经常是在自觉不自觉地用马克思主义之前或之外的认识论成果,来对马克思主义认识论的独特核心逻辑进行"危险的增补"(德里达语)。因为马克思主义并没有现成存在的认识论,所以我们反而没能真明白马克思主义认识论与历史唯物主义和社会批判理论是一个不可分割的整体。事实上,马克思主义哲学正是依托于对传统认识论的历史观革命,才摆脱传统唯物主义和近代哲学的影响而成为名副其实的现代哲学。作为马克思主义哲学革命极为重要的内在组成部分和核心问题视野,马克思主义认识论仍需要我们重新还原与再度发现。

众所周知,在传统苏联马克思主义教科书体系中,辩证唯物主义被分解为本体论(唯物论)、辩证法和认识论三大部分,历史唯物主义则是辩证唯物主义原理在研究社会生活、社会历史过程中的具体运用。而认识论所扮演的角色乃是作为辩证唯物主义和历史唯物主义两大板块的过渡环节,即从"无人的"纯客观世界到"有人的"主客观世界再到"人自身"所创造的世界的中间环节。与之稍有不同,我国哲学原理教科书(从艾思奇祖本到新时期的读本)依据毛泽东的《实践论》和《人的正确思想是从哪里来的》等经典文献,把认识论理解为反映论+辩证法+实践论的认识过程论,其总的结构就是在物质决定意识或存在决定思维的反映论基础上强调认识过程的两次辩证飞跃,以及强调实践在认识过程中的根基作用的两次转化。上述理论体系所秉承的都是从自然到主观思维到社会历史的发展逻辑顺序,所沿用的也都是本体论—认识论—历史观的递进与板块组合,但终究因为越来越难以适应时代的潮流和理论的需要而发生变化乃至变革。

缘于深刻的实践背景和鲜明的时代特点,认识论问题成为新时期伊始我国马克思主义教科书改革的重要内容之一,并呈现出以下三个亮点:第一,把作为过渡环节的认识论突出为整个马克思主义哲学体系的主导结构,使其从部门哲学上升为总的哲学体系,从而实现了从本体论主导到认识论转向的新体系。第二,与原先第一性、第二性的等级不同,把传统教科书中思维—存在的反映论模式转变为突出人的主体性、实践的根基性的,以主客体辩证统一为主轴的认识论、价值论、历史观融为一体的哲学逻辑。第三,通过大量引进苏联哲学界和二战后西方心理学、认识论以及自然科学的研究成果,尤其是受李泽厚先生的康德主体哲学研究以及青年马克思异化理论的重大影响,实现了从以巴甫洛夫条件反射理论为代表的传统意识论向以皮亚杰发生认识论为主要借鉴的建构认识论的转变。

其间,涌现出一批颇有代表性的成果,其中以高清海先生主编的《马克思主义哲学基础》最为著名。[①] 在这部被时人评价为"出新意于法度之中"[②]的哲学教材中,著作者们参考苏联东欧与西方马克思主义所提出的以实践为基础的主客体统一的辩证法和认识论,打破传统自然物质本体论和自然辩证法、历史观的等级制、条块式的分割,用以实践为基础的主客体分立、转化和统一的辩证方法论重构了马克思主义哲学

[①] 参见高清海主编《马克思主义哲学基础》上册,人民出版社 1985 年版;高清海主编《马克思主义哲学基础》下册,人民出版社 1987 年版。不过,需要指出的是,受制于其思辨过于厚重的特点,这部著作更多地被人们看成是马克思主义哲学原理专著,从而一定程度上影响了其广泛深入的传播。

[②] 肖月:《"出新意于法度之中":评高清海主编的〈马克思主义哲学基础〉(上)》,载《江淮论坛》1986 年第 5 期,第 21—24 页。

的实践本体论(亦可说是人化自然本体论)、主客体统一辩证法与主体建构客体和社会历史规律的认识论和历史观。当然这部理论深度在当时无出其右的教科书由于受成书时间、团队成员等多种因素影响,也留有遗憾与发挥余地:它还未来得及完全突破苏东对经典马克思主义理解的窠臼,也未能完全克服或消解传统教科书中隐性的近代唯物主义基因,从而在一定程度上表现出构建新的统一体系的强制性("夹生性")特点。自然,《马克思主义哲学基础》所代表的主客体统一的认识论哲学,也就逐渐被追求人的主体性解放的辩证法和历史观所取代,直至最后变成了人学诉求。

教科书体系改革是理解马克思主义哲学当代性的一条好思路,但与哲学史重构这种"返本开新"之举相比还是缺少更深刻的根基性。作为高清海先生的学生,孙正聿先生继往开来,他所主张的哲学前提反思性哲学理论其实已经彻底突破了苏联教科书体系,而开创了一条通过回归德国古典哲学来重建马克思主义哲学的中国化之路。高先生是"出新意于法度之中",孙正聿先生则自称是"离经而不叛道"。他在《哲学通论》及其他相关著作中,通过重构《路德维希·费尔巴哈和德国古典哲学的终结》(以下简称《费尔巴哈论》)中关于哲学基本问题的经典论述,把马克思主义认识论从反映论推进至反思论,指出晚年恩格斯所强调的思维与存在的关系并不是主观与客观、物质与意识两种实体相互作用或决定—反作用的模式,而是反思的认识论和辩证法命题,是黑格尔意义上的思想中的思维与存在的关系问题。孙先生在其新构的哲学基本问题框架中,还把马克思主义哲学看成是哲学史上新的范式和现代哲学革命:欧洲哲学史上的第一个经典范式是古代以追求人类、社会乃至自然之外永恒的实体存在为特征的终极实体的形而上学本体论;第二个经典范式是以从笛卡尔到黑格尔为代表的近代主体建构客体的认识论革命;第三个经典范式就是以马克思的实践观、历史观革命为导向的从思辨的反思的意识哲学往实践的存在论的哲学转向,马克思主义哲学既不是近代认识论更不是古代本体论,而是实践的历史的存在论。① 但转向存在论、实践论、价值论固然大笔如椽般地把认识论哲学作为一个既有形态予以"超越"了,但也似乎不可避免地带来一个问题:把认识论作为近代哲学的一种形态和哲学史的一个阶段,进而认为马克思哲学不仅超越古代本体论而且超越了近代认识论,这在一定意义上也就暂时走出了对马克思主义所独有的认识论的理解与探索。所以不出我们预料的是,近年来孙正聿先生明显又回到了以《资本论》的"逻辑学"②为核心的马克思主义认识论的深入思考上。这既是意味深长的,而且是令人期待的。

需要补充的是,除了上文提及的著作之外,20世纪八九十年代以来中国马克思主义哲学界在突破传统认识论体系方面可圈可点的研究成果可谓琳琅满目,其代表有任平先生的《广义认识论原理》③和欧阳康先生的《社会认识论导论》等④。然限于篇幅,我们只好割爱了。

中国学界对认识论的研究从时髦和热烈向沉寂和搁浅的变迁,基本上应归因于马克思主义哲学研究队伍普遍缺少对现代自然科学、实证科学和心理科学的严格专业训练,对西方同时代发生的科技哲学、语言哲学尤其是心灵哲学也缺少持久的专业兴趣和系统的研究。但往深里说,造成上述现象的原因实乃对马克思主义哲学认识论的革命根基还缺少更深入的思考与更仔细的研究。传统教科书对马克思主义哲学认识论革命理解上的偏差,很大程度上缘于对《关于费尔巴哈的提纲》(以下简称《提纲》)第一条理解的表层化。人们并非不知道《提纲》第一条旨在强调马克思哲学的唯物主义与以往唯物主义的根本区别,但基本上都认为二者在根本方向上是一致的,区别仅在于马克思的唯物主义是在传统唯物主义基础之上再往前"迈了一步"而已。而新时期教科书的特点,恰恰

---

① 参见孙正聿《哲学通论》,复旦大学出版社2005年版。需要指出的是,这种观点在当时的学术界基本达成了共识。
② 参见孙正聿《列宁的"三者一致"的辩证法:〈逻辑学〉与〈资本论〉双重语境中的〈哲学笔记〉》,载《中国社会科学》2012年第9期。
③ 参见任平《广义认识论原理》,江苏人民出版社1992年版。
④ 参见欧阳康《社会认识论导论》,中国社会科学出版社1990年版。

是反其道而行之,是建立在"过度诠释"《提纲》第一条的基础上转而高度重视马克思哲学能动的实践的主体性原则,这实际上就影响到唯物主义认识论的历史观基础,所以发展出高扬主体性的人学辩证法自然是水到渠成的事情了。纵观整个教科书体系的新旧变迁,我们可以看出,由于坚持马克思主义认识论与历史观研究的"两条腿走路"方针已经成为思维定式,因而中国学界尚未真正重视内在于以实践为基础的历史观革命的马克思主义认识论的理论特质。这似乎提醒我们有必要重新回到马克思那里去言说认识论问题。

二、普列汉诺夫与列宁对马克思主义哲学认识论的理解

马克思和恩格斯生活在一个被雅斯贝尔斯称为黑格尔之后哲学严重衰落、实证主义盛行的"坏的哲学"的时代,那个时代的时髦做法就是用自然科学和实证科学取代甚至否定哲学①。马克思和恩格斯清楚地知道自己所创立的新唯物主义与源于自然科学的自发的唯物主义之间的区别,但受时间、精力等诸多因素的限制,他们并没有深入阐述新唯物主义如何在认识论上展开,而更多强调了一般意义上的唯物主义世界观与他们刚刚发现的新历史观。最深刻的认识论思想仍然深藏在马克思《资本论》的哲学逻辑之中,尚待人们去发掘整理。既没有专门而明确的认识论概念,也没有现成的认识论理论,更遑论严密的认识论体系,这一系列的"空场"使马克思和恩格斯不得不面对来自以新康德主义面目出现的不可知论的诘难。

马克思溘然长逝后,恩格斯当仁不让地担起了首次正面表述马克思主义认识论立场的重任。在《费尔巴哈论》中,恩格斯在重申马克思主义哲学与费尔巴哈近代唯物主义哲学的历史关联性的基础上,进一步改造了费尔巴哈对思维与存在关系的理解,认为只有解决思维与存在的第一性问题之后才能进入思维与存在的同一性问题;马克思主义认识论是在

---

① 参见[德]卡尔·雅斯贝斯《生存哲学》,王玖兴译,上海译文出版社2005年版,第4页。

坚持反映论的基础之上强调实践和工业的基础作用的辩证的彻底的可知论。① 恩格斯的表述有着不可磨灭的经典意义,但其中也隐含着两个不容忽视的问题:第一,他没有清楚地解释马克思主义认识论与近代唯物主义反映论之间究竟是"继续"还是"突破"的关系;第二,他对《提纲》中"感性的、实践的、能动的"唯物主义主体论原则,做了极大程度的科学化和实证化理解。在普列汉诺夫再次把马克思主义认识论作为基本问题提出来之前,恩格斯的这两个问题并没有为第二国际的理论家们所重视。

作为第二国际中最具哲学智慧、哲学训练和哲学意识的马克思主义思想家,普列汉诺夫遭遇了马赫主义攻击下的马克思主义哲学本体论危机。出于论战的需要,普氏在并没有对现代认识论做深入研究的前提下,就以自己所熟悉的《费尔巴哈论》中的哲学基本问题为依据,进行了重构马克思主义哲学完整体系的努力。其主要成果就是他于1907年11—12月间为纪念马克思逝世25周年所撰写的《马克思主义的基本问题》一文。② 这篇似乎更应以"马克思主义哲学的基本问题"为标题的长文,明显模仿《费尔巴哈论》第二部分关于哲学基本问题的隐喻,把马克思、恩格斯充分发展起来的历史唯物主义与普氏自己认为极端重要的近代哲学唯物主义统一了起来,强调马克思主义哲学是完整的不可分割的世界观,是一元论的唯物主义的世界观,这大抵就是列宁"一整块钢铁论"③的源头,也是后来辩证唯物主义与历史唯物主义教科书体系的开始。

虽然普列汉诺夫准确看到了《资本论》第1卷中关于劳动本质的论

---

① 参见恩格斯《路德维希·费尔巴哈和德国古典哲学的终结》,载《马克思恩格斯选集》第4卷,人民出版社1995年版,第223—233页。
② 参见[俄]普列汉诺夫《马克思主义的基本问题》,张仲实译,人民出版社1957年版。
③ 参见《列宁选集》第2卷,人民出版社1995年版,第221页。

述与《提纲》第三条的关联与一致,①认为这就是马克思哲学认识论革命的全部秘密之所在,但他更加强调马克思主义哲学只有继承自然唯物主义的哲学传统才能确保本体论的根基。因此,他既没有进一步阐述马克思思想的深远意义,更没有深入思考马克思的认识论变革与历史观变革的关系,而是重申哲学唯物主义是马克思主义哲学最重要的根基,马克思只是提升了唯物主义问题的层次与深度,而从未放弃近代唯物主义的根基,甚至有些致命地认为费尔巴哈已经替马克思解决了唯物主义认识论这个基础问题,马克思需要完成的事业是继续"往上"发展辩证法特别是历史观问题。所以,普氏在文章的后半部分集中讨论了近代唯物主义决定论基础上的经济一元论的唯物主义历史观,将马克思《〈政治经济学批判〉序言》中关于社会结构的四项式改造成包含社会心理在内的五项式。② 因此,《马克思主义的基本问题》的最大亮点其实只是对一元论唯物主义历史观的强调。普列汉诺夫有些草率地甚至是力不从心地处理了认识论问题。这正是马克思早就批判过的费尔巴哈式的错误——在讨论认识论时,社会历史领域在他视野之外,而当他讨论历史观时认识论又在他视野之外。

  作为普列汉诺夫最优秀的哲学学生,列宁在与其共同回击俄国马克思主义内部的马赫主义逆流时,自觉且彻底地把普列汉诺夫"开发"的《费尔巴哈论》中的哲学基本问题改造为《唯物主义和经验批判主义》(以下简称《唯批》)的主导结构。虽然列宁的基本逻辑思路仍是围绕恩格斯的哲学基本问题的两个方面而展开,但我们不难发现列宁对马克思主义认识论的重视程度与创新水平远远高于普列汉诺夫:第一,《唯批》指出,对于本原,不仅应该从本体论的意义上理解为世界的本体、本质、元素、

---

① 在《马克思主义的基本问题》第11页,普列汉诺夫写道:"这位写了一份有趣味的提纲来反对费尔巴哈的思想家,在他的'资本论'第1卷中写道:'人在作用于外部自然界的时候,他便改变了他自己的本性。'这个原理只有在马克思的认识论的照耀之下才能显出它的全部深刻的意义。"
② 参见[俄]普列汉诺夫《马克思主义的基本问题》,第57—76页。

始基和万物的根源，而且还应该从认识论的意义上理解为认识的泉源、对象、出发点和起点。这样列宁就把哲学基本问题理解为既是世界观的问题，也是认识论的问题，从而把世界观和认识论统一起来。第二，列宁还讲清楚了恩格斯虽然发现却没有重视也没有突出和讲清楚的关键问题，这就是，他旗帜鲜明地强调唯物主义与不可知论是无法协调统一的。第三，列宁强调人的认识是一个从现象到本质、从有限到无限的辩证发展过程。同时，列宁还特别强调，实践的观点是辩证唯物主义认识论的首要而基本观点。①

但我们仍要看到，写作《唯批》时的列宁虽然意识到辩证法实践在马克思主义认识论中的作用，但还是将其放在一个次要的补充位置上，而仍然强调从物质到思想与从思想到物质的对立，直至在后来的辩证法转向中，才突出了辩证法与认识论的关系并指认马克思主义认识论、辩证法、逻辑学之间的统一。不过，列宁终究没有来得及深入思考，更没能清楚地呈现马克思主义认识论的面貌。他虽看到了辩证法与认识论的高度统一，却没有揭示认识论与社会历史批判的内在关系，这就直接导致后来的苏联教科书体系将认识论当作从本体论、辩证法过渡到历史观的最后一个环节。② 现在看来，那种把认识论置于历史观之前和之外的辩证唯物主义体系，显然是"前马克思主义"的。

三、从卢卡奇到哈贝马斯重建马克思主义认识论的努力

与苏联教科书体系相比，西方马克思主义更加深入地思考了马克思主义认识论的特质。他们在把马克思主义哲学整体地理解为社会批判和政治经济学批判逻辑的过程中，重新激活了认识论的方法，使其不再

---

① 参见列宁《唯物主义和经验批判主义》，载《列宁选集》第 2 卷，人民出版社 1960 年版，第 34—365 页。
② 斯大林的《论辩证唯物主义和历史唯物主义》正是这方面最为经典也最为基础的表述。参见联共(布)中央特设委员会编《联共(布)党史简明教程》，人民出版社 1975 年版，第 115—146 页。

沉陷于枯燥单纯的传统认识论体系,而是恢复作为社会批判方法的理论活力。但是,由于过度诠释或者片面放大马克思认识论的某些方面,西方马克思主义最终还是走入变相取消马克思主义认识论的误区。

作为西方马克思主义的开山者,卢卡奇发展了马克思主义认识论批判异化物化统治的主体性、能动性以及总体性与历史性原则,指出马克思主义认识论的要害不是对物的客观反映及其实践改造,而是对物化的伪客观、伪具体世界的批判与透视;不是对专业化、工具理性化的抽象物碎片的分析与解释,也不是如实证主义那般天真地相信一个物理事实的价值中立世界的存在,而是对人所创造、支配的物的关系反过来统治人的历史起源的考察,马克思主义认识论的最终出路就是对颠倒的总体抽象物的历史透视与辩证想象。① 用后来卢卡奇在东欧的继承者科西克的话来说,马克思主义辩证法作为具体辩证法的最终结果是,通过革命的实践揭穿伪具体物统治人的假象,从而实现人和物的双重透明和解放。②

然而,由于诸多历史原因,后期卢卡奇半是自觉半是被迫地改变了《历史与阶级意识》时期的经典观点,主动放弃了对主体向度的历史认识论和历史辩证法的追求,转而构建与苏联教科书体系相调和的社会存在本体论。一方面社会存在本身是生产、社会关系抽象出来的范畴性存在,另一方面社会存在本体论仍然强调自然本体论的优先性地位,这种以不"冒犯"物质本体论为原则的本体论重建变相堵塞了更为明快和深邃的认识论追求道路。与晚年卢卡奇向教条后退的思路明显相反,法兰克福学派在继续沿着青年卢卡奇的物化批判认识论逻辑更偏激地前行。这就是把马克思主义哲学的重心转向对反思意义上的意识物化(即社会关系的物化)现象的意识形态批判,马克思主义认识论便从主客体的统一行进至对导致主客体二元论的工具理性本身的批判,即对片面的抽象的异化的主体(亦可说是意识主体)的自身批判。这种批判哲学的后果

---

① 参见[匈]卢卡奇《历史与阶级意识》。
② 参见[捷克]卡莱尔·科西克《具体的辩证法》,傅小平译,社会科学文献出版社1989年版。

之一就是放弃对现实世界客观性问题的追问，放弃对再现客观性以及变革客观世界之必要性与可能性的强调，进而放弃马克思青年时代就渴望的在变革客观世界的过程中改变主体自身的革命诉求，向内转入对主体自身无休止的批判与重构之中。正是因为过于强调对工具理性的批判，法兰克福学派的早期代表人物们往往将马克思主义哲学的实践途径转向非理性的浪漫哲学道路，走向神秘悲观的本雅明式的审美救赎，直至哈贝马斯所开创的交往伦理实践范式取代生产和革命实践逻辑的重建之路。

哈贝马斯是法兰克福学派中试图通过恢复马克思主义认识论传统以重建社会批判理论之理性哲学传统基础的最重要的哲学家。他在《认识与兴趣》等书中认为，马克思主义哲学认识论延续的是先验理性批判的哲学批判传统，马克思正是通过用政治经济学批判的逻辑取代德国古典哲学的先验形式批判①，使其哲学既没有朝着放弃认识论批判的完全实证化的方向发展，也没有朝着放弃认识论的客观科学精神而向内转的生存论方向发展，而是发展成为一种保持主体性、历史性、先验批判原则的面向现实的社会批判哲学。哈贝马斯批判性地改造与使用了马克思的劳动实践概念，认为这是对标志着德国古典哲学能动主体认识论核心逻辑的先天综合概念的不自觉的继承。但哈贝马斯说，马克思的劳动实践综合概念有别于康德、费希特与黑格尔的先验意识与自我设定，更非绝对精神的活动，而是历史地自我产生的类主体的既是经验的又是先验的成果。综合不再是思维的活动而是物质的生产。社会的自发再生产过程模式，与其说是精神的生产，不如说是自然界的生产。生产过程是人与自然的一种综合形式，这种综合性形式一方面把自然的客观性同主体的客观活动联系在一起，另一方面又不取消自然界存在的独立性。②所以，马克思并不是通过牺牲认识论的方式将德国古典哲学重新本体论

---

① 参见[德]哈贝马斯《认识与兴趣》，郭官义等译，学林出版社1999年版，第27页等处。
② 参见同上书，第30页。

化(既不是用粗糙的自然唯物论的物质本体论来颠倒与取代黑格尔外化出自然界的绝对精神,也不是耽搁在费尔巴哈人与自然有机统一的浪漫主义自然观里),而是通过能动的革命的实践将认识论以扬弃的方式保留于社会历史观之中,认识论与社会批判的历史观从而成为密不可分的浑然一体。① 这实际上就将原本模糊的马克思政治经济学批判与康德、黑格尔哲学批判的关系清晰化了,马克思主义哲学得以从实证的非反思的客观主义的无主体状态回归至批判反思的主体性哲学与现实运行的理性辩证法的认识论哲学。

哈贝马斯暗中借用现象学大师马克斯·舍勒知识社会学的三种知识论②类型,指出马克思主义哲学认识论与实证主义知识论的根本区别就是:马克思主义认识论并非天真的反映论,也不是取消外部世界客观性、可知性与本质性而将世界非历史地物化和实证化、技术化的逻辑分析论,而是通过批判地反思影响人们认识外部世界与自身的社会历史先决条件(即通过批判反思构成认识主体的先验的社会历史条件),达到对现代科学知识与意识形态的可能性合法性逻辑结构与基础的批判以及对认识论主体及其认知逻辑可能性的批判,从而实现对社会历史本身的主体批判。马克思主义认识论内在于政治经济学批判与社会历史批判之中,历史唯物主义不仅高于实证的知识和价值的解释,而且更具有优先性和先验性的可能。正是通过对认识论批判哲学意义的强调,哈贝马斯实现了从传统马克思主义物质生产实践哲学范式向更古典化的交往理性哲学范式的转变。但这种转变同时也暴露出哈贝马斯重建与改造

---

① 参见[德]哈贝马斯《认识与兴趣》,第 55 页等处。
② 按照舍勒的看法,人的知识有三种:宰制知识或成效知识、本质知识或教化知识以及形而上学知识或救赎知识(参见《舍勒选集》,刘小枫主编,上海三联书店 1999 年版,第 1058 页)。据此,哈贝马斯也提出三种知识论:第一种是以追求客观的外在自然的真实性为目标的实证主义。第二种是以追求人的内心世界和人与人之间的共享的真理性或者正当性或者价值性意义的解释学。第三种则是哈贝马斯心目中真正贯彻近代批判的认识论传统的,追求人摆脱认识理解之压抑性的社会结构从而获得真正解放,即追求解放旨趣的批判理论(参见[德]哈贝马斯《认识与兴趣》,第 200—201 页)。

马克思主义认识论的偏差与代价。

在哈贝马斯看来,关于作为个体的"我"与外部世界的物理实在的关系的认识论之"真实性"问题,"我"与内心世界的关系的"真诚性"道德问题,以及"我"与他人世界关系的伦理规范的"正确性"问题,都可以纳入统一为某个语言层面上的"可理解性的"交互主体性问题。认识论问题是一种先验的纯粹的主体间的语言意义关系问题的变种与次生物。主客体之间的认识论关系可以还原为一个先验的意义构成与理解问题,主体都是内在于先验的交往意识结构之中。① 这种先验主体性的存在实际上变相取消了认识、改造外部客观世界的认识论,马克思主义哲学也就从生产范式理论转变成为一种主体间性的交往哲学理论。由此,我们也就不难理解哈贝马斯何以在努力拯救和恢复被现代西方哲学所遗忘和回避的古典哲学认识论的批判意义后,逐渐从现实的社会历史哲学转向伦理与道德批判。这个坚定的古典理性主义的重建者与捍卫者,最终越来越偏离马克思主义社会历史批判的语境而发明了一套英美式的语用分析、心理分析与资产阶级政治实践哲学。

四、阿尔都塞对马克思主义认识论革命的诠释及其影响

如果说法兰克福学派在马克思主义认识论问题上强调的是对传统的"批判继承说",那么结构主义马克思主义在该问题上强调的则是与传统的"决裂说"。在马克思主义认识论的重建与转向上做出重大贡献的无疑是阿尔都塞。通过反思和回顾自己研究马克思"颠倒"黑格尔辩证法的经历,阿尔都塞指出马克思认识论的革命并非如传统教科书所言,将以头立地的思辨唯心主义改造成为以脚立地的反映论的物质决定论,"马克思所说的颠倒实际上包含着总问题的革命","马克思的理论革命不是在于回答的改变而是在于问题的改变。马克思在历史理论中进行

---

① 参见[德]尤尔根·哈贝马斯《交往行动理论》第 1 卷《行为合理性与社会合理性》,曹卫东译,上海人民出版社 2004 年版。

的革命在于'要素的改变',这种改变使他从意识形态的场所转到了科学的场所"。① 恩格斯早在《资本论》第 1 卷的英文版序言中就已深刻看到了这一点:"一门科学提出的每一种新见解都包含这门科学的术语的革命。"②他还在《资本论》第 2 卷的序言中强调拉瓦锡之所以能真正发现氧气,正是因为他抛弃并推翻了"燃素"。巴什拉尔也曾做过生动的说明:"以往的照明就是让火燃烧,而灯泡的发明是阻止火的燃烧的电阻让灯没有烟没有火地亮起来"③。马克思通过发明一种新的概念体系再现了传统哲学和古典经济学经验主义、人本主义无法发现的那些空白处,他借助劳动力概念的表述建立和重新建立了回答的连续性,生产出了在他之前并没有提出的问题("什么是劳动力的价值"),同时也生产出了对这个问题的回答("劳动力的价值等于维持和再生产劳动力所必需的生活资料的价值")。④ 马克思的哲学革命意义正是在于他在批判自己思想先驱的理论框架或者问题式的过程中,形成了自己的问题式。套用阿尔都塞的话就是,没有认识论结构的转换,世界(亦可说本质世界)是不在场的空白。⑤

阿尔都塞特别强调马克思主义自身及其与欧洲哲学史的断裂关系(即著名的认识论断裂)。他一方面认为马克思本人有一个前后的认识论断裂,另一方面则将马克思基于新的哲学问题式而引发的哲学变革看成是认识论断裂的结果。他认为:"认识发展的现实历史今天在我们看来要受到与神学关于理性宗教的胜利的这种愿望完全不同的规律支配。我们现在开始把这种历史理解为具有彻底的非连续性(例如当一门新的科学在先前的意识形态基础上脱颖而出的时候)和深刻的变化的历史。

---

① 参见[法]路易·阿尔都塞、艾蒂尔·巴里巴尔《读〈资本论〉》,李其庆、冯文光译,中央编译出版社 2001 年版,第 74 页。
② 《马克思恩格斯文集》第 5 卷,人民出版社 2009 年版,第 32 页。
③ 转引自[法]弗郎索瓦·达高涅《理性与激情:加斯东·巴什拉传》,尚衡译,北京大学出版社 1997 年版,第 11、45 页等处。
④ 参见[法]路易·阿尔都塞、艾蒂尔·巴里巴尔《读〈资本论〉》,第 15 页。
⑤ 参见同上书,第 14—15 页。

这引起彻底的非连续性和深刻的变化,虽然承认各认识领域断裂的时候却开创出新逻辑的统治,这种新逻辑远不是旧逻辑的简单发展、'真理'或颠倒,而是真正取代了旧逻辑的位置。"①在认识论断裂中出场的不再是人的主体与现成自然客体的对峙,而是一种非主体的客观的社会实践结构所呈现和生成出来的现实。所以,马克思认识论的根基性革命,一方面表现为批判社会关系与社会权力构成的意识形态主体和意识形态无意识再生产与再现社会权力关系的过程,另一方面则表现为把对意识形态的批判等同于批判社会现实的活动。马克思是以"两步走"的方式既解构又实现了哲学自身。② 由此,我们也就不难理解阿尔都塞何以要通过重建马克思的实践概念来开始认识论的重建了。在突出强调马克思的实践概念与欧洲哲学传统有着根本区别的同时,阿尔都塞表面上恢复了更加教条的传统苏联马克思主义的观点,实际上却偷天换日和瞒天过海般地将列宁的哲学党性原则置换成自己所强调的,哲学只有作为一种特殊理论实践活动和意识形态批判活动才能实现的原则,从而更深刻地改造了马克思主义认识论。

但是,我们必须要看到,在阿尔都塞那里,认识论只能是通过一种凝缩和移植的方式重构缺席的或不在场的本体论的本质:"这里说的本质是空缺的原因,是因为原因外在于经济现象。在结构对它的作用的'替代性因果关系'中的原因的空缺,不是结构与经济现象相比而言的外在性的结果,相反,是结构作为结构内在于它的作用中的存在形式本身。这里包含的意思是,作用不是外在于结构的,作用不是结构会打上自己的印记的那些预先存在的对象、要素、空间。相反,结构内在于它的作

---

① [法]路易·阿尔都塞、艾蒂尔·巴里巴尔:《读〈资本论〉》,第41页。
② 按照阿尔都塞学生巴里巴尔的理解,马克思的哲学革命的第一步,表现为在《提纲》第二条中彻底颠倒了欧洲哲学史上的生产与实践的关系,将实践与生产等同起来并将其视为真理性的准则,从而确立了生产或生产实践的第一性;第二步则是在《德意志意识形态》中,将理论作为一种意识的生产活动(更准确地说是作为替代意识的生产的历史矛盾的一项),从而将意识形态视为生产逻辑的一部分或者生产的广义化拓展。[参见[法]埃蒂安·巴利巴尔(亦译艾蒂尔·巴里巴尔)《马克思的哲学》,王吉会译,中国人民大学出版社2007年版]

用,是内在于它的作用的原因。用斯宾诺莎的话来说,全部结构的存在在于它的作用,总之,结构只是它自己的要素的特殊的结合,除了结构的作用,它什么也不是。"①阿尔都塞还通过将社会结构意识形态化和制度化为社会本质的微观表面,进而取消了社会本质存在的独立性。这种非主体、非历史的结构主义认识论,实际上是一种知识构成的结构化,不但取消了独立的现实,而且从根本上取消了认识论主体的本真性与合法性地位,也就实际取消了主体角度的反思批判立场,从而导致了变相的不可知论。也就是说,结构主义马克思主义认识论重新复活了马赫主义所引发的马克思主义本体论危机与缺失问题。

当代马克思主义哲学的认识论变革就是要从阿尔都塞不自觉挑起的本体论危机与缺失问题开始,将认识论从阿尔都塞式的本体论空无化中解救出来。传统马克思主义认识论非反思地假定了一个本体的存在,而没有看到认识不是无条件地去反映和接近现成的本体或存在的过程,而是不断地反思和重构以往认识现实的思想方式的过程,是一个通过祛除作为日常意识的物化表现的伪客观世界进而恢复其历史性关系性生成的主体之源与历史之源的解蔽过程。马克思并不是在不可知性意义上指认本体论缺失,也不是在永恒性意义上指认本体论的合法性,而是通过从抽象到具体的认识论,于既在场又不在场的意义上指认本体论的客观存在与历史辩证法矛盾发展的特征。马克思主义认识论就是将现实理解为并不现成在场而是充满了矛盾的历史过程,是从特定历史主体角度有层次、有界限地再现某个暂时性在场的过程。阿尔都塞为我们呈现的本体论缺失,实际上就是资本主义社会现实表面的共时性断裂的矛盾的历史状况,这恰恰需要我们通过一种再现的方式将其重构出来。

当代美国最著名的马克思主义学者詹姆逊将这种重构创造性地理解为"理论的图绘"。这种可以上溯至康德的先天综合判断与想象力、本雅明的"星丛"想象、列斐伏尔的"三位一体"空间辩证法"与著名城市社

---

① [法]路易·阿尔都塞、艾蒂尔·巴里巴尔:《读〈资本论〉》,第220页。

会理论家林奇的城市想象和理论测绘的认识论思想,旨在通过将马克思的认识论恢复成德国古典哲学辩证想象的逻辑,而呈现出超越抽象理性的审美感和现实感特征(即詹姆逊所言的"再现性美学")。詹姆逊并没有直接地专门去讲他这种再现性认识论的观点,而是用传统马克思主义的立场观点,通过把资本主义分为三个时期而指认了每个时期都有自己相应的空间认识论或者空间表现或者再现性的图绘理论。他说:在资本主义发展的第一阶段即古典的民族的自由的市场资本主义阶段,它的相应的文化表征与空间表达形式是笛卡尔式的同质性空间与马克思所说的工厂哲学。资本主义发展的第二个阶段,也就是从市场资本主义转向垄断资本主义时代,一方面是抽象的结构的本质的世界的统治,另一方面则是感性的微观的日常生活的经验现象世界。在这个时期,文学表现不再是现实主义而是现代主义,现代主义把这种缺失的无法到场的全球同步发生的资本主义现实完全主观化为一种感觉、一种诗歌语言、一种语言游戏。也就是说,在这种现代主义文学中,资本主义现实是一个完全缺席的原因,这个缺席的原因/现实通过文学和隐喻以扭曲和象征的方式得到表达。这种表达就是每个人或者每一种感觉都是一种封闭的主观的世界,这是一个表面上封闭的主观的记忆的、情感的世界,实际上是一个巨大无边的支配着整个资本主义现实的巨大的全球化的体系。这种纯粹主观的个体内心的封闭的精神世界的描述与隐喻,不仅反映了金融资本与消费社会统治下的帝国主义时代的社会现实,而且更是今天被称作晚期资本主义或者跨国资本主义时代的社会现实。这就是资本主义的第三个阶段。在这种弹性积累扩张的资本主义社会中出现了新的再现的形式或者说图绘的形式,这种形式就是哈维所说的"时空压缩"的经验与想象,这种新的再现性的空间、经验表现为对距离的压制,这种空间又表现为一种纯粹分裂的主观精神世界。原来是一个封闭的纯粹的内在主观世界(现代主义),今天表现为一种不断流动着的、分裂的精神世界(后现代主义)。

詹姆逊认为,马克思主义在今天的危机与困难并不在于其科学性上而在于其意识形态或乌托邦的性质上,人们不可能放弃总体性地再现与想象现实的辩证法,所以要回到审美再现与认知测绘的问题上来。如果在认识论意义上取消了总体性再现现实与规划现实的辩证法,那就取消了马克思主义与辩证法。我们不能简单地把总体辩证法与极权主义画等号,那样的话就取消了马克思主义。没有总体性概念便不可能有社会主义存在的正当性。① 我们理解今天全球资本主义空间统治的现实,有必要坚持这样一种空间辩证法式的认知测绘方法。②

---

① 参见《詹姆逊文集》第1卷《新马克思主义》,王逢振主编,中国人民大学出版社2004年版,第306页等处。
② 从索亚的第三空间、哈维的希望空间与空间正义论以及列斐伏尔的差异性空间或者表征性的空间概念中,都能找到"家族相似性"与"和而不同"的努力。

第三章　西方马克思主义与当代激进思潮的空间化理论研究

  本章专题研究本书前面一再论及却并没有详论的西方马克思主义以及当代激进思潮代表人物与流派的空间化理论。本章首先以概括形式评介西方马克思主义与当代西方左派激进社会批判理论的空间哲学转向,接着专题研究西方马克思主义的不平衡发展理论的空间辩证法思想及其政治文化哲学的空间化视野,并指出这种空间化转向与视野在突破传统历史唯物主义以历时性为中心的理论框架过程中的得与失。同时,本章也是以西方马克思主义及当代社会批判理论的相关思想研究为平台,展示历史唯物主义空间化问题在当代的基本意义。其中,第一节主要反思马克思政治经济学批判方法在当代社会空间化发展问题研究中的运用与价值;第二节以研究西方马克思主义与社会批判思潮关于不平衡发展理论为视野,深入思考历史唯物主义关于空间生产的主导性流动性矛盾性问题;第三节以评述当代西方左翼思潮中的政治哲学与文化哲学转向为案例,指出 21 世纪的马克思主义必须直面当代资本主义空间化发展的政治意识形态现实,为社会主义提供新的认识方法。

第一节　从政治经济学批判哲学方法到当代空间化社会批判哲学

历史唯物主义为何与如何可能成为社会空间哲学？一般而言，经典历史唯物主义有广义的历时阶段形态论与狭义的现代性共时结构论两个维度，社会哲学侧重于后者。狭义的现代性共时结构论又分为"社会危机论"与"社会有机体论"两个视角："一是关于资本主义社会以盲目的必然性、即持续内在危机与自我异化方式为自己开辟道路的发展理论，二是关于现代社会作为有机体不断地走向自觉的调节的发展的理论"①。西方马克思主义则更集中于讨论危机论范式。在阿格尔看来，马克思主义所提供的方法论包含三种：一是异化的理论和对异化的批判；二是深深植根于内在矛盾的制度的理论；三是危机的理论和过渡的战略。② 虽然在阿格尔的研究时代（20世纪80年代之前），当时资本主义危机理论"最新的"成果还是生态学马克思主义学派，但他对危机理论和过渡战略方法论的范式总结已然开启了资本主义危机理论的现代性社会批判研究。

资本主义的危机理论在传统马克思主义的语境中被表述为资本主义发展本身所蕴含的危机，这样的危机必然导向无产阶级革命，进而终将导致自身体系的崩塌。但是随着现代性全球化生活方式的不断推进，资本主义似乎在一次次的危机中"幸存"③（survival of capitalism）下来，又一次次呈现出新的发展态势甚至活力。资本主义世界的现当代发展表现为一种剧烈的空间生产转型，并在此基础上呈现出全球化的扩张趋

---

① 参见刘怀玉《基于政治经济学批判的两种现代社会理论》，载《天津社会科学》2009年第4期。
② 参见[加]阿格尔《西方马克思主义概论》，慎之等译，中国人民大学出版社1991年版，第417页。
③ N. Brenner, and S. Elden, *State, Space, World: Selected Essays*, University of Minnesota Press, 2009, p.25.

势,在全球领域的空间互动和结构重组中使危机得以转换。① 这个过程直接导致两个现实结果:一是当今的不平衡世界体系样貌或中心与边缘对峙格局的形成;二是当今人与自然关系视阈中全球性生态危机的产生。显然,新的资本主义危机在今天走向了一种空间化,即走向了以城市化与全球化为实在地理景观的空间发展危机。故西方马克思主义所面临的问题乃是资本主义危机的依然存在和危机转换的当代社会空间化表现,及由此发展出的形态各异的社会空间哲学理论。

一、马克思社会有机体理论与再生产理论的社会空间哲学方法

从马克思的政治经济学批判哲学方法到当代空间化社会批判哲学如何可能?马克思的社会有机体理论与再生产理论中蕴含着社会空间哲学的方法,这是历史唯物主义和政治经济学批判理论所固有的因而是内生的理论资源。

在历史唯物主义视野中,马克思的社会有机体理论展现为一种社会内部既相互制约又相互联系的实践交往关系。从实践的维度理解社会生活是马克思主义哲学的伟大创建之一:"全部社会生活在本质上是**实践**的。"②社会不是独立个人的集合,实践描述了一种社会关系,是"这些个人彼此发生的那些联系和关系的总和"③。社会交往关系由物质生产生活决定,而历史性的交往关系稳定结构或既存秩序即是制度。从空间视角来看,制度代表了一种历史性生产生活微观空间的宏观化视界。不同的社会交往领域沉淀了相异的社会制度,所以社会是一个有机的整体,但这个有机整体并"不是坚实的结晶体,而是一个能够变化并且经常处于变化过程中的有机体"④,并且这样的有机体是"一切关系在其中同

---

① 参见刘怀玉《历史唯物主义为何与如何面对空间化问题?》,载《天津社会科学》2011 年第 1 期,第 17—21 页。
② 《马克思恩格斯选集》第 1 卷,人民出版社 1995 年版,第 56 页。
③ 《马克思恩格斯全集》第 30 卷,人民出版社 1995 年版,第 221 页。
④ 《马克思恩格斯全集》第 44 卷,人民出版社 2001 年版,第 10—13 页。

时存在而又互相依存的社会机体"①。

马克思哲学视野中的生产实践概念之本质意义或核心意义，是以社会关系的生产与再生产为核心的历史唯物主义或历史辩证法。社会关系的生产与再生产具有两重基本含义。首先，它指任何社会生产都得在结成一定社会关系的前提下才能进行，而这种一定社会关系条件下的生产同时便会既生产出新的产品也生产出新的社会关系。社会关系的生产与再生产是一个不可分割的总体。一定的人类社会存在本身并不是一个孤立静止的物质实体存在，而是一个由特定社会关系的生产与再生产维系的复杂总体结构。其次，社会关系的生产与再生产是具有主导性和历史性特征的动态结构。其中，各种社会关系的地位与作用都各不相同，往往有一种形式处于统治地位，起到支配作用②。比如，古代曾经作为最基本的生产单位的血缘家庭，现在被降低为一个单纯的消费单位。同样，在古代社会中曾经成为主宰的农业在资本主义社会中反过来作为工业经济和市场经济的一个部门而从事生产与再生产。再比如，马克思在《〈政治经济学批判〉导言》中就阐明了生产、分配、交换、消费诸环节相互生产与再生产的总体关系，"一定的生产决定一定的消费、分配、交换**和这些不同要素相互间的一定关系**"③。当然，在"走向经济必然王国"的"入口处"（即《〈政治经济学批判〉导言》），马克思最直接突出的主体、面临的最紧迫的现实是对当下资本主义社会的批判，他通过剖析当代资本主义生产关系、社会结构中占主导地位的理论模型，在对资本主义的历史性阶段的狭义理解中对资本主义共时性、结构性的社会本身进行分析，明确昭示了空间化社会理论的可能。

马克思对资本主义社会结构的揭露、批判所蕴含的空间化社会理论，本质上也是资本主义社会危机理论。因为在历史唯物主义视域中，资本主义社会是本质上不断产生危机的社会。马克思在《资本论》第 1

---

① 《马克思恩格斯选集》第 1 卷，人民出版社 1995 年版，第 143 页。
② 参见本书第二章第二节第二目"历史唯物主义的空间化概念之多重意义"。
③ 《马克思恩格斯选集》第 2 卷，人民出版社 1995 年版，第 17 页。

卷中表达了这种核心思想的原因,即资本主义的剩余价值生产与再生产使资本主义社会不可避免地出现阶级的两极分化,资产阶级与无产阶级矛盾的激化又在资产阶级利润率的绝对下降危机中达到临界点,由此资本主义就必然走向崩溃和灭亡,因此,"资本主义私有制的丧钟就要响了"①。在此基础之上,值得进一步思考的问题是,《资本论》的第2卷和第3卷从直接生产过程之外的流通交换领域视角强调了资本主义自身发展过程的周期性、复杂性、弹性、韧性或者尚且具备活力的空间,是对危机中的资本主义所回溯、反弹的一种增长活力的考察。

卢森堡就认为《资本论》第2卷反映出一个关键的问题,即假定只有工人和资本家两个阶级,仅提出了扩大再生产问题而没有给予解答②。她把资本主义危机理论的建构看作是这种主观的、抽象的认知公式演绎与推导的产物,而这样的努力严重忽略了当时的"非资本主义的阶层和非资本主义的国家"③。由此,在卢森堡看来,资本主义危机理论重要的核心乃是资产阶级过渡期的剩余价值问题所导致的困境,简单地说,就是资本再投资的问题。资本家通过剥削劳动者的剩余价值所获得的资本用于再生产,在这个过程中,劳动产品作为商品所处的流通过程其实表达了一种空间的不平衡模式:资本主义的投资再生产关键在于对非资本主义市场的开辟,是商品在资本主义外围世界的流通。剩余价值的再生产在空间上的流窜,是资本主义屡次发生危机而又幸存的关键。这样的思考为站在历史唯物主义空间化视角下的社会空间批判理论提供了一种新的视域,启迪之后的思想家去开辟历史唯物主义和政治经济学批判研究的空间新范式。

这种新范式的潜力意味着,对资本主义社会危机的考察深入到了现

---

① 马克思:《资本论》第1卷,人民出版社2004年版,第874页。
② 参见[德]R.卢森堡、[苏]布哈林《帝国主义与资本积累》,柴金如译,黑龙江人民出版社1982年版,第2页。
③ [德]卢森堡:《资本积累论》,彭尘舜、吴纪先译,三联书店1959年版,第277页。

实、具体的空间化资本主义社会领域,因此对资本主义社会结构的解读也是空间化的社会理论(阿尔都塞即是如此)。这样就能总结说,唯物史观视域下的社会有机体理论和再生产理论之所以能够支撑或成为当代空间化社会批判哲学的潜在动力,就在于马克思通过深刻剖析现代资产阶级社会的内部结构,把问题看作不是"观念上"的而是"从抽象上升到具体的方法,只是思维用来掌握具体,把它当作一个精神上的具体再现出来的方式。但决不是具体本身的产生过程"①。对资本主义社会结构的分析不是在抽象的观念空间而是在现实的社会空间中展开,"因此,就是在理论方法上,主体,即社会,也必须始终作为前提浮现在表象面前。"②

西方马克思主义的众多社会哲学家在面对以空间为主题的当代资本主义社会新难题时,要么尝试挖掘、建构(列斐伏尔、哈维)马克思思想的社会空间化方法以识破资本主义的空间发展和危机转移的事实,要么试图重释或重构(阿尔都塞、吉登斯)马克思对资本主义社会的政治经济学批判理论以理解现代性的空间化表征。具体而言,主要经过了以下这些探讨:列斐伏尔的空间生产理论与都市社会空间哲学问题域的开辟,阿尔都塞的多元决定论与社会结构问题域的开辟,哈维的三元空间辩证法与生产四环节理论的建构,吉登斯的结构化理论与时—空理论、现代性全球化分析。他们从各自的理论背景或学科传统中寻找各自的道路。

这些道路的开辟和理论的建构都或多或少地遵循马克思主义政治经济学批判的传统来建构各自的空间化社会哲学,但同时又都对其哲学方法论有所忽略和牺牲,故不能彻底贯彻马克思主义的政治经济学批判方法论中固有的历史—空间辩证法精神。从政治经济学批判哲学方法

---

① 《马克思恩格斯全集》第 30 卷,人民出版社 1995 年版,第 42 页。
② 同上书,第 43 页。

走向当代空间化社会批判哲学,从历史唯物主义社会空间理论走向空间化的历史唯物主义,须在借鉴又批判以上现代空间化社会理论的路径中得到更为深刻和本质的理解。

二、列斐伏尔、阿尔都塞、哈维与吉登斯的空间化社会批判哲学建构

西方马克思主义何以面对资本主义社会的当代空间化转型？深受马克思思想影响的四位思想家——列斐伏尔、阿尔都塞、哈维和吉登斯同为社会空间批判哲学家,但却有着不同的学科背景和理论关注,他们直接或间接地建构了各自的空间化社会批判哲学,给出了自己的答案。

列斐伏尔第一个在真正严格的意义上界定了"空间生产"的研究视角。他的思想发展和理论探索始终与对现实社会问题的思考和研究密不可分,也正是在对现代社会现实问题的关切中,他试图挖掘、发展马克思思想中关于现代社会理论的方法论意义及其价值。20世纪50年代,列斐伏尔开始思考法国农村社会的衰败问题；60年代,他参与了法国政府的城市规划设计,并在与法国建筑学派之间的长期交流中开启了对空间化社会批判哲学的建构,成为城市社会批判理论的奠基人。在马克思思想的影响下,列斐伏尔的空间化社会批判哲学大致可以凝练为两个核心：一是在资本主义"幸存"的当代现实中开创空间生产理论；二是基于马克思辩证法精神提出了"三元空间辩证法",开辟了都市社会空间哲学问题域。

空间生产理论把生产与空间阐释为一个双向理解的互动过程。列斐伏尔把空间从一种抽象的、主观的知觉意识传统(笛卡尔把空间和时间归于那些有助于命名和分类的感官证据的绝对领域,康德把空间和时间看作是人的先验直观形式),转变或者重释为一种自然物质形态空间与社会空间。这个意义上的空间与资本主义的生产和再生产过程紧密关联。因此,生产被看作是在物质空间与社会空间中的实践过程,也即生产本身的空间化。同时,列斐伏尔又将空间概念阐释为生产实践的概

念。通过占有和生产空间①,空间的分割与管理成为资本再产出的新基底。资本主义社会生产和再生产空间的过程,及这一过程的当代延续,亟需和强调空间的能被占用和空间的精细管理。所以,"这个空间(工具性空间)表面上是透明的、反射性的和反思性的,然而它没有任何的纯洁性。它本身也是根据'生产者'的意见和利益而被生产出来的,尽管他作出了一副公平的取代自然的样子而出现在了自然的土地上。"②当然,这个过程也展现了当代资本主义社会的空间占有和运用作为资本主义不断扩充的生产资料而展现出的新的"生产力、生产关系以及它们之间的矛盾"③。

对空间生产理论的进一步思考促使列斐伏尔开始寻求研究当代社会空间问题的总体方法论。在新资本主义(neo capitalism)条件下,列斐伏尔提出"三元空间辩证法",即空间实践(spatial practice)、空间表象(representations of space)和表征性空间(representational spaces)的三位一体辩证法。④ 空间实践实际上体现为日常生活中的城市消费景观,作为空间使用的功能性概念,它主要描绘民众现实生活状态(游走的、观光的),参与这个空间的行动主体通常是被统治的社会阶层;空间表象则是概念化的规划空间,通常指智力设计的、技术系统主导的空间,这个空间的目的在于把商品化的空间进行效益最大化,因而与日常生活的空间发生倾轧,使利益与生活体验之间产生区隔;表征性空间是符号化的空间,作为升华了的无限想象空间,既体现一个社会或一种制度的凝聚力及记忆力(如纪念碑性质的建筑空间),又间接反映人们在生活中实现不

---

① 参见 Henri Lefebvre, *The Survival of Capitalism*, *Reproduction of the Relations of Production*, p. 21. 并参见刘怀玉《现代性的平庸与神奇:列斐伏尔日常生活批判哲学的文本学解读》,中央编译出版社 2006 年版,第 403 页。
② [法]亨利·勒菲弗:《空间与政治》,李春译,上海人民出版社 2008 年版,第 125 页。
③ [法]亨利·列斐伏尔:《都市革命》,刘怀玉、张笑夷、郑劲超译,首都师范大学出版社 2018 年版,第 193 页。
④ 参见 Henri Lefebvre, *The Production of Space*, Blackwell, 1991, p. 33.

了的文学艺术化或心理学化的解放诉求①。表征性的空间也成为后来詹姆逊"空间图绘理论"的一个重要思想来源。三位一体的空间辩证法认为,每个历史阶段的社会都有自己的空间特质:古代城邦社会是政治、宗教与自然高度融合的神圣性空间,庙宇、神殿等地理建筑景观具有严格的封闭性和排外性。而中世纪社会在继承欧洲希腊罗马时代的历史空间遗迹中出现了新的空间,其最初是基督教对天空的垂直、直接崇拜,并衍变成对神秘抽象空间的崇拜,后来这样的崇拜和资本主义市场交换的货币统治世界体系连接在一起。

现代资本主义都市问题的凸显,使三元空间辩证法进一步深化具体地走向城市社会批判哲学,并开辟了马克思主义的都市社会空间哲学问题域,即"都市总问题式"②。列斐伏尔首次把马克思主义对工业社会的历史批判理论改造为都市社会的空间批判理论,也就是从空间与生产的双重互动中理解现代性城市化或都市化的问题。他不仅把城市地理景观的空间分割和使用理解为工业资本主义社会高度发展的产物,而且也理解为现代工业社会下都市社会日常生活的总问题,从空间的"宏大叙事"转向了社会日常生活的微观视界。

列斐伏尔同样把都市现象划分为三个空间层次③。首先是整体性/全球性(global)层次,是从全球性或主权国家的视角界定的最为普遍抽象的关系层次。如资本市场与国家一体化空间政治的关系。其次是混合性(mixte)的中层空间,即城市的空间,指教堂、学校、街道等建筑物和非建筑物的位置性及情景性的功能空间。最后是私人性(privé)层次,是列斐伏尔都市空间研究的重点。它阐明,在都市空间中,私人的存在空间压迫最为深重和"无关紧要",只有建筑形式或情景区域才有意义。都

---

① 参见刘怀玉《马克思主义如何研究城市问题:一种三元空间辩证法视角》,载《华中科技大学学报(社科版)》2017年第4期。
② [法]亨利·列斐伏尔:《都市革命》,第17页。
③ 参见同上书,第88—95页。

市社会的一个空间化政治对抗表现为,城市设计与投资者异常活跃,而居民或住户则一片沉默。整体社会空间的总体性生产过程被肢解,城市被赋予了交换价值。日常生活的、尼采式与海德格尔式元哲学意义上的"栖居"(l'habiter)状态,在资本主义工业化的商品交换逻辑中变成了以交换价值为核心的空间存在,并在生活实践的名义下功能化,成为"定居"(l'habitat)。由此,空间就被作为住宅的形式分割流通而成为一种商品,"当近距离审视都市时,它便会变成碎片"①。在资本主义的生产、分配、交换和消费的再生产理论中,都市化并没有消除工业矛盾,相反成为统治者。②

列斐伏尔对空间化日常生活研究的存在主义、人本主义倾向,恰恰是阿尔都塞所批判的。阿尔都塞虽然并没有直接建构一种空间哲学或关于社会空间的理论,但他的从结构主义探析现代社会的路径中埋藏了讨论空间化社会结构性的种子。结合弗洛伊德精神分析理论对"无意识"的发现,阿尔都塞把马克思社会结构分析的历史性和总体性理论,特别是揭露资本主义社会内部结构矛盾历时性的学说,改造为超级结构(super-structure)的"多元决定论"(或过度决定论)(over determination),开辟了社会结构的问题域。阿尔都塞的理论对社会空间哲学之重要意义就在于,"多元决定论"的结构辩证法成为20世纪西方空间哲学转向和社会空间批判哲学建构的重要方法论资源,启发了斯图亚特·霍尔的"多元决定论"、普兰查斯的国家空间理论、吉登斯的社会结构理论以及大卫·哈维、尼尔·史密斯等人的地理学哲学的空间不平衡发展理论。

阿尔都塞试图以结构主义的方式来矫正历史决定论,但又矫枉过正。他认为以历史主义的视角(卢卡奇、葛兰西)来阐释马克思哲学,导致历史本身成为实现人的唯一发展目的,历史主义本身成为人本主义的现代意识形态(无意识中发生作用的表象体系)表达。"结果是,历史被

---

① [法]亨利·列斐伏尔:《都市革命》,第173页。
② 参见同上书,第193页。

引入到人的本质之中,使人成为当代历史效果的主体,而生产关系、政治和意识形态的社会关系,都被简化为历史化的'社会关系'。"①所以,阿尔都塞通过多元结构的分析反对历史主义,主要是以结构性的历史建构消解了历史主体,使历史成为一个无主体的过程以消解人本主义。在这个进程中,他揭示出历史本身的内在要素差异性内涵和结构间矛盾共存性的本质,因而,"正是这个论点爆炸了。爆炸的结果是主体、人的本质和异化等概念完全消失,化为乌有,无主体的过程这一概念得到解放,成为《资本论》中一切分析的基础。"②阿尔都塞勾勒出的社会历史动力复杂性特征,试图摆脱历史主义、人本主义决定论而走向了结构决定论或多元决定论。

由此,在阿尔都塞看来,马克思所谈的社会历史乃是从非历史主体维度,因而是摒弃了人本主义问题式而展开讨论的历史,这种认识又与马克思早期思想相"断裂"之后渗透在其政治经济学批判理论中。故他对社会历史的阐释是非历史主义的多元性结构。在历史这个整体结构中,特定的生产方式又决定着特殊的社会结构,成为"一种普照的光""一种特殊的以太"。③ 阿尔都塞进而开辟了社会结构的问题域。生产的社会关系也就不单是人与人之间的简单关系,不能还原为排除了生产关系的主体间的相互关系④(欲望、斗争、主—奴关系、承认等)。他认为,在马克思主义的社会形态中,一种要素的独立,永远都依赖整体的形式。阿尔都塞对结构内部要素的建构分析,蕴含了对社会空间结构性质分析的理论潜力。他把每一种生产方式都看作一个社会整体中相对独立的结构,一方面把社会整体当作具体结构多元要素关系进行讨论,另一方面

---

① Louis Althusser, Étienne Balibar, *Reading Capital* (part 1), NLB, 1970, p. 140;参见[法]阿尔都塞、巴里巴尔《读〈资本论〉》,李其庆、冯文光译,中央编译出版社2001年版,第160页。
② [法]阿图塞(即阿尔都塞):《列宁与哲学》,杜章智译,台北:远流出版事业股份有限公司1990年版,第145页。
③ 参见《马克思恩格斯全集》第30卷,人民出版社1995年版,第48页。
④ 参见 Louis Althusser, Étienne Balibar, *Reading Capital* (part1), p. 174;[法]阿尔都塞、巴里巴尔《读〈资本论〉》,第202页。

又以此为基础,寻找到社会历史整体的不平衡特征。关于后者的讨论也一直延续影响到萨义德的不平衡理论①,本处将不再展开。

受到卢森堡、曼德尔、罗斯多尔斯基和阿尔都塞以及列斐伏尔等人的成果与思想的影响,当代《资本论》最好的解释者大卫·哈维从多元空间角度分析和阐释现代社会的空间结构,并直接从马克思关于资本主义社会发展的价值论中引申出空间的三元结构性分析。哈维和列斐伏尔具有家族式的相似性,都提出"三元空间辩证法",对马克思的政治经济学批判方法做出空间化的创造性理解。② 但他们之间同时也存在着差异性。列斐伏尔的空间辩证法主要着眼于历史,而哈维的三重空间辩证法则是从使用价值、交换价值与价值概念的三重价值结构体系出发来理解资本主义社会,以一种共时性地理学的视角分析了资本主义的生产循环理论和危机理论。

哈维更为直接地把马克思政治经济学批判的社会哲学方法作为社会地理学的方法论,在地理学的社会景观空间学说和马克思主义社会价值论的交互处找到了突破。他将《资本论》第 1 卷第一章中马克思所提出的三种价值理论解读为三元空间辩证法的雏形,把马克思的"三重价值"概念阐释为"三重空间"内的概念,在现代资本主义工业发展的背景下,以三元空间辩证法来对资本主义的生产环节进行具体的分析和解剖,形成了自己的空间化社会批判理论。

哈维的"三元空间辩证法"思想直接在马克思的文本中找到了原型,即使用价值、交换价值与价值概念本身的三位一体。③ 哈维从空间的视角分别进行阐释:第一,使用价值是在"绝对时空"(absolute space and time)的意义上被理解的,指称现实客观世界中具有使用价值的自然时空或物质时空,如机械工具、房产等;第二,交换价值是在"相对时空"

---

① 参见本书第三章第二节"不平衡发展的'现在'历史空间辩证法"。
② 参见刘怀玉《马克思主义如何研究城市问题:一种三元空间辩证法视角》,载《华中科技大学学报(社科版)》2017 年第 4 期。
③ 参见 David Harvey, *A Companion to Marx's Capital* (Volume 1), Verso, 2010, p. 37。

(relative space-time)的意义上被理解的,用来表示资本主义生产流通和商品交换过程中的相对空间与时间的形式,因而就不是绝对的,而是跨越的、互动的时空;其三,价值概念本身在"关系性时空"(relational space-time)的意义上被理解。抽象的价值一般,也就是马克思所说的"价值形式",指称人的物质关系载体所承载的既客观存在又非物质性表达的空间,它隐藏在物的社会关系背后而成其自身,是更加灵活复杂的全息空间。① 正如马克思把三重价值理论之间阐释为辩证的整合关系,哈维提出的三重时空形式在资本主义发展的历史与地理动态变化中也是辩证相关的。这也说明,资本主义的时空并非固定不变的,而是在流动中不断变化的,资本主义之所以能在危机中幸存,这是主要的原因。

进一步说,哈维的空间辩证法其实基于资本主义生产危机和循环理论展开。马克思在《57—58年手稿》和《资本论》中把资本主义本身最根本的矛盾描述为,"流通时间从一个方面说对象化在**货币**中"②,在最大限度上克服地理空间的距离,目的是为了使私人资本获得尽可能"高效"的积累,"力图达到**没有流通时间的流通**"③。"另一方面,它又企图通过充当流通时间和流通过程的中介的各种器官,赋予**流通时间**本身以**生产时间的价值**,把这一切器官规定为货币,更进一步则规定为资本。"④这就是说,资本主义的私有制本性决定了资本主义的流通资本本质上又重新成为一种私人拥有的固定资本、一种现有的财富。在哈维看来,这是资本试图以时间消灭空间的周期性循环,它在一定时间和地点必然生产出它的"死劳动"⑤:固定资本要件、作为使用价值的地理景观,确保在"相对时空"下的交换价值的实现。但是由于产品过度积累所导致的危机,资本主义在另外一个周期内又不断把建成的地理景观毁坏重组以开辟新的剩余价值空间。这是资本主义本质的永存的而且是循环的矛盾。哈

---

① 参见[美]大卫·哈维《新自由主义化的空间:迈向不均地理发展理论》,王志弘译,台湾:群学出版有限公司2008年版,第115—120,130页等处。
②③④《马克思恩格斯全集》第31卷,人民出版社1998年版,第52页。
⑤ 马克思:《资本论》第1卷,人民出版社2004年版,第269页。

维在地理学的意义上深刻地表述了这一点。资本主义的资本积累过程为了解决过渡期的问题，不停地把作为使用价值的地理景观进行投资重组和自我贬值，通过这种循环来延缓或转移过度积累的危机。在这个过程中，剩余资本还被投向直接生产领域之外的消费领域、服务领域或交通领域：一方面表现为对未来进行投资，包括学校教育、生态、军事竞争等，把剩余资本转移到对付假想的未来对手上；另一方面在地域上转向对外围空间、落后地区的开发投资。后者直接导致资本主义发达地区本地发展的空壳化及外围世界表面上的新工业化繁荣，展现出一种新的、地域空间发展的不平衡。对资本空间化循环理论的解释，本质上是在空间生产条件下对资本主义危机转移理论的空间构型、地理学的理解。

如果说哈维深刻地阐释了现代资本主义社会生产价值论的空间化发展和发展的地理不平衡性，那么安东尼·吉登斯作为当代著名的社会学家，则从现代性的范式来讨论资本主义社会发展的全球化空间特质。吉登斯综合了马克思、韦伯和涂尔干的相关社会理论，在社会结构与社会行动之间建构了二者交互的社会结构化理论。他所开创的这一理论方法，具体讨论了现代性资本主义社会、时间与空间以及现代性全球化之间的关系，特别以时—空的脱离、虚空的现代性视角研究现代社会空间化。

吉登斯在极广泛的意义上使用现代性这个概念，主要是对现代社会行为制度与模式进行理论探讨，包括现代社会的政治经济制度以及与此相适应的思想观念等。① 在马克思的社会有机体理论影响下，吉登斯同时综合了涂尔干的社会结构对社会个体行动的决定论与韦伯的以社会行动者意志为核心的社会理论，在两种社会理论之中做出了自己的理解。他把社会结构一方面看作是社会个体行动所生产和再生产出来的产物；一方面又把这种生产和再生产出来的社会结构看作是能够反作用

---

① 具体参见[英]安东尼·吉登斯《资本主义与现代社会理论》，郭忠华、潘华凌译，上海译文出版社 2013 年版，第 1—2 页。

于或者反制约社会行动者日常生活和生产的规范。

吉登斯把包括马克思在内的这三个社会思想家关于现代性问题的直接或间接讨论,归为一种单一社会内在动力主导的、非此即彼的社会学研究思路。① 在结构二重性理论的背景下,他把对现代社会的讨论、现代性的研究展开为四个制度性维度,即工业主义、资本主义、监控体系和军事暴力。其中,工业主义除了指涉一种制度,还蕴含生产过程中工厂、机械等物质力运用所体现出来的社会关系;资本主义指一个商品生产的体系,以对资本的私人占有和无产者的雇佣劳动之间的关系为中心,构成了阶级体系的主轴线②;监控体系与现代社会人们的日常生活息息相关,它显现了现代性对私人空间的压迫和透视,标志着组织化权力、民族—国家疆域监管能力的世界性增长;现代性宣告整体性战争的开始,工业主义的全球扩张及资本主义带来的世界性资本恶性竞争使战争从区域化走向全球化。在极盛现代性社会,这四个维度的展现以时—空关系的当代转变为最基本的坐标背景,这是吉登斯阐释现代性社会空间化特质的一个切入点。

相较于前现代性社会(即前资本主义社会),极盛现代性社会的时—空关系极为特别。在前现代性社会里,时间的计算和运用在极大程度上与空间地域不可分割,时间与空间总是一同出场。例如对人们日常生活影响最为根本的农业生产,它的延续依靠对自然现象变化规律的把握;空间特征如果失去了有效性,时间的安排就不会成立,或者只能停留为不精确的、模糊的运用。在现代社会,仰仗科技手段的进步,时—空分离成为可能,并在虚化时间(empty time)的前提下也虚化了空间。随着"日历在全世界范围内的标准化"和"跨地区时间的标准化"③,同一化的计时体系超越了地域隔阂被精确地使用,因而实际上是时间脱离并控制了空间。现代社会时间的分割和运用成为消灭时间本身的机械循环过程,抽

---

① 参见[英]安东尼·吉登斯《现代性的后果》,田禾译,译林出版社2000年版,第9页。
② 参见同上书,第49页。
③ 参见同上书,第15页。

象时间变成了由刻度计量的物理单位。时间虚化又使得空间(space)与地点(place)的分离成为可能,本由空间支配的"在场"(presence)转变成了"缺场"(absence),使空间摆脱了任何的特定地点而走向虚空。①

现代性社会的空间化展现出高度全球化的特质。科学技术扩张条件下的时—空分离与虚空,深刻地影响了现代社会各个维度的全球性变革。首先,跨地区时间的标准化使工业生产的劳动时间进一步精细化,空间支配的缺场使全球范围内的劳动分工和跨国管理成为可能,导致劳动分工的国际化。其次,规范化的时间标准和空间的缺场,让在全球范围内寻求劳动力和商品市场成为可能。"工作时间"的精密和"工作地点"作为生产要素的淡化,使雇佣本身具有了全球性,也就意味着资本剥削的全球性。资本主义对世界市场的开拓,是资本私人占有并寻求资本积累的根本需要,空间的缺场进一步提高了全球范围内商品交换和资本流通的效率,使资本主义得到全球化发展。再次,时—空分离与虚空使得"现代组织能够以传统社会中人们无法想象的方式和全球性的因素连接起来,而且通过两者的经常性链接,直接影响着千百万人的生活"②。资本主义社会的劳工监督手段、检查机制随着商品生产体系的全球扩张而扩张。最后,工业主义、资本主义的全球扩张带来了资本的恶性竞争,跨时空的、世界性的全球化军事秩序得以建立。

除了全球化的极端特质,"现代性事实上彻底改变了人们日常社会生活的实质"③。现代性社会是一个风险社会,人们在心理学上对自我本体的安全产生了焦虑,这种焦虑来自在深处激变的现代性中人的自身命运的不确定性和风险性,并最终导致自我认同的缺失,走向另一个极端。

---

① 参见[英]安东尼·吉登斯《现代性的后果》,第16页。
② 同上书,第18页。
③ [英]安东尼·吉登斯:《现代性与自我认同》,赵旭东、方文、王铭铭译,三联书店1998年版,第1页。

三、马克思主义空间化社会批判哲学建构的当代理解

我们能从西方马克思主义的社会空间化批判转型中得到什么启示呢？这是在分别讨论了列斐伏尔、阿尔都塞、哈维和吉登斯的空间化社会理论及其空间化批判哲学建构之后，必须要直面的问题。首先，他们的建构过程存在着两个显著的共性。

一是上述西方马克思主义的左派社会哲学理论家都在以不同的视角或方法来透析西方资本主义世界的空间化危机转移。这一点在前文中也有提到，西方资本主义社会的危机在资本主义空间化的新发展中得以转移，突出的空间性已然成为现代性最显著的特质之一。列斐伏尔"三元空间辩证法"对空间实践、空间表象和表征性空间的辩证差异性建构，本质上就映射了资本主义社会是空间不平等的非正义社会。在这一点上与列斐伏尔最为相似的人是哈维，他的"三元空间辩证法"直接从突出空间本质的时空维度揭露当代资本主义的表面繁荣，并深入解剖当代资本主义危机转移理论的空间本质。哈维对资本主义危机转移理论的分析，受到阿尔都塞对社会结构不平衡性分析的深刻影响，从资本主义社会内部的视角考察资本主义生产模式的共时循环和地理结构要素的不平衡发展。吉登斯从现代性的时—空关系转变看待资本主义发展的全球化。虽然他只把资本主义看作现代性表征的一个维度，但不可否认，极盛现代性的高度风险化和极端化发展，本质上还是根源于资本主义空间化发展的危机。

二是他们共同开辟了一条从抽象到具体的社会空间批判理论之路，本质上乃是对马克思政治经济学批判方法论的借鉴或扩展。列斐伏尔开辟了都市总问题式，把空间的辩证法运用于现代社会以剖析城市社会的空间问题，并最终在空间化的生产关系中指向对都市社会人们日常生活微观领域的关切，把都市生活看作人们日常生活的现代性表征，以此从抽象空间哲学方法论走向具体现代都市社会批判。阿尔都塞把社会历史阐释为多元结构决定论或过度决定论，试图克服历史主义、人本主

义决定论。他把结构建构的历史看作结构多元要素间相互制约又相互决定的无主体过程,其中蕴含着空间化社会结构的理论潜力,开创了空间化社会批判的结构主义新视角,尤其是对后来研究具体空间社会发展的不平衡性产生了巨大理论影响。哈维直接从空间化视角重释马克思的价值概念体系。他的理论相比阿尔都塞而言更具现实性和目的性,即试图从空间本质揭露资本主义的当代性所表现出来的虚假繁荣,进而解析当代资本主义危机转移的地理空间化本质。显然,这是从空间化、地理学的角度对马克思主义政治经济学批判方法的扩展。吉登斯对现代性社会的空间化思考,更为明显的刻有马克思政治经济学批判方法论的影子。他在对极盛现代性社会的工业主义、资本主义维度的讨论中,着重研究了资本主义如何通过对时—空的变革和管理来控制劳动力以提高剩余价值率的过程。马克思同样谈到了资本主义生产过程中对空间和时间的管理根本上是为了"节约时间",而"从直接生产过程的角度来看,节约劳动时间可以看作生产**固定资本**,这种固定资本就是人本身"[①]。但是吉登斯从马克思的工业主义、资本主义阐释中又衍生出了监控手段和军事暴力两个因素,并讨论了二者的全球性质。虽然这样的衍生对马克思关于资本主义的历史性、整体性之研究多有误解,但是多维的现代性理论还是为后来研究城市空间、国家空间的全球化问题提供了更广泛的可能性。

  虽然这些理论家在面对当代资本主义及其危机的空间化转型时阐释了自己的空间化社会批判哲学,共同尝试挖掘或重构马克思的社会批判理论,从不同视角运用从抽象到具体的政治经济学批判方法,但恰恰是差异性的学科背景和理论视阈暴露了一种桎梏性——存在根源上的偏见和失语,代价是忽略了历史唯物主义政治经济学批判固有的历史—空间辩证法精神。他们并未穷尽马克思主义历史唯物主义的空间化社会批判哲学,因而都不是真正意义上的马克思主义的空间化社会批判哲

[①]《马克思恩格斯全集》第31卷,人民出版社1998年版,第108页。

学,而是用空间化社会批判哲学取代了马克思主义。

列斐伏尔的空间化社会批判哲学,虽然在都市空间哲学建构中提醒或者突出了马克思主义关于现代人类生存总体性的视野,但关于资本主义日常生活空间批判的三个层次(整体性、混合性、私人性)的划分,本质上是存在主义视角下的人本主义思想,最终难免走向一种文化的乌托邦。这也是为什么阿尔都塞大异其趣地提出结构主义的社会历史哲学之原因。但是以结构主义的方式对马克思的社会历史哲学进行的"过度"阐释,并没有准确地把握马克思阐释的真实的社会历史生活过程,而是在弗洛伊德与马克思的结合处过于陷入了精神分析的无意识。这种阐释是脱离了物质生产基础的"超级结构",是现实社会空间表面上占支配地位、起决定作用的超级结构,实际上只是以浓缩形式出现的伪装。阿尔都塞真正的贡献却是在多元决定论中提示了空间化社会结构的问题域,并深刻影响了哈维的空间化社会批判哲学。哈维在地理学与马克思主义的结合处,从地理景观表征透视了资本主义当代危机的空间转移和资本循环逻辑的地理学本质,却在经济学与地理学的桎梏中难以明晰历史唯物主义的历史性本质和历史唯物主义空间化的动态空间性内涵。吉登斯从现代性的问题域出发,综合传统社会学理论,阐述启蒙以来极盛现代性社会的时—空关系变化,并于风险现代性的极端全球化后果与个人生存和心理的艰难境地之间表达了他的空间化社会批判哲学。然而吉登斯的片面性在于,他直接把马克思当作一个传统社会学家,使马克思的思想禁锢于社会学传统而忽略了哲学,这导致马克思社会有机体理论与再生产理论的哲学视角之缺失,仅仅把历史唯物主义当作一种经济决定论的单一社会动力决定论。

综上,我们应该思考的最后两个问题是:马克思政治经济学批判哲学方法如何转变为当代空间化社会批判哲学?马克思空间化社会批判哲学的当代建构如何能为我国百年的道路探索提供一个新的当代视角?

西方马克思主义的社会哲学理论家对空间化社会批判哲学的阐释及建构已然表明:当代社会的空间化特质已经凸显,空间化成为一种现实;资本主义的危机转移到了以空间为核心的主要阵地。这决定了历史唯物主义的社会批判哲学理论如果脱离空间化就不能走向当代成为现实科学。

必须阐明,面对社会空间化及资本主义社会危机转移空间化的时代特征,以列斐伏尔、阿尔都塞、哈维与吉登斯为主线的西方左派社会哲学理论家都试图借鉴、挖掘马克思思想的理论资源,这恰恰印证了马克思主义在当代的空间化特质中所体现的巨大影响力和蓬勃的当代生命力。现代社会历史的空间化主题是历史性、逻辑性的阶段展现,历史唯物主义走向这样的时代现实,把握当代社会空间化的现象与本质,乃是马克思主义在现实实践中发展又在发展中实践之历史辩证法的应有之义。此外,西方左派社会哲学理论家们对马克思主义历史唯物主义空间性进行阐释或重构的偏离与不彻底,也展现了从马克思主义历史唯物主义自身中内生出历史唯物主义空间化的社会批判哲学之可能性和必要性。因此,这个时代急切呼唤历史唯物主义自觉的、自醒的,因而是内生的社会空间理论;历史唯物主义的空间化社会理论呼之欲出。

在上文中我们已经讨论过,文中所列的理论家们在面对当代资本主义和资本主义危机的空间化转型时,对马克思社会批判理论的探索由于学科背景和理论视角的桎梏而产生了片面性。具体而言,被禁锢或被误解的历史唯物主义空间化社会理论,要么被当作纯粹的社会学传统,而忽略了历史唯物主义政治经济学批判所固有的辩证法精神;要么区隔了历史性与空间化之间的动态的总体性辩证法。这就决定了历史唯物主义的空间化社会理论脱离哲学批判就不能成其为自身。

从前文所列的理论家们的空间化社会批判哲学建构的共性中可以看出,面对危机转移理论,他们都从抽象的方法论走向了具体的社会分析。这是他们共同给予我们的启示。但又不能把政治经济学批判的方法论作为一种实证主义的传统主流社会学方法,囿于任何具体科学而规避哲学。以牺牲马克思整体理论精髓为代价,就会忽略它固有的历史唯物主义精神。因而,马克思主义作为一种社会批判哲学或空间批判哲学属于空间哲学理论,只有用政治经济学批判哲学方法透析和把握当代社会的空间化,才能真正建构起马克思主义的空间化社会批判哲学。也就是说,历史唯物主义走向当代在很大程度上也取决于它如何可能从抽象的本质科学上升为具体的现实社会科学。我们认为,从抽象科学上升到具体科学的一个重要方式,就是让马克思主义的政治经济学批判方法走向一种空间化的社会批判理论。

所以,历史唯物主义内生的空间化社会理论有自己的哲学,即历史唯物主义空间化社会批判哲学。在这一点上,辨明历史唯物主义政治经济学批判固有的历史—空间辩证法至关重要。传统马克思主义在抽象静止的空间概念上阐释历史唯物主义,把生产和历史结合在一起,从物质本体论的意义上理解发展本身,因而是非空间的表述。但马克思主义空间哲学的空间社会理论的方法论基础却是从一个动态空间的视角看待历史唯物主义。这就是说,马克思主义从来不去理解自在的空间("自在之物"的空间),而是把空间当成一个历史性概念,亦即空间化概念。所以历史唯物主义的当代化解释首先必须从重构马克思生产概念的空间性内涵、社会关系概念的空间根基与历史概念的空间现象开始。其次,在与当代西方哲学、心理学、语言学、社会学、经济学、政治学、地理学等相关理论的交流交锋中把握当代社会现实的现象与本质;抓住当代资本主义社会空间化的根本性特征,把握当代资本主义的城市化、全球化和国家再区域化发展,城市和资本主义经济体系的空间关联,全球生态空间等重要问题。这是建构马克思主义的当代空间化社会批判哲学的两个基本任务。

建构马克思主义的当代空间化社会批判哲学,既昭示着马克思主义强烈的现代生命力,又为我们思考 100 多年来中国道路的探索提供或突出了空间视角。五四运动以来,中国经历了从站起来到富起来再到强起来的艰难探索,离开了历史性的空间视角,我们就不能深入理解中国革命、建设与改革开放以来伟大而曲折的社会历史空间重构和创新。因此,中国化马克思主义应该有自己的社会主义空间哲学视角,应该以空间化理论的新形式新理论新方法阐释中国道路、总结中国经验、贡献中国智慧。这不仅是理解当代、把握当代的新视角,更是"道路自信"的题中应有之意。总而言之,建构具有中国特色的马克思主义当代空间化社会哲学和空间社会批判哲学,既是中国能够理解当代、走向当代,更是在"打造人类命运共同体"①的伟大视野下共同发展当代的关键一环。

第二节 不平衡发展的"现在的"历史空间辩证法②

本节以"后殖民主义理论"大师萨义德著名的"旅行中的理论"之隐喻为引子,历史地再现马克思《〈政治经济学批判〉导言》所首次提出的资本主义"不平衡发展"观点的曲折而复杂的"理论旅行史"。这就是:(1)经典马克思主义语境中作为资本主义统治逻辑与发展动力的"不平衡结构"理论;(2)以卢卡奇为代表的早期西方马克思主义所批判揭示的主客体颠倒的物化统治逻辑以及以阿尔都塞为代表的结构不平衡发展辩证法;(3)以大卫·哈维和尼尔·史密斯以及索亚等激进地理学家为代表的关于资本过度积累与不平衡发展的历史地理景观理论。如果说对马克思的不平衡发展理论的以往解释存在着只重视历史性而忽略空间性的缺陷,那么,当代左派地理学与经济学的解释则存在着用空间辩证法否定历史辩证法的倾向。实际上,历史唯物主义的当代基本形态之

---

① 习近平:《携手构建合作共赢新伙伴,同心打造人类命运共同体》,载《人民日报》2015 年 9 月 29 日。
② 本节所使用的"'现在的'(present)历史空间"一词,其经典依据出自两处:一是福柯,他指出今天哲学家的任务不是"从现在的角度"来写一部"关于过去的历史",而是写一部"关于现在的历史"。(参见[法]福柯《规训与惩罚》,刘北成等译,三联书店 1999 年版,第 33 页)二是马克思,他主张,研究任何历史科学、社会科学,应当时刻注意到,我们只能以一定的范畴把握现代资产阶级社会这个既定的主体的个别方面,用"范畴表现这一定社会即这个主体的存在形式、存在规定",而"那些表现它的各种关系的范畴以及对于它的结构的理解,同时也能使我们透视一切已经覆灭的社会形式的结构和生产关系"。当然,那些早期社会形式在资产阶级社会这个既定的现在的主体结构中,"常常只以十分萎缩的或者完全歪曲的形式出现",资产阶级社会"总是在有本质区别的形式上,包含着这些社会形式"。所以,所谓的历史都是当代史。资产阶级社会作为"最后的形式总是把过去的形式看成是向着自己发展的各个阶段……所以总是对过去的形式作片面的理解"。(参见《马克思恩格斯文集》第 8 卷,人民出版社 2009 年版,第 29—30 页)

一,是以空间化地解构资本不平衡发展逻辑为己任的社会辩证法。

一、资本逻辑批判的理论"旅行"与"越界"

后殖民主义批判理论家爱德华·萨义德(1982)曾以一种"地理学的想象力"①(geographical imaginations)这样写道:一部重要的思想的传播与发展史,就是一部理论的旅行(travelling theory)与越界(transgressive theory)的历史。所谓的"理论旅行"就是,"正像人们和批评学派一样,各种观念和理论也在人与人、境域与境域,以及时代与时代之间旅行。文化和智识生活通常就是由观念的这种流通所滋养,往往也是由此得到维系的。"②

萨义德曾以卢卡奇的《历史与阶级意识》一书中的长篇论文《物化与无产阶级的意识》的曲折流传历史为例,说明理论在不同接受语境下的迥异命运。在他看来,一种理论在旅行过程中的巨大成功必然伴随着一种简化与新的教条化危险。通过对卢卡奇物化理论和与之密切相关的阶级意识理论的旅行以及卢卡奇的理论被哥德曼和威廉斯接受与修正的具体情景的讨论,萨义德指出:首先,任何理论都无法包揽、封闭、预言它可能在其中有所用处的情境;其次,理论永远不可能是完成的。更为重要的是,一种理论一旦脱离其原初的生成土壤,其批判性与原创性威力便可能被"降格"与"减弱",继而被一种相对温顺的学术研究所替代。哥德曼的《隐蔽的上帝》这篇博士论文将卢卡奇激进的无产阶级主体意识辩证法改造成巴黎学术界可以接受的帕斯卡尔式的中产阶级悲剧意识文学研究,便是其中一例。

如果说著名的"理论旅行"之隐喻有些悲观的话,那么,接下来的"理论的越界"之想象则重新鼓起了理想的风帆:"理论的汽车可以在不同的

---

① 参见 Derek Gregory, *Geographical Imaginations*, Cambridge, Massachusetts: Blackwell Publishers, 1994, p. 9.
② 参见[美]爱德华·W. 赛义德(即萨义德)《旅行中的理论》,载《世界·文本·批评家》,李自修译,三联书店 2009 年版,第 400 页。

地域奔驰"①。时隔 12 年之后,萨义德在《理论旅行的再思考》一文中又提出这样一种可能性,即一种理论在新的政治与社会情境中可以被重新解释,因而重新获得活力。这就是他所说的理论"越界"现象。比如,"当阿多诺用卢卡奇来理解勋伯格在音乐史上的地位时,或者当法侬用明显是欧洲主客体辩证法的语言戏剧化地论述殖民地的斗争时,我们不只是认为他们仅仅是紧随着卢卡奇之后,在一种姗姗来迟的次等水平上来运用他的思想,而是认为他们把卢卡奇从一个领域推行到了另一个领域或地区。这一运动表明,在不同的区域、地点和情境对某种理解进行积极的运用并'激活'不但是可能的,而且不会轻易沾染上普世主义或者过于普遍的总体化倾向……在此仅仅讲借鉴与改编是不够的。"②

本节不是专门讨论萨义德的思想的,而是想借用他的这个著名的隐喻来说明,作为经典历史唯物主义的核心观点,马克思的资本逻辑批判理论在其身后的 100 多年的理论旅行中,既出现过巨大的成功与瞩目的理论繁荣,也遭遇过由于过度而精密解释而越来越远离原初语境与在现实世界的批判能力退化困境。摆脱这种困境的出路,首先就是重新激活历史唯物主义与政治经济学批判的内在思想关系;其次,尤其重要的是实现萨义德所说的"理论的越界"。在这方面,研究当代资本主义城市化、区域化、全球化问题的西方地理学马克思主义所实现的历史辩证法的"空间化转向",会给我们以深刻的启示。

二、资本统治逻辑批判及其不平衡发展的历史辩证法

历史唯物主义之所以不是经济决定论而是历史辩证法,就在于它不仅具有一般意义上的生产方式理论,而且具有当代历史性意义上的资本逻辑批判理论。资本逻辑批判是当代历史唯物主义解释的核心课题。

---

① 参见赵建红《赛义德的"理论旅行与越界说"探讨》,载《当代外国文学》2008 年第 1 期。
② Edward W. Said, *Reflection on Exile and Other Essays*, Cambridge, Massachusetts: Harvard University Press, 2000, pp. 451-452. 转引自赵建红《赛义德的"理论旅行与越界说"探讨》,载《当代外国文学》2008 年第 1 期。

资本逻辑的核心问题是不平衡发展趋势与结构。不平衡发展不仅是一种历史辩证法而且是一种空间辩证法,历史唯物主义的空间化解释的最经典理论来源之一是不平衡发展辩证法。

在完成第二个伟大发现之前,马克思已经实现了他的社会历史观念的一次重要的转换,即从对一般历史的物质生产逻辑建构到对现代性社会的资本逻辑统治本质之历史批判。前者是一种同质性理论假设——认为物质生产是人类社会发展的永恒基础——前提与最终动力机制;后者则是一种科学而具体的历史确认——认为资本主义所开创的发达的市场经济社会形态,无非是人类历史上暂时出现的一种盲目必然性占统治地位的社会现象。这个观点最早的表述出现在作为"走向经济必然王国"之"入口处"的《〈政治经济学批判〉导言》中。在那里,他明确指出:"在一切社会形式中都有一种一定的生产决定其他一切生产的地位和影响,因而它的关系也决定其他一切关系的地位和影响。这是一种普照的光,它掩盖了一切其他色彩,改变着它们的特点。这是一种特殊的以太,它决定着它里面显露出来的一切存在的比重。"① "因此,把经济范畴按它们在历史上起决定作用的先后次序来排列是不行的,错误的。它们的次序倒是由它们在现代资产阶级社会中的相互关系决定的……问题不在于各种经济关系在不同社会形式的相继更替的序列中在历史上占有什么地位。更不在于它们在'观念上'……的顺序。而在于它们在现代资产阶级社会内部的结构。"② "在土地所有制处于支配地位的一切社会形式中,自然联系还占优势。在资本处于支配地位的社会形式中,社会、历史所创造的因素占优势。……资本是资产阶级社会的支配一切的经济权力。它必须成为起点又成为终点"③。马克思在以后的著作中,尤其在对资本主义生产总过程作出辩证历史揭示的《资本论》中深入具体地描述了这种不平衡发展的特点,诸如他强调在资本主义生产过程中,使

---

① 《马克思恩格斯全集》第 30 卷,人民出版社 1995 年版,第 48 页。
②③ 同上书,第 49 页。

用价值对交换价值特别是对剩余价值的从属,必要劳动时间与日常生活时间对于剩余劳动时间的从属,活劳动即具体劳动对抽象劳动、物化劳动的从属,人们日常消费活动对资本主义生产总过程的从属,甚至于人口生产对资本主义剩余价值生产的从属……

如何理解马克思以上论述所具有的超出狭窄的政治经济学研究领域的普遍方法论意义与实质?这恐怕是这部手稿自20世纪初(1903)发表以来世界范围内的马克思主义研究者们始终争论不已的话题。这场旷日持久的争论涉及对马克思历史观、辩证法的实质的争论,涉及落后国家无产阶级革命的条件,即如何利用政治经济发展不平衡、如何抓住社会主要矛盾,等等①(列宁与毛泽东的辩证法著作是这方面的创造性典范,限于篇幅,对这条重要历史线索的研究从略)。我们认为马克思以上观点的意义在于历史地揭示了现代社会的特殊的不平衡发展的历史辩证法本质。用他本人的话来说,"进步这个概念决不能在通常的抽象意义上去理解"。因为真正困难而重要之点在于,如何理解"实际社会关系本身内部的不平衡",他还提醒自己这是"应该在这里提到而不该忘记的"要点之一。② 在这方面,西方马克思主义众多的具有明显的"片面的深刻性"特点的误读"成就",为我们进入该理解视野提供了重要的向导。从历史的角度来看,西方马克思主义者对于马克思的资本逻辑批判的哲学意义的阐述具有两个明显的线索与倾向:一是由青年卢卡奇所开创的在现代人本主义哲学理论框架中发展起来的物化统治批判传统③;二是

---

① 有关论述参见本书第五章第三节第三目"经典历史唯物主义视域中的历史空间辩证法研究"。
② 参见《马克思恩格斯选集》第2卷,人民出版社1995年版,第27—28页。
③ 需要补充说明,葛兰西是比卢卡奇更重视资本主义不平衡发展问题的人本主义马克思主义思想家。正像萨义德所说,卢卡奇关心的是历史辩证法问题,而葛兰西则把社会历史问题地理学化或空间化。葛兰西在《南方问题的一些情况》一文(《葛兰西文选(1916—1935)》,人民出版社1992年版,第226—251页)中指出,意大利社会主义革命与工人运动的核心问题是如何把先进的北方的工人阶级与落后的南方的农民阶级团结起来,这是两个明显发展不平衡的地区。(参见[美]萨义德《文化与帝国主义》,李琨译,三联书店2003年版,第65—66页)有关葛兰西不平衡发展的历史空间辩证法思想研究成果,参见 Michael Ekers et al eds., *Gramsci: Space, Nature, Politics*, Wiley-Blackwell, 2013。

由阿尔都塞所发起的在结构主义语境中所产生的"结构因果论"或者"多元决定论"的解释传统。

需要说明的是,无论是物化统治的总体性辩证法解释倾向,还是结构主义辩证法解释立场,它们共同具有一个有价值的启发性观点,即认为马克思的以上方法论是反对经济决定论,即反对把经济看成是离开社会历史具体条件的永恒的抽象的决定力量,认为马克思的历史观与西方近现代所出现的一切主要的社会发展理论模式有一个根本不同点,即认为现代社会即资本主义社会本质上是一个充满着矛盾的、不平衡发展的社会,而不是一个有机平衡体。

三、物化统治批判、结构主义的多元决定论与不平衡发展问题

许多西方马克思主义研究者都认为,马克思的历史观与辩证法的革命意义,与其说在于它发现了经济对于整个社会发展所具有的永恒的本质的最终的决定意义,倒不如说它揭示了资本主义经济在现代社会生活中的历史性、总体性、主导性的影响与意义。卢卡奇第一个深刻地指出:"不是经济动机在历史解释中的首要地位,而是总体的观点,使马克思主义同资产阶级科学有决定性的区别。总体范畴,整体对各个部分的全面的、决定性的统治地位,是马克思取自黑格尔并独创性地改造成为一门全新科学的基础的方法的本质。"[①]"马克思的辩证方法,旨在把社会作为总体来认识。"[②]马克思的政治经济学批判研究发现,"一个商品形式占支配地位、对所有生活形式都有决定性影响的社会和一个商品形式只是短暂出现的社会之间的区别是一种质的区别。"[③]也就是说,这是"作为人们的社会物质代谢的许多形式之一的商品和作为社会构造的普遍形式的商品之间的质的区别"[④]。资本主义是所有经济制度中最明细与量化最

---

① [匈]G. 卢卡奇:《历史与阶级意识》,杜章智等译,商务印书馆1992年版,第76页。
② 同上书,第77页。
③ 同上书,第144页。
④ 同上书,第145页。

精确的一种,它实现了对全部社会生活时间与空间的彻底商品化管理,表现在时间丧失了它可变的、定性的与流动的性质,凝固成一个界线十分明确的量化连续体,里面装满了可以量化的物;表现在工人的工作被物化了、机械地客体化了,与完整而丰满的人的个性完全分离了。简而言之,资本主义社会成了一个抽象空间。在此环境中,时间被转换成抽象的可以确切度量的物化空间,工人主体则被精密的技术分工肢解成客观的碎片。用20世纪60年代法国情境主义国际代表人物德波的话来说,资本主义按照自己的模样与需要为自己生产出一种空间,一种统治自己领土的技术。资本主义不仅用时间消灭了空间,更重要的是空间的和平共处获得了对时间进展中永无休止的生成的绝对优势。也就是说,尽管现代性时间让原来一切自然的固定的东西都烟消云散了,但抽象空间却让这种流动而生成的时间重新固定化为空间。形而上学在这里重新获得了胜利。

应当说,物化批判理论已经指出了马克思的资本逻辑批判包含着空间批判维度与不平衡发展的辩证法思想,但系统而自觉地将不平衡发展的辩证法作为马克思历史观核心问题来看待的第一人则是阿尔都塞。

阿尔都塞的一个基本观点是,马克思的唯物主义辩证法与黑格尔的唯心主义辩证法的本质区别就在于,它们是现实的异质性的矛盾的多元决定论与先验的形而上学的同质性的一元论还原论之间的对立,是不平衡的发展论、主导结构论的整体观与一致论、和谐论、统一论的总体观之间的对立。具体表现在:"黑格尔的总体是一种简单统一体和简单本原的异化发展,这一发展本身又是观念发展的一个阶段。……是简单本原现象和自我表现。"①"在黑格尔那里,任何一个特定的矛盾都不是主导的矛盾。这也就是说,黑格尔的整体具有'精神'的统一性……黑格尔总体的统一性不在于它的复杂性,因而也不在于它的复杂结构;因此,在黑格

---

① [法]L.阿尔都塞:《保卫马克思》,商务印书馆2006年版,第198页。

尔的总体中,没有主导结构。"①而对于马克思的整体观念来说,整体结构,以及各个基本矛盾的"差异"和主导结构,是整体的存在本身。"由此可见,不平衡性是社会形态的内在性,因为复杂整体主导结构的不变性本身是构成主导结构的各种矛盾的具体可变性的条件,也就是各种矛盾的转移、压缩、交替……的条件。……不平衡发展(也就是人们在复杂整体发展过程中可以观察到的这些转移和压缩的现象)不在矛盾之外,它构成了矛盾的最深刻的内在本质。……这里的不平衡性具有它们所确指的内在本质:多元决定。"②"黑格尔把社会当作一个总体来思考,马克思则认为社会是一个有主导结构的复杂整体。"当代美国著名的马克思学家诺曼·莱文在阿尔都塞解释的基础上进一步明确指出,"现象—本质"的"辩证法形式"有两种形态:首先是作为一种本质先于存在的关系。在这种情况下,本质指的就是一种内存本性或实体,现象指的是该实体的现象表现。其次是一种结构关系,其中本质被看作是部分的一种互相关联。在这种情况下,本质被认作是一种组织形式。虽然有一个整体,但是它是跟各个部分一起自我存在的:全体与部分之间互为中介;但部分不是从整体发散出来的,它们有一种在这个整体之外的独立实存。"马克思就是在这种结构主义(阿尔都塞)的意义上使用'本质—现象'这对'辩证法的形式'"。③

在阿尔都塞看来,马克思有效地抵御住了黑格尔式的总体观念的思辨诱惑——把总体当作一种概括其全部表现形式的现实本原。他反对把各个要素看成是总体的体现或者总体的组成部分。基础与上层建筑之间决不是一个同质的有机整体,而是一个异质的、矛盾的、地位与作用不平衡的、有主导结构的复杂整体。也就是说,上层建筑决不是经济基础的本质体现或者可以还原为经济基础,而是说上层建筑的发展"归根结底"由经济基础决定。而从更加广泛的思想史范围来看,马克思的政

---

① [法]L.阿尔都塞:《保卫马克思》,第199—200页。
② 同上书,第209页。
③ 参见[美]诺曼·莱文《辩证法内部对话》,张翼星等译,云南人民出版社1997年版,第178页。

治经济学研究方法的哲学革命理论意义就在于,它提出了一种新型的因果关系观念,即既不同于以牛顿力学为代表的"机械因果论",也不同于以莱布尼茨特别是黑格尔为代表的"表现性因果论",而是一种结构性或者说"转喻性因果论"。无论是从"机械因果论"还是从"表现性因果论"出发,都有可能将马克思的经济社会形态论曲解为一种经济决定论。按照机械论,它会认为马克思的历史观是把经济看成是在任何历史条件下、任何历史发展阶段上都毫无例外地起最终决定作用的力量。而在表现论看来,社会整个政治文化现象最终都可还原为或者可以看作是经济基础与经济发展的体现。而从阿尔都塞所强调的所谓"结构性因果论"来看,在马克思那里,社会整体存在是异质的、多元的、多层次发展的,经济在社会中并不是起着还原论的即"无论如何"最终层次意义上的"决定"(determinant)作用,而是通常表现为一种主导性(dominant)(可替代性)支配力量。①

当然,阿尔都塞这种为反对机械决定论而非历史主义地提出的多元决定论倾向,当即受到了法兰克福学派的批判。A. 施米特认为,马克思的哲学既不是无历史的结构,也不是无结构的历史,而是具有历史与结构双重特性的历史辩证法。阿尔都塞反对第二国际式的经济决定论与社会进化论是有合理之处的,但他没有从历史的角度来看待经济在现代资本主义社会中的主导作用,没有从近代以来世界历史的角度来认识资本主义所由以形成的资本主义社会的不平衡的发展结构,特别是没有从资本主义生产力高度发展所决定的当下的实际状况来理解经济在整个现代社会发展中的作用。②

四、当代西方左派社会理论视野中的不平衡发展问题

马克思的总体性历史辩证法思想,特别是关于资本主义生产关系主

---

① 参见[法]阿尔都塞、巴里巴尔《读〈资本论〉》,第 211—220 页。
② 参见[德]A. 施密特(亦译施米特)《历史和结构:论黑格尔马克思主义和结构主义的历史学说》,张伟译,重庆出版社 1993 年版。

导作用及其不平衡发展思想,也对当代西方的社会学历史学研究产生了广泛而深刻的影响。当代英国的社会学巨擘安东尼·吉登斯在阿尔都塞的结构主义辩证法思想的启发下,在综合马克思的历史唯物主义关于现代社会形态与传统社会形态本质区别的思想的基础上,在吸收当代西方众多社会学流派的成败得失(特别是诸如帕森斯的结构功能主义主流学派成就)的基础上,提出了有影响的社会时空构成论。他对马克思政治经济学理论中的劳动二重性、价值二重性理论与资本构成理论中特别是抽象劳动时间理论中所蕴含的哲学思想进行了深入的挖掘与提炼,也对马克思关于资本主义社会中的经济制度与日常生活秩序发展不平衡现象的理论进行了思考与批判。正像马克思指出的,在资本主义条件下,经济必然王国主导性影响所导致的现代社会结构性不平衡发展,主要表现为必要劳动时间从属于剩余劳动时间、具体劳动从属于抽象劳动、使用价值从属于交换价值特别是从属于剩余价值、活劳动从属于物化劳动、农村从属于城市、东方从属于西方等一样,吉登斯认为资本主义所开创的全球性即世界历史性的现代性过程,首先是一个市场经济制度膨胀与扩展的过程,也就是社会化的时间—空间即商品化的"时间"与工厂化、城市化的"空间"对自然的时间—空间的统治过程,也就是制度化的"时间—空间"对于日常生活时间与空间的支配和控制过程。伴随着资本主义的商品生产过程,引起了时间与空间的双重的商品化。于是,"一种普遍性的、抽象的、可量化表现的时间,终于获得了对所有那些非资本主义社会形态的特有的、被异质性地组织起来的时间过程的支配地位。""时间的量化,作为一种脱离开任何其他内容的抽象维度,是劳动与生产双重商品化过程的核心。""时间的商品化,及其与进一步的空间商品化过程的分化,构成了由于资本主义的出现所带来的日常社会生活最深刻转变的关键因素。"①

---

① 参见[英]安东尼·吉登斯《历史唯物主义的当代批评》第 1 卷《权力、财产与国家》,伦敦:麦克米兰出版公司 1981 年版,第一章"社会系统的时空性构成"与第六章"时间、劳动与城市",特别是参见第 134、131 页。

在吉登斯看来,现代社会生活的独特本质体现在以下两个方面:第一个就是时空分离——"跨越广阔的时间与空间领域的社会关系的联合,并一直到包括全球体系的状况";也就是时间与空间摆脱前资本主义社会或这些社会中那种局限于日常生活与自然地理限制的具体化、区域化的特征与内涵,变成跨区域与自然界限的抽象化的全球化的一种独立存在与观念。伴随着时间—空间的虚空化过程,现代性的第二个重要特征表现为社会制度的抽离化,"由象征标志和专家系统(它们结合起来等于抽象系统)所组成。抽离化机制使互动脱离了场所的特殊性"。这个过程不同于结构功能主义将社会作为一个有机和谐整体依据自身功能要求所进行的假设性进步性的分化过程,而是一个不平衡的裂变过程。这种制度化的抽离化过程,就是将社会关系从地方性的场景中"挖出来"并使社会关系在无限的时空地带中"再联结"。确切地说,将具体时空内涵"挖空"就是抽离化的内涵,它导致了制度化、抽象化的时空的无限膨胀,以及具体化、区域性、日常化的时空的意义和内涵的贫困与存在范围的萎缩;它在增多个人活动的自由度的同时,也加剧了现代人的日常生活的风险程度与心理焦虑状态。①

当代法国史学泰斗、"年鉴学派"代表人物布罗代尔在深入研究了近代欧洲资本主义崛起并逐步统治整个世界的长时段历史的基础上,也同样发现资本主义所统治的世界是一个不平衡的等级结构式的体系,这一观点首先是受启于美国的沃伦斯坦的"世界体系论"即所谓"中心—半边陲—边陲"理论模式,也深受马克思的历史观的影响。他本人公开承认这一点:"马克思的天才,马克思的影响经久不衰的秘密,正是他首先从历史长时段出发,制造了真正的社会模式。"从这种长时段历史观来看,近代以来的资本主义形成史即一部"无意识的历史",且当然是指"无意识的社会形态的历史"。② 从这种长时段的过程,也就是从 15—18 世纪

---

① 参见[英]安东尼·吉登斯《现代性与自我认同》,第二章"自我:本体的安全和存在性焦虑"、第四章"命运、风险与安全",特别参见第一章"高度现代性的轮廓",第 16—23 页。
② 参见[法]费尔南·布罗代尔《资本主义论丛》,中央编译出版社 1997 年版,第 202、189 页。

的400年的历史来看,欧洲资本主义的经济世界出现了一个明显的层次等级关系结构,而不像人们通常所认为的是一个单纯的资本主义经济形态:第一个层次是人们最基本的日常物质生活领域即物质文明领域,这是一个范围狭窄但存在历史最为悠久的、至今仍然最为广泛影响人们生活的非经济的(自给自足的)生活领域;第二个层次是超出了人们日常生活需要范围的市场经济即生产与交换领域,这是一个开放的活跃的自由的活动空间(世界),但并不是资本主义性质的世界;第三个层次才是由少数商人与资本家所控制与垄断的名副其实的资本主义社会。① 布罗代尔的一个引人瞩目的论点就是市场经济是自由的平等竞争的经济生活,而资本主义天生就是一个排他的、不平衡的、不平等的垄断性质的经济形态,它的最高发展形态或者说最终目标是要建立一个征服世界各个国家与地区的、跨国性的"经济世界",即由一个中心和许多个边陲所构成的不平等的体系结构。一句话,正像沃伦斯坦所认为的:"资本主义是世界不平衡发展的产物,它必须在国际经济的配合下才能发展。地域的广阔无限,条件的优劣不一,这是产生资本主义的前提。如果在狭小的地域内,资本主义就不会如此茂盛地生长。如果没有别人为它充当奴仆,它也许会寸步难行。"②

美国的马克思主义批评家阿里夫·德里克所主张的全球化资本主义与沃伦斯坦的世界体系理论既有共同点也有重要的基本的差别③。他认为,在过去20年里,世界体系理论在分析、解释发展与不发达的问题时提出了现代化话语的最佳选择,但仍然没有彻底摆脱欧洲中心论的世界历史观、全球观的束缚。而事实上,现在资本主义发展已经从一个以

---

① 参见[法]费尔南·布罗代尔《15至18世纪的物质文明、经济和资本主义》,三联书店1996年版,第1卷"日常生活"、第2卷"形形色色的交换"、第3卷"世界的时间"。
② 转引自[法]费尔南·布罗代尔《资本主义论丛》,第107页等处。
③ 以下内容参见王宁、薛晓源主编《全球化与后殖民主义批评》,中央编译出版社1998年版,第9—21页。

欧洲为中心的世界体系时代,进入到一个以跨国公司化这种超民族国界发展为特点的全球化资本主义时代。资本主义的跨国公司化发展,第一次使资本主义的历史超越一种具体的地理与民族的空间状态,进入一种真正意义上的全球经济一体化发展时代。与世界体系所包括的"整体与局部""世界与民族""中心与边陲"这种二分法不同,全球化资本主义呈现出来的是"全球化与地方化"两极对峙的格局。

综上所述,虽然当代西方思想家们对于马克思的总体性历史辩证法特别是其经济必然王国主导性理论有各种不同的然而经常是片面的解释,但是这毕竟为我们理解马克思的历史辩证法的当代意义与价值提供了广阔的参考体系;包括那些并没有自觉接受马克思历史观及其影响的学者,他们对于当代发达资本主义世界发展的基本特征的解释与概括,也从某些方面印证了马克思的第二个伟大发现的当代科学性。也就是说,并不像有些人所认为的,马克思的剩余价值论已经过时。我们要说的是,过时的是马克思所得出的某些结论,而其中所包括的历史辩证法却具有永恒的理论生命力与思想魅力。

五、西方马克思主义的地理学想象与历史辩证法的"空间化转向"

1. 西方马克思主义地理学的由来

马克思主义地理学作为20世纪六七十年代成长起来的激进的社会思想倾向,其阵地与象征是1969年创刊于马萨诸塞的伍斯特的克拉克大学的杂志《对立面》(*Antipode: A Radical Journal of Geography*)。

马克思主义地理学开端于对马克思主义关于自然与人的新陈代谢交换过程的自然生产概念的创造性激活,而其理论创新更集中于对空间生产问题的思考。其基本观点是资本的发展逻辑以一种空间影响方式而存在。具体内容是:从分析资本积累的历史动力的矛盾,到在空间中证明这些矛盾,然后再重复这个过程。空间影响成为不均衡发展中的矛盾的主要方面。区域内部危机的增长是由空间的外部运动表现出来的;地域间的社会关系经理论化,成为更普遍的、符合内外辩证法的空间组成因素。这一观点有两个流派:一个是哈维及其学生查特杰、华尔克与尼尔·史密斯以及在巴尔的摩约翰·霍普金斯大学的学者所作的,他们的研究提出在不平衡发展中对立矛盾的表达理论。另外一个以列斐伏尔及其学生索亚等人为代表,他们提出了复杂的空间生产理论及社会—空间辩证法。①

2. 索亚与后现代地理学转向

E. 索亚自从20世纪60年代起便致力于激进的政治地理学与马克思主义地理学研究,其主要著作有关于非洲地理研究的,关于第三世界现代化研究的,关于洛杉矶资本主义发达地区研究的。诸如《肯尼亚的现代化地理学》(1968)、《空间的政治组织》(1971)、《现代化的地理学:一种激进的重估》(1979)、《在地理的唯物主义与空间拜物教之间:对马克思主义空间分析的发展的某些观察》(1979)、《后现代地理学》(1989)、《第三空间》(2000)、《后大都市》(1996)等。此处只介绍《后现代地理学》一书。

索亚的基本贡献如下:一是反思与综合20世纪70年代以来西方马克思主义内部的城市地理学(哈维)、区域研究、世界体系论(沃伦斯坦)与晚期资本主义政治经济学(曼德尔)中所包含的空间问题框架,将空间问题视为晚期资本主义社会统治与发展的根本本体论,提出了解决西方马克思主义理论与实践危机而必须实现的"空间化转向"。二是综合存在主义(萨特、海德格尔)与结构主义(阿尔都塞、普兰查斯)特别是列斐伏尔、福柯、约翰·伯杰、詹姆逊、吉登斯等人的空间的生产辩证法思想,而提出了所谓空间、社会与历史三位一体辩证互动的三重性辩证法,并着重阐述了一种空间本体论的社会批判理论哲学基础。三是汇总所谓后历史决定论、后福特主义与后现代主义文化批判三种思潮,并以后福特主义这种西方马克思主义经济学批判的新概念为主导而提出一种具

---

① 参见[美]理查德·皮特《现代地理学思想》,周尚意等译,商务印书馆2007年版。

有地理学特色的区域批判理论。

在索亚看来,实际上,现代化与资本主义发展并不是预先规定好的同质化的历史目的和历史必然性自我展开与实现的过程,而是对具体的时间与地理的重构过程。于是马克思的历史决定论可读作:"人们自己创造自己的历史与地理,但他们并不是随心所欲地创造,并不是在自己选定的条件下创造,而是在直接碰到的、既定的、从过去承继下来的生产的历史地理的条件下创造了历史与地理"①。

我们关心的不是表面上的地理,而是隐藏于其后的资本主义对地理的空间性政治控制与利用。而"对隐藏于资本主义的地理不平衡发展背后的各种更一般的更多层的过程进行概念化并在经验上加以检视",需要一种后现代的地理学想象才行。(175)

索亚心目中的"马克思",其实是他的老师、晚年的列斐伏尔。列斐伏尔的两个著名论断,为索亚走向对马克思历史辩证法的空间本体论化解释开了方便之门。一是认为资本主义已经发展到"空间的生产"时代:资本主义何以长盛不衰,关键就是它利用空间而不断地生产出自己的空间来。二是认为生产关系作为一种抽象的社会存在,其具体化方式只能是空间的存在。生产的各种社会关系具有一种社会存在,但唯有它们的存在具有空间性时才会如此。它们将自己投射于空间,它们在生产空间的同时将自己铭刻于空间。否则,它们就会永远处于纯粹的抽象。

西方马克思主义与现代地理学融合所导致的一项最重要的发现,就是"资本主义发展的动力已经引发了'各种地理景观永无休止的形成和革新'"(241)。而马克思的资本原始积累与资本主义发展不平衡理论,

---

① [美]爱德华·索亚:《后现代地理学:重申批判社会理论中的空间》,王文斌译,商务印书馆2004年版,第196页。以下凡引此书在正文夹注中只注页码。

列宁的帝国主义与金融资本理论,托洛茨基的不平衡和综合发展理论①,曼德尔的晚期资本主义概念与哈维的时空压缩和弹性生产理论,是形成后现代地理景观(geographical landscape)理论的重要里程碑。

西方马克思主义实现"空间化转向"的第一个决定性环节是比利时著名的马克思主义经济学家恩斯特·曼德尔。他受托洛茨基的深刻影响。其核心思想就是认为,马克思主义经济学的根本任务在于研究资本主义周期性危机的规律,即一般利润率下降的规律。他批判了在这个问题上各执一端的庸俗观点———一方面是"消费不足论",另一方面是"供应不足论"或"积累不足论",而提出一种资本主义扩大再生产条件理论即不平衡发展理论。其要点是:"促使资本主义生产方式发展的历史条件……主要取决于投入资本主义市场中的各部门、各行业、各国之间发展的不平衡。在资本主义生产方式高涨之前就已建立起来的世界市场,为这种发展不平衡创造了总的背景"。发展不平衡主要表现为:甲)工业和农业之间发展不平衡。乙)最先工业化的国家和殖民地、半殖民地之间发展不平衡。丙)工业各部门之间发展不平衡,特别是在衰落中的部门和由于相继的技术革命而兴起的部门之间发展不平衡。丁)同一个国家内各地区之间发展的不平衡。在马克思主义经济学著作中往往被低估的这个现象,实际上是有助于了解扩大再生产的关键之一。"在资本主义国家内部,资本主义生产方式通过制造一些不发达地区为自己创造

---

① 限于篇幅,本书无法对托洛茨基的不平衡发展及其不断革命理论进行任何阐述。他的核心思想即:"不平衡性即历史发展进程最普遍的规律在后起国家的命运中显得更加显眼与复杂",从不平衡性规律中又派生出另一种规律,即综合或叠合规律,其含义是最古老的形式与最现代的形式的混合。(参见[苏]列夫·托洛茨基《俄国革命史》第一卷,丁笃本译,商务印书馆 2015 年版,第 16 页)"俄国资本主义是欧洲各国中最为现代,又是发展得最为迟缓的,正是这种不平衡的结构与形式,提供了认识俄国的历史与未来的线索"(转引自 M. C. 霍华德、J. E. 金《马克思主义经济学史,1883—1929》,顾海良等译,中央编译出版社 2014 年版,第 233 页;并参见[美]亚历山大·格申克龙《经济落后的历史透视》,张凤林译,商务印书馆 2009 年版,第 428—429 页等处)。

'补充'市场和永久的劳动后备军"。①

综上所述,索亚认为,曼德尔发现:"关键一点是,资本主义……在内在地建基于区域或空间的各种不均等,这是资本主义继续生存的一个必要手段。资本主义存在本身就是以地理上的不平衡发展的支撑性存在和极其重要的工具性为先决条件的。"(162)整个资本主义是一个具有不同层次的生产能力的等级性结构,而这种等级性结构的不平衡发展是由对超额利润的追求所造成的。晚期资本主义出现的标志是,区域不平衡发展(它始终是超额利润生成与榨取的重要基础)转变为部门之间的不平衡发展。这从根本上瓦解了传统的经济世界体系与格局,导致新的流动性的国际分工与产业重组。

其次,从哈维的《资本之诸种局限》(1982)一书开始,空间化的马克思主义有了更为广深的发展。哈维在 20 世纪七八十年代之交终于发现,资本主义发展是一个人造的自然环境不断建立与转换的过程。资本主义的历史、城市化与工业化的历史、危机与重建的历史、积累与阶级斗争的历史,均表现为一种地方性的地理景观的历史地理学。(155)哈维模仿马克思的语言说,资本主义始终不渝地按照自己的形象为自己创造一种社会和物质景观,但由于其内在不可克服的矛盾,到头来只是毫无疑问在日后某一时刻必须亲手毁灭掉这个景观。资本主义的历史地理学就是一曲无休止的地理景观舞蹈。

六、大卫·哈维:资本的过度积累、经济危机及其转移的经济地理学分析

1. 哈维的基本观点

哈维认为马克思的资本主义增长理论将资本积累置于动态的、不可避免的扩张生产方式之中心。这种动力论或者力本论遇到了障碍,这些障碍在由积累过程向更高层次如新的社会需求、新的市场等的转变中激

---

① 参见[比利时]曼德尔《论马克思主义经济学》上卷,廉佩直译,商务印书馆 1964 年版,第392—394 页。

发了如慢性失业等危机现实的产生。新的合理的区位模型，以及在交通和通信方面的改善是资本积累所必需的。但矛盾也有空间的因素，为了克服空间障碍，以及用时间取代空间，人们创造了空间结构，这一结构最终又作为障碍抑制了进一步的资本积累。由于资本主义依赖于不可移动的固定资本而不是流动的可变资本，因此对于资本而言，它不得不在以下两个方面寻求协调的道路：保持过去对建设环境的投资的价值如城市面貌；破坏这些投资设施，以便为资本积累创造新的空间。马克思的区位理论的价值在于，空间可被整合到生产价值及动态积累过程的深刻洞察力之中。

传统马克思主义将资本主义的内部矛盾与前资本主义社会暴力渗透的外部解决方法联系起来，如卢森堡与列宁，并将它与全球经济中的中心—边缘的空间组织生产形式联系起来。在哈维看来，帝国主义是由于资本积累动态扩张所带来的地理必然性，帝国主义的具体经济形式是随时间的变化而改变的，是一个需要经验地、历史地进行分析的事物。就地理学理论而言，这种矛盾的动态理论与资产阶级区位理论的最新空间配置的均衡分析形成鲜明对照。一言以蔽之，在资产阶级经济学看到和谐的均衡的空间配置的地方，马克思主义看到了矛盾与危机所导致的动态变化的地理景观。

哈维认为资本有与生俱来的打破资本循环中的一切空间障碍的本领，这与马克思在其《大纲》中所讲的资本由时间来消灭空间的观点别无二致。他的理论精辟之处是，资本持续快速流动或时空压缩的动力是以空间的生产与空间结构为前提的。只有通过建构那些相对稳定与静止的如交通、通信等基础设施与规范（地域固有的社会结构），才能达到物质在空间中的高速流动。因此他认为空间组织是征服空间的必要条件。哈维引入了空间的修复概念，从理论角度解释了地理空间是社会建构的，它与相应的时间序列之间有着错综复杂的关系。而这种关系是由某一既定历史时刻的资本社会平均流动时间来表达的。按照哈维的理论，一次空间修复就是通过构建固定社会地域结构而让资本积累扩张的过程。它将资本积累的时间障碍转变为空间障碍。

2.《资本论》或者资本主义的诸种局限

哈维最重要的关于不平衡发展的空间辩证法地理学著作是他写于1982年的《资本之诸种局限》,该书围绕着资本主义危机的一般理论,分三个部分来解释马克思的《资本论》。

第一部分分析了过度积累的危机,即使用资本的目的是创造更多的资本而不是创造机会,解决这个危机的途径是通过不断爆发的暴力事件来瓦解价值的结构。一旦资本家相互勾结,而工人们却无力支付社会成本之时,暴力事件就要爆发了。哈维称之为"第一块"危机理论。①

第二部分考察了在货币金融中生产危机的形式表现。他指出,投机市场的繁荣与萧条需要政府干预,即在国际化的经济中,危机表现为各国之间为转移贬值影响的竞争,其形式有通过国家政策输出危机的影响,还有以帝国主义、殖民主义的形式,甚至以作为潜在解决方案的战争形式。哈维称之为"第二块"危机理论。②

第三部分也就是最后部分,从地理学角度整合了不平衡发展。哈维将资本的贬值系统化为一个空间的连续重构过程,其途径是区域间的竞争;哈维主要研究转移危机即资本从一个地方向另一个地方的转移,以及资本主义制度中等级制的危机。由此,那些起于地方事件的无序混乱的问题就演变成为全球危机。基本的变化涉及区域经济,乃至更广泛的区域阶级联盟。内部危机的阶段性缓和要借助于空间上的固定的外部关系转变。哈维称之为"第三块"危机理论。这作为一种整体的竞争仍然属于帝国主义。因此这也表明帝国主义之间的战争是动态积累的一个构成内容。于是哈维提出一个问题,即是否能宣布资本主义时代已经过去,并且需要一种更合理、更健全的生产方式呢?③

---

① 参见 David Harvey, *The Limits to Capital*, Verso, 2006, pp. 190 – 203。
② 参见同上书,第 324—329 页。
③ 参见同上书,第 424—431、445 页;并参见[美]理查德·皮特《现代地理学思想》,第 114 页。

3. "后现代状况"或者资本主义的后福特主义的弹性积累模式

在七年之后的《后现代状况》(1989)一书中,哈维复述并且进一步发展了《资本之诸种局限》一书的基本观点。他指出,我们目前正处于从福特主义向弹性积累过渡的时期,困难在于理论准备不足,但从马克思的经典政治经济学批判中仍然能够找到理解资本主义何以能够实现这种转变的钥匙,弹性积累无论如何仍然是资本主义的一种历史形式,仍然具有资本主义发展的一般特征。《资本之诸种局限》一书已经概括出一切资本主义生产方式的三个基本特点[①]:

第一,资本主义是以增长为方向的。只有通过增长,利润才能得到保证,资本积累才能得到维持。而危机则意味着增长的缺乏。

第二,实际价值的增长依赖于对生产中的活的劳动的剥削,即增长始终要以劳动所得与劳动创造物之间的差距为基础。这意味着生产与市场双方的劳动力控制对资本主义的永久存在来说是至关重要的。简而言之,资本主义是奠基于劳动与资本之间的阶级对抗关系之上的。这是资本主义发展的又一个动力。

第三,资本主义必须在技术上与组织上具有能动性。如果说劳动力控制对于生产利润来说是根本性的,并且成了一个更为广泛的调节方式的问题的话,那么,调节系统即国家机器、公司与政治体制中的技术和组织创新,对于资本主义的永久性存在来说就成了决定性的。

换言之,在资本主义的三个特征中,剩余价值的增长是资本主义的第一生命力与硬道理,而通过资本(固定)对劳动(流动)的控制与剥削是实现价值增长的基础与动力,技术创新与组织创新则是资本主义具有永恒生命力的源泉所在。资本主义得以从危机中一次次幸存下来的原因,就是实现了弹性的资本主义空间的自我生产。

但哈维认为,马克思所说的资本主义的三个特征之间经常是相互矛

[①] 以下要点参见[美]大卫·哈维《后现代的状况》,阎嘉译,商务印书馆2003年版,第227—228页。哈维是根据马克思《资本论》第3卷的观点改写的。马克思有关论述参见《马克思恩格斯文集》第7卷,人民出版社2009年版,第995—1000等处。

盾的。因此资本主义发展的动力是潜伏着危机的。尤其是资本主义的危机趋势会导致产生过度积累的周期性阶段，这是一种基本状况。过度积累的一种普遍化状况，就是显示为闲置的生产能力、商品供应过剩、各种存货过剩与剩余货币资本以及高失业率。

所以，"马克思主义的论点是：过度积累的趋势在资本主义条件之下决不可能被消除。对于任何资本主义的生产方式来说，这是一个永远不会完结的和永恒的问题。因此，唯一的问题是，怎样用不威胁到资本主义社会秩序的各种方式来表现、遏制、吸收或处理过度积累的趋势。"①

这里有三种现实的选择方案来解决危机②：

第一，商品、生产力与货币贬值或者再加上彻底的破坏提供了处理剩余资本的一条途径。简言之，贬值意味着资本设备尤其是工厂与机器设备等固定资本的贬值或者勾销，商品剩余库存的减价处理或彻底销毁。劳动力也可以贬值甚至被毁灭。而贬值导致了政治代价，这就是伤害了资产阶级以及社会各个阶层。"失控的破产和大规模贬值却以一种过分残忍的方式暴露了资本主义理性的非理性一面"。当然，通过通货紧缩政策来扼制贬值是非同寻常的一项选择。

第二，通过使某种调节体制制度化而进行的宏观经济控制，可以抑制过度积累的问题，但这种福特主义管理过一段时间会导致更加严重的过度积累问题。

第三，通过时间与空间的转移来吸收过度积累。在哈维看来，这提供了一种丰富和长久得多，但也是有更多问题的努力控制过度积累问题的领域。

A. 时间上的转移，也就是把用于目前消费需求的投资转移为未来生产资料的投资，即以长期的公共与私人投资方式，把当前的消费资金用于工厂、物质的和社会的基础设施之类项目的建设，来吸收过量资本

---

① ［美］大卫·哈维：《后现代的状况》，第229页。
② 以下内容参见同上书，第229—230页。

与剩余劳动力。这样的投资只是把现在的剩余资本拖向了未来的一个在长时期中返还其价值的等价物。这就是存在于20世纪30年代的很多发达资本主义国家中,被用来同不景气的经济状况作斗争的各种公共工程计划背后的原理。不过,造成转移的能力取决于信用的有效性和虚拟资本形成的能力。虚拟资本被界定为具有名义上的货币价值与纸面存在形式的资本,但在时间中的既定时刻没有真实的生产活动或物质资产作为担保的支撑。虚拟资本被转变成实际资本,是由于所进行的投资导致了实用资产的适当增加。由于这个原因,在时间上转向未来的用途是对过度积累问题的一种短期缓解。"通过加速周转时间来吸收剩余资本——近期灵活积累的一个突出特点——提出了一个艰难的理论问题"①。

B. 空间上的转移,也就是吸收地理上扩展的过量资本和劳动力。这种对于过度积累问题的空间修复,必须创造资本主义生产在其中可以继续进行的各种新的空间例如投资于基础设施,必须增加贸易与直接投资,必须探索剥削劳动力的各种新的可能性。"在这方面,得到国家财政、货币以及在必要时军事力量支持的信用制度和虚拟资本的形成,成了至关重要的中介势力"②。但随之而来的是:资本主义扩张到抢先占有的空间里去的方式以及在那些地方碰到的抵抗的程度,可能具有意义深远的后果。有些地方是持久的抵抗,有些地方则是争夺这些转移。如果资本主义在地理上的持续扩张是一种真实的可能,那么就可能有一种相对持久的过度积累的解决方法。但是由于资本主义跨越地球表面的逐步移植把空间延伸到了也可能出现过度积累问题的地方,所以地理上的扩张充其量只可能是过度积累问题的一种短期解决方法。长期后果始终肯定是加剧了国际与地区间的竞争,以及最不发达国家与地区所遇到的最严重的后果。

---

① [美]大卫·哈维:《后现代的状况》,第230—231页。
② 同上书,第231页。

C. 时间与空间的转移的结合，也就是虚拟资本的形成。① 其典型的和强有力的形式就是向某些欠发达国家与地区提供资金，以修建长期基础设施或购买有助于在未来很多年内产出产品的资本设施。福特主义的积累体制主要是通过空间与时间上的转移，才在战后长期繁荣期间解决了过度积累的问题。因此福特主义的危机在某种程度上可以被解释为消耗尽了处理过度积累问题的那些选择。它实际上是靠印刷大量货币做到了这一点，却引起了通货膨胀的问题，这在根本上减少了过去债务的真实价值。福特主义危机更多的是一种地理上与地理政治上的危机，因为它是任何特定民族国家内部的一种负债、阶级斗争或者企业停滞不前的危机。

于是灵活积累就应运而生，它作为一种周边的与灵活的福特主义替代物而存在。后现代状况由此到来。

4. 哈维在20世纪80年代的《资本之诸种局限》以来的一些基本观点的总结

哈维把不平衡的地理发展作为自己关键性理论资源之一。在哈维看来，帝国主义、殖民主义、地理扩张和领域统治在全部资本主义的稳定化过程中所起的作用，马克思并没有回答。而哈维重新提出这个问题，旨在解释两个对立的问题：一方面，为什么资本主义在马克思之后获得了长足的发展？另一方面，为什么它在20世纪会时常陷入全球性危机？这两个问题正是困扰着当代马克思主义的基本问题之一。②

马克思的积累理论有三种模式：一是直接生产领域中最为抽象的资本主义为生产而生产的资本作为一方面与无产阶级作为另一方面的对立式的积累；二是扩大再生产即两大部类再生产模式；三是资本主义总

---

① 参见[美]大卫·哈维：《后现代的状况》，第232页。
② 胡大平：《历史地理唯物主义与希望的空间：晚期马克思主义视域中的哈维》，载《社会理论论丛》（第三辑），南京大学出版社2006年版，第83—84页。

生产过程中的利润率下降模式。哈维认为，马克思的原始积累与卢森堡的资本积累理论之间的一个基本差别是：马克思历史性地认为资本积累主要剥夺的是前资本主义社会形态的经济，卢森堡则结构性地认为这是资本主义中心与资本主义外围非资本主义的关系，是一种始终同步发生的结构性不平等关系而不是历史性的自我否定。一句话，是空间的辩证法而不是历史辩证法，是空间角度的解区域化与再地域化，而不是传统社会的瓦解和否定与现代社会重建。在卢森堡的理论基础上，哈维宁愿用"剥夺性积累"而不是"原始积累"概念，这个范畴对于理解新自由主义与当代新帝国主义形式至关重要①。其具体表现就是在世界的一些地方造成贬值资产，然后利用其他地方缺乏赢利机会的资本赢余对这些贬值资产再进行赢利性使用。资本主义发展的终极动力并不停留于国家和超国家层面的空间干预与调节，而是基于资本积累动力需要的创造与破坏的动态地理景观与资本增长周期。总之，自1973年之后，剥夺性积累慢慢地取代马克思的扩大再生产而从后台走向前台，成为积累的主导形式。

通过哈维的《后现代的状况》这本百科全书式的经典之作，我们知道或者重新想起马克思关于资本主义生产方式的理论可以从多个角度——劳动过程、技术变革、组织管理革命、金融政策——进行把握，从生产、交换、分配、消费等多个环节与角度进行研究。

在《资本之诸种局限》的最后部分②，哈维在结合马克思的原始积累理论谈论资本主义起源时指出：马克思把原始积累看成是资本主义的历史起点，在这一点上他不同于认为资本主义起源于资本家个人的努力、能力和财富积累的自由主义神话；其次，哈维和马克思一起把资本主义原始积累看成是对前资本主义社会形态的财富的暴力掠夺，是资本主义内部矛盾外部转移的表现。积累与扩张是资本主义生产的外部空间条件，这隐含着资本主义生产的空间性条件。但与索亚等人的后现代地理

---

① 参见［英］大卫·哈维《新帝国主义》，初立忠、沈晓雷译，社会科学文献出版社2009年版，第121—122、131页。
② 参见 David Harvey, *The Limits to Capital*, pp. 413-445。

学的空间本体论观点相比,他还是把空间性看成历史性发展的一个外在条件与尺度,而不是内在存在论基础。

资本主义在克服一切地域限制的发展扩张本性的驱使下,在积累与追求高额利润的本性驱使下,寻找新的能源、新的劳动力、新的营销市场与新的投资机遇,这是一个去地域化或者脱域化的过程,这个过程被马克思经典地称为"用时间来消灭空间"。马克思认为资本主义出于发展自身的需要,将一切地理空间限制都看作是应当被消灭的界限。哈维根据马克思的这个观点将其进一步概括为:资本朝着时间加速与地理空间扩张的方向发展。这个过程,他称之为"时空的压缩"。目前哈维的这个概括又被进一步概括为资本的"去地域化"因素。

与此同时,哈维坚持认为,资本主义出于尽可能地缩短资本流通时间与最大限度地扩张自己空间的需要,形成了一个相对固定的生产空间与富有活力的社会空间结构。实际上,资本主义只有依靠或者通过历史性形成的独特的社会地理基础结构,包括城市建设环境、工业的融合兼并、区域生产综合体、集体消费体制、大规模运输网络、长距离交通网格以及国家的调节制度这样一个时空压缩过程才得以形成与体现出来。在此意义上,每个去地域化要素均同样依靠实际上的再地域化或再区域化的基础,在其中,相对固定与流动着的空间安排布展被建立起来或者被修正调整,以此作为资本势力范围加速扩张的基础。哈维进一步解释说,马克思所谓的资本消灭、克服空间地理限制的能力,是以空间的生产为先决条件的。易言之,消灭空间限制是以空间的生产为前提的。现代性的本质是以时间消灭空间、以历史消灭地理,但同时却也是第二自然与空间统治时间的过程。从这个观点来看,资本主义历史进化过程必须以一个特殊的资本主义社会空间结构,持续不断地取代它所继承的内在的前资本主义第一自然界意义上的地理景观为条件。[1] 资本主义的社会

---

[1] 参见 David Harvey, *The Urban Experience*, Baltimore: John Hopkins University Press, 1989, p. 191。

空间结构是资本主义发展的最根基的生产力,而不仅仅是反映资本主义生产关系的上层建筑。资本主义社会历史的内在矛盾过程,被空间地理学表现为不断突破传统地理界限与不断形成新的地理界限的地理学舞蹈。资本主义化的社会空间构造作为一个历史性的独特的地理景观被生产与再生产出来,而这种生产是资本主义全球化的先决条件与发展动力。资本主义空间在持续不断的繁荣与危机的周期性发展过程中,被不断去地域化与重新地域化。由此来看,当代资本主义全球化构建过程,可以被理解为贯穿于整个现代人类历史的长时段过程的资本主义空间性生产的一种暂时历史性表现。资本主义历史发展有其固定的本质的内在的空间性结构与动力,这就是资本主义社会关系的去地域化、再地域化与不平衡发展。所以,与早先的资本主义是一个世界历史性的地理毁灭与创造过程一样,当代资本主义的全球化重构过程仍然是以其多领域多尺度的辩证的去域化与再域化双重互动过程为基础的。

我们不能因为强调当代资本主义空间的弹性与流动性而忽略了它的固定性与辖域性。在此意义上,德勒兹所说的前资本主义社会的空间辖域性与资本主义的脱域性是片面的,反倒是濮兰查斯与列斐伏尔所强调的资本主义国家空间不断同质化、辖域化、等级化、差别化的观点更为正确。

5. 美国纽约大学学者尼尔·布伦纳的引申

尼尔·布伦纳曾任纽约大学社会学教授,目前是哈佛大学设计学院城市理论教授,当代西方著名的马克思主义城市理论家。其核心观点是,全球化与城市化在今天已经不可分割地交织在一起了。全球化是城市化的全球化,城市已经是星球化的城市。新的资本主义地理表现出前所未有的高度多样化:当代都市化过程不断呈现着各个地理尺度上的不均匀空间发展和地域不均衡。城市研究不再是对作为一个地方的地点对象的孤立客体研究,而是动态联系中的辩证的想象批判与尺度化重构。城市不是一个预先存在的场所、空间或物体,而要将城市边界划分为思想、表现、想象或行动的区域,只能通过理论抽象来实现。他以《德法年鉴》时期青年马克思的口气写道:一旦我们将城市化批判置于社会批判理论的核心位置,对城市的研究就上升到对整个人类特别是资本主义全球化的研究的高度。城市化并不是资本主义现代化的前提或摇篮,而是资本主义空间生产与不平衡发展的产物和表现:"一旦'单元化'的城市被重新理解为社会实践和政治策略的结构性产物,而不再是它们的前提,我们就有可能将都市化研究(即资本主义下政治经济空间的创造性毁灭)置于城市理论分析的中心。所以,支撑全域都市化当代命题的,不是国际城市的世界网络或者是一个单一的、包含全球人口稠密带,而是资本主义创造性毁灭进程的不均衡扩散已经达到了世界全域尺度"①。

在他看来,尽管 20 世纪 70 年代在西方左翼城市批判理论阵营中,卡斯特一度独占鳌头、风光无限,而让列斐伏尔的空间生产理论门可罗雀,但在 70 年代之后,西方马克思主义城市理论走出了以卡斯特为代表的结构功能主义解释框架,而走向更加开放的空间的尺度理论。从哈维用资本理论解释城市建成环境和艾伦·斯科特的新李嘉图主义城市土地关系论,到迈克尔·斯托伯与理查德·沃克对工业集聚与区域发展的后韦伯主义式分析,这些方法均用尺度特性替代了卡斯特所提出的功能特性。关于这一点,索亚的《后现代地理学》一书作了非常好的概括。自此伊始,城市问题的分析核心不再是城市发展过程的功能统一性,而是资本主义社会关系中各种实体化的城市尺度的作用。事实上卡斯特的早期观点已经被颠覆,不同于他将尺度概念解释成为社会功能的空间表达,资本主义的社会关系现在被视为城市尺度中独特的集聚与地域化模式。②

布伦纳进一步指出,对城市空间性的各种研究很快开始深入探讨资本主义条件下的空间生产与空间架构。哈维基于历史地理唯物主义界

---

① [美]尼尔·博任纳(即布伦纳):《都市化的观点》,邱婴芝、李志刚译,载《国际城市规划》2016 年第 1 期。
② 参见[美]尼尔·博任纳《城市、地域、星球:批判城市理论》,李志刚等译,商务印书馆 2019 年版,第 24 页。

定的空间修复的研究是这一趋势的最好例证。哈维在其 80 年代的著作中认为,城市尺度是积累过程中的关键地理基础,并详细说明了长期以来城市化进程中资本主义发展的周期性。同时,哈维开始明确地将超城市空间及其在发展过程中所扮演的角色(如区域劳动分工、国家制度、超国家积累机制、全球市场环境等)界定为资本主义条件下历次历史性空间修复的先决条件。包括多琳·马西、尼尔·史密斯和索亚等学者也提出了类似的研究策略:他们将超城市尺度的资本主义空间性的诠释与城市问题研究联系起来。正像索亚在其《后现代地理学》一书中所说的,由于对城市空间性的分析已经直接涉及更为广泛的超城市问题,包括区域问题、不平衡发展问题、核心与边缘问题,城市问题不可能像卡斯特那样用一种孤立封闭的结构主义方法得到解决。总之,"由于对城市问题的探索已经为更广泛的马克思政治经济学的空间化做出了重要贡献,这种趋势似乎正在取代城市问题本身。它将城市空间研究纳入到了更广泛的资本主义不平衡历史地理学问题的一个次生问题位置上"①。

布伦纳正是站在列斐伏尔、哈维、尼尔·史密斯、索亚等这些地理学大师与空间理论先驱的肩上,才得出了如下的关于资本主义全球城市化、国家再区域化和星球化都市化发展三位一体、多空间尺度互动生产的结论:

第一,当代资本主义全球化重构过程更多表现为一种冲突、不平衡与社会空间的辩证变迁过程,而不是"历史终结论式"的大一统的终点状态或者平滑扩张之后的临界点状态,即一种静态的"国家终结式"的全球化。

第二,当代资本主义全球化重构过程既是空间性的(基于对内在的既有的社会空间结构的重构),又是时间性的(基于资本的平均社会性周转时间的加速)。

---

① [美]尼尔·博任纳:《城市,地域,星球:批判城市理论》,第 24 页。

第三,当代资本主义全球化重构同时表现为多元性互动性的地理尺度。不仅是全球规模与尺度的,而且是通过多极化多样性的次全球化空间,诸如超国家的集团、民族国家、城市、地方与邻近地区的生产与重构。①

第四,这些多标量多尺度的移动,与其说是现有的既定的社会空间构造的全方位消除,不如说是它们的功能制度与地理的再勘界。因此,它们必须在一个复杂的变迁的混合状态中得以实现。

最后也是最核心的一点是,必须把国家的地理边界看作全球化重组的最基本的地理舞台与实施者,而不仅仅是一个消极的无助的牺牲品。

总之,布伦纳在哈维等人的基础上进一步指出,当前资本主义全球化过程作为一个去域化与再域化过程,起因于多面向、多领域的政治经济因素,包括公司合作策略的重组、新自由主义的强化、金融政策的放宽、技术的高速发展、新的人口运动、地理政治变化以及全球化劳动力的流动转移等,而不仅仅是某个单个趋势。

七、尼尔·史密斯:资本主义不平衡发展的地理辩证法

继哈维之后,作为他的学生,美国哥伦比亚大学和纽约城市大学地理学教授尼尔·史密斯出版了很有影响的《不平衡发展:自然、资本与空间的生产》一书。该书初版于 1984 年,再版于 1990 年,第三版于 2008 年。哈维为此书第三版作序,称此书是对列斐伏尔关于空间生产是资本主义何以幸存下来的历史原因的观点的一种深刻的继续。而萨义德在《文化与帝国主义》一书中高度称赞此书精彩地概括了在资本主义条件下这种特殊的自然与空间生产类型何以本质上是贫困与富裕、工业城市与农业衰退这个整体的一种不平衡发展的地理风景。② 该书可以说是迄

---

① 参见 Neil Brenner, *New State Spaces: Urban Governance and the Rescaling of Statehood*, Oxford University Press, 2004, pp. 35 - 36。
② 参见[美]萨义德《文化与帝国主义》,李琨译,三联书店 2003 年版,第 321 页。

今为止地理学马克思主义关于资本主义不平衡发展理论的最为系统的经典之作。在该书新版序中,哈维在援引马克思和恩格斯的《共产党宣言》一文的名言"一切固定的东西都烟消云散了"之后写道,这不仅适用于资本主义的地理,而且适用于反对剥削与对抗的政治阶级斗争。该书称不平衡是资本主义发展的历史地理学的最形象的概括。马克思主义与政治经济学结合形成了自己的批判理论视野即历史唯物主义,马克思主义与地理学结合也会形成自己的新的批判理论视野即现代性的历史地理唯物主义空间批判。但尼尔·史密斯反对把不平衡发展作为人类社会发展的普遍规律来接受,而主张应该将其作为分析资本主义发展的空间地理特征的具体特殊方法来使用。"不平衡发展"不仅是指资本主义的地理学,而且还是指资本主义经济不同部类之间不平衡的增长比例。不平衡发展的逻辑"来自资本主义所内在的两种对立趋势,即生产水平与条件在造成分化的同时朝向均等发展"①;"资本主义的不平衡发展可以被看作使用价值与交换价值这一资本主义更为基本的矛盾在地理上的表现"②;"资本主义的不平衡发展,无论是作为一种地理景观,还是作为资本的内在要求,在今天都表现得格外醒目"③。

  作者在导言中称该书致力于一种政治地理学与地理政治学的研究。该书把批判的矛头对准当代地理学中根深蒂固的新康德主义时空观也就是牛顿机械力学的绝对时空观,将地理学中的那种抽屉套箱式的静止永恒的空间地理观加以历史的消解与重构。而传统马克思主义的政治批判理论则坚持一种单一的历史性尺度与视野而忽略了空间地理的客观的存在与本体论意义。马克思主义的历史概念最大的问题是将资本主义发展过程自在地理解为一个内在统一的历史过程、普遍历史过程而

---

①② Neil Smith, *Uneven Development: Nature, Capital, and the Production of Space*, Athens and London: The University of Georgia Press, 2008, p.6. 并参见中译本[美]尼尔·史密斯《不平衡发展》,刘怀玉、付清松译,商务印书馆2021年版,第7页。
③ 同上书,第9页。并参见中译本,第11页。

没有看到这个过程是强制的融合与统一的碎片化与分裂过程。在这一点上马克思主义与资产阶级意识形态走到了一起,将空间从社会历史过程中分离出去。现在的问题是要将马克思主义与地理学结合在一起。这正是哈维所说的该书的基本框架——揭示与建立一种资本主义的历史地理学。这个地理学的标志就是不平衡发展。资本主义的不平衡发展与其说是统计学的毋宁说是结构性的。问题并不在于资本主义对地理做了些什么而在于地理为资本主义做了些什么。不平衡理论既是地理学的又是政治学的。其始作俑者,严格地说并不是马克思,而是列宁特别是托洛茨基的后发国家革命道路理论。

该书最具创造性的观点有三:一是把马克思的物质生产概念主题化为自然的生产概念,从而赋予其生态学意义;二是把空间生产概念具体化为尺度的生产,从而赋予其更清晰的方法论内涵;三是针对自由主义的历史终结论,史密斯提出"地理学的开始",因此把哈维的历史地理唯物主义推向深入。该书的基本逻辑结构是从自然的生产的不平衡到空间的生产的不平衡,问题并不在于资本主义在不平衡的地理环境中生产,而在于不平衡的地理环境推动了资本主义的发展。该书的一个基本观点是不平衡发展是资本主义的历史后果也是其地理的前提。这一点甚是普通而重要。该书作者自认为的一个独到发现,就是马克思、卢森堡与列宁均有空间的生产与不平衡发展理论。

与传统马克思主义的物质生产与自然的生产理论不同,尼尔·史密斯在深刻批判 A.施米特的自然生产与威廉·莱斯的自然控制概念的基础上,借用了列斐伏尔的空间生产概念取而代之。他指出资本主义逻辑是一种空间性的、非均衡发展的逻辑。在他看来,生产力的发展在矛盾运动中把绝对的自然空间转变成为相对的社会空间。生产力的发展将社会从趋于平等化的自然空间的约束中解放出来,它仅仅通过将资本投入到特定空间,便产生了差异性及相对化的空间。这些矛盾运动决定了作为综合结果的资本主义空间的具体形式。

于是,空间既不是客观存在的平等的"同质化状态",也不是后现代主义所说的"无限差异化"。它导致的模式是"非均衡的发展模型"。[①] 他的原话是:"空间既不是一种平面化的存在物,也不能被无限地差异化,不如说它是由不平衡发展所导致的存在物,但并不是通常意义上的不平衡,而是作为引导着空间生产的动力的矛盾的特殊成果之一。不平衡发展是资本主义条件下的空间生产的具体体现。"[②]尺度是表明空间独特性水平的地理学概念(城市国家与全球),也就是说,今天历史唯物主义的科学理论的具体概念不再是传统的阶段与形态,而是空间化的尺度概念。通过将其与节奏、循环、长波等时间概念结合起来,史密斯提出了"跷跷板"的非均衡发展理论,即资本力图从发达地区跳向不发达地区,然后再从不发达地区跳到原来的发达地区,因为原来的发达地区已经变成了不发展地区。[③]令人感到吃惊的是,史密斯发现"跷跷板"现象更倾向于发生在城市这一层次,在这种空间中可流动资本破坏了城市内部原有的邻里关系,但这种"跷跷板"现象在国家层面与全球层面很少发生。对他而言,解决不平衡问题、实现真正的均衡发展的方法,要通过全球工人阶级的合作才能实现。

基于以上的理论旅行我们可以说,西方马克思主义语境中的空间化批判理论发展史不仅是一个平滑的思想传播运用史或理论旅行过程,而且是一个突破地域与学科界限的理论越界史,更是一个具有创造性的转换史或转导史。

第三节 西方马克思主义的"政治文化哲学转向"的空间化反思

一、如何图绘西方马克思主义的"政治文化哲学转向"?

英国著名的马克思主义历史学家佩里·安德森曾高屋建瓴地指出:

[①] 参见 Neil Smith, *Uneven Development*, pp. 122 - 123;并参见中译本,第 161 页。
[②] 参见同上书,第 122 页;并参见中译本,第 161 页。
[③] 参见同上书,第 197—198 页;并参见中译本,第 255—256 页。

如果说早期西方马克思主义者是通过走出第二国际"经济决定论版"的马克思主义政治经济学批判,退回到马克思之前的哲学形态与哲学来源而开始其思想航程的,或者说是用"前马克思主义的"哲学资源来激活他们的想象力和创造性的①,那么,20世纪60—70年代之后西方左派的问题与出路则是要重新回到全球化资本主义的"当下"客观现实,回到政治经济学批判理论,也就是回到经典历史唯物主义形态,重建马克思主义。② 大名鼎鼎的美国左派文论大王弗里德里克·詹姆逊创造性地挪用了他的这位英国好友的观点。詹姆逊在一篇纪念与反省20世纪60年代的辉煌历史及其失败命运的文章中曾意味深长地说,20世纪80年代之后,全球资本主义在经历了长期危机之后,似乎时来运转、"返老还童"了。在此"后革命"的语境下,"传统的"生产方式决定论的历史唯物主义反倒"再度变得真实起来了"③。这正是"处于危机"之中的马克思主义之出路所在!

但一个令人不能回避的现实趋势,是西方马克思主义的总体衰落以及之后作为后马克思主义现象的政治哲学与文化研究的兴起。对此,史学出身的佩里·安德森根据英国与欧洲经验,大笔如椽地作了一个著名的"三分天下"的图绘:政治学属于右派(如奥克肖特、卡尔·施米特、列奥·施特劳斯与哈耶克),哲学研究属于中派(如罗尔斯、哈贝马斯与博比奥),而历史与文化研究则属于左派(如汤普逊、廷帕纳罗、霍布斯鲍姆与詹姆逊)。④ 詹姆逊则于《文化转向》的一处不起眼的地方⑤不无讽刺

---

① 参见[英]佩里·安德森《西方马克思主义探讨》,高铦等译,人民出版社1981年版,第65、69页等处。
② 参见[英]佩里·安德森《当代西方马克思主义》,余文烈译,东方出版社1989年版,第16—17页等处。
③ [美]詹明信(即F.詹姆逊):《晚期资本主义的文化逻辑》,张旭东等译,三联书店1997年版,第394—395页。
④ 参见[英]佩里·安德森《思想的谱系:西方思潮左与右》,袁银传、曹荣湘译,社会科学文献出版社2010年版,特别是第4—6页。
⑤ 参见[美]弗雷德里克·詹姆逊《文化转向》,胡亚敏等译,中国社会科学出版社2000年版,第93—94页。

地写道，如果说后现代主义的兴起在某种意义上是出于对马克思宏大叙事逻辑的疑虑，今天政治哲学从原来的默默无闻的地位一跃而起变为显学，这实在是出于对马克思的禁忌与对传统社会主义模式失败的一种理论报复。正是在对马克思的新的禁忌所留出的真空中，才出现了所谓"政治哲学的自身回归"①。政治科学在马克思那个年代从来就没有风光过一次，因为它本来就是作为政治经济学的社会理论的一部分，甚至是非常经验化的卑微的一部分；但今天我们却以为仿佛通过回到马基雅维里、洛克、孟德斯鸠就可以拨云见日、挽救整个世界似的。正是全球化资本主义引起的历史记忆混乱("历史终结论")，才导致人们求助于经典的政治哲学。这也应了朗西埃所说："政治的回归"其实掩盖了政治的终结或者政治合法性危机的现实，因而所谓的"政治哲学转向"是一个充满着"歧义"的过程。②

无独有偶，后殖民主义理论家阿罕默德以文论家的身份在《在理论内部》一书中提出了这样一个重要看法：由于西方资本主义世界体系瓦解了社会主义与第三世界阵营，导致左派理论的迷失与危机，所以就出现了从马克思主义对资本主义的批判，到对马克思主义的资本主义批判本身的瓦解的逆转，这就是后结构主义作为一种隐性的政治哲学与文化研究，填补了马克思主义文化霸权失落之后的空白——仅仅"在理论内部"空谈现实的文化与政治危机。③ 这个观点与伊格尔顿所谓的"理论之后"的说法有些相似："马克思主义显得多余，并不是因为资本主义制度改变了本质；马克思主义不再受到青睐，是因为资本主义比以往更加彻

---

① 詹姆逊此处所谓的"政治哲学的自身回归"与墨菲和朗西埃等人所说的同样现象，其含义只能说是具有某种"家族相似"。(参见[美]查特尔·墨菲《政治的回归》，王恒、臧佩洪译，臧佩洪审校，江苏人民出版社 2001 年版；[法]雅克·朗西埃《政治的边缘》，姜宇辉译，上海译文出版社 2007 年版)
② 参见[法]洪西耶(即朗西埃)《歧义》，刘纪蕙、林淑芬、陈克伦、薛熙平译，台北：麦田城邦文化出版 2011 年版。
③ 参见[印度]阿吉兹·阿罕默德《在理论内部：阶级、民族与文学》，易晖译，吕黎校，北京大学出版社 2014 年版，第 33—34 页。

底。资本主义陷入危机;然而正是马克思主义叙述了危机是如何发生与结束的。因此,从马克思主义自己的观点来看,使得它显得多余的,恰恰证实了它的意义。马克思主义没有被赶下台,是因为资本主义制度改革了自己,使得社会主义的批评成为多此一举。"①消费取代生产、形象取代现实、媒体取代工厂……形象与现实、真实与虚构、历史与谎言、道德标准与美学标准、文化与经济、高雅艺术与流行艺术、政治左派与右派之间的差别都不存在了。正是在这种情况下,文化研究与政治哲学或"文化的政治学"才一度时尚起来。②

同为英国人的马克思主义史学家霍布斯鲍姆则颇不以为然地认为:马克思主义并没有过时,马克思仍然属于21世纪的思想家。因为传统社会主义模式的失败只是宣布某种教条马克思主义死亡,却为马克思思想解放创造了条件。"当全球资本主义正在经历自20世纪30年代初以来最严重的动荡和危机时,马克思不可能退出公众的视野。另一方面,21世纪的马克思几乎必然不同于20世纪的马克思"③。这就是,社会主义与马克思主义不可能再是传统的回归,而必须结合新的反全球化的力量。社会主义既具有民族地方性的基础,更具有反抗全球资本主义的普遍统治的普遍主义的高度与理想。如果没有民族主义、地方主义、文化多样性这样一些反抗全球化抽象片面性统治的革命力量,社会主义就不可能有现实存在基础与群众主体;但如果这些潜在的局部的反全球化的革命力量,没有以资本主义必然灭亡、社会主义必然胜利的马克思主义信念为指导,就会失去宏观的进步的方向。这是我们迄今为止在西方马克思主义视野中所能够看到的最为正统然而是正确的观点:21世纪的马克思主义不可能被什么后现代主义文化研究与政治哲学所取代。它仍然作为历史唯物主义与科学社会主义而存在。

---

① [英]特里·伊格尔顿:《理论之后》,商正译,星展校,商务印书馆2009年版。
② 参见同上书,第45—46页。
③ [英]埃里克·霍布斯鲍姆:《如何改变世界:马克思和马克思主义的传奇》,吕增奎译,中央编译出版社2014年版,第5—6页。

二、马克思主义需要回到市民社会理论才能开出自己的政治哲学与文化理论吗?

现在让我们来看看在强大的自由主义文化霸权包围中,西方学术界所出现的另外一种意义上的把马克思主义"政治哲学化"的趋势。其突出代表是西方马克思学中所盛行的一种基本看法:马克思主义的本真来源与正宗出身乃是启蒙主义(实为自由主义!)的政治哲学,马克思的一生乃是为了解决市民社会的政治解放问题而活着的。马克思的全部思想都处于为解决黑格尔法哲学难题而从事政治经济学批判与政治哲学(即科学社会主义)研究的过程之中。

以色列的马克思学家阿维纳瑞(S. Avineri)就反复强调了这样一个基本观点:马克思用一生的时间证明了他 25 岁那一年(1843 年)初次遭遇黑格尔时的基本观点——市民社会决定国家(《黑格尔法哲学批判》)。马克思的逻辑学、人类学与社会政治论是一致的。这就是社会决定论。在马克思那里并不存在所谓唯物主义与唯心主义、决定论与人本论之间的二分。青年马克思的人本主义是建立在一种唯物主义认识论基础之上的。"马克思在他后来的岁月里维护了自己 25 岁时针对黑格尔所写的《批判》的效用与意义。不仅在青年黑格尔与老年黑格尔之间不存在任何间隙,而且马克思本人已经提供了连续性的保障。"①

与阿维纳瑞明显不同,美国著名的法国史研究专家沃伦·布雷克曼所作的《废黜自我:马克思、青年黑格尔派及激进社会理论的起源》一书,则把 20 世纪社会主义的一系列悲剧归咎为青年马克思否定市民社会进步作用的政治哲学"原罪"。该书表面上是一本研究马克思哲学前史的著作,但并非严格意义上的马克思学研究系列。该书与麦克莱伦式的客观历史地再现青年马克思与青年黑格尔派的关系的纯粹学术风格不同,

---

① [以色列]阿维纳瑞:《马克思的社会与政治思想》,张东辉译,知识产权出版社 2016 年版,第 44 页。

而是从苏联东欧解体之后个人自由主义政治哲学重新兴起、青年马克思的激进政治哲学受到质疑的角度,研究青年马克思及其同道青年黑格尔派何以共同地彻底否定个体与市民社会的合法性的历史原因。该书作者的用意并不在于肯定青年马克思对市民社会的过度否定,而是指出在当代社会政治哲学的主流是重新回到青年黑格尔派当年的问题出发点。这就是基督教神学。在他看来,马克思主义政治哲学要想在西方主流政治哲学中获得一块地盘,就不得不回到神学问题,这让我们想到了查尔斯·泰勒与郭舍乃至晚年哈贝马斯等人的类似的看法①。

布雷克曼在该书的导言中一上来就指出,苏联解体与东欧剧变让沉寂已久的市民社会作为现代民主社会的基础的观点复活了,虽然东欧民主化运动后来遭遇挫折,但一个共识达成了,这就是马克思对市民社会概念的全面拒绝,并不足以构成在复杂社会中扩展民主生活之规则的起点。② 我们从法兰克福学派后期学术传人韦尔默那里听到了类似的回响:马克思主义人道主义有两种基本形式。一种在《巴黎手稿》中,另外一种在《论犹太人问题》中。前一种是政治经济学批判路线,后一种是国家的政治哲学批判。但这两条思路与黑格尔犯了一个共同毛病:都没有准确地理解民主问题。因为无论是黑格尔还是马克思,他们都没有民主生活形式的任何历史经验。从实现社会主义特定目标的角度看,民主的和自由主义的社会组织形式已经证明是比所谓社会主义的那些组织形式更有成效的。首先要解决的问题并不是用实质民主取代形式民主,例如通过废除生产资料的私有制。毋宁说,"关键在于一种只有通过议会制度的'形式'实现的民主必须被扩展与激进化,并变成'实质的',办法是用民主的实践、习惯和行动方式渗透所有的生活领域"。整本书的核

---

① 参见[加拿大]查尔斯·泰勒《世俗时代》,张容南等译,上海三联书店 2016 年版;Marcel Gauche, *The Disenchantment of the World: A Political History of Religion*, translated by Oscar Burge, Princeton University Press, 1999; Joseph Cardinal Ratzinger, Jurgen Habermas, *Dialectics of Secularism: On Reason and Religion*, Ignatius Press, 2007。
② 参见[美]沃伦·布雷克曼《废黜自我:马克思、青年黑格尔派及激进社会理论的起源》,李佃来译,北京师范大学出版集团 2013 年版,第 2 页。

心概念可以用他这本书的最后一句来概括：一种"按后形而上学的现代性来理解的自由主义文化"。①

布雷克曼这本书的冲击波在于，与许多西方马克思学家一样，他不仅要把马克思主义哲学本质启蒙主义化与自由主义化，而且还要把整个马克思主义哲学思想史强行同化到西方政治思想史逻辑之中，也就是让马克思主义在西方政治思想史的问题域中另加重组。从哈耶克与阿伦特到布雷克曼，我们看到了这样一个复杂的思想史发展链条，在其中不乏老谋深算的"理论构陷"与"原罪推定"。② 重新寻找"前马克思主义"（而不仅仅是第二国际的）思想中关于市民社会问题的见解，构成了"后马克思主义"的激进民主的重要思想来源③。这正是齐泽克所讽刺的：前马克思主义理论变成了后马克思主义。黑格尔是"第一位后马克思主义者"！④ 事实上，简单地回到市民社会理论并不意味着能够开出一种新的深刻的现代激进民主政治理论。固然有学者可以认定，马克思对市民社会的简单拒绝是错误的；而同样地简单地否定青年马克思也是肤浅与错误的。离开了青年马克思对宗教的政治与社会批判这个经典问题，我们无法深刻地理解现代民主社会的复杂性。但话又说回来，试图无限制地回溯马克思政治思想的近代启蒙主义来源（甚至是古代思想来源），并不能从根本上解决马克思主义与世界社会主义运动在今天的理论与实践困境。把一切理论创造性源泉都后退到青年马克思之前的近代思想传统中，这样做实际上是在无视马克思与恩格斯毕生最重要事业的历史与

---

① 参见［德］阿尔布莱希特·韦尔默《后形而上学现代性》，应奇、罗亚玲编译，上海译文出版社2007年版，第257、373页等处。
② 参见刘怀玉《马克思主义思想史的发展性、多样性与边界性》，载《北方论丛》2017年第2期。
③ 参见［英］恩斯特·拉克劳、查特尔·墨菲《领导权与社会主义策略：走向激进民主政治》，尹树广等译，黑龙江人民出版社2003年版；［英］戈兰·瑟伯恩《从马克思主义到后马克思主义？》，孟建华译，社会科学文献出版社2011年版；［英］斯图亚特·西姆《后马克思主义思想史》，吕增奎、陈红译，江苏人民出版社2011年版。
④ 参见［斯洛文尼亚］斯拉沃热·齐泽克《视差之见》，季广茂译，浙江大学出版社2014年版；Slavoj Zizek, *Less than Nothing, Hegel and the Shadow of Dialectical Materialism*, London, New York: Verso, 2012。

现实价值,即通过两个伟大发现所促进的社会主义从空想到科学的认识飞跃。

三、政治经济学批判仍然是政治哲学与文化研究的基础方法论

以上我们所列举的一些西方马克思学家的"回归市民社会"的"政治哲学转向"观点只能证明一点,即从青年马克思的市民社会批判的政治哲学视野出发,既有重要价值,但也存在很多问题。不过,确实无法证明马克思的历史唯物主义与政治经济学批判在当代政治哲学问题研究中已经失效;而同时也向传统的马克思主义解释模式提出了挑战。我们认为,一方面,从青年马克思的市民社会与国家二元分离的关系理论逻辑中并不能找到现成可用的马克思主义政治哲学的当代方法论;但另一方面,传统的经济基础与上层建筑关系辩证法仍然包含着当代意义与价值,只是需要从新的角度加以理解与激活。

众所周知,经典马克思主义是作为哲学、政治经济学与社会主义的三位一体的严密体系而存在的。但马克思的经济学、社会理论、哲学话语与政治概念之间是有矛盾与裂缝的,是不同步的。马克思作为"两个必然性"规律与信仰的伟大发现者及其最强有力的推动者,首先是以哲学的方式深刻地反思批判了现代性的最深刻的经济本质与经济根基。但最讲政治的马克思,却最缺少系统而清楚的政治理论概念。矛盾,然而却是事实!马克思的很多面对现实政治问题(如1848年革命、巴黎公社)的思考是临时性的、策略性的,而不是根本性的。他的"三位一体"最不发达的部分,恰恰是对后来的社会主义实践最有价值的政治国家学说。正像霍布斯鲍姆所说,与其相对系统完整的政治经济学批判即对资本主义社会的全面经济分析相比,马克思对于政治缺少同样的系统完整的理论。青年马克思系统地关注过社会哲学批判以及对资产阶级社会与共产主义的哲学分析,但马克思关于政治的研究著作几乎"完全采取了新闻报道、对现实政治的审视、对运动内部讨论的推动和私人书信的形式"。由于他与恩格斯始终认为法与国家的政治问题是不能"从其形

式本身"来抽象理解的哲学问题,而是根源于社会生活关系的政治经济学批判问题,所以他们把重心放在"从作为基础的经济事实中探索出政治观念、法权观念和其他思想观念"。他们对统治的性质与结构、国家的构成与组织,以及政治运动的本质与组织等问题的讨论,基本上都是以时政评论的形式或其他观点的附属物的形式出现的。所以,他们把关于国家、革命、阶级等重大而一般的政治理论概括任务历史地交给了后来的列宁。① 我们也注意到其他一些学者类似的看法:马克思一生都在英国资本主义经济制度史以及法国的国家与革命历史研究这两条线索上同时作战。但马克思始终没有兑现后一种诺言。马克思一生都没有写出法国革命史,但一生都处于对法国革命史的不停修改的理解中。马克思耽于一种反对黑格尔的国家观的另外一种国家观的空想,这就是并不把国家看成独立的现实的存在,而看成是当事人不理解自己的社会地位、社会矛盾的一种幻想。综观其对法国革命的反思,我们发现马克思始终关注的问题是"国家在与市民社会的关系中的'幻想'问题"。傅勒认为,马克思所关心的法国大革命是对旧的社会制度的瓦解,而不是建立新的强大的民族国家。而后来的苏联马克思列宁主义者们关心的则是资产阶级革命的后果。②

马克思只是一般地关注到了世界史背景下的现代社会上层建筑,但还没有对日常生活层面的和生产管理层面的微观政治问题进行深入研究;他只是一般地历史地说明了社会主义必然胜利,而不可能具体探讨"什么是社会主义"与"如何建设社会主义"。这种政治性的"空白"与"缺口",就为后来的马克思主义者们留下了巨大的补充、解释、发展和争论的余地。第二国际的继承者们经常把马克思的"哲学"(革命辩证法)这把刀子丢了,只剩下了一种实证主义意义上的经济科学,而陷入了折中主义、经验主义的政治无意识的迷宫之中。列斐伏尔据此模仿巴什拉

---

① 参见[英]埃里克·霍布斯鲍姆《如何改变世界》,第46—47、300页等处。
② 参见[法]傅勒《马克思与法国大革命》,朱学平译,华东师范大学出版社2016年版,第105页等处。

尔—阿尔都塞著名的"认识论的断裂"比喻而指出,在马克思思想内部存在着"政治与经济的断裂",而在马克思与其第二国际继承者之间存在着一种"政治的断裂"(coupure politique):马克思主义思想游荡和消失于政治经济学的经济理论的迂回曲折的论述之中。列宁的伟大在于,他是马克思之后第一个从开始就以政治角度来思考理论问题的政治家。① 他看到了世界资本主义、帝国主义的经济王国兴起的政治统治形式,以及经济与政治必然一体化的客观存在。列宁从资本主义的垄断、集中、极权的现代性统治形式背后看到了作为现实的实践的社会主义政治革命的前景,这就是对国家垄断资本主义的"颠倒"与扬弃:国家垄断资本主义是"社会主义的**前阶**"。② 列宁是第一个高度自觉地从政治总体性层次思考现代社会的经济文化生活问题的马克思主义者,在他那里,一切社会现象都是要被放在政治战略性的视野中来透视与判断的。列宁的问题则出在他对现代性的政治与经济的体制化科学化管理统治之二重性缺少深刻的哲学反思。在此意义上,马克斯·韦伯确实是 20 世纪最伟大的政治哲学家之一。因为他第一个深刻地看到了现代(资本主义)社会的政治哲学的虚无与悲剧的本质和前景。他预见到资本主义官僚制度的后果就是国家的官僚制度和巨大的经济组织结合成一个统摄一切的超级官僚制度。资本主义、官僚制度和建立在法律基础之上的国家交织为一体,它能够把社会中全部的个人自由和创造性消灭殆尽。这实际上就是看到了资本主义的发展必然导致自由主义政治制度的死亡。③

葛兰西曾经说过,一般的哲学并不存在,存在的只是各种各样的哲学与世界观。作为实践哲学的马克思主义哲学,"既是一种也是政治的哲学,又是一种也是哲学的政治"④。他还说过,"一个大人物表现他思想

---

① 参见[法]亨利·列菲弗尔《论国家:从黑格尔到斯大林和毛泽东》,李青宜等译,重庆出版社 1988 年版,第 192 页。
② 参见《列宁选集》第 3 卷,人民出版社 1995 年版,第 266 页。
③ 参见[美]迈克尔·H. 莱斯诺夫《二十世纪的政治哲学家》,商务印书馆 2001 年版。
④ [意]安东尼奥·葛兰西:《狱中札记》,曹雷雨、姜丽、张跣译,中国社会科学出版社 2000 年版,第 308 页。

的较有创造力的方面,并不是在从表面上的分类的观点来看显然应当是最合乎逻辑的形式中,而是在别处,在表面上看来可以被认为是与之无关的部分中。一个搞政治的人进行哲学写作:情况可能是,他的'真正的'哲学反倒应该在他的政治论著中去寻找。……在现实中,这种偶然的'哲学家'只能在艰难地摆脱他那个时代占统治地位的思潮,摆脱变成了教条的某种世界观的解释的时候才会胜利"①。我们照此才能理解马克思作为"特殊的""偶然的"哲学家的真正创见所在。这就是,真正能够体现马克思哲学创新性的地方,并不是他以纯粹哲学方式创作的著作。依此而论,马克思的政治哲学上真正有创见的东西,倒并不在于其专门的关于政治的论述中。在这一点上,他不同于葛兰西心目中的列宁。马克思政治哲学最深刻的方法论思想,体现在他的对资本主义社会的政治经济学批判思想中。也就是说,马克思的政治哲学思想不能直接从他现成的政治纲领与政治观点著作中去寻找,而需要从他的关于经济基础与上层建筑辩证关系的历史唯物主义与政治经济学批判论述中去思考和引申。在政治哲学的根基问题上,马克思既不同于黑格尔式的由某种绝对精神出发推出各个时代精神的思辨历史哲学,也不同于英国古典经济学把资本主义市场经济视为人类与生俱来的永恒的"自然状态",不同于结构功能主义把社会视为人的某种基本活动推演出来的完整和谐的有机整体。关于经济基础与上层建筑,马克思做出了如下三个非常有意义的区分:把经济社会的客观物质性特征与经济社会的暂时的历史的物化特征区分开来,把经济发展的基础性决定性作用与其历史的阶段性的主导性总体性影响区分开来,把经济发展的不可超越的历史过程的必然性与经济发展的盲目扩张的暂时必然性趋势区分开来。② 这其中的第二个区分,是我们理解马克思在政治哲学与文化研究方面的方法论革命的关

---

① [意]安东尼奥·葛兰西:《狱中札记》,第317页。
② 参见刘怀玉等《走出历史哲学乌托邦:马克思主义发展理论的当代沉思》,河南人民出版社2001年版,第107页。

键所在。

在传统的历史唯物主义理解框架中,经济是作为一个独立的系统与其他社会系统相对立并起着最终的决定作用的。在这里,社会形态被理解为由若干个系统所组成的有机体结构[即通常所说的生产力—生产关系(经济基础)—上层建筑的经济、政治、文化体系三分法];而实际上,在完成第二个伟大发现之前,马克思已经实现了他的经济与政治观念的一次重要的转换,即从认为经济是人类社会发展的永恒基础前提与最终动力机制,到历史地确认,由资本主义所开创的发达的市场经济社会形态无非是人类历史上暂时出现的一种盲目必然性占统治地位的主导社会生活的统治秩序。可以说,马克思所谓的"资本是支配一切的权力"的主导结构论,为我们今天的政治哲学与文化研究提供了科学的指导线索。

显而易见,马克思所关注的历史现实焦点或突出特征内涵,并非法兰克福学派所强调的颠倒的物化的统治,或者第二国际理论家所说的经济决定论,而是历史区别性意义上的共时性的然而是异质性的结构。《导言》表明马克思形成了新的更加复杂而且严格的历史唯物主义概念:第一,构成历史发展本质的,并不是每个历史时代连续的一般性和共同点,而恰恰是"区别于这个一般和共同点"的"差异"。所以,第二,线性的平滑的积累式的启蒙主义进步观,被断裂的、分叉的、不平衡的历史观所取代。第三,资本主义社会的历史不仅是以往人类历史的高度发展和继续发展,而且是一种断裂、一种中断,更是在总体性结构中对以往历史的摧毁和重构。① 这就解释了马克思何以没有提出适用于一切历史时代的一般政治哲学,而只是历史地具体地提出了批判资本主义社会结构暂时统治性特征与阶级局限性的辩证方法论。

四、阿尔都塞:作为经济基础的凝缩和伪装的政治与文化

从马克思《导言》原初的旨在祛除根深蒂固的经济决定论的历史(主

---

① 以上观点参见本书第二章第四节"论历史唯物主义的两种'历史'概念及其空间化意蕴"。

导结构)决定论,到阿尔都塞的超级结构(super-structure)的过度决定论(surdetermination/overdetermination),再到霍尔的偶然链接(articulation)的多元决定论(overdetermination)①,这是我们理解马克思主义如何从政治经济学批判方法走向当代政治哲学与文化研究的一条清楚的发展线索,也是本章力求澄清的思想史脉络。

阿尔都塞把马克思的政治经济学批判方法彻底改造为自己的结构主义辩证法和政治哲学,其关键步骤是对传统的历史唯物主义的经济基础决定上层建筑理论的解构与重构。在他看来,马克思哲学有两个隐喻是错的:第一个是"颠倒的"隐喻,第二个就是经济基础与上层建筑这个"决定论"的隐喻。阿尔都塞因此坚持不用经济基础与上层建筑这种建筑学的隐喻,而改用"机器"隐喻(包括他著名的"意识形态国家机器"、德勒兹的"欲望机器"、福柯的"权力微观设置",这些都是"机器"),即抛弃了静态化等级制的经济基础与上层建筑理论比喻说法,认为它们是"非科学"的描述②。"颠倒的"这个隐喻也是错的。马克思的这个词是言不及义、言不由衷的,颠倒过来的形而上学还是形而上学! 阿尔都塞用了一个新词"问题式"(problematique),不叫颠倒,而叫"问题式"的根本改变。马克思和黑格尔之间的思想关系,不是颠倒,而是格式塔的根本性转变。马克思把黑格尔的神秘主义、本质主义的表现论的辩证法,变成了结构辩证法、共时性的辩证法;在黑格尔那里,一切现象最终都还原成一个本质统一的整体结构。后来被误解的经济决定论,既是牛顿力学的因果决定论,也是黑格尔的本质决定现象的隐性的还原论的翻版。

阿尔都塞强调,结构与本质的最大区别就是:本质是作为不变的恒定的实在,决定着现象世界的变化;而结构决定论认为结构本身是一个不可还原、不可分割的自行决定的功能整体,在结构中不可能把一种力

---

① 关于此处为何把同一个名词译为两个不同的汉语名词而分别归属于阿尔都塞与霍尔,详见本节中的相关解释。
② 参见[法]阿尔都塞《哲学与政治:阿尔都塞读本》,陈越编,吉林人民出版社2003年版,第330—332页。

量、一种存在还原成更高的更本质的存在。结构决定论反对世界还有更深层次的最终原因的神学假设：所有的现象现实都是结构整体本身，而且只有在结构整体本身的生成中才能得以呈现与理解，所以任何实在都是一种再现与呈现，这种呈现不是对本质的物的表现，而是自我生成的呈现，是不可还原的。

在阿尔都塞看来，马克思的辩证法是他心目中所谓的结构决定论或过度决定论。任何决定论都是结构性的，每个结构都是非实体、非还原的相对自主的决定。就是说，一个决定不能还原成另外一个决定，这些不同结构之间的决定是不能还原和分等次的，每个结构都有自己相对的独立性。从这个意义上讲，是多元决定。但多元决定不是作为一种本质的实体，恰恰相反，阿尔都塞的多元决定论反本质实体，强调各种各样相对独立的结构之间的冲突作用所形成的某种暂时的主导力量，这种暂时的主导力量往往集中体现在各种社会矛盾冲突中，是各种社会矛盾冲突的隐喻、转换或者说是一种变形。传统马克思主义讲："政治是经济的集中表现……政治同经济相比不能不占首位。不肯定这一点，就是忘记了马克思主义的最起码的常识。"[①]但在阿尔都塞这里，经济与政治是相对独立的两个结构。政治有时会在历史发展过程中起主导和决定作用，但这种主导和决定作用又不是直接的反映论的作用，而是对经济问题的升华、转移与隐喻。所以政治决定往往可以翻译成过度决定：各种各样的力量最后都集中到政治这一点上，用政治这一个问题把所有问题都伪装与掩盖了。政治实际上是多种多样力量的交错点，仿佛是"政治说了算"，其实是各种各样矛盾最终的汇聚点。这里面的政治作用就是"过度决定"，是多元决定的集中表现。用马克思和列宁的话说就是，意识形态和上层建筑是社会生活的集中的表现，这种集中的表现往往就成为主导的东西，成为突出的东西，也就是不平衡的东西。[②] 不平衡的东西不可能

[①]《列宁选集》第 4 卷，人民出版社 1995 年版，第 407 页。
[②] 参见[法]阿尔都塞《保卫马克思》，顾良译，商务印书馆 2006 年版，第 95 页等处。

被还原成归根到底的统一的本质,一定是各种各样的东西交替扭结而成的异质性矛盾结构。例如,革命,实际上就是社会矛盾危机的一种总爆发与集中表现,是用政治方式把经济的、文化的危机转换了,这就是一种凝缩。移置,就是转移。社会主义革命的源头就不能直接地从一个经济事实或者某一个经济发展水平里面去找,而是要从整个资本主义世界或者整个社会的结构、矛盾中去找,而矛盾不是一成不变的,要通过各种各样的方式伪装、转移、转化,最终找到一个突破点,这就是革命了。列宁的"帝国主义薄弱环节""落后国家的革命"理论就是从这里来的。

阿尔都塞的解释确实有一番道理。但老是用列宁和毛泽东的理论,总觉得不够时尚,所以他就加上了弗洛伊德的梦的解析理论。也就是说阿尔都塞的多元决定论(surdetermination)既来源于经典马克思主义的矛盾特殊性复杂性理论以及矛盾不平衡发展理论,同时也来自弗洛伊德的"梦"的解析理论:梦是对遗忘的事情或者被压抑的无意识的凝缩与转移,梦是愿望的一种实现。梦是通过"多重性决定作用"(overdetermination)[1]而达成的一种无意识的移置与凝聚或表现,"梦"是一种语言结构而不是真实地指涉某个事物,是一种横向的凝聚与生产,不是一种统一的自我意识所能够构造的,而是自我意识之外的结构本身所构造的。这就是梦作为人的被压抑、被遗忘的无意识的一种伪装、转移的表现。所谓世界革命的薄弱环节问题,就是各种各样矛盾最终转移、相互拥挤、传感,导向了最后一个突破口,这实际上是一种征候与发作。落后国家的革命历史也是全球资本主义多重决定因素与矛盾结构而促成的一种地方性不平衡发展的景象,是本应该在发达经济基础之上或者西方发生的革命的一种空间转移。

五、霍尔:作为对统治结构的反抗和解构的文化研究

如果说阿尔都塞是根据俄国与中国这些落后国家的革命成功经验,

---

[1] [奥]弗洛伊德:《梦的解析》,高申春译,车文博审订,中华书局2014年版,第272页。

把马克思的历史决定论改造成政治结构决定论或过度决定论,那么,作为葛兰西、阿尔都塞与德里达等人的学生的斯图亚特·霍尔,则以其流动着的移民身份这种生存无意识,把这种多元决定论进一步解释为所谓资本主义生产关系四环节之间自由的链接的功能性存在的象征。

众所周知,马克思早在《哲学的贫困》一书中就把批判的焦点意识对准黑格尔的绝对观念主体构成单一的历史发展逻辑的思辨唯心主义历史观,而强调一种复杂的矛盾的结构性的唯物主义历史观。在《贫困的哲学》中,蒲鲁东机械模仿黑格尔的抽象的逻辑范畴体系,把社会的各个环节变成同等数量的独立社会。马克思指出,蒲鲁东的可笑之处就在于他不了解"处于现代社会制度联结……关系中的现代社会制度"①。易言之,社会是多种生产关系构成的统一的总体。而总体的范畴决不是把它的各个环节归结为无差别的统一性、同一性,却是主张这些环节彼此间处于一种动态的辩证的关系中。在研究社会时,不应该"把社会体系的各个环节割裂开来",否则就不能正确说明"一切关系在其中同时存在而又互相依存的社会机体"。② 后来马克思的政治经济学批判方法进一步说明,例如生产、分配、交换、消费就不是同一的东西,而是说,它们构成一个总体的各个环节、一个统一体内部的差别。

霍尔认为,《导言》最精炼、最难理解的部分,就是《导言》的第二节。这个部分处理生产、分配、交换和消费之间的关系,特别是最后一段文字。③ 正是根据这段文字,霍尔把马克思的历史唯物主义从一种传统的经济基础决定论以及阿尔都塞式的超级结构或上层建筑决定论,转换成为一种基本广义生产关系四环节循环组合的、"偶然链接"的多元决定论。

已如前述,马克思的原话是:"一定的生产决定一定的消费、分配、交换和**这些不同要素相互间的一定关系**。当然,生产就其单方面形式来说

---

① 《马克思恩格斯文集》第 10 卷,人民出版社 2009 年版,第 42 页。
② 参见《马克思恩格斯文集》第 1 卷,人民出版社 2009 年版,第 603—604 页。
③ 参见《马克思恩格斯全集》第 30 卷,人民出版社 1995 年版,第 40—41 页;下文详述。

也决定于其他要素。例如,当市场扩大,即交换范围扩大时,生产的规模也就增大,生产也就分得更细。随着分配的变动,例如,随着资本的积聚,随着城乡人口的不同的分配等等,生产也就发生变动。最后,消费的需要决定着生产。不同要素之间存在着相互作用。每一个有机整体都是这样。"① 据此,霍尔指出,马克思赋予生产以一种"多元决定"(over-determinacy)。但是生产是如何起决定作用的?生产规定了"不同环节之间的不同联系"。它决定了一些结合(combinations)的形式,而复杂的整体就是从这些结合中产生的。这就是一种生产"方式的形式链接"原则(formal articulations of a mode)。用阿尔都塞的话来讲,生产不仅仅归根到底"起决定作用",而且也决定了使得生产方式成为一种复杂结构的力量和关系的组合形式②。说穿了,霍尔在这里把他心目中的多元决定的马克思生产关系的生产与再生产的历史辩证法,变成了类似于语言学中可以无限滑动与自由链接的能指关系的自我生产与自我赋义过程。生产关系成为生产、分配、交换与消费诸环节共同决定或多元决定的、差异化的生成结构与过程。总之,生产关系不仅仅是生产环节所决定下的分配、交换与消费等环节或阶段的完成与实现过程,而且是生产环节分别作为分配、交换与消费诸环节/主体而自我实现、自我展开的多重现实可能、意义并存的结构、组合关系或转化的过程。

霍尔毫无疑问是想从他所说的马克思的生产、分配、交换与消费诸环节内在本质差异性统一辩证法之中,从生产过程诸环节的相互中介、相互决定的复杂关系论述中,打破传统生产本质决定论束缚,而试图从狭义的生产环节决定之外的分配、交换、消费诸环节暂时起决定作用的具体关系中,从生产诸环节的随机的、不确定的、偶然的组合与链接的动态关系中,理解当代资本主义更为复杂的具体的微观的现实。马克思的"从抽象上升到具体"的辩证法被他的解构主义式的"差异的多样性的具

---

① 《马克思恩格斯全集》第 30 卷,人民出版社 1995 年版,第 40—41 页。
② 参见 Stuart Hall, "Marx's Notes on Method: A 'Reading' of the '1857 Introduction'", in *Cultural Studies*, Vol. 17, No. 2, p. 128。

体"方法所取代,"总体中的差异"辩证法被颠倒为"追求差异性民主权利"的激进政治哲学。这就为他毕生所重点从事的消费社会大众文化研究找到了某些经典方法论依据。

霍尔在其著名的"编码与解码"理论中把马克思的生产关系四环节理论运用于文化的生产传播与消费过程研究之中,指出大众传播研究必须突破传统的"发送者—信息—接收者"这样一种线性特征模式,认为该模式只关注信息的传播即流通环节,而未能从生产、传播、接受与消费以及接受者对信息传播的再生产与反抗等这些复杂的关系结构入手。而实际上,信息传播是通过包括"相连而各异"的"生产、流通、分配/消费、再生产"诸环节来生产并维持这个复杂的结构的。霍尔认为:

> 借用马克思的术语来讲,流通和接收在电视传播中实际上就是生产过程的"环节",并通过许多歪曲的和结构的"反馈"再次融入生产过程本身。因而,在更广泛的意义上,电视信息的消费或接收本身也是电视生产过程的一个"环节",尽管后者是"主导的",因为它是信息"实现的出发点"。所以,电视信息的生产与接收不是同一的,而是相联系的,在由作为一个整体的交流过程的社会关系形成的总体性中,它们是各自区别的环节。①

霍尔把马克思见长的宏观的政治经济学批判研究转变成为一种文化研究的方法论,虽然付出了一些代价,但也给了我们更多的启示与鼓舞。这就是从政治经济学批判的历史唯物主义方法论中,读出今天我们需要的批判消费社会日常生活现实本质的文化研究方法论。也就是说,文化研究与日常生活批判是当代历史唯物主义的在场方式之一。政治经济学批判方法论在今天的具体化表现之一,就是一种基于日常偶然性多样性差异性现象关注的微观的政治哲学与文化研究的思考。而今天的激进政治哲学研究同样不再满足于一种对现实的宏观的必然性论断

---

① [英]斯图亚特·霍尔:《编码,解码》,王广洲译,载罗纲等主编《文化研究读本》,中国社会科学出版社 2000 年版,第 347 页。

与原则预期,而是日益明显地切入民生民心之深处的微观的政治规范思考与文化研究。在这种微观研究中,乐观的历史决定论之宏观逻辑或革命战略已经让位于各种复杂语境之下的谨慎的、"没有最终胜利作担保的"(斯图亚特·霍尔语)马克思主义文化研究的策略。

毫无疑问,霍尔对马克思的方法论的解释明显是对马克思毕生所研究的资本主义生产方式理论的一种过度解释与大胆突破。我们仍然不得不面对的问题是:究竟应如何看待马克思坚持的历史决定论,如何看待马克思对包括交换、流通、消费在内的资本主义社会的日常生活、政治文化现象的"忽视"呢?

六、哈维:作为科学抽象具体化的政治文化地理学

让我们回到大卫·哈维——这位当代《资本论》最好的解释者那里去。在他看来,马克思像他所继承与批判的古典经济学那样,把科学的抽象与对个别现象的排除当成自己全部理论生命力的根本所在。所以,"马克思科学研究的焦点是揭示资本主义政治经济的一般规律是怎样形成的,这些规律是怎样起作用的,还有这些规律为什么与怎样变化"[①]。马克思把英国传统的政治经济学语境中的普遍性、一般性与特殊性、个别性之间的形式逻辑的区别,改造成为黑格尔、斯宾诺莎意义上的事物发展不同环节间相互规定与转化的辩证法理论。这就是:生产是出发点、是"一般",分配与交换是中介过程、是"特殊",而消费是终点也是新的起点、是"个别",全体由此结合在一起。生产决定于一般的自然规律,分配决定于社会的偶然情况,因此这能够多少对生产起促进作用。交换作为形式上的社会运动介于两者之间。而消费则作为偶然性,作为"除了它又会反过来作用于起点并重新引起整个过程之外,本来不属于经济

[①] [美]大卫·哈维:《跟大卫·哈维读〈资本论〉》第 2 卷,谢富胜、李连波等校译,上海译文出版社 2016 年版,第 21 页。

学的范围"。① 与此相对应,哈维认为社会生产属于政治经济学研究领域,是关于土地、劳动、资本、货币与价值的一般性问题,即社会规律问题,其特征是决定论的;分配领域属于历史、地理、地缘政治学研究领域,是研究偶然性的、不确定的、非决定性的现实的,表现为特殊性(地租、工资利润、利息、商业利润、税收)即阶级与党派斗争的结果,地理发展不平衡;而消费则属于文化与心理分析研究领域,即个别性的混沌层面的社会现实,诸如人的激情、信仰、欲望、动机、社会性与政治主体性(感情)等,具有不可预测性。②

显而易见,马克思所坚守的古典经济学原则或者牛顿力学式抽象理论逻辑所一次次地排除与抽象掉的,正是那个作为个别、个体层面/环节活动的消费。与消费领域相对应的就是今天最为繁荣的文化研究、心理研究的社会科学世界。这就把黑格尔与古典经济学的本质抽象科学变成了充满着矛盾的动态的辩证法现实。正是消费这个层次一次次地干扰、破坏发展,从而丰富化了马克思所面对的资本主义的本质现实:通过消费这个窗口和舞台,资本主义世界呈现出一个开放的、偶然的、随机的现实世界。就是说,消费之不确定性导致了资本主义生产总过程的不断分化、差异、瓦解与重新组合的丰富化现实与过程。同时,消费环节也是资本主义挽救自己的危机命运的根本途径。在今天,时常处于危机四伏之中的资本主义之所以迟迟没有发生革命,就是因为日常生活消费与文化意识形态在不断转移矛盾与危机。因此,今天资本主义社会的统治现实就是消费与文化霸权。③

由此可见,从科学抽象的要求来讲,政治经济学批判方法论是不可超越的。但从现实的复杂性来理解,关于个别的偶然的消费环节的文化研究又是必需的。政治经济学批判与文化研究不可相互替代。历史必然性规律性的抽象本质研究即政治经济学批判与面向日常生活的微观的偶然问

---

① 参见《马克思恩格斯全集》第 30 卷,人民出版社 1995 年版,第 30 页。
② 参见[美]大卫·哈维《跟大卫·哈维读〈资本论〉》第 2 卷,第 17—18 页。
③ 参见同上书,第 18 页。

题的文化研究二者,不存在着相互对立与代替的问题,而是互补的问题。

今天,中国马克思主义者一方面面临着经验主义式的"微观近视"问题,需要对科学的历史规律的本质认识;但另一方面也存在备受抽象教条与空疏逻辑困扰的问题,而且后者是更加突出的问题。哈维给我们的方法论启示是,在资本主义全球化发展的今天,"历史"已不再是多线论与单线论、普遍论与特殊论的"非此即彼"的二者择一式命题,也不再是传统马克思主义所强调的世界历史体系的等级制,而是资本的统治逻辑不断流动、不断制造地方性差别和对立以及中心和边缘等级制的过程。我们一方面必须恪守广义历史唯物主义的策略底线和开放性视野,另一方面必须坚持狭义历史唯物主义把握特殊对象的特殊逻辑的科学方法论,赋予历史唯物主义以严格的形式,从而形成一种新的严格的批判维度。在这方面,以列斐伏尔、哈维、索亚、尼尔·史密斯、多琳·马西和德雷克·格利高里等人为代表所孜孜以求、开拓创新出来的地理维度和空间维度的历史唯物主义,提供了一个在现实的政治文化生活中激活与具体化运用历史唯物主义的榜样。也唯有转向当代社会的政治与文化研究,历史唯物主义才能合乎时代要求而始终具有旺盛的理论生命。但不得不指出的是,无论是上述的哈维还是霍尔,在方法论上仍然存在着对经济、政治、文化、地理的研究过于刚性,僵硬地进行学科分割的问题,仍然存在着对马克思的生产过程诸环节辩证关系理论过于教条化理解的问题,还没有把政治哲学与文化研究问题上升到马克思所说的具有生产方式的第一性、普遍性与根本性意义的高度。在这方面,詹姆逊作为西方马克思主义总体性辩证法的最忠实而杰出的继承者,他在批判地继承阿尔都塞的多元决定论与结构主义认识论的基础上,把西方马克思主义视野中的政治哲学与文化研究的转向问题,从经济基础与上层建筑的关系之争问题,重新拉回到更为基本的生产方式的历史叙述逻辑解释框架中①,

---

① 参见[美]弗雷德里克·詹姆逊《政治无意识:作为社会象征行为的叙事》,王逢振、陈永国译,中国社会科学出版社1999年版,第23—27页等处。

从而为我们开启了一方更为广阔的认知与想象空间。

七、詹姆逊:作为空间化"认知图绘"的政治文化研究

行文至此,我们必须表达这样一个结论性的看法:马克思主义视野中的政治文化哲学研究,从本质上讲固然是一个历史观问题,但说到底是属于辩证地再现(而不仅仅是反映)社会现实的,即从抽象上升到具体的认识论问题。在阿尔都塞那里,认识论只能通过一种凝缩和移植的方式重构缺席的或不在场的本体论的本质:他通过把社会结构意识形态化和制度化为社会本质的微观表面,实际上取消了社会本质存在的独立性。这种非主体、非历史的结构主义认识论,实际上是一种知识构成的结构化,不但取消了独立的现实,而且从根本上取消了认识论主体的本真性与合法性地位,也就在实际上取消了主体角度的反思批判立场,从而导致了变相的不可知论。也就是说,结构主义马克思主义认识论又复活了马赫主义所引发的马克思主义本体论危机与缺失问题。

当代马克思主义哲学的认识论变革,就是要从阿尔都塞不自觉挑起的本体论危机与缺失问题开始,把认识论从阿尔都塞式的"本体论空无化"中解救出来。传统马克思主义认识论非反思地假定了一个世界本体论的存在,而没有看到认识决不是无条件地去反映和接近现成的本体或存在的过程,而是不断地反思和重构以往认识现实的思想方式的过程,是一个通过祛除作为日常意识物化表现的伪客观世界进而恢复其历史性关系性生成的主体之源与历史之源的解蔽过程。马克思并不是在不可知性意义上默认了本体论的缺失,也不是在永恒的意义上承认本体论的合法性,而是通过从抽象到具体的认识论于"既在场又不在场"的意义上指认本体论的客观存在及其历史的矛盾的发展的辩证法特征。马克思主义认识论就是把现实理解为并不现成在场而是充满了矛盾的历史过程,是从特定历史主体角度有层次、有界限地再现某个暂时性在场的过程。阿尔都塞为我们呈现的本体论缺失,实际上就是资本主义社会现

实表面的共时性断裂的矛盾的历史状况,这恰恰需要我们通过一种再现的方式将其重构出来。

为了解答阿尔都塞的认识论难题,我们不得不回到第二章末尾所提及的詹姆逊,并以他的解释作了断。他把这种重构创造性地理解为"理论的图绘"。这种可以上溯至莱布尼兹的"单子"①、康德的先天综合判断与想象力、本雅明的"星丛"想象、列斐伏尔的"三位一体"空间辩证法以及著名城市社会理论家林奇关于城市想象和理论图绘的认识论思想②,旨在通过把马克思的认识论恢复成德国古典哲学辩证想象的逻辑,而呈现出超越抽象理性的审美感和现实感特征(即詹姆逊所言的"再现性美学")。詹姆逊并没有直接地专门去讲他这种再现性认识论的观点,而是坚持马克思主义的生产方式理论观点,通过把资本主义分为三个时期,而指出每个时期都有自己相应的空间认识论或者空间表现或者再现性的图绘理论。后现代或跨国性的空间绝不是一种文化意识形态幻象,而是有其确切的社会经济与历史的现实根据的。它是资本主义全球化的第三次浪潮。他说,在资本主义发展的第一阶段,即古典的民族的自由的市场资本主义阶段,它的相应的文化表征与空间表达形式是把中世纪与古代社会一切神圣的、复杂的、异质的空间形式"一扫而光"的笛卡尔式的同质性空间(相当于尤尔与马克思所说的"工厂哲学",福柯将其概括为"透明的监狱")。

在接下来的帝国主义阶段,主观与客观、主体与客体、个人微观与社会宏观、现象与本质、日常生活与社会历史现实、经济日常生活与政治文化之间发生了根本断裂。在这个时期,个人的主观认知能力已经无法直接理解他的现实。真正的现实,并不在身边,而需要辩证地把握或者以一种主观神秘的形式将其扭曲地表现出来。如果人们以一种日常直观

---

① 参见[美]弗雷德里克·詹姆逊《单子生产论》,载《詹姆逊文集》第 1 卷《新马克思主义》,王逢振主编,中国人民大学出版社 2004 年版,第 212—292 页。
② 参见[美]凯文·林奇《城市意象》,方益萍、何晓军译,华夏出版社 2001 年版;参见《詹姆逊文集》第 1 卷《新马克思主义》,第 301—302 页。

感性方式理解帝国主义时代的资本主义,这种"现实主义"一定是主观唯心主义。所谓的经验现实恰恰是一种主观的误认,现实只能是通过抽象才能把握的本质结构:一个伦敦街道上的人的感性周围世界的本质并不在伦敦街道上,而是"并不在场"地控制着整个世界的英国殖民主义体系。在这个时期,文学表现不再是现实主义而是现代主义,现代主义把这种缺失的、无法到场的、全球同步发生的资本主义现实完全主观化为一种感觉、一种诗歌语言、一种语言游戏。也就是说,在这种现代主义文学中,资本主义现实是一个完全缺席的原因,这个缺席的原因/现实通过文学和隐喻以扭曲和象征的方式得到表达。这种表达就是每个人或者每一种感觉都是一种封闭的主观的世界,这是一个表面上封闭的主观的记忆的、情感的世界,实际上是一个巨大无边的支配着整个资本主义现实的抽象空间。

这种纯粹主观的个体的内心的封闭的精神世界的描述与隐喻不仅反映了金融资本与消费社会统治下的帝国主义时代的社会现实,而且更是今天被称作晚期资本主义或者跨国资本主义时代的社会现实。这就是资本主义的第三个阶段——跨国资本主义时代,人们对周围现实的把握更加的困难而扭曲。精神分裂是唯一比较恰当的隐喻了。正是在这种情况下,詹姆逊所说的具有辩证的批判的深度的把握现实的"认知图绘"才派上了用场。在这种弹性积累扩张的资本主义社会中就出现了新的再现的形式或者说"图绘"的形式,该形式就是哈维所说的"时空压缩"的经验与想象,这种新的再现性的空间、经验表现为对距离的压制,这种空间又表现为一种纯粹分裂的主观精神世界,原来是一个封闭的纯粹的内在主观世界(现代主义),今天表现为一种不断流动着的、分裂的精神世界(后现代主义)。①

"认知图绘"既与传统的无所不知的全能的总体性的辩证法不同,同时,也与任何一种拒绝总体性而把总体性视为暴力叙事逻辑的后现代主

---

① 参见本书第二章第五节"马克思主义辩证法的历史形态与当代空间化理解"。

义不同。认知图绘一方面承认总体性客观辩证法的实际存在,这是区别于实证主义与后现代主义的客观方面所在(也就是列宁所说的自在之物意义上的客观辩证法),但另一方面它又认为这种整体存在无法整体把握,而只能从特殊的角度加以主观的因而是必错的、往往陷于失败的再现。辩证法在今天的生命力就是对不可再现现实的那种"崇高客体"(拉康意义上的"真实界")的一种"错误的"然而是批判性的想象与再现。我们唯有承认这种总体现实,同时又意识到这种整体再现之不可能性与必然失败性,这种致命的主客体分裂与认识论上的"失败",方才显示出马克思主义辩证法在当代的生命力。这就是阿多诺意义上的失败的、非同一性的否定的辩证法。齐泽克对此作了一个非常精彩的解释:这是一种靠否定而苟延残喘地活下去的失败的主体辩证法[1]!总之,如果没有总体性,就不可能有马克思主义革命批判的辩证法精神;但另一方面,如果坚持认为我们可以直接再现这种总体性,那这就是传统的本质主义、教条主义。因此,詹姆逊处于两个极端之间的中间的、为难的、软弱的位置上。这正是萨特晚年所致力于探索的那种消除总体性的总体化的辩证法[2]。

詹姆逊认为,马克思主义在今天的危机与困难并不在于其科学性,而在于其意识形态或乌托邦的性质。所以,马克思主义的政治哲学仅仅靠历史理性科学的严谨性或者伦理的规范性是远远不够的,而需要文学美学方式的辩证想象或者想象的辩证法。"认知图绘"是当今时代全球化后现代语境下马克思主义与社会主义进行政治批判与想象解放形式的重要的辩证认识论方法。社会主义解放不能没有总体性想象(辩证认识论),但这种总体性又是一种失败的、不可能实现的目标(乌托邦)。马克思主义与社会主义解放需要一种美学式(知其不可为而为之)的辩证

---

[1] 参见[斯洛文尼亚]斯拉沃热·齐泽克《延迟的否定:康德、黑格尔与意识形态批判》,夏莹译,南京大学出版社 2016 年版。
[2] 参见[法]让-保罗·萨特《辩证理性批判》,林骧华、徐和瑾、陈伟丰译,安徽文艺出版社 1998 年版。

认识论,一种马尔库塞、恩斯特·布洛赫当年竭力要恢复的马克思主义的乌托邦传统。如果在认识论意义上取消了总体性再现现实与规划现实的辩证法,那就取消了马克思主义与辩证法。我们不能简单地把总体辩证法与极权主义画等号,那样的话也就同样取消了社会主义的信念与理想。没有总体性概念便不可能有社会主义存在的正当性。"没有社会总体性这个概念(以及改造整个社会制度的可能性),就不可能有正当的社会主义政治"①。据此,詹姆逊极具辩证法意味地指出,在后冷战的今天,乌托邦反倒具有现实政治意义,而疯狂的反乌托邦运动则是最有危害的乌托邦。马克思主义要想重新获得现实的神圣感与魅力,就需要发动一场"反-反乌托邦主义"②运动。

我们无论是基于理解今天全球资本主义空间统治的现实之需要,还是出于展望未来社会主义运动前景与可能性的憧憬欲望,都有必要坚持这样一种空间辩证法式的认知图绘方法。③ 历史境况变了,今天我们已不同于自由资本主义时代的那种处境,我们在艺术与政治上需要一种空间概念,这"能为大家带来一个切合我们历史境况的以空间概念为基本根据的政治文化模式",即"认知图绘"式美学。④ 如果没有资本主义的资本总体性逻辑的对抗与威胁,就不可能有持久长存的社会主义政治。回避资本的统治与挑战,而想在"另外一个"世界过上幸福生活,这是不可能的、失败的唯心主义。只有不回避资本主义总体性统治并同这种总体性统治作斗争,才有真正意义上的社会主义的现实存在基础与合法性权力。换言之,"没有资本的非超验性经济机制,一切对道德刺激的诉诸……或对第一性的政治诉诸,都必然在极短时间内耗尽生命力"。

---

① 《詹姆逊文集》第 1 卷《新马克思主义》,第 306 页等处。
② [美]弗里德里克·詹姆逊:《未来考古学:乌托邦欲望与其他科幻小说》,吴静译,译林出版社 2014 年版,第 9 页等处。
③ 从索亚的第三空间、哈维的希望空间与空间正义论以及列斐伏尔的差异性空间与表征性的空间概念中,都能找到"家族相似性"与"和而不同"的努力。
④ 参见 [美]詹明信《晚期资本主义的文化逻辑》,第 509 页。

总之,随着资本主义成功跨入更富有制度弹性与技术动力的全球化发展阶段,资本主义生产方式作为一种抽象的时间统治机制(即速度),把时间扩展到了全球,于是超越一切地点与空间限制的"同时性"发生的时间(极限速度)把自身悖反性地变成了静止的空间。因此,"我们这里根据时间性试图寻求的一切,必然会首先经过一种空间的基质才得以表达。"①所有的历史都变成了"空间性",同质化高速扩展的时间对空间与地方的统治,二律背反地依赖于或者表现为一种同质性空间对时间的统治。今天马克思主义的历史辩证法必须采用空间的辩证法形式,"事实上,我们目前必须再次正视的问题是,时间性与贯时性等具体经验将以何种形式在后现代世界中以空间逻辑为主导的文化领域里展现"②。正如 20 世纪西方马克思主义空间化转向第一人列斐伏尔所言:"空间本身,既是资本主义生产方式的产物,也是资产阶级的经济政治工具,现在这将被视为它所固有的矛盾的体现。于是,曾经在时间中出现的、并通过自身的现实化而表现出来的辩证法,现在以一种意想不到的方式在空间中发挥作用了。空间的矛盾,并没有取消从历史时间中产生出来的矛盾,而是把历史留在身后,并把这些旧的矛盾同时在环球范围之内提升到一个更高的水平上;其中的一些矛盾被削弱了,另外一些部分则被加剧了,而这个矛盾整体上呈现出一种新的意义,从而标志着'某些其他物'——另外某种生产方式。"③

在此意义上,我们可以得出这样一个结论:21 世纪马克思主义的政治哲学,归根到底是一种具有空间想象力与反思力的历史辩证法认识论,一种文化政治或者美学政治。这正是我们在从阿尔都塞到詹姆逊的艰难理论旅行中所得到的有益启示。

---

① [美]弗雷德里克·詹姆逊:《文化转向》,胡亚敏等译,中国社会科学出版社 2000 年版,第 61 页。
② [美]詹明信:《晚期资本主义的文化逻辑》,第 469 页。
③ Henri Lefebvre, *The Production of Space*, p. 129.

第四章　列斐伏尔的空间化历史唯物主义研究

　　本书对历史唯物主义空间化问题的研究既有理论维度又有现实视野，理论中既有总论又有分论，而分论之中既包括对经典马克思主义文本的思想脉络与当代意义的把握，也包括对西方马克思主义与社会批判理论空间化转向的专题研究，而本章则是对这种空间化转向最重要代表人物列斐伏尔的核心文本与思想方法的个案研究。只有到了这里我们才能对历史唯物主义空间化问题的理论方法认识有一个当代的具体丰富的理解高度，也有了一个可以遵循与借鉴的典型范式。无论从何种意义上都可以说，不理解列斐伏尔，历史唯物主义的空间化问题研究至少是不深入不完整的，甚至是无法真正展开的。而列斐伏尔对历史唯物主义的空间化理解，既是尚待真正开始的课题或尚须开掘的富矿，又是对其存在着不少误解的思想个案。本章从介绍西方学界对列斐伏尔日常生活批判哲学及其空间化转向的研究入手，进而考察他最重要的著作《空间的生产》中的相关思想方法，以期对历史唯物主义的当代意义与当代资本主义新表现及其新问题作一次新的理论探索。这也是我们"重访列斐伏尔"进而"与列斐伏尔思想同行"的重要目的与意义。

第一节　列斐伏尔与西方马克思主义的"空间化转向"

列斐伏尔作为法国马克思主义的创始人与历史缩影,是举世公认的日常生活批判哲学大师,也是西方后现代理论的"空间化转向"的有力推动者。但迄今为止对他的思想研究仍然处于"广为人知"却"罕为人解"的状况。20世纪80年代之前,列斐伏尔的影响基本局限于法国与德国等欧陆国家,且主要集中在对其日常生活批判哲学的研究上;80年代其影响陷入低潮,几乎无人问津。但自列斐伏尔去世前后的90年代以来,其思想学术影响在英语世界反倒是与日俱增,主要是作为一位后现代的社会理论家、人文地理学家、空间理论家乃至于节奏分析哲学家而被接受与关注。列斐伏尔思想命运的急剧起伏,其思想形象与定位的几番改变,一方面反映了左派社会批判哲学理论在西方的艰难曲折处境,另一方面也显示出关注现代社会生活与现实历史活动的马克思主义辩证法巨大的潜在的生命力。

一、西方马克思主义的不祧之祖

谁是昂利·列斐伏尔?在一个由阿尔都塞、布朗肖、列维纳斯、拉康、福柯、德勒兹、德里达与巴迪乌、南希等名字所命名从而为标志的"法语理论"(French Theory)[①]称雄的时代,我们为什么还要或者说还有什么理由关注这位似乎早已经"过了档期"的 a 思想家呢?本章的回答是,对列斐伏尔的研究不仅没有过时,而且还很不够。他的思想在目前的西方学界时来运转,对他的研究方兴未艾。甚至有学者喊出这

[①] 参见 Francois Cusset, *French Theory, How Foucault, Derrida, Deleuze, & Co. Transformed the Intellectual Life of the United States*, translated by Jeff Fort with Josephine Bercanza and Marlon Jones, Minnesota, London: University of Minnesota Press, 2008; 并参见弗朗索瓦·库塞《法国理论在美国》,方琳琳译,河南大学出版社2018年版。

样一句响亮的口号:"让列斐伏尔全球化"(globalizing Lefebvre!)①。本章就此提出这样一个问题:对列斐伏尔的研究状况究竟如何,或者说对他的研究为何与他在思想史上的地位极不相称?本章围绕如下八个字来做文章,以此来形容与概括列斐伏尔思想研究的现状与存在的问题。这就是虽"广为人知"却"罕为人解"。

列斐伏尔何以"广为人知"呢？列斐伏尔(1901—1991),这位与20世纪同龄的哲学思想大师,一直活到了苏联解体的前夜。他是一位可以和卢卡奇、葛兰西或者阿多诺、本雅明、布洛赫以及马尔库塞等并肩而立的西方马克思主义始祖级人物。问题还不仅仅如此。列斐伏尔的影响与作用超出了西方马克思主义的范畴,而贯穿于整个欧洲现代社会思想史与社会运动史。在其漫长而富有传奇性的生涯中,列斐伏尔以其身体力行直接实践参与并以其思想理论影响了许多重要历史活动。这其中包括:(1)法国超现实主义、达达主义和黑格尔主义的涌现与兴起;(2)法国马克思主义的创立与传播;(3)法国共产党的组织建设与理论斗争;(4)存在主义与马克思主义从冲突到融合形成"法国存在主义马克思主义";(5)二战期间法国抵抗法西斯主义的地下运动;(6)1968年的五月风暴;(7)20世纪70年代欧洲共产主义运动、绿党和平与生态运动以及无政府主义运动;(8)20世纪70—80年代资本主义城市化和全球化与国家主义生产方式问题的研究;(9)对后现代思想转向问题的讨论;(10)对苏联东欧剧变的深入思考;等等。在长达60多年的创作生涯中,列斐伏尔以其饱满的热情与超人的才华,笔耕不辍,为我们留下了著作70

---

① 参见 Stefan Kipfer, Christian Schmid, Kanishka Goonewardena, and Richard Milgrom, "Globalizing Lefebvre?"in *Space, Difference, Everyday Life: Reading Henri Lefebvre*, edited by Kanishka Goonewardena, Stefan Kipfer, Richard Milgrom, and Christian Schmid, New York and London: Routledge, 2008, pp. 285 – 305。

多部、论文300余篇。① 这样一笔巨大而丰厚的精神遗产,涉及哲学、文学、美学、社会学、语言学、历史学、经济学、马克思主义、政治学、地理学、城市学、建筑学、生态学、心理学、身体理论、空间理论、大众文化研究等众多领域。

那么,如此"广为人知"的列斐伏尔,又何以长期处于"罕为人解"之处境呢?首先在于,他的思想充满着跨领域、业余性与碎片化特点,而不够精确、系统、专业,甚至缺少理论的原创性而失之于灵活运用性。由于没有严格的专业约束,以及充满着方法论运用研究的特色,使得列斐伏尔不为学院派、主流派所容纳、理解与接受。与卢卡奇、阿多诺、阿尔都塞这些西方马克思主义哲学大师相比,列斐伏尔缺少严格的哲学训练与理论原创。与布尔迪厄、鲍德里亚甚至吉登斯这些社会理论大家相比,列斐伏尔缺少更为专业深入的理论创造与现实系统研究。科拉科夫斯基在其著名的《马克思主义的主要流派》一书中如是评价:列斐伏尔作为一位多产作家,才华广博,涉及题目领域很多,所以总缺少深入研究。这使得人们对他的理解无所适从。当然,列斐伏尔对法国马克思主义的贡献还是蛮大的:因为他的不懈努力,"青年马克思"才成为20世纪40—50年代法国哲学的主题;对于普及马克思的"异化"一词,特别是使其成为

---

① 限于篇幅,且由于列斐伏尔的著作出版目录还在不断地增加,笔者这里不可能一一列出细目。列斐伏尔论著相关目录可参见:Reme Hess, *Henri Lefebvre et l'aventure du siècle*, Paris: A. M. Métailié, 1988, pp. 334 - 345; Afterword by David Harvey, in Henri Lefebvre, *The Production of Space*, translated by Donald Nicholson-Smith, Blackwell Publishers Ltd., 1991, pp. 432 - 434; Henri Lefebvre, *Writings on Cities*, selected, translated and introduced by Eleonore Kofman and Elizabeth Lebas, Blackwell Publishers Ltd., 1996, pp. 53 - 55; Rob Shields, *Lefebvre, Love and Struggle*, *Spatial Dialectics*, London and New York: Routledge, 1999/2005, pp. 190 - 204;空間の生産(斎藤日出治訳・解説,東京:青木書店,2000)一书附录第 8 - 22 页; Stuart Elden, *Understanding Henri Lefebvre: Theory and the Possible*, Continuum Intl Pub Group, 2004. pp. 257 - 262; Christian Schmid, *Stadt, Raum und Gesellschaft: Henri Lefebvre und die Theorie der Produktion des Raumes*, Franz Steiner Verlag, 2005, pp. 335 - 344; Lukasz Stanek, *Henri Lefebvre on Space: Architecture, Urban Research, and the Production of Theory*, Minneapolis, London: University of Minnesota Press, 2011, pp. 306 - 348。

一个日常生活批判概念,他是立了头功一件的。①

总之,列斐伏尔始终没有认真建构与反思过自己的哲学理论基础,他擅长理论运用与问题创新而缺乏严谨的理论论证与透彻分析。我们当然不能局限在哲学领域内讨论日常生活的批判与改造问题,而必须深入到日常生活的"毛细血管"中观察问题。这是列斐伏尔的强项。但我们毕竟不能缺少对现代社会的宏观历史认识。他虽然也自觉不自觉地从现代社会发展阶段与规律入手,并道出了资本主义社会日常生活无法摆脱经济社会结构制约之事实的原委,但却经常陷入对日常经验的神秘美学直观而不能自拔。这与他一生都没有超越青年马克思的人本主义异化批判逻辑,没有认真消化吸收马克思成熟时期的政治经济学批判的历史唯物主义方法直接相关。

列斐伏尔的思想之所以"罕为人解",另一个原因是,其研究主题经常令人摸不着头脑地随意转换,诚可谓"草蛇灰线,伏脉千里"。也有人将其思想过程喻作一条时隐时显、时断时续的地下河。比如,日常生活批判就是贯穿其一生不同阶段的一条地下河,忽而冒出,忽而隐去,三度起落:1947 年出版的第 1 卷《导言》是一个高潮,后沉默了十多年,1962 年出版的第 2 卷《日常生活的社会学基础》旧话重提,近 20 年之后的 1981 年方才出版了第三卷《现代主义的现代性——论日常的元哲学》。中间相隔了 30 多年。

其思想让人费解的第三个原因是其独特的写作风格与研究思路:他惯常采用"日常化"而不是哲学学院叙述文风——大量警句、穿插情节、夸大其词,或含糊不清。②"他活似一位杰出的业余工匠,老是不能兑现自己的独门绝活儿";"他一生思想善变而缺少连贯,活似一位只管耕

---

① 参见[波兰]莱泽克·科拉科夫斯基《马克思主义的主要流派》第 3 卷,侯一麟、张玲霞译,黑龙江大学出版社 2015 年版,第 163—164 页。
② 参见 Henri Lefebvre, *Everyday Life in the Modern World*, translated by Sacha Rabinovitch, with a new Introduction by Philip Wander, New Brunswick(USA), London (UK):Transaction Publishers,1994, p.V。

耘而不管收获的播种者。他文风流畅而朦胧,像巡回演出与诗化朗读,他心目中之不共戴天者,乃是那些信守机械体系的顽固的教条主义者,以及小心翼翼而不敢越雷池一步的胆小鬼"。①

但无论如何,万变不离其宗。列斐伏尔是西方学界公认的"日常生活批判理论巨擘"、"现代法国辩证法之父"、区域社会学(特别是城市社会学理论)的重要奠基人以及社会理论的"空间转向"的主要推动者。

研究列斐伏尔的意义之一在于,他一生所实现的两次根本思想转型,具有很重要的启发价值。一次是借助于20世纪上半叶法国各种丰富的思想资源,基于个人自觉的理论与实践探索,摆脱了苏联教条式的马克思主义,而创立了独出心裁的存在主义马克思主义,特别是提出现代日常生活批判这个总问题;另外一次是通过大量吸收与借鉴现代社会理论研究、语言学转向与结构主义成就,而摆脱与超越存在主义马克思主义,进而走向对后现代社会的空间化全球化发展问题的研究。就此而言,列斐伏尔在西方马克思主义代表人物中也算是独领风骚了。这足以显示出其难能可贵的攻难克艰、"与时俱进"的思想品质。研究列斐伏尔思想的第二个意义在于,他用其漫长的一生开辟了一条独特的社会批判理论道路,改变了西方的社会思想地图甚至专业结构(比如城市社会学与人文地理学),但其真正意图却是由此走向对马克思主义哲学当代意义问题的深入思考。由列斐伏尔之"个案"研究,我们可以看到马克思主义的辩证法历史观在分析与回答当代社会重大现实与理论问题上所具有的持久韧劲及其所面临的挑战。通过深入研究列斐伏尔的核心思想及其发展道路,我们能够汲取他在发展与运用马克思哲学方法开拓新领域方面的一些成功经验与失败教训。

---

① 参见 Henri Lefebvre, *Critique of Everyday Life*, Vol Ⅰ, *Introductio*, translated by John Moore, Preface by Michel Trebtish, London, New York: Verso, 1991, p. Ⅸ。

二、西方学界对列斐伏尔的日常生活批判哲学研究概况

列斐伏尔有这样一句口头禅——"众所周知者乃非真知者"①,出自黑格尔的《精神现象学》。其本意是指,日常生活问题真有些"不识庐山真面目,只缘身在此山中"的味道。但在这里却用作比喻其思想命运——似乎很有名气,但真正理解他的人却寥寥无几。他作为一位有如此重要影响的思想家,也免不了被严重忽视或遭到相当误解。在西方思想界,从第二次世界大战之后一直到20世纪70年代,列斐伏尔是与萨特、梅洛-庞蒂等人齐名的在法国思想舞台上引领风气的明星人物。列斐伏尔著作的翻译与研究在西班牙、德国、瑞典、葡萄牙、日本②等国学界长期备受重视。据不完全统计,到20世纪90年代末,列斐伏尔主要著作有西班牙语译本16种,德语译本17种,日语译本20余种。此外,其著作还被英、美、意大利、阿尔巴尼亚、葡萄牙、希腊、土耳其、荷兰、丹麦、瑞典、塞尔维亚、克罗地亚、俄国、印尼、朝鲜和中国等多国的文字译出③。迄今为止,列斐伏尔的思想在拉丁美洲仍有某些影响。

应当说列斐伏尔的思想影响在1968年五月风暴前后达到了顶峰。20世纪70年代以降,由于右翼新哲学家思想喧嚣尘上、结构主义掌握乾坤,特别是后现代主义异军突起,列斐伏尔很快被从中心排除出局。佩里·安德森,这位资深的英国马克思主义历史学家,曾经对他做过两个重要的评论:(1)列斐伏尔不仅是二战之前法国马克思主义最重要的和最早的奠基人之一,而且在战后的头十年间也"仍然是党内最著名、最富有创见性的哲学家"。安德森从政治上给列斐伏尔划了这样一个"中派"

---

① 转引自黑格尔《精神现象学》,先刚译,人民出版社2013年版,第20页。
② 关于列斐伏尔的著作在日本翻译出版的情况,可参见空間の生産(斎藤日出治訳・解説,東京:青木書店,2000)一书的附录第8—22页。
③ 详细情况参见 Reme Hess, *Henri Lefebvre et l'aventure du siècle*, Paris: A. M. Métailié, 1988, pp. 334—345; *Rob Shields*, Lefebvre, Love and Struggle, Spatial Dialectics 一书的附录:"列斐伏尔著作目录"; Stuart Elden, *Understanding Henri Lefebvre: Theory and the Possible*, pp. 257-262。

的位置:既不像青年卢卡奇那样对革命对未来盲目乐观,也不似法兰克福学派那样对历史前景莫名悲观。① (2)在1968年法国风暴平息之后,在西方思想界精英纷纷倒戈"向右转"的理想主义大溃败背景下,列斐伏尔是一个"杰出的例外"。"这位我所讨论过的西方马克思主义传统在世人物中最老的幸存者","他在八旬之际既不屈服也没有转变,而是对那些为大多数左派所忽视的典型课题继续从事冷静而富有创见的著述。然而,这种坚定性的代价是,处境相当孤立"。②

安德森以上所谓的列斐伏尔晚年"命运孤独"的评价却在列斐伏尔身后有所改变。最突出的表现在英语世界。因为列斐伏尔的名声在欧陆走红之时,他的人气指数在英国与北美相当长一段时间里并不看好。所以直到20世纪90年代,列斐伏尔著作的英译本也不过10种左右,远远低于在欧陆甚至南美或日本的水平;但当他于1991年去世之后,其主要著作却渐被英语世界译出,又重获西方思想界的瞩目,诚可谓"起死回生"或"死而复生"。首先值得专门一提的是,列斐伏尔的最重要著作《空间的生产》以及《日常生活批判》③第一卷英译本均是在1991年首次出版的,《日常生活批判》第二卷的英译本亦于2002年出版,第三卷英译本则于2003年问世。④ 之前《日常生活批判》三大卷已经有德语与日语译本。随着《日常生活批判》三大卷的英译本的出齐,一定程度上在国际学界掀

---

① 参见[英]佩里・安德森《西方马克思主义探讨》,高铦等译,人民出版社1981年版,第50页。
② 参见[英]佩里・安德森《当代西方马克思主义》,余文烈译,东方出版社1989年版,第34页。
③ 参见 Henri Lefebvre, *Critique de la vie quotidienne*, *Tom I: Introduction*, Paris:Grasset,2nd edn,Paris:L'Arche,1947/1958; *Critique de la vie quotidienne*, *Tom II: Fondement d'une sociologie de la quotidiennete*, Paris:L'Arche,1962;*Critique de la vie quotidienne*, *Tom III: De La modernite au modernisme(Pour une metaphilosophie du quotidian)*, Paris:L'Arche,1981。
④ 参见 Henri Lefebvre, *Critique of Everyday Life*, *Vol I*, *Introduction*, translated by John Moore, Preface by Michel Trebtish, London, New York: Verso, 1991; *Critique of Everyday Life*, *Vol II: Fondation of a Sociology of Everyday Life*, translated by John Moore, Preface by Michel Trebtish, London, New York: Verso, 2002; *Critique of Everyday Life*, *Vol. III: From Modernity to Modernism(Towards a Metaphilosophy of Daily Life)*, translated by Gregory Elliott, Preface by Michel Trebitsch, London, New York: Verso, 2003。

起了一次研究列斐伏尔的高潮①。以至于有人说,现在该是"与列斐伏尔达成协议"②(coming to terms with Lefebvre)之时了。

姑且撇开列斐伏尔思想的真正重要性与原创性等客观因素不论,在英语世界,对列斐伏尔的生平、著作、思想的译介与研究,相较于其他当代法国思想大师,如萨特、福柯、德里达、德勒兹、阿尔都塞、鲍德里亚、列维纳斯与布朗肖等人来说,都来得要慢,出的成果也比较少。20世纪60—70年代以来的一些相关英语研究著作对列斐伏尔思想大都是一笔带过。主要有乔治·李希特海姆的《现代法国马克思主义》③、罗纳德·蒂尔斯基的《现代法国马克思主义》④、R. 戈宾的《现代左派的起源》⑤、E. 库兹韦尔的《结构主义时代》⑥、亚瑟·赫什的《法国左派的历史概览:从萨特到高兹》⑦、麦考·凯利的《现代法国马克思主义》⑧、马丁·杰伊的《马克思主义与总体性》⑨等。20世纪70年代英语学术界写得最好的一部法国马克思主义史研究著作,也是研究列斐伏尔最为深入系统的著作,是马克·波斯特所著的《战后法国的存在主义马克思主义:从萨特到阿尔都塞》⑩。但让人感到不满足的是,即使波斯特在该书中把列斐伏尔

---

① 关于列斐伏尔的日常生活批判思想研究最新成果,可集中参见 *Space*, *Difference*, *Everyday Life*: *Reading Henri Lefebvre*, edited by Kanishka Goonewardena, Stefan Kipfer, Richard Milgrom, and Christian Schmid, New York, London: Routledge, 2008。
② *Henri Lefebvre*: *Key Writings*, edited by Stuart Elden, Elizabeth Lebas, and Eleonore Kofman, New York: Continuum, 2003, p.Ⅺ.
③ George Lichtheim, *Marxism in Modern France*, New York: Columbia University Press, 1966.
④ Ronald Tiersky, *Marxism in Modern France*, New York: Columbia University Press, 1974.
⑤ R. Gombin, *The Origins of Modern Leftism*, Harmondsworth: Penguin, 1975.
⑥ E. Kurzweil, *The Age of Structuralism*: *Levi-Strauss to Foucault*, New York: Columbia University Press, 1980;并参见该书中译本:[美]伊迪丝·库兹韦尔,《结构主义时代——从莱维-斯特劳斯到福柯》,尹大贻译,上海人民出版社 1988 年版。
⑦ A. Hirsh, *The French Left*: *A History and Overview*, Montreal: Black Rose Books, 1982.
⑧ Michael Kelly, *Modern French Marxism*, Oxford: Basil Blackwell, 1982.
⑨ M. Jay, *Marxism and Totality*: *Adventures of a Conception*, Berkely: University of California Press, 1984.
⑩ M. Poster, *Existential Marxism in Postwar France*: *From Satre to Althusser*, Princeton: Princeton University Press, 1975;并参见该书中译本:[美]马克·波斯特,《战后法国的存在主义马克思主义:从萨特到阿尔都塞》,陈硕等译,南京大学出版社 2015 年版。

视为法国马克思主义史的核心人物,也只是让他充当萨特的陪衬而已。波斯特认为,法国的存在主义马克思主义经过了"存在主义与马克思主义的对立"、"存在主义走向马克思主义"与"马克思主义走向存在主义"三阶段。其中,萨特是从存在主义向马克思主义靠拢的代表,而"争鸣集团"特别是列斐伏尔则是从马克思主义走向存在主义的代表。也就是说,列斐伏尔和萨特一样是存在主义马克思主义的主将。①

与英语世界相比,法国作为列斐伏尔的祖国与思想本土,列斐伏尔思想的影响与对其的研究,主要集中于20世纪五六十年代,其长时间被作为正统的马克思主义哲学家来接受。70年代之后由于阿尔都塞的结构主义马克思主义的兴起,以及随后的后现代主义社会批判理论的挑战,列斐伏尔已经从昔日的"广为人知",变成了当下的"罕为人知"了。目前,在法国本土,研究与出版列斐伏尔著作的最主要学者是雷密·赫斯(R. Hess)、皮·卢罗(Pierre Lourau)与特雷比希(Michel Trebitsch)。他们三人之间要数特雷比希的研究水平最高。他是巴黎国家社会科学研究中心教授。只不过,他没有出版过研究列斐伏尔的专著,而只发表过一些分量很重的优质论文,主要围绕列斐伏尔青年时代的"哲学家小组"(the "*Philosophies*")时期展开研究,特别是为其《日常生活批判》三部曲所作的英译本序言,详细地介绍了这部名著的思想背景、基本内容与发展过程、历史地位与影响。② 法国最优秀的列斐伏尔生平思想作者是雷密·赫斯。他写的《列斐伏尔的百年传奇生涯》③《列斐

---

① 参见 M. Poster, *Existential Marxism in Postwar France: From Satre to Althusser*, Princeton: Princeton University Press, 1975;中译本参见[美]马克·波斯特《战后法国的存在主义马克思主义:从萨特到阿尔都塞》,陈硕等译,南京大学出版社 2015 年版。
② 关于特雷比希在研究列斐伏尔思想方面的贡献,可参见 B. 布克哈德《两次世界大战之间的法国马克思主义:亨利·列斐伏尔与"哲学家小组"》一书(Bud Burkhard, *French Marxism between the Wars*, Henri Lefebvre and the "*Philosophies*", Humanity Books, 2000)以及特雷比希专门为《日常生活批判》三部曲英译本所写的序言(Henri Lefebvre, *Critique of Everyday Life*, *The One-Volume* Edition, Preface by Michel Trebtish, London, New York: Verso, 2014, pp. 5 – 24, 277 – 293, 655 – 675)。
③ R. Hess, *Henri Lefebvre et l'aventure du siècle*, Paris: A. M. Métailié, 1988.

伏尔与可能的思想》①,都是必读的参考书。除此之外,赫斯还专门为《空间的生产》《空间与政治》《从乡村到都市》等多部著作的重版写下了质量很高的长篇序言。而卢罗则是列斐伏尔在巴黎十大即楠泰尔的同事,他们经常交流思想;他为列斐伏尔的《比利牛斯山》一书再版写过序言"昂利·列斐伏尔的空间"②。

在德国语境中列斐伏尔著作与思想的研究状况比较特殊。其思想影响、命运似乎正好与英语世界相反。一个明显趋势是在整个20世纪70年代列斐伏尔的思想地位非常突出,围绕他出版了大量的研究著作。一位德国学者克劳斯·罗尼伯格(Klaus Ronneberger)做了比较详细的梳理③。如上所述,如果说在法国语境中列斐伏尔主要是作为马克思主义哲学家被接受的,但已经被明显地遗忘了,而在英美的盎格鲁-撒克逊世界里列斐伏尔主要是作为一名后现代的地理学家与空间哲学家而被接受的④。罗尼伯格在其文章中说,在联邦德国时代,列斐伏尔主要作为一名马克思主义日常生活批判与人道主义哲学家被接受。随着德国统一、冷战结束、自由主义全球化一统世界,列斐伏尔如同阿尔都塞一样被人迅速地忘记,而福柯的影响却如日中天。

这位德国学者指出,列斐伏尔在德国的影响是短暂的,但却集中于关于现代都市社会的日常生活批判哲学。列斐伏尔的著作在德国被翻

---

① R. Hess, *Henmi Lefebvre et la ponsee du possible : Théorie des momentset construction de la personne*, Paris : Economica -Anthroposopos, 2009.
② Pierre Lourau, "L'espace Henri Lefebvre", in Henri Lefebvre, *Pyrénées*, Pau, Cairn, 2e édn, 2000[1965], pp. 9 - 13;关于列斐伏尔的著作及其身后的思想命运在法国语境中的演变情况,可参见斯图亚特·埃尔登(Stuart Elden)《列斐伏尔生命的延续》,载[英]莱姆克等《马克思与福柯》,陈元等译,华东师范大学出版社2008年版,第191—220页。
③ 参见 Klaus Ronneberger, "Henri Lefebvre and urban everyday life:In search of the possible", in *Space, Difference, Everyday Life: Reading Henri Lefebvre*, edited by Kanishka Goonewardens, Stefan Kipfer, Richard Milgron, and Christian Schmid, New York,London: Rouledge, 2008,pp. 134 - 146。
④ 参见 Eleonore Kofman and Elizabeth Lebas, "Lost in Transposition:Time, Space and the City", in Henri Lefebvre,*Writings on Cities*, selected,translated and introduced by Eleonore Kofman and Elizabeth Lebas,Oxford:Blackwell Publishers Ltd., 1996,pp. 3 - 62。

译是一件被严重拖延的事情。他的《日常生活批判》第一卷即《导言》及第二版(加入新序言)以及《日常生活批判》第二卷虽然已经分别在1947、1958、1962年出版,但直到70年代中期才分别于1974、1975年被译成德语出版。1987年合在一起重新出版。而其早期代表作《辩证唯物主义》一书德译本则于1964年出版。除此之外,列斐伏尔的《都市革命》(1970)、《马克思的社会学》(1966)、《现代世界中的日常生活》(1968)等这些名著则都于1972年被译成德语出版。而《语言与社会》(1966)、《资本主义的幸存》(1973)、《元哲学》(1965)以及《马克思主义思想与城市》(1972)、《现代性导论:十二个序曲》(1962),则分别于1973、1974、1975、1975年被译成德语出版。①

罗尼伯格还介绍了德国的列斐伏尔研究著作出版情况②,主要集中于20世纪70年代,主题就是日常生活批判哲学。其中的代表性成果有:库特·麦耶尔,《列斐伏尔:一位浪漫的革命者》③;霍斯特·阿伦茨、乔基姆·比肖夫、乌尔斯·耶基,《什么是革命的马克思主义?》④;托马斯·克莱斯宾,《被压抑的日常生活:列斐伏尔对日常生活的批判》⑤;托马斯·赖特豪斯,《日常意识的形式》⑥;魏纳·杜特,《日常世界之策划:城市形象批判》⑦;罗塔·哈克,《日常生活中的主体性:社会关联结构的建构》⑧;

---

① 参见 Klaus Ronneberger, "Henri Lefebvre and urban everyday life: In search of the possible", In *Space, Difference, Everyday Life: Reading Henri Lefebvre*, pp. 143 - 144。
② 以下书目介绍引自 Klaus Ronneberger, "Henri Lefebvre and urban everyday life: In search of the possible", in *Space, Difference, Everyday Life: Reading Henri Lefebvre*, p. 145。
③ Kurt Meyer, *Henri Lefebvre: Ein romantischer Revolutionar*, Vienna: Europa Verlag, 1973.
④ Horst Arenz, Joachim Bischoff, and Urs Jaeggi, *Was ist revolutionarer Marxisums?* Berlin: VAS-Verlag, 1973.
⑤ Thomas Kleinspehn, *Der verdrangte Alltag: Henri Lefebvres Marxistiche Kritik des Alltagslebens*, Giesseb: Focus Verlag, 1975.
⑥ Thomas Leithauser, *Formen des Alltagsbewusstseins*, Frankfurt: Campus, 1976.
⑦ Weiner Durth, *Die Inszenierung der Alltagswelt: Zur Kritik der Stadtgestaltung*, Braunschweig: Vieweg-Verlag, 1977.
⑧ Lothar Hack, *Subjektivitat im Alltagsleben: Zur Konstitution sozialer Relevanzstrukturen*, Frankfurt am Main: Campus, 1977.

海德·贝恩特,《城市的本质》①;赖纳·挪克博,《日常生活:对一种政治历史和辩证范畴的批判》②;霍斯特·缪勒,《实践与希望:从马克思到布洛赫和列斐伏尔的哲学与社会科学实践研究》③;贝恩特·德维、威尔弗雷德·费希霍夫、海茵茨·孙克,"当今日常生活批判的视角"(列斐伏尔《日常生活批判》的跋)④。

  90年代之后,德语世界研究列斐伏尔的著述明显减少,且从日常生活批判主题转移到其城市与空间哲学等专题研究上。目前,在德语世界甚至是在整个世界学术界,研究列斐伏尔空间哲学思想的扛鼎之作,当推克里斯蒂安·施米德的博士论文《城市、空间与社会:亨利·列斐伏尔与空间生产理论》(2005)一书⑤,该书强烈地批判了英语世界把列斐伏尔的空间生产理论主题简单化、片面化,尤其是后现代主义化的解释倾向,而认为《空间的生产》是德国辩证法哲学、法国现象学与英法的城市社会、人文地理学成果之集大成者。新近的其他德语研究著作还有乌利希·缪勒-舒尔的《系统与剩余:亨利·列斐伏尔的关键理论透视》⑥、哈约·施米德的《冲突的社会哲学:论列斐伏尔与巴塔耶的国家与主体理论研究》⑦。

---

① Heide Berndt, *Die Natur der Stadt*, Frankfurt am Main: Campus, 1978.
② Rainer Neugebauer, *Alltagsleben: Zur Kritik einer politisch-historischen und dialektischen Kategorie*, Frankfurt am Main: Haag und Herchen, 1978.
③ Horst Muller, *Praxis und Hoffnung: Studien Zur Philosophie und Wissenschaft gesellschaftlicher Praxis von Marx bis Bloch und Lefebvre*, Bochum: Germinal Verlag, 1986.
④ Bernd Dewe, Wilfried Ferchhoff, and Heinz Sunker, Afterword, "Perspektiven einer Kritik des Alltagslebens heute", in Henri Lefebvre, *Kritik des Alltadlebens*, Frankfurt am Main: Surkamp Verlag, 1987.
⑤ Christian Schmid, *Stadt, Raum und Gesellschaft: Henri Lefebvre und die Theorie der Produktion des Raumes*, Franz Steiner Verlag, 2005.
⑥ Ulrich Muller-Scholl, *Das System und der Rest: Kritische Theorie in der Perspektive Henri Lefebvre*, Talheimer, Germany: Mossingen-Talheim, 1999.
⑦ Hajo Schmidt, *Sozialphilosophie des Krieges: Staats und subjekttheoretische Untersuchungen zu Henri Lefebvre und Georges Bataille*, Essen, Germany: Klartext-Verlag, 1990.

总之,正像前文所提及的巴黎国家社会科学研究中心教授米歇尔·特雷比希,这位列斐伏尔思想研究的法国权威所说:列斐伏尔因为写出关于现代日常生活批判的鸿篇巨制,而与卢卡奇、本雅明、阿多诺、马尔库塞等德语思想家,联袂进入 20 世纪社会批判理论大师的行列,但英语学术界迄今为止对列斐伏尔的误解与偏见仍然甚多,所以他的著作与思想总体上只能面临着虽"广为人知"却"罕为人解"(though well known, and is little appreciated)的命运。[1] 当然,情况很快就有所改变,这主要表现为列斐伏尔思想命运与研究重点在他去世之后的"峰回路转""时来运转"。换句话说,从"罕为人知""门可罗雀"到"渐被人解""遍地开花"。

三、列斐伏尔去世之后英语世界的"空间研究转向"

在西方学界,由于列斐伏尔一生思想非常活跃且主题多变,所以对其的评价与研究也多变多样。在 20 世纪 50 年代,他是法国正统马克思主义的代表与法共的理论权威;在 60—70 年代,他是存在主义的马克思主义的象征,重点转向了他的消费社会的"日常生活批判"这个核心问题,而与法兰克福学派的马尔库塞的"单向度的人"相提并论;80 年代,列斐伏尔虽然文思不衰、作品不断,但在欧陆声誉日衰。正如特雷比希所说:20 世纪 80 年代列斐伏尔在法国的影响降至冰点,彼时拉康、阿尔都塞、罗兰·巴特所代表的结构主义风云际会、盛行一时。倒是得益于詹姆逊与哈维、索亚这些英美学者的热情推荐、宣传与介绍,列斐伏尔在北美地区渐被人知,墙里开花总是墙外香。而 1991 年列斐伏尔去世那年,他的《空间的生产》(1974)一书英译本的出版[2]则是一个转折点,很快在英语世界引起了社会理论的"后现代地理学转向"或"空间化转向",即

---

[1] 参见 Henri Lefebvre, *Critique of Everyday Life*, Volume Ⅰ, Preface by Michel Trebitsch, London, New York: Verso, 1991, p.Ⅸ。
[2] Henri Lefebvre, *La Production de l'espace*, 4e édn, Paris: Anthropos, 2000; *The Production of Space*, translated by Donald Nicholson-Smith, Oxford: Blackwell Ltd., 1991。

"列斐伏尔转向"①。这种"法国本土生产理论"、"美国成功翻译包装外销"、"非西方世界广泛接受与消费"的"法国理论旅行"现象,在当代学术舞台上演了多次。这其中包括福柯、德里达、德勒兹、拉康、列斐伏尔等法国思想巨擘大咖们的理论生产与流通消费过程,从而促发了法国本土对列斐伏尔的重新重视与重新邀请。也就是说,列斐伏尔理论之北美旅行,使其得以重新进入法国思想的先贤祠:"一个典型的'法国理论'现象是,法国模仿英美世界的'空间化转向',出现了一幕把列斐伏尔主义重新进口回法国和再本土化(reacclimatization)的景象"②。

自《空间的生产》出版以来,在西方特别是英语学术界,先后出现过

---

① 据不完全统计,在列斐伏尔去世之后,英语世界翻译编辑出版的其主要著作有 15 本以上之多,除了前面列举的《日常生活批判》三卷本与《空间的生产》之外,列斐伏尔的英译本著作还有:《现代性导论:十二个序曲》(*Introduction to Modernity*, *Twelve Preludes*, translated by John Moore, London, New York: Verso, 1995),《城市论》(*Writings on Cities*, selected, translated and introduced by Eleonore Kofman and Elizabeth Lebas, Blackwell Publishers Ltd., 1996),《都市革命》(*The Urban Revolution*, translated by Robert Bononno, Foreword by Neil Smith, Minneapolis: University of Minnesota Press, 2003),《列斐伏尔著作精萃》(*Henri Lefebvre: Key Writings*, edited by Stuart Elden, Elizabeth Lebas, and Eleonore Kofman, New York: Continuum, 2003),《节奏分析:空间、时间与日常生活》(*Rhythmanalysis: Space, Time, and Everyday Life*, translated by Stuart Elden and Gerald Moore, with an introduction by Stuart Elden, London, New York: Continuum, 2004),《列斐伏尔的国家、空间与世界论文选集》(*State, Space, World Selected Essays*, edited by Neil Brenner and Stuart Elden, translated by Gerald Moore, Neil Brenner, and Stuart Elden, Minneapolis, London: University of Minnesota Press, 2009),《日常生活批判》(一卷集)(*Critique of Everyday Life, The One-Volume Edition*, translated by John Moore and Gregory Elliott, Preface by Michel Trebtish, London, New York: Verso, 2014),《刍议快乐的建筑》(*Toward an Architecture of Enjoyment*, edited by Lukasz Stanek, translated by Robert Bononno, Minneapolis, London: University of Minnesota Press, 2014),《元哲学》(*Metaphilosophy*, translated and edited by Stuart Elden and David Fernbach, London, New York: Verso, 2016),《马克思主义思想与城市》(*Marxist Thought and the City*, translated by Robert Bononno, Foreword by Stuart Elden, Minneapolis, London: University of Minnesota Press, 2016),《黑格尔、马克思、尼采:阴影的王国》(*Hegel, Marx, Nietzsche or the Realm of Shadows*, translated by David Fernbach, London, New York: Verso, 2020),等等。
② 参见 "Parcours et positions", Annales de la recherché urbaine, no. 64, September 1994; Cite in Michel Trebitsch, "Preface: Presenatation: Twenty Years After", in Henri Lefebvre, *Critique of Everyday Life*, Volume III, 2005, p.XXV。

三个研究和阅读列斐伏尔的高峰期①:第一次是在 20 世纪 70 年代由哈维发起的城市政治经济学批判模式或资本弹性积累与时空压缩理论;第二次是作为洛杉矶学派成员的爱德华·索亚在 20 世纪 80 年代引导的一场后现代地理学研究运动,使列斐伏尔的思想逾出其原有的马克思主义理论边界,而迈向了空间地理、社会科学与人文科学领域;而 21 世纪以来的第三次阅读,对列斐伏尔的研究则表现出更为全面,更接地方、地理之"地气"的经验化与多样化趋势,涉及全球化、城市化、国家空间、身体—节奏、建筑学,乃至于生态运动、女性主义等方面的问题②。

大体上说可以概括为以下几种研究倾向与模式:

---

① 参见 *Space*, *Difference*, *Everyday Life*: *Reading Henri Lefevcre*, edited by Kanishka Goonewardens, Stefan Kipfer, Richard Milgron, and Christian Schmid, New York: Rouledge, 2008, pp. 12 - 16。

② 在这其中,有关列斐伏尔全球化思想研究最重要的近作是由尼尔·布伦纳与斯图亚特·埃尔登(Stuart Elden)为列斐伏尔的国家、空间与世界理论著作英译版选集联合撰写的长篇导言"国家、空间、世界:列斐伏尔与资本主义的幸存"(参见 Henri Lefebvre, *State*, *Space*, *World Selected Essays*, edited by Neil Brenner and Stuart Elden, translated by Gerald Moore, Neil Brenner, and Stuart Elden, Minneapolis, London: University of Minnesota Press, 2009, pp. 1 - 48)。有关列斐伏尔的城市理论、节奏理论问题的研究情况,考夫曼与列巴斯作了最好的概括,他们为列斐伏尔的主要城市研究著作英译单行本作了一个长篇序言"迷失在时间、空间与城市转换"("Lost in Transposition: Time, Space and the City", in Henri Lefebvre, *Writings on Cities*, selected, translated and introduced by Eleonore Kofman and Elizabeth Lebas, Blackwell Publishers Ltd., 1996, pp. 3 - 62);埃尔登亦为列斐伏尔的《节奏分析》一书英译本写了序言(Henry Lefebvre, *Rhythmanalysis*: *Space*, *Time*, *and Everyday Life*, translated by Stuart Elden and Gerald Moore, with an introduction by Stuart Elden, London, New York: Continuum, 2004);深入研究列斐伏尔的节奏地理学的著作则是一部集体编写的论文集《节奏地理学:自然、地方、流动性与身体》(*Geographies of Rhythm*: *Nature*, *Place*, *Mobilities and Bodies*, edited by Tim, Edensor, UK: Ashgate Publishing Limited, 2010);而对列斐伏尔的日常生活批判、城市空间、节奏与身体理论的系统研究著作则是由 Kanishka Goonewardena, Stefan Kipfer, Richard Milgrom, Christian Schmid 等集体主编的《空间、差异与日常生活》(*Space*, *Difference*, *Everyday Life*: *Reading Henri Lefebvre*, New York, London: Routledge, 2008)一书。关于列斐伏尔的空间辩证法与建筑理论的最新的也是最重要的研究著作,包括上述的德语学者克里斯蒂安·施米德的《城市、空间与社会:亨利·列斐伏尔与空间生产理论》一书(Christian Schmid, *Stadt*, *Raum und Gesellschaft*: *Henri Lefebvre und die Theorie der Produktion des Raumes*, Franz Steiner Verlag, 2005),以及荷兰裔英国学者斯坦尼克所著《亨利·列斐伏尔论空间:建筑、城市研究与理论的生产》(Lukasz Stanek, *Henri Lefebvre on Space*: *Architecture*, *Urban Research*, *and the Production of Theory*, Minneapolis, London: University of Minnesota Press, 2011)等著作。

第一组是运用与发展列斐伏尔理论研究当代资本主义积累、空间化生产与发展问题的"经典著作系列"。这方面的权威与代表作有大卫·哈维的弹性资本积累论与历史地理唯物主义[1];受列斐伏尔与哈维、卡斯特[2]等经典的空间批判理论大师的影响,随后出现了安东尼·吉登斯关于现代性的社会时空构成化理论[3]、戈特迪纳关于资本主义城市的社会空间生产理论[4];尼尔·史密斯的不平衡发展的空间生产理论[5]。依循以上经典理论传统,纽约大学地理学教授尼尔·布伦纳,这位20世纪60年代末出生的后起之秀,则以左派地理学与政治学为本营提出了新国家空间与资本主义再区域化发展理论[6]。

第二组是"都市马克思主义系列"。包括:托尼·朱迪的《马克思主义与法国左派:法国1830—1981年劳动与政治问题研究》[7],艾拉·卡茨

---

[1] D. Harvey, *The Limits to Capital*, London, New York: Verso, 1982/2006; *The Condition of Postmodernity: An Enquiry into the Origins of Cultural Change*, Blackwell Publisher, 1990(《后现代的状况:对文化变迁之缘起的探究》,阎嘉译,商务印书馆2003年版);*Spaces of Hope*, University of California Press, 2000(《希望的空间》,胡大平译,南京大学出版社2006年版);The New Imperialism, Oxford University Press, 2003(《新帝国主义》,初立忠、沈晓雷译,社会科学文献出版社2009年版)。

[2] Mannel Castells, *The Urban Questions: A Marxist Approach*, translated by A. Scheridane, The MIT Press, London: Arnold(Publishers)Ltd., 1979.

[3] Anthony Giddens, *A Contemporary Critique of Historical Materialism*, London, Basingstoke, 1981;中译本参见[英]吉登斯《历史唯物主义的当代批判:权力、财产与国家》,郭忠华译,上海译文出版社2010年版。

[4] M. Gottdiener, *The Social Production of Urban Space*, Austin: University of Texas Press, 1985;中译本参见[美]马克·戈特迪纳《城市空间的社会生产》(第二版),任晖译,江苏凤凰教育出版社2014年版。

[5] Neil Smith, *Uneven Development: Nature, Capital, and the Production of Space*, Athens, London: The University of Georgia Press, 1984/2008;中译本参见[美]尼尔·史密斯《不平衡发展:自然、资本与空间的生产》,刘怀玉等译,商务印书馆2021年版。

[6] [美]尼尔·布伦纳:《全球化与再地域化:欧盟城市管治的尺度重组》,原载《城市研究》1999年第3期,中译文载《国际城市规划》2008年第1期;*New State Spaces: Urban Governance and the Rescaling of Statehood*, Oxford, New York: Oxford University Press, 2009;*State/Space: A Reader*, edited by Neil Brenner, Bob Jessop, Martin Jones, and Gordon MacLeod, Blackwell Publishing, 2003。

[7] Tony Judt, *Marxism and the French Left: Studies in Labour and Politics in France, 1830-1981*, Oxford: Clarendon Press, New York: Oxford University Press, 1986.

纳尔逊的《马克思主义与城市》①,安迪·麦瑞费尔德的《都市马克思主义》②,尼尔·史密斯为列斐伏尔《都市革命》一书英译本所写的译序③,意大利学者 Francesco Biagi 最近所著的《亨利·列斐伏尔的空间批判理论》(London：Palgrave Macmillan,2020)也属于此类专著。

这几部著作都是通过研究欧洲城市社会运动背景,反思马克思主义城市理论形成过程,突出从恩格斯、本雅明到列斐伏尔与哈维、卡斯特在推动城市马克思主义形成过程中的经典地位与作用。正如尼尔·史密斯所说,尽管列斐伏尔的城市马克思主义理论在后来的影响确实没有卡斯特与哈维那么大,但这并不等于说列斐伏尔的思想已经没有什么意义了,反倒显示出其更深层的与更具有预言性的意义：今天的世界确实已经进入列斐伏尔 40 多年前已经预见到的都市化全球化时代,传统马克思主义的工业资本主义解释能力与资本积累新变化理论显然不可能比列斐伏尔的理论更具有说服力。今天人类最缺少未来乐观主义,而列斐伏尔却乐观地断言未来的人类将进入一个都市革命时代,每个人都具有进入城市的权利。

第三组是"后现代社会与文化研究系列"。包括：G. 马库斯的《口红印》④；克里斯汀·罗丝的《社会空间的涌现：兰波与巴黎公社》《飙车、洁身——去殖民化与法国文化的重组》⑤,罗丝的著作成功地运用了列斐伏尔的日常生活批判理论研究法国大众文化现象；爱德华·索

---

① Ira Katznelson, *Marxism and the City*, Oxford：Clarendon Press,1993；中译本参见[美]艾拉·卡茨纳尔逊《马克思主义与城市》,王爱松译,江苏凤凰教育出版社 2013 年版。
② Andy Merrifield, *Metromarxism. A Marxist Tale of the City*, London, New York：Routledge,2002.
③ Henri Lefebvre, *The Urban Revolution*, translated by Robert Bononno, Foreword by Neil Smith, Minneapolis：University of Minnesota Press, 2003, pp. Ⅶ-ⅩⅩⅢ.
④ G. Marcus, *Lipstick Traces*, Cambridge,Mass.；Havard University Press,1989.
⑤ Kristin Ross, *The Emergence of Social Space：Rimbaud and the Paris Commune*, Palgrave Macmillan, 1988；*Fast Cars, Clean Bodies：Decolonization and the Reordering of French Culture*, MIT Press, 1996.

亚的《后现代地理学——重申批判社会理论中的空间》①及《第三空间》②,在后一本书中索亚通过运用列斐伏尔空间辩证法理论深入研究洛杉矶城市群而将其成功地解释为后现代地理学家,作为列斐伏尔在美国的重要弟子及其学说的最卖力的推销者,索亚认为列斐伏尔思想中存在着后现代主义的基因或"血统"③;D. 戈利高里的《地理学的想象》④,B. 戈朗隆的《列斐伏尔的空间本体论化转型》⑤,这些著作同样把列斐伏尔的思想定位于通向后现代地理学想象的道路上;而道格拉斯·凯尔纳(Douglas Kellner,亦译道格拉斯·科尔纳)与斯蒂文·贝斯特(Steven Best)则把列斐伏尔的影响推及至整个后现代理论视野中,他们在《后现代转向》一书中把 20 世纪 50—60 年代法国出现的"情境主义国际"(Situationist International)及其代表居依·德博(A. Guy Debord)和列斐伏尔视为从马克思走向鲍德里亚(J. Baudrillard)、马克思主义走向后现代主义之"重要环节"⑥。已如前述,杜克大学的左派文论大师弗里德里克·詹姆逊是列斐伏尔的思想著述在北美地区最重要的宣传者与提倡者之一。他在《晚期资本主义的文化逻辑》《文化转向》《辩证法的效价》等著作中多次谈及列斐伏尔的重要意义,赞美列斐伏尔是 20 世纪"最后一位伟大的经典哲学家",是后现代文化研究中的空间理论的重要奠基人⑦;列斐伏尔的《空间的生产》一书彻底重构了马克思的辩证法,使

---

① E. Soja, *Postmodern Geographies, The Reassertion of Space in Critical Social Theory*, London: Verso, 1989;参见该书中译本[美]爱德华·索亚《后现代地理学:重申批判社会理论中的空间》,王文斌译,商务印书馆 2004 年版。
② E. Soja, *Third Space, Journey to Los Angeles and Other Real-and-Imagined Places*, Oxford: Basil Blackwell, 1996;参见该书中译本[美]爱德华·索亚《第三空间:去往洛杉矶和其他真实和想象地方的旅程》,陆扬等译,上海译文出版社 2005 年版。
③ 参见 E. Soja, *Postmodern Geographies*; *Third Space*。
④ D. Gregory, *Geographical Imaginations*, Oxford: Basil Blackwell, 1994.
⑤ B. Gronlund, *Lefebvre's Ontological Transformation(s) of Space*, Stockholm: Nordplan, 1993.
⑥ Steven Best and Douglas Kellner, *Postmodern Turn*;中译本参见[美]S. 贝斯特、D. 科尔纳《后现代转向》,陈刚等译,南京大学出版社 2002 年版。
⑦ 参见[美]詹明信《晚期资本主义的文化逻辑》,陈清侨等译,上海三联书店 2013 年版。

其从时间中心转移到空间中心,而且也促进了后现代性理论的创立①。

当然,在该问题上,也有学者如考夫曼与列巴斯②以及哈维③等人,他们都明确反对把列斐伏尔"后现代化",坚持认为他是一位对后现代主义持否定与批判态度的马克思主义城市理论家或空间地理学家。

第四组是"整体与专题研究列斐伏尔思想系列"。主要代表作有:R.希尔兹的《列斐伏尔,爱与斗争:空间的辩证法》④,该书是英语世界第一部全面系统研究列斐伏尔思想尤其是地理空间理论的权威著作;M. E.伽丁纳的《日常生活批判》⑤,该书是英语世界最为系统全面深入地比较研究列斐伏尔在20世纪西方日常生活批判哲学转向中的重要影响与地位的著作,它把列斐伏尔与海德格尔、巴赫金、本雅明、巴塔耶、赫勒、居依·德博特、德塞托等思想家相提并论,并专门详细地剖析了列斐伏尔前后期日常生活批判哲学概念的异同与变化;B. 布克哈德的《两次世界大战之间的法国马克思主义:亨利·列斐伏尔与"哲学家小组"》⑥,该书是迄今为止英语世界所能见到的最系统研究超现实主义与达达主义的兴起、法国马克思主义与法国共产党的创立、法国黑格尔主义与存在主义的产生,特别是"哲学家小组"建立及其主要成员与早期列斐伏尔通向日常生活批判之路的内在微观联系的文献;本·海默尔的《日常生活与文化理论导论》⑦;布鲁斯·鲍弗的《法语黑格尔:从超现实主义到后现代

---

① 参见[美]弗雷德里克·詹姆逊《辩证法的效价》,余莉译,中国社会科学出版社2014年版,第86页。
② 参见"Lost in Transposition: Time, Space and the City", in Henri Lefebvre, *Writings on Cities*, selected, translated and introduced by Eleonore Kofman and Elizabeth Lebas, Blackwell Publishers Ltd.,1996,pp.45,51。
③ 参见 David Harvey, *The Condition of Postmodernity*, Blackwell Publisher,1990。
④ Rob Shields, *Lefebvre, Love and Struggle, Spatial Dialectics*, London, New York: Routledge, 1999.
⑤ Michael E. Gardiner, *Critique of Everyday Life*, New York: Routledge, 2000.
⑥ Bud Burkhard, *French Marxism between the Wars, Henri Lefebvre and the "Philophies"*, Humanity Books, 2000.
⑦ Ben Highmore, *Everyday Life and Cultural Theory: An Introduction*, New York: Routledge,2002.

主义》①,该书把20世纪的法国哲学史主线理解为伊波利特著名的黑格尔"苦恼意识辩证法"解释模式主导下的发展过程,在这其中,从布赖东、列斐伏尔、伊波利特、萨特到德勒兹、德里达与福柯,是一座座大师们所精心设计建造的思想迷宫与暗道,法国的20世纪哲学走过了一个从黑格尔的总体性辩证法与苦恼意识批判哲学走向后黑格尔的他者与差异哲学的复杂突围过程;斯图亚特·埃尔顿的《理解昂利·列斐伏尔:理论与可能》②,该书是迄今为止英语世界研究列斐伏尔思想(特别是其哲学与政治思想)最为用力与深刻的扛鼎之作,指出列斐伏尔是一位以深入透视与挖掘日常生活的可能性为核心的马克思主义辩证法家、城市社会学家、历史学家、空间理论家与政治哲学家;安迪·麦瑞费尔德的《列斐伏尔批判导论》③,该书以列斐伏尔自传体著作《剩余与总和》为方法论主线,历史地再现了列斐伏尔的日常生活批判瞬间理论与都市革命政治的空间想象;约翰·罗伯特的《日常哲思:革命实践与文化理论之命运》④。

第五组是"运用理论方法研究现实系列",即运用列斐伏尔相关理论、概念、方法直面当代西方与世界城市社会、经济、政治、文化变化新现实的著作。这是21世纪以来西方所涌现的最新倾向⑤。这方面当首推大卫·哈维的《叛逆的城市:从城市权利到城市革命》⑥,它是哈维运用列斐伏尔于1968年法国"五月风暴"时期的激进城市批判思想来研究西方2008年经济危机之后以占领华尔街为象征的城市社会运动的一部经

---

① Bruce Baugh, *French Hegel: From Surrealism to Postmodernism*, New York: Routledge, 2003.
② Stuart Elden, *Understanding Henri Lefebvre: Theory and the Possible*, Continuum Intl Pub Group, 2004.
③ Andy Merrifield, *Henri Lefebvre: A Critical Introduction*, Routledge, 2006.
④ John Roberts, *Philosophizing the Everyday: Revolutionary Praxis and the Fate of Cultural Theory*, Pluto Press, 2006.
⑤ 有关这方面的最新的综合研究著作是Jenny Bauer和Robet Fischer等合编的《透视列斐伏文:理论、实践与重新解读》(De Gruyter Oldenbourg, 2019)。
⑥ David Harvey, *Rebel Cities: From the Right to the City to the Urban Revolution*, Verso, 2012;参见该书中译本[美]大卫·哈维《叛逆的城市:从城市权利到城市革命》,叶齐茂、倪晓晖译,商务印书馆2014年版。

典之作;除此之外,还有伯突佐的《破碎的达卡:运用列斐伏尔的空间生产理论来分析日常生活》①,从标题就可以看到这是一部运用列斐伏尔空间生产理论研究孟加拉国城市化问题的著作;弗雷泽的《亨利·列斐伏尔与西班牙城市经验》②;克莱曼的《列斐伏尔指导建筑师手册》③;米德尔顿的《列斐伏尔和教育:空间、历史与理论》④;Sytze F. Kingma 和 Karen Dale 等合编的《组织化空间及其超越:论亨利·列斐伏尔对于组织研究学的意义》(New York:Routledge,2018);卢卡兹·斯坦尼克编的列斐伏尔遗稿《刍议快乐的建筑》⑤,该书为《空间的生产》同时期著作,对于理解列斐伏尔的空间与建筑哲学很有帮助;克里斯·巴特勒的《列斐伏尔:空间政治、日常生活与城市权利》⑥,这是一部运用列斐伏尔思想研究澳大利亚城市社会与政治法律哲学问题的著作;安吉拉·德·阿斯柯利的《公共空间:列斐伏尔与超越》(Angela d'Ascoli,Mimesis International,2018);厄迪-勒兰戴斯编辑的《理解城市:列斐伏尔与都市研究》⑦,这是一部集体编写的运用列斐伏尔思想研究土耳其等国家城市化发展问题的论文集。除此之外,近年上市的有关著作还有:卢卡兹·斯坦尼克等编的《今日之都市革命》(Urban Revolution Now,Harvard University,2014);本亚明·弗雷泽的《论都市文化研究:亨利·列斐伏尔和人文科学》(Palgrave,2015);特别是 Michael E. Leary-Owhin 等编的《亨利·列斐伏尔论城市与都市社会劳特勒奇手册》(The Routledge

---

① Elisa T. Bertuzzo, *Fragmented Dhaka: Analysing Everyday Life with Henri Lefebvre's Theory of Production of Space*, Franz Steiner Verlag, 2009.
② Benjamin Fraser, *Henri Lefebvre and the Spanish Urban Experience: Reading from the Mobile City*, Bucknell University Press, Reprint edition, 2013.
③ Nathaniel Coleman, *Lefebvre for Architects*, Routledge, 2014.
④ Sue Middleton, *Henri Lefebvre and Education: Space, History, Theory*, Routledge, 2013.
⑤ Henri Lefebvre, *Toward An Architecture of Enjoyment*, edited by Lukasz Stanek, translated by Robert Bononno, Minneapolis, London: University of Minnesota Press, 2014.
⑥ Chris Butler, *Henri Lefebvre: Spatial Politics, Everydaylife and the Right to the City*, New York: Routledge Talor & Francis Group, 2012.
⑦ *Understanding the City: Henri Lefebvre and Urban Studies*, edited by Gulcin Erdi-Lelandais, Cambridge Scholars Publishing, 2014.

Handbook of Henri Lefebvre，The City and Urban Society，London：Routledge，2020）等。限于篇幅，不再一一列举。

第六组是关于列斐伏尔20世纪70—80年代集中思考的资本主义国家生产方式、资本主义的空间生产与全球化发展批判问题的研究。这集中体现在前面我们已经提到过的由尼尔·布伦纳与斯图亚特·埃尔登所主编的列斐伏尔的国家、空间与世界理论著作英译版选集①中。两位主编在联合撰写的长篇英译本导言"国家、空间、世界：列斐伏尔与资本主义的幸存"中指出：虽然列斐伏尔的空间、城市社会理论已经得到广泛关注，但他的国家理论却一直没有得到应有重视。要知道，列斐伏尔在20世纪70—80年代曾经一口气出版了厚达1600多页的四卷本《论国家》。但该部著作迄今为止始终没有译成英文。他们认为，列斐伏尔的国家学说虽然有其不可避免的时代局限性，即他研究的国家空间与国家生产方式是已经衰退的福特制或者有组织资本主义，但我们仍然能够从中找到今天可以借鉴的东西。其中有六种"可能之道"（possible ways）仍然值得今天的左派政治理论家与实践活动家们学习借鉴：一是新的空间的政治，即超越单一国家范畴的多维尺度的空间政治思维；二是作为国家生产方式重构的新自由主义；三是超越左派的生产主义，以发展反对增长；四是作为全球化的新帝国主义：一种流动性的地缘政治；五是激进民主与国家的批判：国家衰退与自治运动兴起；六是论一种可能的政治，这就是一种差异的空间的政治，一种反抗资本主义同质化的全球化空间统治的流动性游戏性世界革命。②

与第六组主题直接相关，第七组是列斐伏尔的"差异性的空间政治理论研究"系列。差异性空间所针对的抽象空间现实，既是列斐伏尔心

---

① 参见 Henri Lefebvre，*State，Space，World Selected Essays*，edited by Neil Brenner and Stuart Elden，translated by Gerald Moore，Neil Brenner，and Stuart Elden，Minneapolis，London：University of Minnesota Press，2009。
② 参见 Neil Brenner and Stuart Elden，"Introduction. State，Space，World：Lefebvre and the Survival of Capitalism"，in Henri Lefebvre，*State，Space，World Selected Essays*，pp. 1-48。

目中的仍然属于国家垄断资本主义范畴的有组织的消费资本主义社会统治体制,也是传统的以苏联为代表的社会主义计划经济体制以及国家主导的生产方式,所以,在后福特主义或新自由主义所主宰的全球化资本主义语境下,多少显得有些过时。①

列斐伏尔的这一理论带有明显的过渡性质,反映了西方激进左派的现实困境:如何从经典的西方马克思主义社会批判理论走向后马克思主义的激进民主政治哲学。故他的差异性理论成为今天西方左派社会理论界最为关注的话题。其中,有学者把列斐伏尔的差异政治理论视为其对自己前期的日常生活批判理论的一种自我否定与批判,也就是从一种总体性与剩余性辩证法中,经葛兰西—威廉姆斯式的都市文化领导权理论,而走向类似于拉克劳—墨菲式的激进左派政治理论——追求差异性权力的后现代的都市自治主义。② 也有学者把列斐伏尔的差异性空间政治理论过度解释为,把马克思主义资本积累批判理论与都市社会学混为一体的"后现代地理学想象"③。当然,还有学者把列斐伏尔的空间生产理论与差异政治理论理解为对盛行于 20 世纪的以鲍豪斯学派与柯布西耶为代表的西方现代主义城市设计思想的反叛与抵抗,而认为列斐伏尔所谓的知觉空间、构思空间与表征性空间"三位一体"的差异性空间辩证法思想与实践,充分贯彻与体现了列斐伏尔毕生所追求的目标:把都市日常生活作为艺术品来进行规划设计的、空间实践至上的哲学与政治理想。④

综上所述,从著名的现代性日常生活批判哲学家到后现代的都市社

---

① 参见 Henri Lefebvre, *State, Space, World Selected Essays*, p. 31。
② 参见 Stefan Kipfer, "How Lefebvre urbanized Gramsic: Hegemony, everyday life, and difference", Andrew Shmuely, "Totolity, hegemony, difference: Henri Lefebvre and Raymond Williams", in *Space, Difference, Everyday Life: Reading Henri Lefebvre*。
③ Stefan Kipfer, Christian Schmid, Kanishka Goonewardena, and Richard Milgrom, "Globalizing Lefebvre?" in *Space, Difference, Everyday Life: Reading Henri Lefebvre*.
④ 参见 Lukasz Stanek, *Henri Lefebvre on Space: Architecture, Urban Research, and the Production of Theory*, Minneapolis, London: University of Minnesota Press, 2011。

会日常生活的空间批判理论家与节奏分析思想家,这既是列斐伏尔一生的哲学思想发展主线,也是西方学界对其思想研究重点转变的基本轨迹。我们不能简单地对这种转折的是非得失说长论短,但有一点可以充分肯定:这种转变,即列斐伏尔思想命运的跌宕起伏,其思想形象与定位的几度易容转换,一方面反映了左派社会批判哲学理论在西方的艰难曲折处境,另一方面也显示出始终关注现代社会生活与现实历史活动的马克思主义辩证法的巨大的潜在的生命力。

第二节 《空间的生产》的空间化历史唯物主义观

本节以西方马克思主义"空间化转向"的经典著作《空间的生产》为借鉴,来思考历史唯物主义的当代空间化解释问题。列斐伏尔通过三个方面或步骤给予我们重要启示:一是突破传统马克思主义解释模式而突出空间问题意识;二是以空间与生产、社会与空间两对范畴双向互释的视角,奠定历史唯物主义空间化解释的逻辑基础;三是以所谓"空间历史"为主线阐明历史唯物主义的空间视野与空间的社会历史内涵,但为此也付出了"过度解释"的代价。

一、传统解释模式的突破与空间问题意识的自觉

40 多年前的 1974 年,法国马克思主义者亨利·列斐伏尔在西方马克思主义"空间化转向"的经典之作《空间的生产》[①]一书中,模仿当年马克思批判费尔巴哈不懂得"历史的"唯物主义与实践性本质的语气指出,从前的历史唯物主义在谈论历史发展时,空间是在视野之外的,而在谈论空间时根本就没有历史唯物主义。在该书法文第三版序言(1986)中列斐伏尔坦言:在刻板的马克思主义传统中,社会空间被视为上层建筑,

---

[①] Henri Lefebvre, *La Production de l'espace*, 1e édn, Paris: Anthropos, 1974.

即生产力、社会结构及财产关系的一个结果。① 而在那些最为正统的马克思主义者那里,他们仍然顽固地坚持用通常意义上的物的生产即货物与商品的生产逻辑研究问题。甚至还有这样一些人,声称任何关于空间、城市、全球与城市区域问题的讨论,都只会模糊"阶级意识"从而使工人变得涣散。② 时值 20 世纪 70 年代,当哲学家与科学家们仍固守数学或心理范畴来理解空间之时,法国城市设计家、规划师以及政治家们早就在实践中不自觉地宣告:我们现在已进入空间的生产时代。

列斐伏尔认为,现在空间已经进入生产力和劳动分工领域;它有时在工作(所有权)与统治的层面上,有时又在上层建筑(制度)的层面上呈现其结构与活动。空间活动并不均衡,但到处可见,而不再固定于传统的基础与上层建筑等级制所规定好的这个或那个层面上。③ 其作用表现在:1. 在生产力中扮演一个角色。2. 表现为具有单一特征的产品。3. 显示出它自己将在**政治上发挥重要作用**。4. 巩固了生产关系和财产关系的再生产。5. 相当于一整套制度的和意识形态的上层建筑。6. "包含了作品的和再取用的潜力。……开创了一个差异性空间的方案(它要么是一个逆文化的空间,要么是一个反空间,在最初的乌托邦的意义上——这与现实存在的'真实的'空间不同)"。④

所以,我们当然不能放弃马克思主义的分析与方向,而应当从各个方面进行改革与创新,特别是引入新的概念——空间的生产与空间的历史概念,并努力发现一些新的和更精致的方法来加深研究。因为空间一词把精神与文化、社会与历史连接成一体。它重构了这样一个复杂过程:"**发现**(新的或未知的空间、大陆或宇宙的发现)—**生产**(社会的空间化、组织化特征的生产)—**创造**(各种作品的创造:风景、具有纪念碑意义和装饰风格的城市)"。完全可以说,正如已经有了时间的、身体的以及

---

① 参见[法]亨利·列斐伏尔《空间的生产》,刘怀玉等译,商务印书馆 2021 年版,第 XXIII 页。
② 参见同上书,第 131—132 页。
③ 参见同上书,第 XXIII—XXIV 页。
④ 参见同上书,第 514 页。

性的历史一样,这里尚有一部**空间的历史**(histoire de l'espace)待我们去书写。①

由列斐伏尔以上看法我们可以进一步引申说:历史唯物主义所面对的空间问题,其准确说法是把历史性生产性原则融化于其中的"空间化"概念。历史唯物主义化的空间(化)问题,既非传统的物质空间范畴、地理环境理论,甚至也不是静态的社会结构与社会空间思想。空间化是以物质生产尤其是社会关系生产和再生产为核心的历史辩证法之内在的一个基本视野,也就是指占主导地位的空间性社会结构在自我超越、自我重组过程中所形成的"空间化社会存在"。它具有非地域性、共时性、流动化特征。换言之,历史唯物主义空间化概念问题的关键在于:我们既不能像牛顿或笛卡尔那样把空间视为现成的独立的"自在之物",也不能像康德那样把空间视为人的先验直观能力,即强加给现象世界的一种主观秩序,而是名副其实的马克思意义上的"历史前提"与"历史产物"的辩证统一。所以,空间化是由不同范围的社会进程与人类活动干预形成的产物,同时又是一种生产"力量",它要反过来影响、指引与限定人类在世界上的行为与方式的各种可能性。总之,空间化概念打破了空间与历史之间的森严壁垒,把空间观与历史观彻底统一了起来:(1)把空间问题提升为"空间化"问题。一方面把空间动态化地理解为历史发生的前提与结果,另一方面把历史具体化地理解为具有持存性、共存性形态的社会空间关系存在。(2)把空间化问题从一个基本哲学范畴与社会理论问题提升为历史唯物主义的当代特征与核心课题。

对于列斐伏尔而言,空间并非物质世界本身的既定存在方式而是社会历史的产物。要理解此命题,须对以往的生产概念与空间概念作重新理解,打破僵化的经济基础与上层建筑二分法,把空间理解为一个探索的创造的过程,将其从静止的再现性的社会结构概念转变成为既是生产者又是产物的辩证运动过程。于是,对空间的生产性、历史性理解以及

---

① 参见[法]亨利·列斐伏尔《空间的生产》,第XXIII—XXIV页。

对社会历史的空间性理解的辩证统一,成为列斐伏尔提供给我们的新的历史唯物主义理论视野。

列斐伏尔向我们论证了历史唯物主义关注空间问题的迫切性与当代性意义。首先,他认为从关注空间中的物的生产到关注空间本身的生产,这是历史唯物主义应有之义,也是历史唯物主义理解当代资本主义的城市化、全球化与区域化发展的必然理论创新要求。《空间的生产》一书多处强调,我们必须要从空间中的物的生产走向空间本身的生产,要从作为具体产品的空间的生产走向生产过程之中的空间。"我们注意的'目标'也势必会从**空间中的物**转向**空间的实际生产**上来。"①这是一个历史的现象学的还原过程。但从物的或产品的或作品的空间返回到生产或创造它们的活动之中,这可不是一件"轻而易举的事情"。正像笛卡尔发动了从被思想的思想到思想着的思想,从思想的对象到思想活动本身的哲学革命,马克思哲学革命也动摇了一个时代的思想模式。与经济学家们不同,马克思从生产活动的结果回到了生产活动本身。而列斐伏尔的空间转向之革命性发现是,虽然任何通过在时间中历史性地发展着的活动都会导致即生产出某个空间,但这种活动只有在空间中才能成其为实践性的现实,或具体的现实。比如一个纪念碑性空间,并不是纪念碑本身,而是只有当那些参观的人们真实穿行于其空间本身之时才有纪念碑性空间。"通过这种方式,反思性的思维从生产出来的空间,从生产的空间(空间中的物的生产)进入空间自身的生产。"②

其次,从历史比较角度阐明了空间生产理论的当代意义。无论在实践方面还是在理论方面,20 世纪 70 年代的局势都与 19 世纪中叶所一度盛行的情形有某种相似性。一系列崭新的"问题框架"(problèmatique)正处于取代旧问题框架的过程之中,但这是一个新的问题提法代替旧的问题提法并以旧的问题为基础却并未完全取代旧的问题之过程。正像

---

① [法]亨利·列斐伏尔:《空间的生产》,第 56 页。
② 同上书,第 133—134 页。

19世纪的问题框架是从对物的财富的分析走向对生产过程的分析那样,今天我们关注的焦点是从工业化走向城市化。空间的问题框架把都市领域(城市及其扩张)以及日常生活(被设计规划的消费)问题纳入其中,而取代工业化问题框架。这样做并没有取消早期的问题系列:从前所公认的社会关系问题现在仍然具有公认的意义。确切而论,新问题乃是社会关系的再生产问题。在马克思的时代,政治经济学被淹没在对产品的计算与描述的汪洋大海之中。马克思以一种分庭抗礼的方式取代了这种把物当作"物自体"的研究,他提出了一种对生产活动本身(社会劳动、生产关系与方式)的批判性分析。今天我们需要呼吁一种与此相类似的方法,即不是对空间中的物的分析而是对空间本身的分析,就是主张揭穿那种镶嵌在空间之中的社会关系。如果我们不去揭开空间中潜在的社会关系,不关注空间生产及其所固有的社会关系,那么,我们就会掉到把空间仅仅当作"空间"自身,即"就空间论空间"这样的思想陷阱中去。这是又回到商品拜物教的老路上去,用这种方式方法来思考空间问题,会将空间"拜物教"化了,其代价是把人引向一种孤立地看待事物、就事论事的错误思想上去。①

再次,必须坚持历史唯物主义的生产第一性原则,批判在空间科学内部根深蒂固的唯心主义意识形态。毫无疑问,空间这个问题框架是由生产力的增长所引起的。在我们完全充分地掌握空间生产这个概念之前,必须把那种致力于掩盖生产力在一般生产方式之中的作用,特别是在占支配地位的生产方式中的作用的意识形态驱逐出去。我们首先要摧毁的是那种促进了抽象的空间性以及使空间的表象变得支离破碎的意识形态②。在列斐伏尔眼里,我们时代最为可怕的空间拜物教或最为神秘的空间意识形态,就是与"那些端坐在安静的办公室里的技术专家所居用的空间"③高度同构化的精神空间、符号空间、知识空间、技术空

---

① 参见[法]亨利·列斐伏尔《空间的生产》,第131—133页。
② 参见同上书,第133—134页。
③ 同上书,第9页。

间、设计空间、消费空间、建筑空间，等等。当务之急是要把这种想象的或者追求的"空间科学"的空间拜物教/意识形态一方，与空间生产的真正的知识与科学之另一方清楚地界划开来。这样一种空间真知，与自称是"空间科学"的解剖、解释与表征等，是截然对立的，而有望通过空间而发现空间中的时间（首先是生产的时间）。①

列斐伏尔指出，历史唯物主义的当代真精神与目标就是建立以空间的生产为核心逻辑的空间的政治经济学批判与历史批判。我们希望达及的真正知识应当既有"回溯性的"（rètrospective）也有"展望性的"（prospective）入口。它对于历史以及我们对时间的理解具有显而易见的意义，有助于我们把握社会是如何生产出它们的空间与时间。"它让我们不是去预知未来，而是重新思考对展望中的未来——换言之，另一个（可能的与不可能的）社会中的另一种空间与时间——会产生影响的相关因素。"②"于是辩证法从时间中浮现出来，并使其自身得以实现，它正以一种意料不到的方式在空间中发挥作用。空间的矛盾，并没有消除从历史时间产生出来的矛盾，而是把历史留在身后，并把那些旧矛盾在全世界的范围内同时提升到一个更高的水平。当这个矛盾的整体呈现出一种新的意义，指向'一些其他东西'——另外一种生产方式——的时候，其中的一些矛盾就被削弱了，另外一些则加剧了。"③这就是下文要说的差异性空间。

二、空间与生产、空间与社会的双向解构和重构

为了深入理解"空间的生产"一词的本质内涵，列斐伏尔重新解释了生产的空间内涵以及空间的生产内涵。也就是说，为何生产是"空间性的"以及空间是"生产性的"？缘何说空间是社会空间的生产？这就是，生产本身固有着"空间性"意义，以及空间固有着"生产性"意义。在此基

---

①② 参见［法］亨利·列斐伏尔《空间的生产》，第 135 页。
③ 同上书，第 189 页。

础上,进一步证明与还原社会存在作为"具体的抽象物",它如何通过空间的生产作为发生机制与存在方式才成为可能。

列斐伏尔认为,在马克思、恩格斯那里,生产概念具有广义与狭义之分。广义生产概念是指人类自我生产出他们自己的生活、意识与世界。自然的,空间的生产属于这种广义的生产。狭义生产概念涉及"谁在生产"、"如何生产"以及"生产什么"这样一些问题,从而与创造性、创造力以及想象力无关,而仅仅就是指劳动了。单就生产与空间的内在关系而论,"它首先将一系列看得见、具有一定'客体性'(即被生产之物)的活动组织起来。(其次)它向那些相互关联的操作施加一种时间性的与空间性的秩序,从而获得一种共生的结果。……所有的生产活动,与其说被一种不可更改的或永久性的要素所规定,不如说被在**时间**(连续与连接)与**空间**(同时性与共时性)之间不断地来来往往的过程所规定"①。

相应的,(社会的)空间既非许多不同物之中的一种物,亦非许多种产品之中的一种产品。相反,空间容纳了各种被生产出来的物,以及这些物之间的相互关系,即它们之间的共存性与同时性关系——它们的(相对的)秩序以及/或者(相对的)无序。"空间是一连串和一系列运转过程的结果,不能将其归结为某个简单的物的秩次。"②换言之,列斐伏尔所曰空间不单指事物处于一定地点、场景之中的那种经验性安置,也是指一种态度与习惯实践。他的隐喻性的空—间,最好理解为一种社会秩序的空间,或者说社会秩序的空间隐藏在空间的秩序之中③。

列斐伏尔除了让空间与生产两个概念双向互释之外,他还展开了社会关系与空间的互动性解释与讨论。在他看来,每个社会,因此每一种生产方式及其变种都会生产出其自身的空间。历史唯物主义的空间化解释面临着这样一个从来没有被人提及,所以在过去一直是悬而不决的问题:"各种社会关系的存在方式究竟是怎样的? 它们是实在的? 自然

---

① [法]亨利·列斐伏尔:《空间的生产》,第107页。
② 同上书,第110页。
③ 参见同上书,第426页。

的？抑或在形式上是抽象的？对空间的研究为此提供了一个答案。根据这种看法,生产的社会关系具有一种社会存在,以至于也拥有了一种空间存在;即生产的社会关系把自身投射到某个空间上,当它们在生产这个空间的同时,也把自身铭刻于其中。否则,社会关系就将永远处于'纯粹的'抽象领域之中"①。

换言之,社会关系如果没有基础或载体便无法存在。对于马克思来说,物向来是社会劳动的产物,注定要用来交换,是为了双重意义上的价值,即使用价值与交换价值才被创造出来的。它们既体现也掩盖了社会关系。但按照马克思主义的分析,以商品面目出现的"物"很显然已经不再是物。就其依然是物此点而言,它们变成了承载太多意义的"意识形态客体"。作为商品,物可以被分解为关系;它们的存在因而纯粹是抽象的——实际上是如此抽象,以至于若让它们脱离开符号以及符号的符号(货币),我们恐怕就什么也看不到了。所以,如果我们还固守物质世界本体论假设,社会关系基础的问题是完全无法回答的。"社会关系作为具体的抽象物,除了在空间之中并通过空间之外,没有任何真实的存在。**它们的基础是空间性的。**"②

比如,社会主义与资本主义两种社会形态的区别必然首先体现在地理空间形态上。社会主义生产关系支配下的空间整体,与资本主义生产方式下所产生的世界市场这两者之间应该有本质不同。因为后者"正沉重地压迫着这个星球,在全世界范围内进行强制劳动分工,从而控制了这个空间的以及这个空间生产力的构型,当然,还控制着财富来源与经济周期波动的结构"③。而他认为"社会主义"有两条可能的前进道路④。其中一条道路是为了竞争、声誉或权力而不计代价地加速增长。这种方案完全依赖大型企业和大城市的实力,所有其他的相对于生产中心、财

---

① [法]亨利·列斐伏尔:《空间的生产》,第 188—189 页。
② 同上书,第 595 页。
③ 同上书,第 83 页。
④ 相关论述参见同上书,第 83、620—621 页。

富中心和决策中心的地方则处于被动的边缘化状态。其不可避免的后果是加剧了发展中的不平等——强者愈强,弱者愈弱,实乃一种改头换面的资本主义增长战略。而第二种道路,则是立足于小型与中型企业,立足于与其实力相匹配的城镇。它致力于推动全部区域与全部人口共同进步,在这个过程中不使增长与发展相脱节。这条道路"可以将这个过程构想为一个多维度的过程,它不仅包括财富生产与经济增长,也包括社会关系的丰富与发展——表现为既**在空间中**生产各种各样的商品,也生产作为一个整体的**空间**,空间生产甚至可以更加有效地取用"①。社会必不可少的城市化将不会以牺牲全体人民利益为代价,也不会在发展与增长过程中进一步加剧不平衡;相反,不平衡发展将会消失,或者至少趋向消失。它会成功地超越城乡对立,取而代之的是降低城乡差别程度,并反过来使它们融为一体。这才是真正意义上的社会主义空间生产。

再如,要理解历史上的与当代的阶级斗争这种冲突的社会关系与结构,离开空间也是不可理喻与难以想象的:"与以往相比,今天的阶级斗争更是镶嵌在空间之中"②。20世纪上半叶,土地改革与农民革命重塑了我们这个星球的外表。这些变革最终在相当程度上导致了资本主义统一的世界市场或抽象空间的彻底胜利,因为它们在某种意义上自发地消除了"从前存在的历史性的人民与城市的空间"③,即帮助殖民主义消灭了地方性空间。而资产阶级与贵族阶级之间古老的阶级斗争也创造了一个空间,例如,法国在经历了大革命与1848年革命的胜利之后,资产阶级摧毁了位于巴黎中心的贵族空间,强迫这片奢华的地区为物质生产服务,在那里建立起工厂与公寓。④

再如,要理解当今高度复杂而流动的城市社会关系,缺乏相应的空间形式更是根本不可能的事情。列斐伏尔通过创造性地改造马克思的

---

① [法]亨利·列斐伏尔:《空间的生产》,第621页。
②③ 同上书,第84页。
④ 参见同上书,第87—88页。

"一般价值形式"的分析方法,形成了自己关于空间的辩证"形式"的理论。正像《资本论》把商品形式描述为与所交换之物无关的交换的"可能性"一样,《空间的生产》则把空间形式界定为人们日常生活"邂逅、汇聚和同时性的聚集"的"可能性"。城市空间形式作为一种抽象形式,就像一个具有普遍价值形式的商品交换过程一样,根本不在乎是"什么"聚集或"谁"在聚集。但列斐伏尔的创造性贡献在于,他发现城市空间形式出自商品价值形式而又不同于这种抽象形式,它是一个辩证的形式。抽象的商品交换价值对商品的使用价值漠不关心,而空间作为一种抽象的统治形式却死死地抓住具体的地方,并使尽手段赋予本来互不相关的、千差万别的地方以整体的功能。所以,"社会空间在某个点上,或者围绕这个点,表现出实际上的或潜在的聚集性"①。这种中心性/聚焦性就是社会空间的根本特征之一。"作为一种形式的**中心性**是空的,它需要有内容,并吸引、集中特殊的客体。通过成为活动和一系列运作的中心,这个形式获得了一种**功能性**的现实。"②对于城市社会来说,如果没有能量的集中,没有中心或核心这种形式,也就没有"现实",从而也就没有辩证法。城市社会空间形式的辩证法即"中心—外围、增生—消散、凝聚—辐射、溶合—饱和、浓缩—爆发、收敛—扩张"的对立统一。"任何中心性一旦被确立,就注定会经受从饱和、聚集中分散、爆发、解体,以及外部侵略等命运。这意味着'现实'绝不可能是完全固定不变的,它时常处于流动之中。"③

三、空间化视野中的人类空间历史谱系

历史唯物主义空间化解释绝无意要取消历史的根基性意义,而恰恰是通过空间角度深化对历史的理解,这就是著名的"空间的历史"(histoire de l'espace)理论——任何社会生产方式总有相应的社会空间

---

① [法]亨利·列斐伏尔:《空间的生产》,第148页。
②③ 同上书,第588页。

形式。这就是:与原始生产方式相对应的绝对空间,与古代生产方式相对应的神圣空间或政治空间,与中世纪生产方式相对应的历史空间,与资本主义生产方式相对应的抽象空间。正像马克思所说,能够表现最发达社会即资产阶级社会的社会关系的范畴(或概念),同样也能够被用来"透视一切已经覆灭的社会形式的结构和生产关系。资产阶级社会借这些社会形式的残片和因素建立起来,其中一部分是还未克服的遗物,继续在这里存留着,一部分原来只是征兆的东西,发展到具有充分意义"①。列斐伏尔认为:"已经达到概念化与语言化程度的空间的生产,对过去发生了回溯性的影响,打开了它的迄今尚未被理解的方面与契机。过去以别样的角度呈现出来,因此,过去如何变成现在的过程,也呈现出它的另外的一面。"②

以此来看,资本主义之前的空间均是自然中的空间或者历史积累而成的空间,而从资本主义开始才有空间自身的生产或者抽象空间本身的历史。这种真正意义上的空间的历史便与资本积累的历史相对应,以其原始积累阶段为开端,而以世界市场处于抽象空间的统治之下而告终。③而抽象空间具有同质性、碎片化与等级化特征,它其实是一种矛盾性空间。此空间性矛盾表现为使用价值与交换价值的矛盾、生产与消费的矛盾,特别是中心与边缘化的矛盾。取代与超越抽象空间之无法克服的内在矛盾的,则是差异性空间。差异性空间是走出现代性的支配空间或权力意志空间的统治阴影之后的种种历史可能性开端,也就是重回取用性空间的开端。今天无论是资本主义还是社会主义都处在这样一个从交换价值支配的抽象空间回归到使用价值优先的差异性、身体性空间的漫长过渡期。④

依某些学者之见,列斐伏尔的空间历史概念与马克思主义的社会形

---

① 《马克思恩格斯选集》第2卷,人民出版社1995年版,第23页。
② [法]亨利·列斐伏尔:《空间的生产》,第98—99页。
③ 参见同上书,第188页。
④ 参见同上书,第602—606页。

态或生产方式概念具有如下对应关系①：

绝对空间	自然
神圣空间	城邦，暴君与神圣国王，古埃及王朝
历史性空间	政治国家，希腊城邦、罗马帝国遗址，可透视空间
抽象空间	资本主义、财产等的政治经济空间
矛盾的空间	当代全球化资本与地方性的对立
差异性空间	未来可体现差异与新鲜体验的空间

虽然列斐伏尔像马克思那样认为人类历史开始于"自然界限的退缩"②或"自然空间的消失"③，但他所谓的空间历史开端于自然的绝对空间(l'espace absolu)。这是形成各种形式的空间的滥觞与原型④。在这第一自然的纯粹空间之上建立着社会空间，即作为测量与通道之用的实践，如边界、临时的营地。今天所谓的原野其实就是这种空间的一种体现。

在古老意义的绝对空间之上出现了所谓的神圣空间(espace sacre)，它是以第一批城市建筑为标志的，也就是德勒兹与瓜塔利所谓的头一种对环境的"辖域化"(territorialization)统治(相当于马克思所谓的亚细亚生产方式)：它作为疆域、人民与土地而被符号性标示，而从属于专制国家的身体之中。原始村落与半游牧部落的绝对空间转变成为一种神圣的城市空间，它是围绕统一性与模仿原则而被赋予其组织形式的。这种空间形式与自然界保持了一定的界限。古典城市的地心说是以我族为中心的地域观、宇宙观。周围环境及其力量被看作是共同体内部相互竞

---

① 参见 Rob Shields, *Lefebvre, Love and Struggle, Spatial Dialectics*, London, New York: Routledge, 1999, pp.170 - 172。
② 参见《马克思恩格斯文集》第 5 卷，人民出版社 2009 年版，第 589 页。
③ 参见[法]亨利·列斐伏尔《空间的生产》，第 47 页。
④ 参见同上书，第 344 页。

争的社会政治力量的一种反映。这种公共空间强烈地标志着一种阳刚男性,而同自然的与家庭的雌性相对抗。①

通过原始积累,生产与日常需要的分离,奠定了列斐伏尔所说的第三阶段的基础,这就是历史性空间(espace historique)。"中世纪空间建立在过去时期所建成的空间的基础上,并将这些空间作为其基底和象征物保存下来。"②在罗马帝国后期或中世纪早期那个据说是毫无意义的时期,一种新空间建立起来了。它取代了绝对空间,并使古罗马的宗教和政治空间世俗化,这与古希腊城邦空间的高度神圣化政治化明显不同。在罗马帝国统治之下,一种父权制与帝国统治下层的欲望开始发生了。基督教中世纪在列斐伏尔看来是这些秘密的民间基层权力再度复兴的表现。中世纪宗教建筑中所使用的垂直象征与偶像,建立了神圣起源与其地球上的封建秩序之间的联系。在这种象征空间中,列斐伏尔注意到了一种新型的光明的开放的公众的空间。这是背着道德堕落恶名的商业交流的活动空间。对于西欧资本主义的积累化过程来说,这个空间是个出发点,是城镇的摇篮与渊薮。

中世纪的城市风景宣告了一个仁慈且光明的乌托邦。文艺复兴的人物比例画法标志着从神圣社会秩序向世俗秩序的转变。人文主义作为一种统一的符码允许了一种和谐的空间的构成。公共空间与城市设计导致了文艺复兴透视法的客观化,最终导致了资本的物化。韦伯说过,西欧所以能够从古代资本主义走向近代资本主义就在于其新教伦理的理性化精神;列斐伏尔也认为,世界其他地方之所以没有发展出资本主义,就在于它们没有欧洲这种特殊的理性的抽象的透明空间表象。透视法是与建立一种社会空间而为人的活动提供余地相适应相一致的。在这种透视性空间中,抽象空间的决定性策略开始正式出现:几何学的共振峰(伽利略与笛卡尔)、视觉共振峰、阳具崇拜共振峰(拉康)(通过一

---

① 参见 Rob Shields, Lefebvre, Love and Struggle, Spatial Dialectics, pp.173-174.
② [法]亨利·列斐伏尔:《空间的生产》,第81页。

种空无的与中立的空间)成为权力与国家的法定体现方式。①

列斐伏尔认为,文艺复兴时期以透视法为特征的视角中心论对接下来的资本主义空间具有着支配作用。在资本主义语境之下,抽象空间的艺术表现就是毕加索主义"彻底视觉化"的立体绘画,其科学表现就是以柯布西耶为代表的现代建筑学家们的"非物质化"功能设计方案。抽象空间潜藏在艺术家们的眼睛与凝视中、摄影师们的镜头中、绘图员们的铅笔及其图纸的空白中。表现在:(1)它把固定的物体转变为图像与拟像。一方面,将"现实"化约为一张"图纸",这张"图纸"空洞无物,且不具有任何其他的实质性内容;另一方面,"现实"被简化为一面光滑平整的镜子、一幅图像和某种处于绝对冷静凝视状态之下的纯粹景观。全部社会生活均变成了只是通过眼睛来解读的信息,即一种仅供阅读的文本。"那些仅仅**被看见的**(seen),被还原为图像——还原为冷冰冰的东西。"②(2) 变栖居(l'habiter/residence)为定居(l'habitat/housing)③。也许不满足于海德格尔的这种说法,列斐伏尔又发明了所谓的取用性空间(appropriated space),以让位于支配性空间(dominated space)这种说法。比如,一条条公路残酷无情地蹂躏着乡村与大地,像一把把匕首刺透空间;资产阶级的公寓对封建贵族豪门大院的拙劣仿制;等等。④(3)把空间简化为城市化设计或规划的对象。从鲍豪斯建筑学派开始,立体让位于平面,立体被当作表面、当作一堆"平面图"来对待。全面的风景让位于"规划"中所设置的沿路恍然而过的视觉信号。⑤ 在资本主义条件下,空间被私有财产的社会关系所粉碎。为了使空间变成可以相互交换的碎片,科学与技术有能力将空间放在一个非常广大的范围内来处置。⑥ 在建筑师面前,有一块或一片从更大的整体上切割下来的

---

① 参见[法]亨利·列斐伏尔《空间的生产》,第 420—426 页。
② 同上书,第 423 页。
③ 参见同上书,第 465 页。
④ 参见同上书,第 239—241、465—466 页。
⑤ 参见同上书,第 463 页。
⑥ 参见 Rob Shields, *Lefebvre, Love and Struggle*, *Spatial Dialectics*, p.177。

空间,他把这部分空间当作一个"给定物",然后按照自己的品位、技术技巧、想法和偏爱加工它。而建筑师的眼睛,并不比那些给予建筑师用来进行建造的地皮或者他画第一张草稿的白纸更加清白。他的"主观"空间装载着所有太过客观的意义。这是一个视觉的空间,被还原为蓝图、纯粹形象的空间。①

总之,资本主义创造出了抽象空间(espace abstrait)。它包括"商品世界"及其"逻辑"、全球战略,还有货币与政治国家权。这个空间建立于庞大的银行、商业中心以及重要的生产实体的网络的基础之上,除此之外还有公路、飞机场以及信息网络。② 在列斐伏尔看来,这种抽象空间本身,既是资本主义生产方式的产物,也是资产阶级的经济政治工具,同时也是它所固有的矛盾的体现。换言之,抽象空间把历史上的矛盾转化为空间的矛盾③(contradictions de l'espace):一是质与量的矛盾,二是全球与地方的矛盾,三是使用价值与交换价值的矛盾。但首要矛盾在于,一方面是在全球尺度上构象和处理空间的能力,另一方面是各式各样的生产程序或过程所导致的空间的碎片化。其中,一极是政治权力的统一意志,另外一极是相互分化的要素间实际上的一盘散沙状态。④ "空间'本身'既没有权力,也不能决定空间的矛盾。这些是社会的矛盾——也即社会中的一个事物与另一个事物之间的矛盾,例如生产力与生产关系的矛盾——它们只是出现在空间中,在空间的层面上,从而导致了空间的矛盾。"⑤

抽象空间最令人触目惊心的悖谬之一在于:它既是矛盾得以产生的全部场所,也是这些矛盾在其中进行演化和撕扯的中介,最后是用一致性外观来压制和取代这些矛盾的一种手段。⑥ 但无论如何,全新的矛盾

---

① 参见[法]亨利·列斐伏尔《空间的生产》,第530—531页。
② 参见同上书,第81页。
③ 参见同上书,第189页。
④ 参见同上书,第522页。
⑤ 同上书,第527页。
⑥ 参见同上书,第534页。

最终倾向于成为导致抽象空间崩溃的因素。空间之中的生产的社会关系的再生产，不可避免地服从于两种趋势：一方面旧的生产关系之崩溃与另一方面新的生产关系的形成发生。因此，抽象空间本身包含着一种新的空间类型的种子。列斐伏尔将这种新型的空间称为"差异性空间"(d'espace differentiel)。差异性空间将导致抽象空间的瓦解与未来空间的形成。因为抽象空间倾向于同质化，即抹杀现存的差异性与特殊性，就此而言，一种新空间"除非强调差异性，否则是不可能诞生或产生的"，"它要恢复被抽象空间所破坏的统一性——即社会实践的功能、要素与环节的统一"。①

差异性空间概念不仅是列斐伏尔心目中得以超克资本主义抽象空间统治、想象未来另类社会空间政治的至关重要的批判方法论环节，而且是他拓宽与更新马克思主义历史观辩证法内涵的最为关键的哲学经验。在这其中，我们能够看到他数次设想过的让黑格尔的历史终结论、马克思的总体辩证法与尼采的永恒轮回的快乐空间、弗洛伊德的反抗逻各斯的爱欲革命相遇与融合的艰深思想轨迹。② 毋庸置疑的是，"只有靠着艰苦细致的分析，只有那些与我们有关的、我们未来的主导理论与活动需要依赖的差异性，才能得到有效的阐述"③。但综观《空间的生产》全书，列斐伏尔并没有系统而集中地阐明何谓差异性空间，只是从多个角度与场合描述而不是概括了这种神秘的哲学概念。比如说：

关于差异的形式的理论，将自身向着未知和误解之物——诸如"节奏、能量的循环、肉体的生命"——敞开。④

差异是人身最神秘的能力：身体的不可捉摸之处在于它的能力，即它那超越"主体"与"客体"而从重复与姿势(线性的)、节奏(循环性的)之中"无意识地"生产出差异的能力。"身体的秘密是富有戏剧性的，它应

---

① 参见[法]亨利·列斐伏尔《空间的生产》，第79页。
② 参见同上书，第33—37、576—579页。
③ 同上书，第96页。
④ 参见同上书，第549页。

时而作,虽然在从不成熟到成熟的发展过程中它是新事物的载体,但也带来了一种可怕的、悲剧性的重复,事实上是终极性的重复:年老与死亡。这是最高程度的差异。"①

正像生物活生生的肉体一样,社会空间的身体和需求的社会身体也不同于"抽象主体"或语义学、符号学意义上的"文本性"的"身体",表现在:"如果不生殖、不生产,也不创造**差异**,它们便无法生存。如果否认了它们,就是杀死了它们。"②

差异有多种多样的类型:在数学和精密科学中,重复产生差异。不管是被诱导的还是被还原的,这种差异在形式上趋向同一。相反,音乐、诗歌艺术则依赖于最大的差异性:这就是所谓的"灵感",它是新作品的主旨——使作品"成其为新"的东西。③

差异是游离于抽象空间之外的"反空间"的空间。④ 它以"对抗的"或"外在(诸如横向的、异序的、异逻辑的)事物的"形式,在同质化领域的边缘地带维持或发生。"差异始于**被排斥**:城市边缘、贫民窟、被禁止的游戏空间、打游击的空间、战争的空间。"⑤一定要把它们同那些既是"自然的独特性"也是现存的抽象空间所"派生出的差异化"区分开来。

最后,差异空间是一种政治策略,空间政治追求的是差异权。"差异的权利"(*droit a la différence*)一词从形式上说是指"可以通过实践活动、通过有效的斗争,也即具体的差异,而实现的那些事物"。它不包括那些无须通过激烈斗争而获取的授权。"差异权",只有当它致力于为确立差异而进行实际斗争的过程时才有意义,也唯有通过理论与实践的斗争方才能够生成。⑥

当然,还得补充一点,与列斐伏尔的差异空间论相类似的观点还有

---

①② [法]亨利·列斐伏尔:《空间的生产》,第 583 页。
③ 参见同上书,第 582 页。
④ 参见同上书,第 514 页。
⑤ 同上书,第 549 页。
⑥ 参见同上书,第 584 页。

很多,比如福柯的"异托邦学"(heterotopology)、索亚的"第三空间论"、罗伯·希尔兹的"空间拓扑学"等,限于篇幅,不再类比。①

四、简短的结语

显而易见,列斐伏尔对历史唯物主义的空间化解释,其杰出思想贡献与严重理论认识偏差这两个方面均是引人瞩目的。一方面,他为了答复经典马克思主义无法直接回答的资本主义生产方式统治方式的空间化转向,大胆突破传统教条束缚,指出:如果不让马克思主义总问题框架与视野从以历史发展过程为中心转变为以空间生产为中心,便无法说清当代资本主义何以能够克服一次次危机而在城市化与全球化过程中仍然独占鳌头的事情原委。所以,历史唯物主义的当代化解释,必须从重构马克思生产概念的空间性内涵、社会关系概念的空间根基与历史概念的空间现象开始。但另一方面,我们要看到列斐伏尔这种极具成功价值与原创意义的解释范式所付出的巨大代价:这不仅表现为他所采用的让生产与空间、社会与空间、历史与空间双向相互构成与还原策略所面临的相对主义循环论证隐患,而且表现为他对历史唯物主义的生产概念、历史概念的拓展性或者说实际上的"过度诠释"所付出的代价。这就是,空间的生产解释模式,实质上构成了对经典的物质生产第一性与社会关系再生产核心逻辑的取代和否定。他对历史唯物主义的空间化解释,走向了一种变相反对生产主义与发展主义的浪漫主义式的后马克思主义理论误区。这集中表现在他那变相取代马克思共产主义解放理想的差异空间政治想象方面。这种差异空间的辩证法,不仅取消了黑格尔、马克思的以对矛盾的辩证扬弃为指向的历史辩证法的根基性,而且因此取消了马克思关于人类解放的历史辩证法叙事,势必导致迷失历史方向,

---

① 分别参见[法]福柯《不同空间的正文与上下文》,载包亚明主编《后现代性与地理学的政治》,上海教育出版社 2001 年版;[美]索杰(即索亚)《第三空间:去往洛杉矶和其他真实和想象地方的旅程》,陆扬等译,上海教育出版社 2005 年版;[加]罗伯·希尔兹《空间问题:文化拓扑学和社会空间化》,谢文娟、张顺生译,江苏凤凰教育出版社 2017 年版。

只剩下微观的身体空间政治批判激进话语。这就是说,空间生产理论最深刻的教训是,历史唯物主义空间化解释不能以否定历史辩证法为前提与代价。所以,历史唯物主义的空间化解释势必涉及列斐伏尔对历史辩证法的空间辩证法化解释的成败得失问题。当然,这是需要另文专门讨论的大问题了。

第三节 《空间的生产》的空间辩证法思想

本节从更深入的角度研究列斐伏尔有生最有影响的著作《空间的生产》产生与传播的语境,特别是其中的核心思想与概念。总体而言,该书最重要的概念莫过于"作为具体的抽象物的空间",特别是"三元空间辩证法"。本节围绕这些问题,根据第一手经典文本并参看当代西方学者的一些代表性研究成果,理出一条通往历史唯物主义空间化理论地平的道路,同时批判西方学界有意无意把后期列斐伏尔空间化转向思想误读为后现代主义与后马克思主义的偏向。

一、一部风格独特、思路谲异的哲学天书

40多年前(1974),列斐伏尔出版了他退休前的最后一部著作,也是他一生中将会产生最大影响的著作《空间的生产》[①]。该书是年逾古稀的列斐伏尔以"口授体"的方式写作而成的(据他的学生讲"他有意坚持这样做"[②]):"他的写作实践被固定在(他的声音和他的打字员的活动的)二重性上。他'活生生地'口述他所有重要的书和文章,而他的女同伴打字,这样一来,对话就暗含在他的作品的不连贯性中。如果他的作品殊为难以阅读或分析,这是由于它们被理论问题所切割,而且由于它们是由很多口述的材料和讨论(这些讨论是打字员们未被公认的贡献)所组

---

① Henri Lefebvre, *La Production de l'espace*, Paris: Anthropos, 1974.
② Rob Shields, *Lefebvre, Love and Struggle, Spatial Dialectics*, p. 165.

成,这些讨论填充在(列斐伏尔提前写好的)一个很长的要点的提纲之中……"①"列斐伏尔的写作风格——带着大量理论论证,它有很多含蓄的指涉,难懂的组织结构和经常的离题——确实是非常有挑战性的,有时完全让人沮丧,即使对他的法语读者来说。"②这在一定程度上增加了此书理解的难度。毫不夸张地说,《空间的生产》一书,就其阅读难度及其思想复杂性、原创性而言,堪称与本雅明的《拱廊街计划》、葛兰西的《狱中札记》、阿多诺和霍克海姆的《启蒙辩证法》与《否定辩证法》等相提并论的西方马克思主义五大"天书"之一!

关于该书写作风格的独特性与理解的困难,他的另外一位著名学生爱德华·索亚这样写道:不能把《空间的生产》一书理解为一个"传统文本",列斐伏尔的思想并非按照简单的序列或线性方式展开的。他出于对狂想音乐的热爱,所以是"采用赋格曲的形式来写作《空间的生产》的。这是一种复调手法,它有几个各自独立的主题,对照法使这些主题和谐一体,而各种对位手段又让它们以不同的方式反复显示。用这种方式去阅读《空间的生产》的七个章节,我们会发现,每一章都既是对其他章节的重复又是截然不同的阐释。似乎是为了强调对照法,这支赋格曲以'结论'收场,同时它又是'开头'或'开场'"③。而另外一位德语评论者则类似地写道:列斐伏尔发展了一种游戏似的、繁复的和碎片化的写作风格,这种写作风格并不唤起一种感情,而是包含了"带有诗的中介、手段的感情"。他的文本充满了论战,突发奇想,表面上毫无根据的离题,突然的、意外的问题。④

---

① Rob Shields, *Lefebvre, Love and Struggle, Spatial Dialectics*, p. 6.
② Neil Brenner, Stuart Elden, "Henri Lefebvre in Context: An Introduction", In *Antipode*, 33/5, 2001, p. 767.
③ [美]索杰:《第三空间》,陆扬等译,上海教育出版社2005年版,第74页。
④ 参见 Christian Schmid, *Stadt, Raum und Gesellschaft: Henri Lefebvre und die Theorie der Produktion des Raumes*, Franz Steiner Verlag, 2005, p. 16.

二、一部曲折而复杂的接受史

正是由于这种"糟糕的"文体风格及其百科全书性质的原因,《空间的生产》一书的传播与理解经历了一个复杂而曲折的过程:先是在自己的祖国并不被接受与理解的孤独命运,后是在英语国家被片面地接受、运用与理解的历史①。

来自德语世界的评论者施米德将该书的接受史概括为如下三个阶段:

(1) 早期的批判性城市研究的形成阶段或简单运用空间生产理论方法阶段。如大卫·哈维的激进地理学、卡斯特的以集体消费为核心的新都市社会学。这一阶段从结构主义与经济学的角度吸收了列斐伏尔关于城市、空间的研究成果;但却又是充满矛盾的:一方面它塑造了研究逻辑的起点与新生的批判性城市研究的理论基础;另一方面这种吸收又是不深入的,未能形成对他的作品的重建或全面的勾勒。引人瞩目的是,列斐伏尔早就为后现代做出了根本上的认识论的转变——尽管是以批判的眼光——语言学转向、文化转向和空间转向。

(2) 全面而深入的文本研究阶段。与第一个阶段仅仅对城市问题的概念感兴趣不同,这一阶段的研究者们关注空间生产理论对于揭示社会实际进程的重要意义。与之相应,对列斐伏尔的城市文本的兴趣减少,而对《空间的生产》一书的兴趣越来越多。但这种接受只是通过一些选择性的阅读,同样也缺乏对列斐伏尔的理论的全面分析。对列斐伏尔的后现代式接受导致了一种悖论:一方面,列斐伏尔提出了空间生产理论——提供给了后现代地理学;另一方面,这种接受是通过花费太大的功夫来阐释他的作品以及对其做更深入的分析来实现的。这样一来,至今列斐伏尔对社会科学分析的可能意义并没有被严肃地窥探,这一理论的潜力不仅在理论层面,而且在经验层面还有待更深入的挖掘。

---

① 关于英语世界对《空间的生产》的接受史,参见本章第一节,此处不再赘述。

(3) 克服纯粹文本研究而回归《空间的生产》的真实语境,超越后现代主义解释模式阶段。"新的一代从后现代转型所留下的真空中寻找出路,力图制定出对基本的理论范畴和概念的新的理解。"① 施米德认为,《空间的生产》一书产生的背景不是孤立的。这就是:列斐伏尔所生活于其中的巴黎城市的特殊社会背景及其社会变迁史;列斐伏尔把德国辩证法传统(黑格尔—马克思—尼采)与法国现象学(梅洛-庞蒂与巴什拉尔)熔为一炉的知识理论背景;突破传统形而上学的、流动不居的、逼近现实的独特辩证法;以及个人的独特无二的语言写作风格。② 相应的,该书的思想主题也不是单一的,而是综合的,这就是包括日常生活批判、城市危机问题、国家主义生产方式与空间理论的四位一体的广义社会批判理论。③

三、对《空间的生产》一书的形成具体语境的重新回顾

在城市社会学中有一个流传很广的误解,即认为列斐伏尔只是一个富有想象力与感召力的诗性哲学家,他对城市科学的作用只是提供了一种辩证法的哲学想象,也就是说只是一种天才的猜测,而缺少实证的和有说服力的实际研究。作为战后法国城市社会学最重要的代表人物,保罗·亨利·雄巴德劳维(Paul-Henry Chombart de Lauwe)便认为,列斐伏尔无疑缺少田野工作经验、关于区域社会学的直接知识以及同建筑师们充分而深层的交流。而西班牙裔著名社会学家曼纽·卡斯特则公开地批判自己的老师说:列斐伏尔的《空间的生产》一书的弱点就在于它缺少经验研究,"我并不相信他既没有综合的经济学知识,也没有掌握有关城市化进程的直接技术数据,以及相应的城市社会政治管理知识,仅凭

---

① Christian Schmid, *Stadt, Raum und Gesellschaft: Henri Lefebvre und die Theorie der Produktion des Raumes*, pp. 12-13.
② 参见同上书,第14—17页。
③ 参见同上书,第10—12页。

某种严格的哲学知识基础,就能够提出什么空间生产的理论。"①

针对以上误解与挑战,来自荷兰的列斐伏尔研究者、建筑学家斯坦尼克(Lukasz Stanek)则辩解说:列斐伏尔的空间生产理论,如同法国著名文学评论家布朗肖所谓的"马克思的三种声音"②(科学话语、哲学逻各斯的言词与政治言说)一样,也有"三种声音",即作为科学话语的城市建筑研究,作为哲学逻各斯的词语的空间批判,以及作为政治言说的城市建设规划。斯坦尼克认为,列斐伏尔的三种声音体现在20世纪60至70年代法国思想界的各个角落,包括哲学、城市社会学、建筑学与城市化,同时也反映了当时国际社会流行的各种先锋思潮,包括英语世界的社会学与规划设计理论、德国哲学、意大利的建筑理论以及在中西欧之间出现的各种修正主义的马克思主义观点。他的《空间的生产》的前30页提出了三元空间辩证法思想,这个三元辩证法决不是通过30页文献就可以得出的结论,而是列斐伏尔用了30年的实践才得出的结论③:包括他的从40年代到60年代初任职于国家社会科学研究中心期间所从事的乡村城市社会学研究,1961至1965年斯特拉斯堡大学期间与1965至1973年楠泰尔大学期间所从事的跨学科的研究计划,最后还有1962至1973年期间由城市社会学研究院所发起的居住实践研究。

关于《空间的生产》一书产生的背景,列斐伏尔的学生、已故的巴黎第八大学教授雷密·赫斯作过最权威的介绍或说明。他在为列斐伏尔的《空间与政治》与《空间的生产》新版法文版所写的序言中,比较详细地介绍了列斐伏尔研究城市、空间与社会的复杂而富有创造性的思想演变过程。他说:我们此处所感兴趣的空间和都市思想这一问题域,在列斐

---

① 转引自 Lukasz Stanek, *Henri Lefebvre on Space: Architecture, Urban Research, and the Production of Theory*, Minneapolis, London: University of Minnesota Press, 2011, pp. VII-VIII.
② Maurice Blanchot, *Friendship*, Stanford, Calif: Stanford University Press, 1971, pp. 98-100.
③ 参见 Lukasz Stanek, *Henri Lefebvre on Space: Architecture, Urban Research, and the Production of Theory*, p. 128.

伏尔的著作中出现得相对较晚，然而分量却不轻。列斐伏尔在20世纪50年代还是一位农村社会学家，他曾经根据自己在二战中德国占领法国期间所做的笔记写过一篇有关比利牛斯山区一个名叫Campan河谷的论文，直到70年代才变成了一位空间与都市专家。大致说来，这些理论思考是他在巴黎第十大学度过的那几年（1966—1973）中进行的。在这频频旅行的七年间，列斐伏尔就我们感兴趣的这个主题出版了数本书。在这之前和之后作者均没有关于城市的著作出版。1968年这一系列以《进入城市的权利》开始，之后是《从乡村到都市》（1970）、《都市革命》（1970）、《马克思主义思想与城市》（1972）、《空间与政治》即《进入城市的权利》的第二卷（1973），最后的集大成者是《空间的生产》（1974）这样一部翔实而综合性的大部头不朽著作。这一主题（thème）的突然出现生根于列斐伏尔对乡村之颓堕现象的考察，对这一点当列斐伏尔50年代在穆朗（Mourenx）时就已注意到。然而，抛开一两篇文章不论，在60年代初期列斐伏尔对这一主题却写得非常少。相反，1966—1967年之后，他参与了一个由他自己和雷蒙（H. Raymond）、奥蒙（N. Haumont）以及库纳厄特（M. Coornaert）共同创办的都市社会学小组。1966年这一小组出版了一项关于别墅区居住状况的研究成果[①]。

赫斯认为：具体来说，《空间的生产》这部著作之产生经历了如下的孕育阶段或准备过程：首先是1968年3月出版的《进入城市的权利》一书。这部类似于"宣言"的著作点明了列斐伏尔在都市领域的研究纲要。第二个阶段是杂志《空间和社会》的创立。1968年5月的运动使得有关《进入城市的权利》的论题迅速传向了全世界。列斐伏尔将所有思考这一运动并能够在1968年的示威中保持清醒的社会学家、建筑学家、政治学家都聚集到了自己身边。和他们一道，列斐伏尔创办了《空间和社会》

[①] 参见 Henri Raymond, Nicole Haumont, Marie-Geneviève Dezes, and Antoine Haumont, *L'habitat pavillonnaire*, l'Harmattan, 2001。

这份主宰了整个1970—1980年间对空间生产之反思的杂志。①

在这些前期著作中,列斐伏尔指出:我们看到了现代西方资本主义社会最大的意识形态——建筑意识形态。这种意识形态披着纯洁的、中性的迷人外观,打着科学的旗号,却无法摆脱权力的控制。更具恐怖色彩的是,建筑意识形态依靠都市的构成性中心,将群体、阶级、个人排斥出城市,排斥出文明、社会,这是一种无声的暴力。作为一个矢志不渝的马克思主义思想家,列斐伏尔提出要争取"进入都市的权利",这种权利属于每一个城市居民,他们拒绝被驱逐;这种权利也是一种知识,是"一种关于生产的知识,也就是关于空间的生产的知识"。②

四、对"三元空间辩证法"的不同理解

《空间的生产》一书最具有原创性也最具有争议性的问题,是该书所提出的三元辩证法(trialectics)。对此,一位英语世界的学者这样评价道:大体上说,列斐伏尔空间理论的核心贡献就是突出空间在社会理论研究中的基础性地位,并提出了一个空间生产的辩证法理论框架。他的"三位一体"的空间概念意义可以通过把空间实践和社会空间性组织与对创造了空间的表征性形态的权力与意义形态的运作的分析联系在一起。③列斐伏尔关于空间生产的复杂性理论展现为一种三维立体组合,对于阐述一种关于空间问题的真正的知识提供了必要的元素。他对现代性社会理论的贡献就是为空间问题的社会分析提供了一个结构性框架,展示了大量复杂的关键性多重要素的相互作用以及这种相互作用的重要性。这样的框架可以用来分析,在设计、形式与功能之间发生的冲

---

① 参见R. Hess,"AVANT-PROPOS, à la quatrième édition française, Henricia Lefebvre et la pensée de l'espace ",in Henri Lefebvre, *La Production de l'espace* ,4e édn, Paris: Anthropos, 2000, pp. Ⅶ-ⅩⅢ。
② 参见[法]亨利·勒菲弗《空间与政治》(第二版),李春译,上海人民出版社2008年版,第17—18页。
③ 参见[英]安杰伊·齐埃利涅茨《空间和社会理论》,邢冬梅译,苏州大学出版社2018年版,第65页。

突何以会与社会阶级和空间性隔离纠缠在一起。如果关于空间的真正知识能够通过对动态的三位一体的必需要素的考量而获得，那么，就需要研究、解释与证实空间是如何生产的，空间是如何在分析的话语中得到表征的，以及日常生活的意义及其如何在影响空间的表征的同时受制于空间表征。①

在英语世界首部研究列斐伏尔思想的专著中，希尔兹将列斐伏尔的空间实践概念界定或者对应于常识意义上的知觉空间，把空间的表象界定或者理解为关于空间的话语或者推论性的分析机制，以及作为空间构想的那些规划设计的职业与专业知识。最后，表征性空间则是空间的话语，作为可能是的空间，以及体验式的空间。这种表征性空间形成了社会的想象。② 而英语世界的另一位列斐伏尔重要研究者埃尔登则断言，对列斐伏尔的观点应该作如下的理解：知觉的空间是物理的空间，构思的空间是一种精神构造以及一种被想象的空间，而体验到的空间则是一种在日常生活中被加工改造过的空间——而这种区分是空间实践、空间表象与表征性空间概念三元辩证法的基础。③ 而法语世界的列斐伏尔传记作家麦瑞菲尔德的观点则是以如下的类似分析展开的：在空间实践掩盖着社会空间并且有知觉的空间封闭了这种亲和性的同时，空间表象则被描绘成一种概念化的或者构想式的空间，而表征性空间则是体验日常生活的空间。④ 而德语学者施米德所写的《城市、空间与社会：列斐伏尔与空间生产理论》一书首先通过将列斐伏尔所区别的三要素识别为这样三个领域：一是自然与物质性的物理领域，以一种实践与感觉的方式描绘出来；二是逻辑的与形式化的抽象物的精神领域，通过数学与哲学的方式来规定；三是社会领域，这是一个规划设计与展望的领域，一个象征

---

① 参见［英］安杰伊·齐埃利涅茨《空间和社会理论》，第106页。
② 参见 Rob Shields, *Lefebvre, Love and Struggle, Spatial Dialectics*, pp. 160ff.
③ 参见 Stuart Elden, *Understanding Henri Lefebvre: Theory and Possible*, London: Continuum, 2004, p. 190.
④ 参见 Andy Merrifield, *Henri Lefebvre: A Critical Introduction*, London: Routledge, 2006, pp. 109 - 110。

物的与乌托邦的领域,一个想象的与欲望的领域。它们交融于空间生产过程中,其中,物质生产或者空间的实践生产出空间的可知觉的方面;而知识的生产从而是空间表象与构想或虚构的空间;意义的生产则是与表征性空间紧密相连并生产出某种体验性的或者活生生的直观的空间。从广义上说,社会空间包括了知觉性、虚构性与体验性的空间;而在狭义上,则是与那些被批判性理解的精神空间与自然物质空间相对立的空间。①

五、对"作为具体的抽象"的空间概念的深入理解

"具体的抽象"(abstractions concretes)一词是列斐伏尔从黑格尔与马克思的思想中精心提炼出来而"独创"的一个极其重要的概念。其初见于他的成名作《辩证唯物主义》(1939)一书:"在任何产品中,无论是就其客观方面还是主观方面而言……活动与物的方面多么微不足道,其实都是内在地联系在一起的。这是一些已经脱离自然的孤立的客体……然而,这些产品依旧保持着自然的客体性一面……每一种产品,也就是每一种客体因此一方面属于自然,另一方面属于人。它们既是具体的又是抽象的。谓其具体是因为它具有现成的实体,在变成我们的活动的一部分,无论是顺从的还是抵抗的,都仍然是具体的。不过,就其被规定、按照其形状轮廓被测量,因此而成为社会存在的一部分时,它又是抽象的,一种在彼此相似的事物中的客体,因此而成为整个一系列的附加于其实体之上的新的关系的载体。"②列斐伏尔在《空间的生产》中常以此概念隐喻与指称空间的"既抽象又具体"的特征。他首先指出:"**生产**(production)的种种概念和**生产活动**(*produire*)的种种概念的确有着具

---

① 参见 Christian Schmid, *Stadt, Raum und Gesellschaft: Henri Lefebvre und die Theorie der Produktion des Raumes*, pp. 205,208,209-210。此书译文得到了我指导的硕士范雪麒同学的帮助,特别致谢。
② Henri Lefebvre, *Dialectical Materialism*, translated by John Sturrock, London: Jonathan Cape Ltd., 1968,p.119.

体的普遍性意义。"①"**生产**概念依然是马克思根据黑格尔的思想所表述的那个'具体的普遍性'（*l'universel concret*）的同义词"②。其次，如同马克思所谓的交换价值那样，空间既是物质实体（具体），即人类劳动的物质化外在化现实，又是生产的社会关系的压缩集束（抽象）。这种具体的抽象性既是社会活动的中介（抽象），因为它构成它们，也是这些活动的一个成果（具体）。易言之，它既是社会活动的结果/具体化/产物，又是社会活动的手段/预设/生产者。

显然，列斐伏尔所谓的"具体的普遍性"与黑格尔的观点密切相关但又有所不同。于后者而言，"单就其本身而言，概念并非一种抽象的统一，和实在中的各种差异相对立，而是本身已经包含各种差异在内的统一，因此它是一种具体的整体。比如人与绿这样一些观念，原来并不是概念，而只是抽象的普泛的观念，只有证明了这些观念把各差异方面都包含在统一体之中，它们才变成概念。""按照它的本性，概念具有三种较确切的定性，即普遍的、特殊的与单一的。这三种定性之中的每一种，如果拆开来孤立地看，就会是一种完全片面的抽象的东西。如果还是片面的，它们就还没有出现在概念里，因为它们的观念性的统一才组成概念。因此，概念在这个意义上才是普遍的"。换言之，概念作为真正的单一体，"就是在它的特殊存在之中自己仅与自己结合在一起的那种普遍性"。③ 受黑格尔观点的启发，列斐伏尔把空间作为个别、特殊与普遍的统一体来理解，也就是特殊性（社会空间）、普遍性（逻辑、数学意义上的即精神空间）与个别性（自然的或感知的现实"场所"）的统一。④

荷兰学者斯坦尼克近年来集中深入地探讨了这个概念的深刻内涵。他认为，列斐伏尔是通过三次挪用马克思的相关思想而形成了"作为具

---

① ［法］亨利·列斐伏尔:《空间的生产》，第23页。
② 同上书，第108页。
③ 参见［德］黑格尔《美学》第1卷，商务印书馆1979年版，第138—139页。
④ 参见［法］亨利·列斐伏尔《空间的生产》，第24页。

体的抽象物"(Space as concrete abstraction)的空间概念的。第一,列斐伏尔在马克思关于"在实际中变成真实(praktisch wahr)的抽象"①的"具体的抽象"的定义的基础上,指出资本主义的空间是一个在社会的、经济的、政治的和文化的实践中变成"真实"的抽象物。正如抽象劳动绝不是精神的抽象,也不是认识论意义上的科学抽象,它拥有一个社会的存在;同理,抽象空间虽然只能通过一种思想来抽象地把握,但它是这样一种空间,在这种空间中,均质化的趋势以不由分说的方式实施着压制与压迫;这个空间,包含着歪曲它并掩盖它的矛盾的一种"逻辑","其结果是一种威权主义的、冷酷的空间实践"。按照"多维透视(polyscopic)和多元化的模式,它强行把分散的碎片或要素统合成一个整体"。② 第二,列斐伏尔借鉴马克思的作为"可感觉而又超感觉的物"③(sinnlich-übersinnliches Ding/sensual-suprasensual thing)的"具体的抽象"思想,把当代空间的既是同质性又是碎片化的悖谬特征加以理论化:"被如此理解的空间,就其本性而言,既是**抽象的**又是**具体的**:谓其抽象,是因为若不依赖它所有组成部分的可交换性,它就无法存在;谓其'具体',是因为它在社会意义上是真实的,并被真实地定位。因此,它是这样一个空间:既是**同质的**,同时又**裂成碎片**。"④第三,列斐伏尔通过改造马克思的作为"一般价值形式"(allgemeine Wertform)的"具体的抽象"的分析方法,形成了自己关于空间的辩证"形式"的理论。列斐伏尔一方面把商品形式描述为与所交换之物无关的交换的"可能性",另一方面则把空间形式界定为作为邂逅、汇聚和同时性的聚集的"可能性",而根本不在乎是"什么"聚集或"谁"在聚集。就像一个具有价值的普遍形式的商品一样,

---

① 马克思的原话是:"'劳动'、'劳动一般'、直截了当的劳动这个范畴的抽象,这个现代经济学的起点,才成为实际上真实的东西。……最简单的抽象,只有作为最现代的社会的范畴,才在这种抽象中表现为实际上真实的东西。"(《马克思恩格斯全集》第30卷,人民出版社1995年版,第46页)
② 参见[法]亨利·列斐伏尔《空间的生产》,第455—456页。
③《马克思恩格斯文集》第5卷,人民出版社2009年版,第88页。
④ [法]亨利·列斐伏尔:《空间的生产》,第504页。

空间在列斐伏尔那里只能被规定为一种抽象形式。但同抽象的商品交换价值对商品的使用价值漠不关心不同,空间作为一种抽象的统治形式却牢牢地控制着具体的地方,并最大限度地赋予互不相关的、各个都有其千差万别特征的地方以整体的功能。所以,"社会空间在某个点上,或者围绕这个点,表现出实际上的或潜在的聚集性"①。这种集中化就是社会空间的根本特征之一。例如,一说到"城市空间"就是指"集中"与"集中化"。"作为一种形式的**中心性**是空的,它需要有内容,并吸引、集中特殊的客体。通过成为活动和一系列运作的中心,这个形式获得了一种**功能性**的现实。"②于马克思而言,商品价值形式的抽象性导致了商品的使用价值与交换价值的矛盾;而在列斐伏尔看来,空间的抽象形式则引发了一系列的空间矛盾与空间辩证法:中心—外围、增生—消散、凝聚—辐射、溶合—饱和、浓缩—爆发、收敛—扩张……③同黑格尔与马克思的只关注时间与历史中的矛盾的经典辩证法——这是一种总体性的(totalité/totality)历史辩证法——不同,列斐伏尔认为现在需要的是一种集中化的(centralité/centrality)空间辩证法。"不得不接受一个辩证的中心性(centrality)或者中心性的辩证法思想","一种中心性的逻辑(logic of centrality)"。作为一种形式的中心性隐含了同时性,它由此导致一个结果:"每一件事情"的同时性。④

六、《空间的生产》中的矛盾空间辩证法思想

(一)被简化与误读的马克思主义社会理论家

综上所述,列斐伏尔不仅是一位遭受了被忽略或遗忘命运的哲学

---

① [法]亨利·列斐伏尔:《空间的生产》,第 148 页。
② 参见 Lukasz Stanek, "Space as concrete abstraction: Hegel, Marx, and modern urbanism in Henri Lefebvre", in Kanishka Goonewardena, Stefan Kipfer, Richard Milgrom, and Christian Schmid, *Space, Difference, Everyday Life: Reading Henri Lefebvre*, New York, London: Routledge, 2008, pp. 62-62, 72-75;同上书,第 588 页。
③ 参见[法]亨利·列斐伏尔《空间的生产》,第 588 页。
④ 参见同上书,第 489 页。

家,而且是一位被片面或严重误解的马克思主义社会理论家。列斐伏尔的第一部城市著作英文版选集的两位编译者列巴斯与考夫曼曾经把列氏著作的传播与影响过程喻作"迷失在时间、空间与城市转换"(Lost in Transposition:Time, Space, and the City)①之中。迄今为止最有影响的一本研究列斐伏尔思想的英文论文集《空间、差异与日常生活》的编者们曾在该书的长篇序言中,把西方学界对列斐伏尔的"生产"过程比作三次浪潮,头两次即20世纪70年代的城市政治经济学阅读与八九十年代的后现代地理阅读,都有严重的简化与误读倾向。现在该是回到其法国产生语境,对其进行全面化阅读的时候了。②

长期以来,列斐伏尔思想在苏联、东欧和我国学界仅仅作为存在主义马克思主义的代表性思想得到研究与批判,而其后期的城市空间哲学甚至日常生活批判理论并没有得到真正重视。而在英语世界,对列斐伏尔的真正关注则是从1991年才开始的。正是在他逝世的那一年,也是苏联解体的那一年,他最有影响的两本书《日常生活批判》与《空间的生产》才被翻译成英文出版。但西方学界对《日常生活批判》的关注远不及《空间的生产》。在此之后,1996年,列斐伏尔关于"城市六书"中的一些论著被节选英译成一本书《书写城市》③。《空间的生产》和《书写城市》的翻译出版,一下子扩大了列斐伏尔在西方城市空间研究领域的影响,但也因此又被几种片面的解释框架所肢解。总体上说,对列斐伏尔的研究与接受处于两种解读模式的强制性的影响之下。一种是以哈维为代表的(包括卡斯特在内),背后是皮亚杰与阿尔都塞的影响,实际上是一种偏结构主义的空间地理学解释。另一种是以索亚为代表的(也包括詹姆

---

① 参见 Eleonore Kofman and Elizabetn Lebas,"Lost in Transposition:Time, Space, and the City", in Henri Lefebvre,*Writings On Cities*, translated and edited by Eleonore Kofman and Elizabetn Lebas, Blackwell Publishers Ltd., 1996, pp.3–60。
② 参见 Stefan Kipfer, Kanishka Goonewardena, Christian Schmid, and Richard Milgrom,"On the Production of Henri Lefebvre", in *Space, Difference, Everyday Life: Reading Henri Lefebvre*, pp.1–24。
③ Henri Lefebvre,*Writings on Cities*.

逊在内),实际上是一种多元主义的文化研究。如上所述,列斐伏尔的思想可分为很多个变化的阶段与主题,但最深的问题是日常生活批判。而洛杉矶学派和哈维的解释都把这个根基性的东西遮蔽掉了,所以说是有严重的误解与简化倾向的。正像彼得·桑德斯在其经典的《社会理论与城市问题》一书中所说,至少在英语国家,由于卡斯特的《城市问题》一书导致列斐伏尔城市理论在西方学界长期被人忽略。近年来由于马克思主义城市地理学家哈维与索亚的著作,列斐伏尔才重新受到关注。但他在社会理论界仍然处于非常边缘的位置。这与其高度推测性的乌托邦特征有密切关系。[1] 正是由于索亚的《后现代地理学》《第三空间》等著作导致了列斐伏尔在英语世界的走红一时。但正像有的学者所说,无论是阿尔都塞主义者们对列斐伏尔的"严重的忽略式的否定",还是索亚主义者们对列斐伏尔拥戴式的"去政治化"与狭隘化的理解,都是极其有害的。[2] 如果说阿尔都塞的结构主义是要"棒杀"列斐伏尔的人本主义化的日常生活批判理论,那么,索亚与詹姆逊则是用后现代主义来"捧杀"列斐伏尔空间化的城市社会哲学。我们重点反思后一种倾向。

对晚期列斐伏尔是否存在"空间化转向",以及如何更全面地看待这个转向,西方学界内部存在着尖锐分歧。比如埃尔登就批评希尔兹、索亚、迪尔等人过于急躁地把列斐伏尔晚年思想固定在"空间的生产"这一个主题上的做法。在埃尔登看来,不能孤立看待列斐伏尔的《空间的生产》一书,而必须将其放到都市化研究的语境中。列斐伏尔提出空间问题,并不是新的研究计划,而是其都市社会学研究的一个总结与最高成果;空间化研究不是改弦易辙、另谋新路,而是瓜熟蒂落、水到渠成。埃尔登认为,列斐伏尔更多的是一个受海德格尔与尼采影响的哲学家,而不是空间社会学或地理学家。列斐伏尔的空间化解释主要是来自尼采

---

[1] 参见[英]彼得·桑德斯《社会理论与城市问题》,郭秋来译,江苏凤凰教育出版社 2014 年版,第 135 页。
[2] 参见 Stuart Elden, "Politics, Philosophy, Geography: Henri Lefebvre in Recent Anglo-American Scholarship", *Antipode* 2001, 33(5):809 - 925,811。

与海德格尔对近代直线论历史观时间观的批判。他不是一般地反对历史本体论,而是反对直线论进步论历史观。所谓的"空间本体论转向"只是一个神话。实际上,列斐伏尔晚年对空间与时间的重要性的强调几乎是等量齐观的。他的思想主题除了"空间的生产"外,还有"时间节奏的分析"。① 简而言之,埃尔登认为,我们应该"从政治、哲学与地理三位一体"的角度全方位地理解列斐伏尔的思想。②

同样,列巴斯与考夫曼在《书写城市》的长篇英译序言中也认为:在其跨越60余年的创作生涯中,列斐伏尔的著作涉及广泛的主题,包括文学、语言、历史、哲学、马克思主义,以及乡村和城市社会学、空间、时间与现代世界。正是由于他置身于对城市理论与实践的研究,才促使他扩展到对空间与社会的分析,而正是因为城市问题而不是纯粹的空间问题,才导致他在法国有更广泛的读者。与之相比,英语世界的读者则是透过其"空间理论"的多棱镜来理解他其他的著作的。但困扰列斐伏尔思想的正是这样一个既含混又充满着悖论的空间概念,他必须对技术专家们重塑法国并将其纳入正在兴起的欧洲与全球化空间的现象作出回应,这迫使他于20世纪70年代初期把自己的注意焦点集中于空间的生产问题上。他的研究对象表明空间是"政治性的",它更多的是被技术官僚们理性化重塑而不是基于对19世纪的时间优位化的批判。也就是说,列斐伏尔并不想开启什么后现代的"空间转向",而是旨在展开对资本主义空间政治的反抗与批判。③

而《空间、差异与日常生活》这本论文集的编者则共同认为,由于把黑格尔和马克思的早期著作引入法国学界争论之中,并通过与法国现象

---

① 参见 Stuart Elden, *Understanding Henri Lefebvre: Theory and the Possible*, Continuum Intl Pub Group, 2004, pp. 37, 169-170。
② 参见 Stuart Elden, "Politics, Philosophy, Geography: Henri Lefebvre in Recent Anglo-American Scholarship", *Antipode* 2001, 33(5):809-925,811。
③ 参见 Eleonore Kofman and Elizabetn Lebas, "Lost in Transposition: Time, Space, and the City", in Henri Lefebvre, *Writings On Cities*, pp. 3-62。

学、存在主义、结构主义以及超现实主义者、达达派艺术家和先锋派等进行的一系列批判性交锋，列斐伏尔形成了他自己原创的非正统的马克思主义。他最引人瞩目的贡献包括日常生活批判与对都市化、空间和国家的研究。他们认为，在英语学界列斐伏尔研究者可以分为"专家型"、"二元论者"和"历史主义者"三种。那些"专家型"的列斐伏尔研究者专注于地理学、都市规划和建筑学方面的研究，并与社会文化理论中的空间转向有关。在这群人眼里，"做列斐伏尔研究"就等于是"做空间研究"，并且"是后现代的"。所谓"二元论者"，是指在英美国家，对列斐伏尔是通过都市政治经济学和后现代文化研究这两种相互排斥的视角来解读的。所谓"历史主义者"是指在各种研究主题中列斐伏尔都扮演着"先行者"的角色——这对都市政治经济学来说是一种最终令人失望的行为，但对都市文化研究来说却非常好，他成了一个后现代主义的先锋派。与以上三种片面研究不同，这本论文集的编者们提出一种更开放的研究列斐伏尔的方式，这就是要把列斐伏尔的都市空间哲学研究与对其形而上学认识论的一种开放的僭用联系在一起，而拒斥列斐伏尔研究中"政治经济学"和"文化研究"二元对立的格局。这种新的研究方式要在那些被遗忘的（也是"过时的"）唯物主义的、辩证的和马克思主义的理论语境中重新激发出关于所谓的"后现代"问题——差异、同一、语言、身体以及类似问题的争论。在这样的一种对列斐伏尔的重新解释中将产生一种异端的和开放的历史唯物主义，它致力于一种具体的、热情介入的和充满政治色彩的批判理论形式。在这种语境中，列斐伏尔关于日常生活和城市的作品将不再被简单地理解为对他全部作品的社会学延伸。由此，研究列斐伏尔的思想就不仅仅是少数"空间"专家们，比如都市社会学家、地理学家、城市规划师和建筑师的事情。正是通过他对这些领域的具体贡献，列斐伏尔制定出了他在政治上和理论上的总体方向。"在这个意义上，我们希望表明列斐伏尔关于都市和空间的作品与激进的社会政治理论具有更广泛的联系。反过来，我们想证明他在法国马克思主义方面的理论历险则为他在空间、差异和日常生活方面展开的先锋性工作提供了非常必要的启发。"①

针对卡斯特与哈维的阿尔都塞式的结构主义阅读,也针对尔后作为列斐伏尔国家空间理论最重要研究者之一的尼尔·布伦纳从法国调节学派角度理解列斐伏尔空间的生产理论的做法,一位英国曼彻斯特大学政治系的学者 Greig Charnock 则指出,这种阅读的最严重的问题在于,我们必须向类似于布伦纳这样的新国家空间性或者再区域化空间批判理论发起挑战,列斐伏尔是一位开放的马克思主义者,我们需要阐发一种开放的政治经济学的空间理论,而不能像哈维那样去阐述一种封闭的空间调节的政治经济学理论。可以说,无论阿尔都塞主义还是哈维的空间理论都是封闭的,他们让资本主义永远处于危机再生的决定论状态,而实际上,列斐伏尔空间的生产理论的核心生命力,是从资本主义不可克服的内在的空间矛盾与危机中,寻找新的可能的社会生活创造与变革的希望道路和实践。② 正是在此意义上,本节强调列斐伏尔的空间生产理论之核心思想是作为资本主义社会必然灭亡之空间表现的空间矛盾辩证法,而不是后现代主义式的三元空间辩证法。

以上引述充分说明:列斐伏尔是一个一度被英语世界严重片面误读,实际上其思想内容非常丰富的马克思主义社会理论家。

(二)是三元辩证法,还是空间矛盾辩证法?

西方学者对列斐伏尔的误读,不仅表现在主题的单一片面,更主要的是缺少一个马克思主义哲学方法论的引导,以及对列斐伏尔著作中的马克思主义哲学尤其是辩证法思想的提炼解读。

从思想史定位来讲,列斐伏尔应该说是一直都在发生变化,很复杂,甚至受苏联正统马克思主义的影响,还有教条主义的烙印,但是总体而

---

① Stefan Kipfer, Kanishka Goonewardena, Christian Schmid, and Richard Milgrom,"On the Production of Henri Lefebvre", in *Space, Difference, Everyday Life: Reading Henri Lefebvre*, pp. 1-24.
② 参见 Greig Charnock,"Challenging New State Spatialities: The Open Marxism of Henri Lefebvre", *Antipode* 2010, Vol. 42 No. 55, pp. 1279-1303。

言,是一个西方马克思主义人本主义思潮的领军人物,不过从20世纪七八十年代之后,我认为他处在晚期马克思主义和后马克思主义的立场之间,所以他的著作中有一些值得我们去提炼与升华的思想营养和资源。我们不能把他的思想作为现成的可以直接利用的当代马克思主义理论形态,但是我们也不可以用一种正统的教条的立场,指责列斐伏尔这也不符合马克思主义,那也不符合马克思主义。

今天,在西方的所谓空间转向的地理学研究视野中营造出的一个相当大的神话是,列斐伏尔的《空间的生产》的核心就是三元空间辩证法,也就是自然空间/精神空间/社会空间不分主次的三位一体,或者不同表述的三元空间辩证法。但是,列斐伏尔的空间辩证法说到底是社会矛盾辩证法的空间体现,归根结底,三元空间辩证法是一种空间矛盾或者空间性矛盾的辩证法,是社会不同历史时代、不同阶段的时间性矛盾的共时性/集中化表现。也就是说,空间辩证法是原来的马克思主义所理解的历史性/历时性的辩证法的共时性和集中化的表现。列斐伏尔在此所使用的词汇,不是从卢卡奇到萨特通常所用的总体性辩证法。列斐伏尔认为,形容空间辩证法的核心概念不再是总体化而是集中化。他在1973年的《资本主义的幸存》这本书里有一段铿锵有力的宣言性文字:"辩证法又回到议事日程上了。只不过这已经不再是马克思的辩证法,就像马克思的辩证法不再是黑格尔的一样……今天的辩证法不再与历史性与历史性时间相关联,或者与诸如'正—反—合'或'肯定—否定—否定之否定'之类的时段性机制有什么关系了……因此,这就出现了所谓的新的与悖论式的辩证法:辩证法不再听命于时间性。因此,对历史唯物主义或对黑格尔及其之后的历史观的驳斥,已经不再对辩证法的批判奏效了。要认识空间——它是如何产生的、在那里发生了什么以及它有何效用——这就是对辩证法的恢复。"①列斐伏尔实际上是在不自觉地

---

① Henri Lefebvre, *The Survival of Capitalism*, *Reproduction of the Relations of Production*, London: Allison&Busby, 1978, pp. 14, 17 - 18.

用多元主义的三元的空间辩证法来超越传统马克思主义的矛盾辩证法,或者说想用一种差异的空间的辩证法来取代和颠覆资本主义同质化的抽象空间统治。列斐伏尔本人虽然在这个过程中没有能抵挡住诱惑,但从内心深处来说,他想表达的最深刻的马克思主义思想,是一种空间性矛盾辩证法。从文本结构上说,《空间的生产》一书的重心并不是人们通常重视的作为导言的第一章,而是第五章"矛盾空间"与第六章"从空间矛盾到差异空间"。

那么列斐伏尔要我们关心的空间的矛盾,到底是什么?大概有这么几种矛盾:质与量的矛盾,使用价值与交换价值的矛盾,整体与碎片的矛盾,集中性与边缘性的矛盾,以及支配与利用(取用)空间的矛盾。①

空间性矛盾清单上的第一对矛盾是质与量的矛盾。抽象空间是可以度量的。它不仅仅像几何空间那样是可计量的,而且,作为社会空间,它倾向于定量操作,因此主导性趋势是促使质的消失,随之而来的,便是对质采用要么粗暴的要么诱导之类的措施而将其同化。但到最后,质毕竟还是成功地抵挡住了量的吸收,正如用途抵挡住了价值的吞噬一样。因此导致了第二种空间矛盾即空间的使用价值与交换价值之间的矛盾。比如,"新资本主义和新帝国主义分享了对于分裂成两种区域的附属空间的霸权:一种区域是以(消费品的)生产为目的并依靠(消费品的)生产而发展的地区;另一种区域是以**空间的消费**为目的并依靠**空间的消费**而发展的地区。"②消费空间与资本积累的历史方向相一致,与生产空间和被生产的空间相一致;消费空间是一个市场空间,是跟随着它们的路径而流动的空间,是国家控制的空间。因此,该空间是被严格量化的。而对空间的消费,这是一个出发旅游的时刻;当这个时刻来临时,顾客们会

---

① 参见 Rob Shields, *Lefebvre, Love and Struggle, Spatial Dialectics*, pp. 178-183; Yildirim Senturk, "Contradictory Spaces of Labor: The Social and Spatial Practices of Work Life in Istanbul", in *Understanding the City: Henri Lefebvre and Urban Studies*, edited by Gulcin Erdi-Lelandais, Cambridge Scholars Publishing, 2014, pp. 194-196。
② [法]亨利·列斐伏尔:《空间的生产》,第519—520页。

要求一个有特质的空间。令人满意的,既非是壮观的景象,亦非仅仅是符号。人们所需要的是它们(表面或真实)的纯朴性,即被重新发现的物质性和天然性。① 所以,所谓空间的质与量的矛盾,也就是空间作为商品的使用价值与交换价值的矛盾,也就是资本主义的消费空间的交换价值的生产与消费者对消费空间的使用价值的追求之间的矛盾。

空间的生产与消费之间的矛盾,不仅仅是一个国际或区域分工问题,而且是为某种占统治地位的生产方式服务的问题。列斐伏尔以地中海周围国家为北欧国家服务为例说明了这个道理:它们为了工业化的欧洲,正在转变成为一个满足人们休闲需要的消费空间。"这种花费和浪费,看起来像是一个时间序列的终点——始于工厂,始于以生产为基础的空间,并把人们引向了充满阳光与大海的消费空间"②。"从经济和社会意义上讲,以及从建筑与都市化意义上讲,该地区属于新殖民化的类型……而与那些主要工业聚集带形成了鲜明的对比——在那里,纯粹的数量文化独占鳌头。……于是,这种立足于休闲的准异教徒式的当地中心,便与北欧城市的生产中心地区形成了一个巨大的反差。"③再如,"污染严重的工业化模式开始向发展程度较低的国家——如南美洲的巴西,或欧洲语境中的西班牙——转出"④。这样便引起了空间层面上的阶级斗争。"与以往相比,今天的阶级斗争更是镶嵌在空间之中。的确,也只有阶级斗争才能阻止抽象空间对全球实行霸权以及对一切差异进行隐藏。"⑤

综上所述,首先是质与量的矛盾,其次是使用价值与交换价值的矛盾,也就是生产与消费的矛盾,进而反映出其中的阶级冲突与斗争。这也就意味着列斐伏尔所说的第三类空间矛盾的出现,即全球性或整体性空间与地方的空间,也即同质化的空间与碎片化的空间之间的矛盾。于

---

① 参见[法]亨利·列斐伏尔《空间的生产》,第519页。
② 同上书,第89页。
③ 同上书,第88—89页。
④ 同上书,第88页。
⑤ 同上书,第84页。

列斐伏尔而言,这是首要的空间矛盾。空间的主要矛盾源自私人财产造成的空间粉碎化、对可以互相交换之片断的需求,以及在前所未有的巨大尺度上处理空间的科学与技术(资讯)能力。① 一方面是在全球(或全世界)尺度上构想和处理空间的能力,另一方面是各式各样的生产程序或过程所导致的空间的碎片化,即空间的自我碎片化。一方面是碎片化的空间走向瓦解的倾向,另一方面是计算机科学把空间"还原为可见—易读的领域中没有差别的状态。与此同时,这同一个空间又根据劳动分工和需要、功能的分工而被打碎和折断,直至达到甚至超过容忍的界限(以容纳量不够、连接缺失等为由)"。②

第四,整体与碎片之间的矛盾隐含了中心与边缘的矛盾;后者限定了前者的内部运动。有效的全球一体化隐含了一个业已建立的中心。存在于空间中的"全体事物"的集中化使所有的空间要素和片断都服从于这个中心的控制力量。紧凑和高密度是中心的"属性";从中心向外辐射的每个空间、每个空间的间隔都是各种约束的载体,都是各种规范与"价值"的承载者。③ 资本主义与新资本主义生产出了抽象空间,它包括"商品世界"及其"逻辑"、全球战略、货币以及政治国家的权力。这个空间建立于一个庞大的银行、商业中心以及重要生产实体的网络的基础之上,除此之外还有公路、飞机场以及信息网络。④ 世界市场是以地域(从流动和网络的角度)和政治(从中心和边缘的角度)来界定的。⑤ 我们会确切地知道剩余价值在目前的条件下将在何处形成;但是对于它们将在何处实现或怎样被分割,我们却知之甚少,这是因为银行和金融网络将

---

① 参见 State, Space, World Selected Essays, edited by Neil Brenner and Stuart Elden, translated by Gerald Moore, Neil Brenner, and Stuart Elden, Minneapolis, London: University of Minnesota Press, 2009, p.189;并参见[法]列斐伏尔《空间:社会产物与使用价值》,载《现代性与空间的生产》,包亚明主编,上海教育出版社 2003 年版,第 51 页。
② 参见[法]亨利·列斐伏尔《空间的生产》,第 522—523 页。
③ 参见同上书,第 523—524 页。
④ 参见同上书,第 81 页。
⑤ 参见同上书,第 516 页。

它们分散在远离那些创造剩余价值的地方（工厂、国家）。最后，空间也正在被重铸：以此回应航空运输增长的需要，特别是在它的地缘政治范围之内；以此回应各种新兴工业（计算机、休闲、石油和其他能源的提炼）的需要；以此回应跨国公司不断扩展的角色的需要。世界市场的出现，隐含了全球层面上某种程度的一体化。但世界市场的出现也导致了空间的碎片化，包括民族国家激增、区域差异化和自决，以及多民族国家和跨国公司的出现。①

第五，集中化与边缘化、碎片化的矛盾，其实就是空间的生产方式中所存在的对空间的支配性与取用性两种方式之间的矛盾。这也就是精神分析学所说的逻各斯与反逻各斯之间的矛盾，即马克思所说的资本主义社会对空间的私人占有以及非资本主义社会对空间的取用性关系之间的矛盾。在逻各斯的一侧是理性，它正在不断被提炼，不断以形式的组织化、产业各个方面的结构化、系统和将所有事物系统化等形式来坚持自己。在逻各斯这一侧的是各种意欲支配和控制空间的力量：这些力量包括商业和国家、家庭、机构、"已有的派别"、已确立的秩序、各种法人的和非法人的实体。在相反阵营的，则是那些试图去取用空间的力量：包括各式各样的自治或者由工人所掌控的区域的和企业的存在体，公社与市镇，还有那些致力于改变生活、试图超越政治制度和党派的精英群体。②

一方面，空间变成被支配的私有物。这种被支配的空间，也即被技术、实践所改造和调节过的空间，有其非常深刻的历史传统基础。从历史上看，军事建筑、防御工事以及堡垒、水坝，还有浇灌工程体系等，这些都提供了被支配空间的最好例证。在现代世界，诸如此类的空间可谓不胜枚举，也是一目了然的，诸如水泥板路或者公路。我们正在快速接近这种"支配"的巅峰状态。为了支配空间，技术将一种新的形式引入预先

---

① 参见［法］亨利·列斐伏尔《空间的生产》，第517页。
② 参见同上书，第577页。

存在的主导空间之中,通常是直线的或者直角的网络或者网格结构。一条公路残酷无情地蹂躏着乡村与大地,像一把匕首刺透空间。被支配的空间通常是封闭的、贫瘠不堪的、被榨干的。①

而从另一方面来看,空间永远具有不可被私人占有的"使(取)用性"特征。马克思在《资本论》第三卷中曾经说过:人实际上对自然只能"取用"(appropriation),而无法支配自然或对自然拥有"所有权"(property)。"从一个较高级的经济的社会形态的角度来看,个别人对土地的私有权,和一个人对另一个人的私有权一样,是十分荒谬的。甚至整个社会,一个民族,以至一切同时存在的社会加在一起,都不是土地的所有者。他们只是土地的占有者,土地的受益者,并且他们应当作为好家长把经过改良的土地传给后代。"②对一个自然空间的改造,是为了满足取用它的社会群体的需要与可能性。在拥有的意义上所有权充其量是一个必要的前提条件,它最经常地只是作为一种"取用"活动的附带现象,是一件艺术作品的最高表达。一个被取用的空间**非常类似于一件艺术作品**。③

然而,资本主义不仅通过加强其对土地的控制,也不仅依靠将历史上前资本主义的形态并入其中来巩固自身。它也利用一切可能的抽象物、一切可能的形式,甚至通过对那些显然无法被私人占有(私有财产)的物——自然、土地、生命能量、欲望和需要——的物权,进行司法和法律的虚构。④

"总之,资本主义和新资本主义的空间,乃是量化与愈形均质的空间,是一个各元素彼此可以交换(exchangeable)因而能互换(interchangeable)的商业化空间;是一个国家无法忍受任何抵抗与阻碍的警察空间。因此,经济空间与政治空间倾向于汇合一起,而消除所有的差异。社会主义空间的生产,意味着私有财产,以及国家对空间之政治性支配的终结,这又

---

① 参见[法]亨利·列斐伏尔《空间的生产》,第 240—241 页。
② 《马克思恩格斯文集》第 7 卷,人民出版社 2009 年版,第 878 页。
③ 参见[法]亨利·列斐伏尔《空间的生产》,第 242 页。
④ 参见同上书,第 515—516 页。

意指从支配到取用的转变,以及使用优先于交换。"①

这就是列斐伏尔在《空间的生产》第五、第六章中所把握的资本主义条件下的空间矛盾的几种表现。"我们所确认的主要矛盾,与马克思在对资本主义进行分析时一开始就揭示的生产力和生产的(以及所有权的)社会关系之间的矛盾,是相一致的"②。尽管在(空间中的)物的生产层面这一矛盾显得不那么鲜明,但是在空间的生产这一更高的层面上,这个矛盾正在变得更加尖锐。③ 空间"本身"既没有权力,也不能决定空间的矛盾。在这里,"社会的矛盾——也即社会中的一个事物与另一个事物之间的矛盾,例如生产力与生产关系的矛盾——它们只是出现在空间中,在空间的层面上,从而导致了空间的矛盾"。④

还有一段文字是值得我们阅读的,这句话曾经被詹姆逊高度赞赏——列斐伏尔"要用一种空间辩证法替代古老的时间辩证法"⑤:由于空间的生产这个概念的提出,一种辩证的方法也被提出来了。"换言之,存在着空间的矛盾,它隐含和解释了历史时间中的矛盾,尽管没有被还原为这些矛盾。相反,如果矛盾(关于现实冲突的)的观念没有被限定在时间性和历史性中,如果它事实上延伸到了空间领域,这就意味着存在一种中心性的辩证法。这个辩证过程发展了中心(目前仅被理解为**点**)的逻辑特征。"⑥这段文字比较深刻,实际上是在展望一种能够理解全球化资本主义社会的新的辩证法,对这种辩证法我们不能从历史阶段性的角度来理解(例如,我们不能把中国和美国这两个国家和社会之间的关

---

① *State,Space,World Selected Essays*,edited by Neil Brenner and Stuart Elden,translated by Gerald Moore,Neil Brenner,and Stuart Elden,Minneapolis,London:University of Minnesota Press,2009,p.192;并参见[法]列斐伏尔《空间:社会产物与使用价值》,载《现代性与空间的生产》,第55页。
② [法]亨利·列斐伏尔:《空间的生产》,第525页。
③ 参见同上。
④ 参见同上书,第527页。
⑤ [美]弗雷德里克·詹姆逊:《辩证法的效价》,余莉译,中国社会科学出版社2014年版,第91页。
⑥ [法]亨利·列斐伏尔:《空间的生产》,第489页。

系仅仅理解为阶段性的矛盾,而必须理解为空间性的矛盾)。还有一段有助于理解列斐伏尔的观点具有马克思主义核心辩证法意义的话,"空间本身,既是资本主义生产方式的**产物**,也是资产阶级的经济政治**工具**,现在它将被视为体现了它自身的矛盾。"①这句话很深刻,空间是资本主义固有矛盾的体现,这就是矛盾辩证法了。"于是辩证法从时间中浮现出来,并使其自身得以实现,它正以一种意料不到的方式在空间中发挥作用。空间的矛盾,并没有消除从历史时间产生出来的矛盾,而是把历史留在身后,并把那些旧矛盾在全世界的范围内同时提升到一个更高的水平。当这个矛盾的整体呈现出一种新的意义,指向'一些其他东西'——另外一种生产方式——的时候,其中的一些矛盾就被削弱了,另外一些则加剧了。"②也就是说,空间矛盾以更高水平的方式体现出来了,同时又向我们呈现出要解决这些矛盾的新的生产方式。而在该书中更前面的地方,他同样明确地从历史的角度写道:"从一种不那么悲观的立场来看,抽象空间容纳了各种特殊的矛盾。这些**空间性矛盾**部分地起源于历史时间抛下的古老矛盾。这些矛盾经历了改变,其中一些加强了,另外一些则被弱化。在它们中间,一些倾向于促使抽象空间轰然崩溃的全新的矛盾产生了。这种空间固有的生产的社会关系的再生产,不可避免地要服从于两种趋势:一方面,旧的关系崩溃;另一方面,新的关系形成。因此,尽管(或者不如说由于)它的否定性,抽象空间本身也包含着一些新型空间的种子,我将之称为'**差异性空间**'。"③

最后,列斐伏尔以惯常的浪漫激情写道:大规模工业的到来,伴随着科学技术的进步,动摇了世界的基础。生产力由此产生了另一次巨大飞跃——"从空间中物的生产,跃升为空间的生产"。④"空间的生产则将另外的事物纳入了安排,在其中,空间的私人所有权将衰落,与此同时,支配空间的政治国家也将衰落。这体现了从支配到取用的转变,以及使用

---

①② [法] 亨利·列斐伏尔:《空间的生产》,第189页。
③ 同上书,第79页。
④ 参见同上书,第526页。

价值对交换价值的优先性地位(即交换价值的衰退)。"①

照此来看,列斐伏尔确实不能被归为空想社会主义者之列。毕竟,《空间的生产》首要的也是最终的问题是:"空间理论如何与当今的革命运动相联系?"他把变革社会现实的希望寄托于城市的反抗资本主义的空间正义政治运动,就是用城市革命来改变矛盾着的不合理的资本主义世界,而不是用城市规划意识形态来设计一个美好世界。这就是他心目中的类似于人权、公民权的"城市权"。这种城市权决不等于每个人都有住宅,而是每个人都有进入城市的权利。这不是个人的私人的商品所有权财产权,而是集体的幸福安全的城市生活权利。列斐伏尔认为,解决都市问题的关键并不在于政府与技术人员以及开发商利益博弈支配下的全局性意识形态设计,而是微观地、有差异性地关注居民的建筑或栖居实践问题。今天都市社会最大的问题是住户们的沉默与消极。真正的社会主义需要关心的不仅仅是工业社会式的理性设计管理与经济增长,而是每个生活于其中的人们的城市权利。这些写于半个世纪之前的著作,在今天仍然能够激起许多人想象与追求美好城市生活的勇气与力量。②

---

① [法]亨利·列斐伏尔:《空间的生产》,第605页。
② 参见 L. Stanek, C. Schmid, and A. Moravanszky, *Urban Revolution Now*, Harvard University Usa, 2014。

第五章　空间化视野中的城市哲学与中国道路问题研究

本章系历史唯物主义空间化问题的"现实应用篇"。如果说此前章节的重点之一是从历史唯物主义方法论视角回应现实社会的空间化发展问题，进而形成历史唯物主义的空间化理论视野，那么，本章则是从已经形成的空间化理论视野透视现实社会发展问题。但与前面章节中的西方马克思主义与左派思潮从空间化视角批判当代资本主义社会的城市地理与政治文化不同，本章先是集中研究历史唯物主义空间化视野中的全球化、区域化与城市化三大现实问题之一——城市化哲学问题，进而在此基础上，从历史唯物主义空间化的理论逻辑与中国革命和现代化建设的实践逻辑内在统一的角度入手，研究中国道路自信的历史辩证法与空间辩证法，以新的角度思考从"站起来"到"富起来"再到"强起来"诸环节之间空间转化的特征①。可以说，全书的总体思路与逻辑，是从直面现实问题挑战为始，而又以认识与回答现实重大问题为终，可谓首尾呼应。但有所不同的是，本书开头要解决的是历史唯物主义如何回应当代资本主义空间化发展问题而使自身理论主题空间化，而结束部分则要用

---

① 系统而深入地研究这个问题，非本章篇幅所允许，这将是我即将完成的《中国道路自信的空间辩证法》一书的任务了。

已经初步形成的历史唯物主义意义上的空间化理论视野回到对中国本身问题的认识与解决上来。这其中既有"他山之石可以攻玉"之意义,且更有新的"中体西用"或"西体为中所用"之意义。

第一节　历史唯物主义视野中的城市哲学总问题

一、引论

　　马克思主义与城市社会理论究竟是一种什么关系?该问题可以换成多种方式来提问与回答:马克思主义中究竟是有完整独立的城市理论还是只有不自觉的城市问题意识?马克思主义到底是反对城市化的还是一种城市主义?马克思主义如果属于现代都市社会理论,那么,它究竟是通过自身而揭示出了城市的秘密还是在城市中发现了马克思主义?换言之,如果我们承认马克思主义确实有一种城市社会理论与哲学,那么,究竟是已经有了潜在的可以概括的理论体系与方法,还是只是一种潜在的尚待发现与开拓的问题域?马克思主义的城市社会哲学理论究竟是要把城市社会作为研究领域与对象加以主题化把握,还是把城市作为马克思主义的理论主体而将其自身城市化?究竟是要建立马克思主义的城市社会哲学,还是要让马克思主义的主题"城市化"而形成一种"都市马克思主义"?列斐伏尔于1972年2月出版的《马克思主义思想与城市》①一书向人们提出了这一系列的问题并试图作出自己的回答。

　　一言以蔽之,列斐伏尔的焦点意识是发现"历史唯物主义理论框架中的城市以及随之而来的都市总问题(la problématique urbaine)"②。在他看来,从前的马克思主义者(包括马克思、恩格斯在内)的主要缺点是,只是把都市作为工业资本主义高度发展的产物,或作为工业社会的问题

---

① Henri Lefebvre, *La pensée marxiste et la ville*, Tournai and Paris: Casterman, 1972. 该书中译本即将由首都师范大学出版社出版。
② Henri Lefebvre, *La pensée marxiste et la ville*, p. 7.(郑劲超译)

之一来理解与解决,而没有将其作为总问题来求解以往社会与现代世界的各种问题(包括全球化)。经典马克思主义只是把都市作为乡村的对立面来理解,而实际上今天的世界之二重化为都市与农村世界,或者二重化为发达世界与不发达世界,只能被合理地理解为都市社会内部矛盾的地理表现。对于全球化世界的同质化、等级制与碎片化现实本身,应当在完全城市化这个流动着的结构本身、从它的空间矛盾中去理解,并在实践中使之革命化。因此,自从发现全球化资本主义的秘密在于全球化城市这个"资本的内部空间"之后,"进城的权利"就成为革命的首要任务①。

本节将以列斐伏尔该书的思路为研究引子,通过跟踪与追溯马克思、恩格斯的经典文本,试图从两个视角研究马克思主义的城市问题,即一方面研究马克思、恩格斯是如何在研究城市社会与城市历史过程中发现历史唯物主义的,另一方面透视他们又是如何在历史唯物主义与政治经济学批判视野中认识现代城市的本质以及人类未来前景何以是全球化的城市文明的。

二、在现代社会的工业化与城市化进程中发现历史唯物主义之路

历史唯物主义的发现有多重可能路径:不仅有马克思式的通过德意志意识形态的自我批判而走向现实之路,且有恩格斯式的通过工业社会现实批判而发现新的历史观的途径;不仅要从历史唯物主义的宏观视角揭示城市问题,而且要从城市问题的哲学解答中发现微观的历史唯物主义。事实上,恩格斯在1845年独立于马克思强调了工业化积累与城市化进程之间的关系等相关主题,且为他们一同创立历史唯物主义作出了最初的原创性贡献。② 关于《英国工人阶级状况》"从另一条道路得出与

---

① 参见刘怀玉《城市马克思主义批判与中国实践》,载《文化研究》第33辑(2018年·夏),社会科学文献出版社2018年版,第26—39页。
② 参见刘怀玉《青年恩格斯:从历史唯物主义创立者到都市马克思主义开拓者》,载《学习与探索》2020年第8期,第1—9页。

马克思一样结论"的说法,首见于马克思的《〈政治经济学批判〉序言》,但更详细的描述见于恩格斯1885年的《共产主义者同盟的历史》:"我在曼彻斯特时异常清晰地观察到,迄今为止在历史著作中根本不起作用或者只起极小作用的经济事实,至少在现代世界中是一个决定性的历史力量……因而也是全部政治史的基础。马克思不仅得出同样的看法,并且在《德法年鉴》(1844年)里已经把这些看法概括成如下的意思:"决不是国家制约和决定市民社会,而是市民社会制约和决定国家,因而应该从经济关系及其发展中来解释政治及其历史,而不是相反。……于是我们就着手在各个极为不同的方面详细制定这种新形成的世界观了。"①

首先,该书是通过研究工人阶级状况的现实经验的历史科学方式,而不是马克思的哲学批判方式,超越费尔巴哈人本主义与空想社会主义走向历史唯物主义的。恩格斯正是在曼彻斯特这块资产阶级与无产阶级进行阶级斗争的坚实土地上,才开始详细研究社会主义思想的。这是他在哲学上转向历史唯物主义的关键所在。他用活生生的详细的微观的社会调查与亲身感受,印证了后来历史唯物主义所谓的社会存在决定社会意识的根本意义。

其次,恩格斯以研究工业革命与英国工人阶级形成之必然联系为突破口,把握住了历史唯物主义关于生产力决定生产关系这个核心实质。恩格斯对产业革命与无产阶级的形成的透彻分析和理论概括,其最重要的意义是他把哲学作为武器,深入了德国哲学家包括青年黑格尔派从未研究过的领域,即物质生产领域。这一广阔的领域是旧的哲学家瞧不上的禁区,恩格斯却进入这个领域,从而发现了社会物质生产是社会发展的基础,揭示了社会发展的规律性,尤其重要的是发现了工人阶级的历史地位与伟大作用,这正是他在世界观上超过青年黑格尔派包括费尔巴哈的根本点。

再次,该书之特殊意义在于,恩格斯为了调查工人阶级的实际生活

---

① 《马克思恩格斯文集》第4卷,人民出版社2009年版,第232页。

状况而发现了现代城市社会,发现了城市是无产阶级与资产阶级冲突的空间,也是无产阶级意识到自己的阶级整体存在与历史使命的所在地。正是这一点启发了后来的学者进行马克思主义城市社会理论乃至于都(城)市马克思主义新领域的探索。

为了取得对城市的完整了解,恩格斯考察得非常细致:他观察整个城市,也考察城市的各个区域;他研究城市的布局,房屋的建筑方式与用材,街道、院落、小胡同,甚至一些偏僻的角落;他特别注意到了工人的住宅,他们的房屋之大小、居住的人数、房间的布置、家具的好坏、租金的高低、卫生设备状况,等等。① 居住条件的恶劣、饮食质量的恶化、生活状态的不稳定、劳动的强制性,剥夺了工人的一切尊严与自由时间;还有就是人口的集中,这些均导致工人阶级的身体状况与道德状况的双重恶化。大城市于是一方面成为资产阶级发财致富的福地乐土,另一方面也成为导致无产阶级贫困堕落的罪恶渊薮。

当然,人口集中也使城市成为无产阶级整体意识形成的场所。人口集中对有产阶级起了鼓舞的与促进发展的作用,同时也以更快的速度促进了工人的发展,工人由此开始意识到自己是一个整体、一个阶级。他们已经意识到虽然分散时很软弱,但联合在一起就是一种力量。这促进他们团结起来与资产阶级对立并与之作斗争。② 大城市是工人运动的发源地,在这里工人首先开始考虑自己的状况并为改变这种状况而斗争;在这里首先出现了无产阶级与资产阶级的对立。也只是在这里,这时候工人才开始认清自己的地位与利益,开始独立地发展起来;他才不再在思想感情与意志表达方面也成为资产阶级的奴隶,而在这里起主要作用的是大工业与大城市。③

恩格斯通过对英国工业城市现实现象的政治经济学的批判式解剖,得出了重要的结论:工业化促进了城市化的发展,人口的集中和生产资

---

① 参见《马列主义研究资料》1985 年第 2 辑,人民出版社 1985 年版,第 35 页。
② 参见《马克思恩格斯文集》第 1 卷,人民出版社 2009 年版,第 435 页。
③ 参见同上书,第 436—437 页。

料的集中为工人阶级的形成奠定了客观现实基础,同时城市也成为资产阶级与工人阶级矛盾斗争的地理中心。

《英国工人阶级状况》一书第一次赋予了都市现象以非常重要的地位。恩格斯把城市空间和社会关系当作资本主义爆炸式增长与工人阶级意识到来之间的关键调节器。他详细考察了伦敦、诺丁汉的纺织城市、利物浦的港口、利兹和约克郡西区布拉福德纺织城以及曼彻斯特,开启了对工业城市的空间结构的分析。

首先,恩格斯揭示了资本主义社会的双重集中化趋势即伴随着资本集中而来的人口集中,以及由此引起的贫困与富裕、拥挤与孤独等多重意义上的两极对立的城市空间辩证法,以空间矛盾的形式呈现出资本主义社会尖锐的阶级矛盾。工厂附近形成一个村镇,人口不可避免地增加,导致劳动力需求增加,村镇变成小城市,小城市变成大城市,从而集中了所有的工业要素:工人、交通线路(运河、铁路和公路)、原始材料的运输、机器和技术、市场、交易所。大的工业城市因此取得了突飞猛进的发展。① 集中化使得成千上万的人的力量和效率倍增。这种在英国资产阶级的经济和政治支撑下产生的惊人的社会财富,与之相对应的是对工人的牺牲。人类的原子化在这里发展到了顶点。这正是青年马克思抽象人本主义视野中的异化现象。虽然恩格斯谙熟"异化"这样的哲学概念,但是异化的主题从来不是以抽象的(孤立的)形式出现的。他是从具体中去理解和把握异化,在生活中说明异化,在社会实践中把握异化。尤其是"大城市"这一章的观察和分析,对伦敦、都柏林、谢菲尔德、伯明翰和格拉斯哥等城市空间的两极分化进行了细致入微的现象学式的解剖。而随着对自然力的利用,机器对手工劳动的排挤,以及分工成为现代工业城市的主要技术特征,工业化在曼彻斯特这种大城市一定会达到最完备的发展,工业无产阶级在这里一定会以最典型的形式出现。

其次,恩格斯以惊人的预见能力批判了资本主义城市治理所导致的

---

① 参见 Henri Lefebvre, *La pensée marxiste et la ville*, p. 11。(郑劲超译)

都市的混乱:一方面是整体的城市规划,另一方面城市空间中的阶级隔离以及中心的解体加剧了。①"这个城市建筑得如此特别,人们可以在这里住上多少年,天天上街,可是,如果他只是出去办自己的事或散步,那就一次也不会走进工人区,甚至连工人都接触不到。……由于无意识的默契,也由于完全明确的有意识的打算,工人区和资产阶级所占的区域是极严格地分开的"②。它同时掩盖了剥削和剥削的后果。20 世纪下半叶来自经济学、社会学、历史学、人类学等各领域的都市研究充分证明了恩格斯的发现:都市空间是(城市的和住宅的)秩序和混乱的统一。它们揭露了整个社会。在都市的背景下,直接的剥削通过一系列精密的过程倍增为一种间接的剥削,并且从企业(作坊、工厂)延伸到日常生活的全部方面。工人的日常生活环境与条件非常糟糕,恩格斯从居住卫生条件、饮食、健康、教育、医疗等多个方面为我们呈现了英国工业城市工人阶级贫乏、恶劣的生活状况。恩格斯的描述不是道德主义的说教,因为在他眼里工业大城市虽然不可避免地产生了酗酒、卖淫、犯罪和道德堕落,但不可以将其归咎为工业大城市本身。他认为,导致英国工人阶级悲惨状况的原因,一方面是工人之间的竞争,另一方面是经济和社会上的资本主义结构。③

再次,恩格斯没有把工人阶级状况问题归结为都市问题,而是资本主义工业化问题:应该为英国工人阶级状况负责的,不是城市,而是资本主义生产方式。恩格斯也因此堵塞了后来马克思主义通向城市问题研究的道路,在后期的《论住宅问题》中他重申了这一观点:工人阶级被从城市中心驱赶到边缘,甚至因为住宅缺乏而住在拥挤的贫民窟中,其根本原因不是蒲鲁东与拉萨尔所说的财富分配不公或者法权问题,也不是无产阶级本身的道德素质问题,更不是巴枯宁及无政府主义者所谓的"国家罪过"。"由于资本主义生产方式的废除,才同时使得解决住宅问

---

① 参见 Henri Lefebvre, *La pensée marxiste et la ville*, p. 17。(郑劲超译)
②《马克思恩格斯全集》第 2 卷,人民出版社 1957 年版,第 326 页。
③ 参见 Henri Lefebvre, *La pensée marxiste et la ville*, p. 22。(郑劲超译)

题成为可能"①。

综上所述,恩格斯对城市问题的前瞻性处理,的确开辟了一条研究资本主义发展、阶级革命与城市空间的独特道路。虽然这条道路还带有稚嫩、粗糙的经验描述的味道,特别是他并没有关注"城市厚重的纤维和更大的密度"②,而把城市问题简单地归结为资本主义生产方式的问题,但毕竟开启了从现实社会历史经验中研究城市问题的先河,且率先开辟了唯物主义历史观发现与形成的"近路"。

三、在城市历史中发现历史唯物主义的现实来源

众所周知,《德意志意识形态》第一章首次对历史唯物主义原理作了系统阐述。而列斐伏尔认为:"此书表明,与城市相关的问题以强有力的方式出现在历史唯物主义的表述之中……马克思所发表的许多论述只有在一种社会背景下才能获得其意义和视野:这种社会背景就是都市现实。然而马克思并没有提及它。虽然在某个决定性的方面上,马克思曾在一两处地方中把这一背景与概念的连贯性联系在一起,但都市现实依然是晦暗不明的。"③例如,"物质劳动和精神劳动的最大的一次分工,就是城市和乡村的分离。城乡之间的对立是随着野蛮向文明的过渡……地域局限性向民族的过渡而开始的,它贯穿着文明的全部历史直至现在"④。基于此,列斐伏尔认为,马克思、恩格斯所表述的历史唯物主义不是由哲学的普遍性构成,也不是建立在对黑格尔、费尔巴哈等哲学的批判改造之上,而是要反对哲学,其在最初的创立依赖于一段直到当时或许今天为止仍被忽略的历史,即城市的历史。总之,历史唯物主义"第一个真正坚定可靠的观点"是"关于城市的总体主张"⑤。

---

① 《马克思恩格斯文集》第 3 卷,人民出版社 2009 年版,第 283 页;并参见[法]亨利·列斐伏尔《恩格斯与乌托邦》,载《空间与政治》,李春译,上海人民出版社 2015 年版,第 59 页。
② Andy Merrifield, *Metromarxism. A Marxist Tale of the City*, Routledge, 2002, p. 48.
③ Henri Lefebvre, *La pensée marxiste et la ville*, pp. 12, 29. (郑劲超译)
④ 《马克思恩格斯文集》第 1 卷,人民出版社 2009 年版,第 556 页。
⑤ Henri Lefebvre, *La pensée marxiste et la ville*, p. 36. (郑劲超译)

因此，马克思、恩格斯通过以城市为背景的劳动分工与民族交往的世界历史发现了历史唯物主义，而城市与乡村的分离问题则成为整个社会经济史发展的中轴，它既是理解封建主义社会向资本主义社会转型过程的前提又是这种转型的结果。"马克思是……以'城市和农村的分工'为分析基轴追溯说明世界史的个体即西欧'资本主义'特质的。"①在《德意志意识形态》中，他们开始基于欧洲经济发展史与分工的发展演变来讨论社会历史发展的一般形式。"一个民族的生产力发展的水平，最明显地表现于该民族分工的发展程度。"②分工起初只是发生在性行为方面，后来由于天赋、需要、偶然性等自发地形成自然分工。分工只是从物质劳动与精神劳动分离的时候才真正成为社会分工。某一民族内部的分工一方面引起了农业劳动与工商业劳动的分离，从而也引起了"**城乡的分离和城乡利益的对立**"③。

在讨论分工的同时，马克思、恩格斯对社会历史上不同的所有制形式进行了客观分析，初步勾勒了人类社会发展的一般形式。分工的发展、劳动与交换之间的差异以及不同所有制形式之间存在着关联。他们认为："分工的各个不同发展阶段，同时也就是所有制的各种不同形式。这就是说，分工的每一个阶段还决定个人在劳动材料、劳动工具和劳动产品方面的相互关系。"④

第一种形式是"部落所有制"，第二种形式是"古代公社所有制和国家所有制"，第三种形式是"封建的或等级的所有制"。古代的起点是城市，而中世纪的起点是乡村。在古代，政治城市组织、统治、保护、管理、开发着某片土地，其中包括土地之上的农民、村民和牧羊人等。在中世纪这种城乡关系发生了颠倒，封建领主依赖于乡村，他们统治着一片不发达的领土。马克思说："城市和乡村的分离还可以看做是资本和地产

---

① [日]望月清司:《马克思历史理论的研究》，韩立新译，北京师范大学出版社 2009 年版，第 13 页。
②③《马克思恩格斯文集》第 1 卷，人民出版社 2009 年版，第 520 页。
④ 同上书，第 521 页。

的分离,看做是资本不依赖于地产而存在和发展的开始,也就是仅仅以劳动和交换为基础的所有制的开始。"①如果说古代的城邦代表封闭的体系,那么新兴的工业化城镇则代表了一种与之相反的生产方式。封建时代的等级关系和中世纪的城镇的共同规范,已经完全被以货币关系为基础的社会关系所取代。新兴的资本主义社会关系构成了封建主义社会联系的对立面,工业资产阶级与封建地主阶级的对立直接而生动地表现在城乡矛盾之中。随着中世纪城市及其同业公会体系的解体和被取代,"城乡"之间的冲突关系产生了新事物,也几乎在同一时期,资本主义和世界市场、民族和国家、资产阶级和无产阶级开始出现。

对马克思、恩格斯而言,城市扮演着一个决定性的历史角色,孕育出一个走向大工业的历史过程。而大工业使竞争变得普遍,使所有资本转变为工业资本,促进了资本的流通和集中。大工业"首次开创了世界历史,因为它使每个文明国家以及这些国家中的每一个人的需要的满足都依赖于整个世界,因为它消灭了各国以往自然形成的闭关自守的状态"②。

最后,马克思、恩格斯认为,随着城市商业活动与交往不断扩大,民族局限性愈益明显,地域性的个人生存随之逐渐发展成为世界历史性的活动,其前提是生产力的普遍发展与狭隘的民族分工的逐渐消灭,此时历史也就成为世界历史。"单个人随着自己的活动扩大为世界历史性的活动,越来越受到对他们来说是异己的力量的支配……受到日益扩大的、归根结底表现为**世界市场**的力量的支配",所以,"每一个单个人的解放的程度是与历史完全转变为世界历史的程度一致的"。③

"世界历史与城市一同诞生,它来自城市并且发生在城市之中。"④列斐伏尔认为,马克思、恩格斯所说的世界历史总体革命图景都是在都市

---

① 《马克思恩格斯文集》第 1 卷,人民出版社 2009 年版,第 557 页。
② 同上书,第 566 页。
③ 参见同上书,第 541 页。
④ Henri Lefebvre, *La pensée marxiste et la ville*, p. 102. (郑劲超译)

背景下发生的,而都市背景本身是从过去"城市"的内部限制和界限中解放出来的,进而组成新的社会共同体。他们从过去城市的限制中解放出来,从而投身于"非劳动"。这种"非劳动"不仅是宗教、哲学、意识形态、国家、政治统治的终结,而且也是劳动与城市的终结。城市不是在乡村中终结,而是在乡村与城市共同体的超越中终结。这就开启了创造性艺术活动,也开启了作为人类作品的都市创造。

四、在城市历史比较研究中突破历史哲学思辨的束缚

众所周知,《〈政治经济学批判〉序言》唯一一次公开阐明了历史唯物主义核心观点:"大体说来,亚细亚的、古代的、封建的和现代资产阶级的生产方式可以看做是经济的社会形态演进的几个时代。"[①]也就是说,不同的社会生产方式决定了不同的社会经济形态。但是列斐伏尔认为生产方式是一个具体清晰确定的理论概念,而不是一个抽象实体的概念。如果脱离具体的社会形态来抽象地谈论生产方式概念,会导致一系列无法解决的思辨哲学难题,尤其是一种生产方式向另一种生产方式的过渡问题很容易让人一头雾水。事实上,只要我们深入解读一下《57—58年手稿》关于前资本主义社会诸形态的论述[②],便不难体会与发现马克思以上著名论述的特殊内涵。只有具体地考察亚细亚的、古代的、中世纪的和商业的几个不同阶段的城市起源、发展、衰落和更替的原因、过程和结果,才能更好地理解资本主义及其城市问题的起源、城市化的独特机制,才能通过城市不同历史时期的形式变化更好地理解资本主义的起源、持存和发展的秘密。这才是活生生的而不是干巴巴的历史唯物主义!

> 古典古代的历史是城市的历史,不过这是以土地财产和农业为基础的城市;亚细亚的历史是城市和乡村无差别的统一;中世纪(日耳曼时代)是从乡村这个历史的舞台出发的,然后,它的进一步发展

[①]《马克思恩格斯全集》第 31 卷,人民出版社 1998 年版,第 413 页。
[②] 参见《马克思恩格斯全集》第 30 卷,人民出版社 1995 年版,第 465—510 页。

是在城市和乡村的对立中进行的;现代的历史是乡村城市化,而不像在古代那样,是城市乡村化。①

为了理解社会形态的历史转变,列斐伏尔主张要剔除古典哲学留下的有关"人类主体"的残余。在他那里,历史的主体不再是集体性的主体、总体的主体,或黑格尔式的国家,也不是马克思的生产方式、社会、阶级、无产阶级,而是城市。"对马克思来说,封建主义生产方式的解体及其向资本主义的转变,都附属于一个主体:城市。城市破坏了中世纪封建系统,并同时超越了自身:通过转变为资本主义的生产关系,进入到另一种生产方式之中,即资本主义。以城市的视角来看,一切都变得清晰明朗了,并且在很长一段时间里都依然如此……城市是一个主体,一种凝聚力,是整个体系中的一部分,它在展示整个体系的同时也摧毁了它。"②城市和乡村的关系可以为我们理解封建主义向资本主义社会转变与生产方式的变迁提供一把钥匙。也就是说,封建城市既是封建主义解体的"原动力",又是资本主义兴起的内在助推器。

马克思关于前资本主义社会诸形式的论述,实际上是以西方城市与乡村的历史关系变迁为主线,向我们概括出了三种城市的历史形式:第一种是亚细亚的东方城市,与原始的血缘的自然共同体高度融为一体,就是大农村。在这里,城市不像城市,还带着宗法、血缘关系的东西,共同体是凌驾于所有人之上的不可撼动的统治者。第二种是欧洲社会的古代城市形式。即古希腊罗马城市,它们具有二元性:一方面,在雅典和罗马,城市作为私人、家庭而存在,家庭的私有财产及其法律秩序,国家是无权干预的。但另一方面,私人通过各种法律条文结成共同体,是先私后公的共同体,即个人以契约的方式建立了城市或城邦。总而言之,在古代城邦中,私有制属于城邦居民,公有制属于城邦,两种形式相互对立。列斐伏尔在日耳曼的部落共同体中发现了第三种城市形式。与古

---

① 《马克思恩格斯全集》第 31 卷,人民出版社 1995 年版,第 473—474 页。
② Henri Lefebvre, *La pensée marxiste et la ville*, pp. 71 - 72. (郑劲超译)

希腊的城邦、小国不一样,这里不再是以城市为中心,而是以农村为中心,最早是军事城市、政治城市,后来是商业城市,继而慢慢衰落了。在这里,有三种所有制的形式:一种是私有制(家庭的,一部分属于耕地);一种是集体所有制,它依赖于所有者的集会(比如祭祖、宗教),而不是依赖于乡村或城市本身;最后一种是公社所有制,后来发展成为城市公社,即以城市为中心形成了独立的法律、管理秩序,这不同于原始社会的公社。在此,人人有一种形式上的平等,一旦有外来侵略就一致对外。威尼斯这个最早的资本主义城市就是在城市公社基础上慢慢发展起来的。

正是在城市行会或者商业城市中,马克思看到了劳动者和工具之间的关系的解体将会产生资本主义。"资本主义来自都市行会的解体。"[①]资本主义的前提就是劳动者与土地等生产资料、生产工具分离,作为单独的自由的出卖劳动的劳动力出现。在剥夺了公会工人的所有生产资料(生计、工具和物质资料)的同时,金钱、货币与暴力的运动共同促使交换价值为自己廓清了历史的道路。

资本主义起源于城市,城市起源于更为一般的交换价值、商品世界与货币。但前资本主义城市社会的发展是一个极其复杂的历史过程,它并非是同质化的、线性的、单一性的抽象普遍逻辑。"在原始的、直接的、自然的共同体中存在着大量的差异,语言、习俗、共同体成员之间的关系、周围的自然也是如此。差异带来了解体,它也来自解体,这种解体就是原始共同体(部落、家庭)的解体,以及建立在废墟、古代城邦和中世纪城市之上的公社的解体,因此产生了不同的演化路线,有的走向停滞,有的走向衰亡,有的最终开创了'历史'并产生了现代社会。"[②]总之,马克思总结出了三个方向:"这三个方向包含了血缘共同体的解体、占有(利用,然后交换)领土的共同体和公社的形式的出现,'城乡'关系的形成以及这一关系的转变。第一条路线使社会和城市走向停滞。第二条路线使

---

① Henri Lefebvre, *La pensée marxiste et la ville*, p. 97.(郑劲超译)
② 同上书,第 98 页。(郑劲超译)

城邦和社会急速地成长,走向辉煌,继而走向衰落。第三个方向是在城市与乡村的关系中,使城市缓慢地成长,但它的未来不会受到明确的限制。"①所以,"前资本主义"并非指时间上先于"资本主义",也不是指从"前资本主义"到"资本主义"的历史时间处于同质化的、持续性的同一条线上。只有当"前资本主义"的城市社会进入一种普遍化抽象化的资本主义世界市场当中,我们才能够思考"前资本主义的诸种特殊形式"。因此,被理解为总体性的"生产方式"概念并非是还原论的同质化的教条主义概念:"**生产力(生产资料)的概念和生产关系的概念的辩证法……它的界限应当确定,它不抹杀现实差别。**"②随着作为政治经济权力中心的城市中货币经济与交换价值逐渐压倒了使用价值,城市和乡村的矛盾就不再是首要基本的矛盾,而开始从属于资本主义生产关系的矛盾以及阶级矛盾。从此,"前资本主义"的多样具体的生活世界的差异就逐渐被资本的抽象内化到自身当中,成为资本逻辑内在的差异性矛盾,它最终无法完全被克服而成为资本主义永远无法摆脱的危机。

历史唯物主义的精髓恰恰在于既从当下的资产阶级社会结构出发逆向研究其前提的诸多可能性条件,同时也把现在当成是历史发展的产物与结果。这就是不停地追问历史的前提和具体可能的多重条件,拷问历史所具有的不同发展过程的可能性以及过去人们所面对的多重选择为什么会转变为"当下的历史"的必要前提。我们不能把马克思的这一历史研究方法置入传统的因果线性框架中去看待,从而把它当作线性的因果性方法。这一点马克思说得很清楚,这是研究方法与叙述方法之间的辩证关系:一旦现实的运动在观念上反映出来,"呈现在我们面前的就好像是一个先验的结构了"③。

---

① Henri Lefebvre, *La pensée marxiste et la ville*, p. 90. (郑劲超译)
② 《马克思恩格斯全集》第 30 卷,人民出版社 1995 年版,第 51 页。
③ 《马克思恩格斯文集》第 5 卷,人民出版社 2009 年版,第 22 页。

五、在地租与资本的关系中破解城市问题

马克思关于城市哲学问题的研究明显存在着一个历史性转折。这就是从前期以城市为主体研究欧洲历史与资本主义起源问题，转向后期以生产方式为核心研究城市的形式与发展问题。其主要原因是，随着大工业的出现，城市对马克思、恩格斯而言不再是历史过程的主体，他们过渡到资本主义之中，从另外的角度提出主体问题。[1] 也就是说，从《资本论》开始，马克思的焦点意识明显从城市历史中的社会问题转向资本生产逻辑结构中的城市社会问题。

与《57—58年手稿》突出前资本主义社会以城市为主体的差异性多样性历史线索不同，《资本论》则以资本主义一般生产逻辑为主体，在其各个环节中透视城市问题。第一，从剩余价值的形成过程来看，城市是剩余价值生产的必要的历史前提和空间场所，是让资本家能够便利地购买到自由劳动力的聚集地，从而也是现代社会阶级矛盾得以集中体现的空间。第二，从剩余价值的实现过程来看，城市是其得以流通、交换的一个复杂的社会关系网络。"只有在剩余价值的实现中，城市才（从经济上讲）成为前景。"[2]因为要实现剩余价值，就需要各种银行、金融代理机构，这就需要把它们集聚在一起，需要一个空间载体即不断扩张的市场。工业只是创造了工人阶级，而城市则创造出了把剩余人口、财富、生产与服务等一切事物汇聚于一处的社会。第三，从剩余价值的分配形式来看，既包括资本家内部的经济分配层面，也包括资本主义国家甚至是全球的政治分配层面，由此衍生出城市的社会需要。资本家依靠剥削最终获得剩余价值，但它不可能独享其成，而必须惠及整个社会秩序的维护者、参与者、保护者。国家就是最终的管理者、分配者。国家从剩余价值中扣除一部分作为社会管理费用，包括直至20世纪后半叶才以清晰面目出

---

[1] 参见 Henri Lefebvre, *La pensée marxiste et la ville*, p.59。（郑劲超译）
[2] 同上书，第123页。（郑劲超译）

现的"都市规划""集体设施""国土整治"等,这是任何阶级都无法垄断的公共管理费用。当然首先是资产阶级对剩余价值的占有与瓜分,包括工业资本家、银行资本家,还有一些坐收地租的城市地主或地产资本家。原来在乡下收地租的阶级已经消灭了,但替代人出现了,他们现在到城市中收场地费。资产阶级通过重建土地私有制,使不动产"动产化"、资本化、货币化而发财致富,这就是超额利润再分配的一个重要的环节与形态以及城市存在的理由。原来资产阶级称之为城市文明或马克思称之为资本主义生产方式的城市现象,其"原因与根据在于土地所有制、地产以及它赖以生存的地租"①。由此,马克思提出了著名的"三位一体",涉及工资、利润、地租之间的分配,即现代社会三大阶级之间的利益博弈。

稍微了解一点马克思的政治经济学批判思想形成历史的人都不会忘记,早在《1844年经济学哲学手稿》中,他已经不自觉地从地租与资本的关系中研究城市问题:"资本和土地的**差别**,利润和地租的**差别**,这二者和工资的**差别**,**工业**和**农业**之间、私有的**不动产**和私有的**动产**之间的**差别**,仍然是**历史的**差别……"②列斐伏尔据此认为,这是关键的一段,因为马克思此后的所有工作,包括《资本论》在内,都在论述这种历史状况以及它如何发生转变。③ 在列斐伏尔看来,马克思的地租理论以及"三位一体"公式仍旧是我们理解土地价值问题以及城市地租问题的重要理论基础。"除了列斐伏尔,当代马克思主义者差不多都忽略了有关资产阶级社会关系再生产的土地所有权的意义。"④列斐伏尔运用马克思的辩证法实现了"把空间当成一个总体来理解、把握",并且将马克思主义的一系列概念,例如地租、土地所有权、使用价值、

---

① Henri Lefebvre, *La pensée marxiste et la ville*, p. 135. (郑劲超译)
② 《马克思恩格斯全集》第3卷,人民出版社2002年版,第284页。
③ 参见 Henri Lefebvre, *La pensée marxiste et la ville*, p. 32. (郑劲超译)
④ [美]马克·戈特迪纳:《城市空间的社会生产》,任晖译,江苏凤凰教育出版社2014年版,第189页。

剩余价值、交换价值、资本的有机构成、平均利润率和平均有机构成等,置于城市空间思考的领域,激活和更新了马克思的政治经济学批判,为我们破解 21 世纪的城市问题提供了新的政治经济学批判方法。将城市空间分析整合进马克思主义之中,提高和扩展了马克思主义分析与解决现代资本主义社会问题的有效性和可能性,有助于澄清和完善马克思主义的一些中心问题,证明马克思主义仍然是理解和质疑现代性的一个至关重要的理论武器,同时,当代社会的城市与空间问题也只有通过与马克思主义的联姻,通过马克思主义的分析方法才能得到进一步的理解与推进。①

众所周知,马克思在《资本论》第三卷第四十八章中,从作为资本主义生产总过程的剩余价值实现形式的角度,重新概括了著名的"三位一体"公式(土地太太、资本先生与劳动者;地租—利润—工资)。这其中的"地租、地主和土地所有权"问题——这是被后来的马克思主义者长期忽视的——却是马克思主义研究城市哲学问题的科学基础。应当说,在其中,罗曼·罗斯多尔斯基的研究工作②,特别是大卫·哈维的深入研究③功不可没。前者简略地认为,马克思之所以采取三分法考察资本主义,与资产阶级政治经济学的生产要素理论毫无关系,而是资本主义生产方式本身的内在本性的产物,是由"构成资本主义生产方式的范畴的历史的与逻辑的进程决定的"。而哈维则详细地分析了马克思视野中的资本主义制度下的地租问题④。

哈维自从 20 世纪 70 年代便开始构建一种新的马克思主义地租理

---

① 参见[美]艾拉·卡茨纳尔逊《马克思主义与城市》,王爱松译,江苏教育出版社 2013 年版,前言,第 3 页。
② 参见[联邦德国]罗曼·罗斯多尔斯基《马克思〈资本论〉的形成》,山东人民出版社 1992 年版,第 21—45 页。
③ 参见[英]大卫·哈维《资本的城市化:资本主义城市化的历史与理论研究》,董慧译,苏州大学出版社 2017 年版,第 88—106 页。
④ 参见同上书,第四章"资本主义制度下的地租"。

论,其中,阶级垄断理论占核心地位。哈维与当时的马克思主义学者均对绝对地租感兴趣。他的城市地租理论就是在这个基础上建立起来的。但是,他不像马克思仅仅把土地视为生产资料或生产的条件,而是视为纯粹的金融资本。土地一旦被金融资产化,便像股票、政府债券等被视为虚拟资本。土地市场也因此成了生息资本的一个分支部门。哈维说,这就是将土地解放出来,使之隶属于生息资本,并将土地市场、土地利用及空间的竞争纳入资本的一般流通过程。当年马克思仅仅把地租当成资本积累与实现的一个负担,而哈维认为地租成了资本最有活力的要素。但后来哈维改变主张,认为马克思地租理论的独特贡献不是绝对地租概念而是级差地租概念。①

在马克思那里,地租是土地所有制在资本主义社会里的经济实现形式,而土地所有权本身在很大程度上被看作封建社会的残留。把土地与自然资源国有化,是符合资本家阶级利益的。因为这将使资本家得以免除将其产品的一部分价值转移给地主。但哈维认为,现代资本主义的历史表明,资本和土地所有权的关系并不是像马克思所说的那样发展的。因为资本主义的本性是抵制土地国有化的,因此通过资本市场的发展使土地转而成为一种金融资产、一种虚拟资本。在传统马克思主义那里,地租的地位与来源实质是一个问题,但是今天的地租理论事实上不再是关于某个特定生产要素及其收入形式的理论,而是一个更为普遍的理论,即只要存在持久的超额利润,无论这一利润是否与土地所有权有关,事实上都可被纳入地租理论的解释范围。地租已经成为当代金融垄断资本支配下的资本主义生产的核心部门,地租完全成了生息资本。这正是列宁所说的垄断资本主义是腐朽没落的资本主义的本质表现之所在。②

第一,地租理论最初是由詹姆斯·安德森、亚当·斯密、大卫·李嘉

---

① 参见[英]大卫·哈维《资本的城市化》,第三章"垄断阶级地租、金融资本与城市革命"。
② 以上关于哈维的地租理论研究,参见孟捷、高峰《发达资本主义经济的长波:从战后"黄金时代"到 2008 年金融—经济危机》,格致出版社、上海人民出版社 2019 年版。

图提出和阐述的,不过马克思彻底改变了这种地租理论。马克思首先对土地生产力递减规律进行了批判,并且厘清了由李嘉图提出来的级差地租概念(包括级差地租Ⅰ和级差地租Ⅱ)。① 级差地租Ⅰ来自土壤的自然差异、不平等的土壤肥力、不同的位置和市场流通渠道,前提是等量资本和劳动投入在空间上同时并列的相等面积的各块不同土地上,会有不同的生产率,从而得到不同的土地产品数量或者经济收益;级差地租Ⅱ以级差地租Ⅰ为前提和基础,同时又是级差地租Ⅰ发展的新形式。级差地租Ⅰ是以土地自然生产力不等为基础,与手工式的粗放经营相适应;而级差地租Ⅱ则是以技术生产力的差异为前提,在同一土地上连续追加资本投资(包括技术进步与集约管理经营)导致生产力和收益差异。比如,"地租(地租Ⅰ是由最接近城市市场的最好的地段产生的,地租Ⅱ即技术租金是由资本在农业生产上的投资产生的)持续地增长,资本家从中获益,而城市也得以成长。"②

第二,马克思不仅改造了级差地租理论,而且提出了绝对地租概念:它是由土地所有者获得,单纯由于土地私有权的垄断而直接产生的地租,即使这块土地一直是休耕的非生产性土地。不过,在绝对地租的场合,它的剩余价值量不是无限的,归根到底要受到农产品价值的制约,其上限是超过既定平均利润的剩余价值③。在这一范围以内,现实中的绝对地租量到底有多大,取决于当时的土地所有权同资本的对抗关系、农产品的需求动态以及耕地的情况和追加投资的变动。绝对地租本来是以把价值规律作为基础的资本的规律为前提的,所以只有通过使本身发生一定变化的这一规律在包括农业在内的一切生产部门得到贯彻,才能得到实现。

第三,现代土地所有权是一种制度上的转变,在从封建主义到资本主义的转变中,它处于资产阶级从封建贵族那里夺取霸权的核心。只有

---

① 参见《马克思恩格斯全集》第46卷,人民出版社2003年版,第732—772页。
② Henri Lefebvre, *La pensée marxiste et la ville*, p. 140. (郑劲超译)
③ 参见《马克思恩格斯全集》第46卷,人民出版社2003年版,第864页。

当这种空间转换完成的时候,我们才可以说资产阶级的生产关系在整个的社会形态中获胜了。作为资本主义先决条件的现代土地所有权的实质是一种商品,更是一种新型的资本主义社会生产关系,成为当代资本主义得以幸存的关键。马克思说过:"因此,毫无疑问,**典型**形式的**雇佣劳动**,即作为扩展到整个社会范围并取代土地而成为社会立足基地的雇佣劳动,起初是由现代土地所有权创造出来的,就是说,是由作为资本本身创造出来的价值而存在的土地所有权创造出来的。因此,土地所有权反过来导致雇佣劳动。从一方面来看,这不外是雇佣劳动从城市传播到农村,即雇佣劳动扩展到社会的整个范围。"①所以,无论是从数量还是从质量上讲,土地所有制都深刻影响着现代都市社会:一方面,"在这种高度工业化的背景中,我们再次发现与农村地租相类似的'城市地租':位置的租金(级差地租Ⅰ)以及设施的租金(级差地租Ⅱ)。还有就是绝对地租,每个所有者通过自己作为所有者这一事实而提出要求,这是投机活动的基础"。另一方面,"都市化延伸到乡村,却是以一种退化了的或正在退化的形式。不是城市吸收和重新吸收乡村,也不是超越了它们之间的对立,我们看到的是一种相互的退化:城市在郊区中爆发,乡村正在解体"。②

第四,当代城市问题只有放在空间生产理论视域中才能得到根本的解释。资本主义生产关系是通过城市空间生产而实现再生产的。随着工业化城市中建设用地的无限扩张,土地的价格以及围绕土地与空间生产的投机都使得地租理论的重要性愈益加强。在快速城市化的21世纪到来之际,私有化和大规模的城市化运动成为吸收剩余价值、缓解资本主义危机的主要形式,所以地租理论研究的焦点就从农业地租转向了城市土地(空间)地租。在《都市革命》中,列斐伏尔指出现代的土地和城市

---

① 《马克思恩格斯全集》第30卷,人民出版社1995年版,第235页。
② 参见 Henri Lefebvre, *La pensée marxiste et la ville*, pp.142-143。(郑劲超译)

建设尤其是"房地产部门"代表了资本第二次循环①。土地租金和空间的商业化发展,资本的投资和投机,等等,使得一直以来是次要部门的建筑与房地产业渐渐地融入资本主义内部。推而言之,资本主义条件下的地租生产也使得资本主义之外的部门逐渐被纳入资本主义之中,如同整个农业被整合到工业空间和资本主义体系之中。②"由此,那引起曾经的'不动产'后来被动产化(建筑、金融投机)的倾向,便在资本主义中处于中心地位了"③。"土地流动到正在迅速成为中心的部门……空间作为整体获得了物的、金钱的自主的现实。"④受列斐伏尔思想的启发,哈维进一步指出第二次循环对于资本主义发展的重要性。资本第一次循环是产业资本与生产性部门所经历的循环,第二次循环是资本在所谓的人造环境的生产中所经历的循环。人造环境包括:一是所谓服务于生产的人造环境,二是服务于消费的或劳动力的再生产的人造环境。资本积累向第二次循环转移,是与都市化过程以及在此过程中催生的新的消费方式、新的欲望与需求的生产相联系的,也即与劳动力再生产方式变化相联系的。⑤

概而言之:(1)资本主义的空间生产扩张扩展了马克思的"三位一体"的构成部分。资本主义社会的生产方式将自身的要素分离为主要的三大阶级间的斗争,并且在一个更加统一的基础上超越了这种分离,这就是土地、资本与劳动的"三位一体"公式,这一公式的完全展开是在现代都市空间中完成的。(2)这种空间是各种各样的特殊的矛盾爆发的场域。城市化飞速扩张,随着都市化以及城市对乡村的吸收,城市也越来越乡村化,城市空间表现出同质化、碎片化与等级化的矛盾特征,城市中心已经成为财富、信息、权力和暴力的中心,而边缘则是被隔离的社会关

---

① 参见[法]亨利·列斐伏尔《都市革命》,刘怀玉等译,首都师范大学出版社2018年版,第181—182页。
② 参见 Henri Lefebvre, *La pensée marxiste et la ville*, p. 143。(郑劲超译)
③ [法]列斐伏尔:《空间与政治》,第78页。
④ Henri Lefebvre, *La Production de l'espace*, 4e édn, Paris: Anthropos, 2000, pp. 387-388.
⑤ 参见[英]大卫·哈维《资本的城市化》,第6、15页等处。

系、无产者以及贫民窟,新型的城乡对立导致新型的压迫。(3)随着自动化的发展,资产阶级抓住资本积累的机会,将休闲空间工业化和商业化,例如迪士尼乐园等,用来提供剩余价值的剥削和实现。"资本主义不仅仅将空间纳入了自身的扩张,它还在自己的扩张中建立了一些新的部门。在欧洲和那些先进的工业大国,娱乐已经变成了一个最为重要的产业。为了娱乐,人们已经征服了大海、高山和沙漠。娱乐业和建筑业联系在一起,以便让边缘地区和山区的城市和都市化进程能够得到延续。"①(4)信息技术的发展和生产力的增长服务于自然空间与城市空间的控制,为生产剩余价值服务,也维持着资本主义生产方式、生产力和权力的再生产。所以,显而易见,城市的地租问题已突破了作为生产资料的土地的范畴,而进入资本主义从物的生产向空间的生产转变的问题。

六、在全球化空间生产视野中理解城市问题

马克思主义对城市的研究有两个突出的特点:一是把城市同特定的社会历史阶段相联系,二是从空间辩证法角度来理解城市②。《马克思主义思想与城市》既有城市历史性的视野也有城市空间性的理解。随着生产力特别是信息、交通技术的加速发展,城市问题已经远非过去的那种狭隘地方性问题,而成为一个全球化与世界历史性的问题。资本主义通过把自身扩展到整个空间中来维持自身,都市化就是这种巨型扩张的一个方面。一定程度上来说,自马克思的那个时代以来,资本主义社会已经建立了全球化的市场,并且通过不断的空间化生产而再生产着这种霸权关系。马克思、恩格斯在《共产党宣言》和《资本论》及其手稿中就注意到了这个问题,例如,"不断扩大产品销路的需要,驱使资产阶级奔走于全球各地。它必须到处落户,到处开发,到处建立联系。资产阶级,由于

---

① [法]列斐伏尔:《空间与政治》,第106页。
② 参见 Andy Merrifield, *Metromarxism. A Marxist Tale of the City*, Routledge, 2002, p.177。

开拓了世界市场,使一切国家的生产和消费都成为世界性的了。"①"一句话,它按照自己的面貌为自己创造出一个世界。"②同时马克思又指出,"资本一方面要力求摧毁交往即交换的一切地方限制,征服整个地球作为它的市场,另一方面,它又力求用时间去消灭空间"③,"力求超越一切空间界限"④。由此我们可以看出,马克思已经预感到资本主义必然突破空间与地理的障碍和界限,力求在全球空间中生产和再生产资本主义的生产方式,并且为资本积累开拓崭新的空间。所以,列斐伏尔认为,研究城市问题必须放到历史唯物主义社会空间基本矛盾理论之中:"在资本主义生产方式下,对所谓'都市'问题的分析……就不应该去发现或构建一种现代的'都市系统'或'都市权力',而是在总的过程中把握都市现象,在都市现象中揭示矛盾本身。"⑤实际上,城市问题的讨论如果离开全球化、区域国家一体化这两个维度是无法得到正确理解的。资本主义形成了一个三位一体的尺度政治学,全球化、国家化与城市化形成了一个多重尺度、灵活弹性的全球空间权力结构。

首先,全球化是一个全世界空间重构的过程,这一过程部分地是通过国家社会空间组织的重构而实现的。列斐伏尔使用更多的其实是"世界化"概念,这一概念来自马克思、海德格尔与阿克塞洛斯。"列斐伏尔的世界化概念必须在政治和经济的意义上来理解,对他而言,世界性的兴起与世界化的过程不是一个差异的裂缝,而是社会生活在所有的尺度上的等级化、差异化和碎片化的不断加强。"⑥

其次,资本的全球化与国家区域权力的重组被视为全球社会空间重

---

① 《马克思恩格斯文集》第2卷,人民出版社2009年版,第35页。
② 同上书,第36页。
③ 《马克思恩格斯全集》第30卷,人民出版社1995年版,第538页。
④ 同上书,第521页。
⑤ Henri Lefebvre, *La pensée marxiste et la ville*, p. 147. (郑劲超译)
⑥ Neil Brenner and Stuart Elden, Introduction, in N. Brenner & S. Elden (eds.), Henri Lefebvre, *State Space World: Lefebvre and the Survival of Capitalism*, Minneapolis: University of Minnesota Press, 2009, p. 25.

建的同一个动力的两个内在相关的过程。国家在空间之中生产社会关系,它能够覆盖整个民族国家的空间,并且生产一个支撑着自身的复杂的空间区域。因此,随着生产力的扩张以及经济的增长,再加上大规模的都市化的消费空间的形成并在空间中固定下来,出现了一种新的国家与空间的结合方式即国家生产方式。① 国家通过各种形式的基础设施投资、空间规划、工业政策、土地使用规划、城市和区域政策以及金融监管等措施提高资本利润率,促进资本主义的空间生产力,创造新的空间构型。例如,国家与交通运输系统以及汽车工业的密切合作重新塑造了先前空间;国家投资建设了高速公路、铁路、航空以及各种停车场,再加上各种各样的酒店、车库、旅馆、加油站;等等。

再次,都市化作为资本在地方安营扎寨的场域依托,构成了全球化的三个根本维度之一。"都市问题不再是市政问题,而变成了国家的与全球的问题。"②"城市不再是特征分明、边界清晰的地方;相反,它变成了一个没有显著特色、不受限止的星球环境"③。地方都市化建立在全球化力量与国家空间规划力量的中介位置,并且它与世界国家体系与跨国资本的地理学形成了三位一体的架构。于是,全球资本积累的社会地理学转移、国际体系与都市化在所有的空间尺度上紧密地交织在一起,形成一个错综复杂的网络。④ 在其中,(1)资本流动前所未有地加速。不过在国家、地方城市层面的不平衡发展导致了中心—半边缘—边缘的结构。⑤ (2)国家空间和地区空间之间的竞争、跨地区集团和多国企业之

---

① 参见 Neil Brenner and Stuart Elden, "Henri Lefebvre on State, Space, Territory", *International Political Sociology* (2009) 3, p. 368。
② [法]亨利·列斐伏尔:《都市革命》,第 167 页。
③ [美]尼尔·博任纳(即布伦纳):《城市,地域,星球:批判城市理论》,李志刚等译,商务印书馆 2019 年版,第 14 页。
④ 参见 N. Brenner, "Global, Fragmented, Hierarchical: Henri Lefebvre's Geographies of Globalization", *Public Culture* 10, no. 1 (1997), p. 139。
⑤ 参见 Henri Lefebvre, "Space and Mode of Production", in N. Brenner & S. Elden (eds.), Henri Lefebvre, *State Space World*, Minneapolis: University of Minnesota Press, 2009, pp. 213 – 214。

间的竞争不断加剧。(3) 不断增强的经济跨国化伴随着蔚为壮观的市场全球化,也产生了所谓的"世界城市"或者星球化城市。

七、在未来社会的科学与理想中理解城市问题

马克思、恩格斯的《德意志意识形态》《共产党宣言》以及《哥达纲领批判》等著作中包含着不少城市社会思想,尤其是关于人类未来前景的思想。[1] "总之共产主义运动决不会起源于农村,而总是起源于城市。"[2] "资产阶级使农村屈服于城市的统治。它创立了巨大的城市,使城市人口比农村人口大大增加起来,因而使很大一部分居民脱离了农村生活的愚昧状态。正像它使农村从属于城市一样,它使未开化和半开化的国家从属于文明的国家,使农民的民族从属于资产阶级的民族,使东方从属于西方。"[3]

而在未来社会,工人革命的第一步就是使无产阶级上升为统治阶级,争得民主。接下来,无产阶级将利用自己的政治统治,一步一步地夺取资产阶级的全部资本,把一切生产工具集中在国家即组织成为统治阶级的无产阶级手里,并且尽可能快地增加生产力的总量。再接下来就是把农业和工业结合起来,"促使城乡对立逐步消灭"。而在另外一个地方,恩格斯略有不同地指出,共产主义社会要"把农业和工业结合起来;通过把人口更平均地分布于全国的办法逐步消灭城乡差别"[4]。

在马克思、恩格斯的城市问题域中,工业化才是资本主义的主要动力,城市只是服务于工业化的次要的背景和场所。但是列斐伏尔认为,如果资本主义战胜封建主义意味着工业社会对农业社会的超越,那么,在 20 世纪乃至今天,全世界范围内发生了新社会的结构转型,即从工业

---

[1] 参见 Andy Merrifield, *Metromarxism. A Marxist Tale of the City*, Routledge, 2002, pp. 21 - 24.
[2]《马克思恩格斯全集》第 3 卷,人民出版社 1960 年版,第 410 页。
[3]《马克思恩格斯选集》第 1 卷,人民出版社 1995 年版,第 276—277 页。
[4] 同上书,第 294 页。

社会向都市社会的转变。此时城市的问题不再是城市与乡村之间的分离或者二元对立，而毋宁说是全世界普遍的城市化内部的区域发展不平衡问题。所以说都市化不再是局部的现象而成为全球性的现象。即未来的城市问题的关键不再是城市与乡村的二元对立，也不是城市完全消灭乡村，而是都市社会强大的构成性实践过程将一切都吸纳进这个全球性的都市化当中。所以，"在最高的理论层次上，我们需要考察所谓的工业社会到都市社会的转型（或革命）。这种转变规定着总问题式，即真实的总问题的特征。"① 从古代的政治城市到中世纪晚期开始的商业城市，再到资本主义社会的工业城市，列斐伏尔以历史唯物主义的方法为我们重新勾勒了城市空间形式的历史连续性与非连续性的辩证图景。不仅如此，他还为我们描绘了他理想中的未来都市社会的实现趋势和辩证乌托邦远景。

"社会的完全都市化"（*l'urbanisation complète*）即列斐伏尔在《都市革命》中构想的都市革命的未来趋势和结果，它不是瞬间爆发的街头革命，而是一个漫长的历史变迁与转移过程，这就是从农业社会到工业社会再到都市社会的历史发展过程。如果说城市是工业化的现代社会的特征，那么都市则是对工业化城市的"超克"，是一种未来社会的具体抽象，是工业化的最终目标。城市不再是代表着与乡村对立的分散的区域，而是成为反映整体社会的"构成性中心"。这一判断非常关键。列斐伏尔在《都市革命》中提出"内爆与外爆"（implosion-explosion）的辩证运动来解释所谓的都市现象：大量的人口、活动、财富、信息、商品、货物、工具、思想等向城市汇集，形成了都市现实的巨大内爆；然后爆炸的碎片又散播出去，形成多种多样的、非连续性的碎片化，例如边缘、郊区、度假村、卫星城等。

列斐伏尔在包括《都市革命》《空间的生产》等多处地方反复吐露自己的心声：都市社会将重塑市民社会，并导致政治社会被吸收到市民社

---

① ［法］亨利·列斐伏尔：《都市革命》，第158页。

会之中,即马克思所说的国家的消亡。到那时,过去工业化主导都市化的进程,将被颠倒过来成为工业化服务于都市化,全球社会从属于都市社会,而都市社会的关键正是人本身的全面发展与自由栖居。从这个意义上说,它是一个未来的乌托邦的承诺,一个谋划和社会实践过程:是把不可能的事情带入可能性的领域。它导向差异的空间,一种差异的生活,这种生活的实现取代了生产力崇拜以及破坏自然的工业时代的"现实原则的"工作,而代之以"快乐和享乐"原则。① 这种未来都市社会不再是同质化的"同位空间"(isotopics),而是一种充满丰富性、差异性的"异位空间"(hétérotopie),后者与乌托邦或者抽象的虚构毫无共同之处,它是真实的都市社会实践过程,是在场与不在场的辩证运动,都市社会没有"这种酵母"就不会实现。

> 今天,我们必须接受和发展傅里叶、马克思、恩格斯的伟大的乌托邦理念,不是因为它们憧憬不可能性,而是因为在这个社会之中就内含着乌托邦的要素,不仅现在有,而且永远存在:不可能的可能性,创造不可能性的可能性,产生革命情势的终极矛盾。②

如果说马克思是通过辩证法和历史唯物主义实现了对资本主义社会的内在逻辑及其矛盾、历史局限性的批判,并提出了用社会主义以及共产主义取而代之的无产阶级革命方案,那么列斐伏尔则通过"都市社会"的未来可能性的乌托邦规划为人类可能的美好生活提供了都市的辩证想象。

总之,列斐伏尔通过强化与突出历史唯物主义视野中被遮蔽的城市总问题式而使历史唯物主义具有了与城市化时代发展相适应的研究方法与认识逻辑,相应的也使得城市问题研究具有了自觉可行的历史唯物主义哲学基础。可以说,他既有把城市问题在历史唯物主义视野中加以系统化、"主题化"之功,也有把马克思主义理论主体"城市化"之过。从

---

① 参见[法]亨利·列斐伏尔《都市革命》,第34、95页。
② Henri Lefebvre, *La pensée marxiste et la ville*, p.155. (郑劲超译)

另外一种意义上说,经典马克思主义的城市哲学本身就包括了通过城市研究发现历史唯物主义之路与通过历史唯物主义特别是政治经济学批判视野认识城市问题之维度这两者之间的张力。这种张力与其说是一种障碍或阻力,不如说是促使马克思主义城市哲学思想向前发展的一种动力。

第二节 "城市马克思主义"的问题域、辩证法与中国道路

一、全球城市化危机呼唤着"城市马克思主义"哲学研究

马克思的"生产方式"概念仍然是理解各种现代性问题(包括城市问题)的理论工具箱。按照大卫·哈维的考证,该词有三个殊为不同的基本意义:第一,专指那些生产特殊使用价值的方式,如生产棉花;第二,特指资本主义社会关系条件下的、"交换价值占主导地位"的生产方式;第三,泛指生产、交换、分配与消费关系这个整体范围,还有制度的、法律的与行政的组织以及国家机器、意识形态和社会阶级再生产的特殊形式。[①]从马克思的生产方式概念的这三种内涵出发,我们不难发现,资本主义的"生产"不但是一定空间与时间制约下的物质(使用价值)生产,而且是一个不断地超越地理空间限制而实现(交换价值的)空间的"自我生产"的过程。资本的生产本质上绝对不是简单的重复生产,而是不断扩大规模、突破自身界限的再生产,伴随资本的扩张的是空间的拓展。在某种意义上,同资本主义社会生产关系的生产与再生产"与生俱来"的,就是"世界历史性"与"世界市场化/空间化",而不只是(地方)空间中的物的生产体系的发展过程。在当代,资本主义的发展已经从"物"的生产走向"空间"的生产。这里并不是说具体的物的生产已经完全被后者所取代,而是指"空间的生产"已成为当代资本主义社会生产与再生产的主要

---

① 参见 David Harvey, *The Limits to Capital*, London, New York: Verso, 2006, pp. 25-26, n. 12。

方式。

资本主义生产方式的空间化发展是由其追求超额剩余利润之目的与本性所决定的。资本的逐利性决定了其流动性。易言之,资本总要朝向高于平均利润率、最具有活力的领域或地区流动。不可否认,人类现代文明体系就是由资本逻辑推动而发展起来的。随着全球化、信息化步伐加快,跨国公司担当着资本流动的急先锋,推动国际分工越来越细致化、复杂化、迅速化与灵敏化。特别是由运输贮藏、生物工程、人工智能、互联网等结合在一起的技术革命,正在颠覆性地影响和改变着人类的生产方式和生活方式,资本流动性的特征也必将越来越明显和突出。其突出表现趋势之一是,"资本主义的城市、国家与全球化等空间化发展已经交织为一体,变为多重空间尺度所组成的灵活弹性的复杂整体。也因此,传统国家地理边界与主权形式开始松动与瓦解,一方面成为'去地域化'的全球国家,另一方面成为'再区域化'的地方经济政治组织。"①

城市化是资本主义和当代世界空间化发展的最直接、最具体的地理景观之一。城市化是空间化比较典型的一种表现。世界上最早的城市学派——芝加哥学派曾经提出过一个非常著名的假设:城市起源于交往需要和消费需要,是一种聚落的生态与文明形态。而以哈维、卡斯特等为代表的激进地理学派则认为,城市不是起源于消费和交往的文化生活之需要,而是资本主义扩张导致的必然结果。资本主义发展的经典公式就是通过不断地积累以进行扩大再生产。随着时间的推移,一方面积累越来越多,另一方面工人阶级和第三世界人民的消费能力越来越下降,这势必导致过度积累。相当一部分剩余资本无法实现转移,变成了一种"滞留的"货币,这对资本家而言是一件很可怕的事情。因为资本只有在运动和流通中才能生存与增殖。在此情况下,资本主义就必须把剩余的资本进行投资,但不像马克思在纯粹抽象意义上讲的完全投资于生产过

---

① 参见刘怀玉《空间化视野中的全球化、城市化与国家再区域化发展》,载《江海学刊》2013 年第 5 期。

程,相当部分投资通过转移投入到流通领域、消费领域,包括对基础设施、教育、医疗等这些未来生产力和未来生产基本条件的投资。这种投资为资本主义扩大再生产做准备,也是资本主义转移过剩资本、消除膨胀的很好的办法。

资本缓解过度积累主要采取两种方式:对"未来"时间投资和对"外围"空间投资。对未来投资包括金融投机、教育投资等。对外围空间投资是哈维提出来的,就是对人居住的环境或者人工环境的投资。这种外围拓展投资是席卷全球的城市化运动的主要"幕后推手"。资本主义城市化发展很大程度上并不是基于人类聚居交往甚或休闲/消费生活之需要,而是基于资本转移或者缓解"过度积累"而采取的一种投资形式,是资本扩大再生产或者说延长流通时间的一种投资形式。有西方学者认为,城市是政府和大型企业把手中积累起来的剩余价值、利润、财政收入进行消费与投资的一种方式。政府和大型企业投资城市以生产公共产品有很好的回报。这种生产有时候表现为对地理环境的新破坏,这就是世界普遍存在的灾难性的"郊区化"发展——老城市街区在败坏、在死去,乡村在萧条,而在城乡之间出现了大量的"美轮美奂"、实际上是灾难性的郊区化发展,大量土地被浪费,环境被污染,广大居民的生活节奏被扰乱,通勤成本大大提高,交通严重堵塞,这是对新的空间的破坏。还有一种情况就是对老城区拆了建、建了拆,"拉链式"的破坏。这是与"郊区化"并存的"绅士化"旧城改造运动。哈维当年很形象地把这种情况称作"地理学的舞蹈":城市中心就像"你方唱罢我登场"的舞台一样,一组开发商过去,在老城区把楼拆了,然后建起新的高档住宅区、生活功能区;多少年以后,另外一组开发商为了自己投资的需要,把原来盖得好好的房子又给毁了,然后再盖房子或修旧房子。对老城市景观的周期性的破坏或重建,在世界各地一轮又一轮地上演着,这是很糟糕的生态灾难。但这就是资本主义城市化的本质所在或消极影响——为了繁荣经济而对地理景观进行无所顾忌的破坏。

中国特色社会主义实践已经进入新时代,我们不仅要辩证地反思与摒弃西方资本主义城市化发展模式与实践的严重弊端,而且要坚持马克思主义哲学的基本观点方法,在吸收国外马克思主义的城市社会理论的基础上,建构符合中国国情与时代需要的城市哲学。本节谨从以下若干角度提出自己的一些粗浅之论,敬希方家批判指正。当然,这是一项异常艰巨、复杂而漫长的理论工程,而决非靠喊几句口号或几个提纲就能解决的。此所谓"善良的'前进'愿望"的实现是需要大量实际知识做准备的,否则只能是一些带着微弱空想哲学色彩的社会主义回声。① 或如马克思在另外一个地方所说:"通过批判使一门科学第一次达到能把它辩证地叙述出来的那种水平,这是一回事,而把一种抽象的、现成的逻辑体系应用于关于这一体系的模糊观念上,则完全是另外一回事。"② 但不无遗憾地说,笔者也只能从某些带有哲学玄想成分的"城市马克思主义"批判思想出发。

二、"城市马克思主义"哲学研究的问题与内涵

马克思主义并没有"现成可用"的城市理论,也没有一成不变的城市理论。马克思主义作为揭示资本主义社会危机与革命的科学,经常遭遇由于资本主义出于摆脱自己危机的需要而"出人意料"地迫使自己转变发展方式的新变化问题,及其所导致的马克思主义理论自身的危机。换言之,马克思主义作为关于"现实社会危机"的批判科学,也经常面临着"自身科学的理论危机"。③ 这种"危机"既是其不适应自身所处时代的表现,也是其转入新的问题意识、新的理论生产的契机。"城市马克思主义"就是这种现实问题在马克思主义理论中的反映。

"城市马克思主义"不仅是传统马克思主义没有专门研究的城市问题的一种"主题化"体现,即"历史唯物主义理论框架中的都市总问题式"

---

① 参见《马克思恩格斯文集》第 2 卷,人民出版社 2009 年版,第 588—591 页。
② 《马克思恩格斯文集》第 10 卷,人民出版社 2009 年版,第 147 页。
③ 参见[印度]阿吉兹·阿罕默德《在理论内部:阶级、民族与文学》,易晖译,吕黎校,北京大学出版社 2014 年版,第 5—6 页。

或"政治经济学批判总视野中的一个焦点"①,更是传统马克思主义体系与西方主流社会理论体系所无法认同的新的开阔地带所要求的一种新理论视野。"城市马克思主义"是一个"越界的""异质性的"问题域,而不是简单的学科综合。正像马克思主义之所以出现,就是因为现实社会中出现了德国古典哲学与古典政治经济学所无法理解和容纳的新地带,因此马克思主义就把辩证法运用于经济学,然后用经济学研究社会主义。因此先是拉萨尔(1851)②后是葛兰西赞美马克思是"经济学的黑格尔加社会主义的李嘉图"③。这有点像卡斯特所批评的那种"本末倒置""主谓颠倒"的"范式转换"做法,即把本来是对都市问题的"马克思主义化分析"变成了对马克思主义的"都市化分析"。④"城市马克思主义"不是以城市为客观研究对象的认知理论,而是以城市问题本身为主体的自身思想活动。"城市马克思主义"这个名词意味着我们并不把城市当作马克思主义的研究对象,而是把城市作为思考与发展马克思主义的一个"主体"。也就是说,不是简单地"运用马克思主义来看待城市问题,而是从城市问题角度来理解马克思主义问题"⑤。当然,这个主体是"既定的"客观存在,而决不是在把它当作这样一个主体来谈论的时候才开始存在的⑥。

在某种意义上,由于"城市马克思主义"不是从传统马克思主义政治经济学批判与科学社会主义关于资本主义危机和无产阶级解放条件理

---

① 参见 Henri Lefebvre, *Marxist Thought and the City*, translated by Robert Bononno, Minneapolis, London: University of Minnesota Press, 2016, pp. XV-XVIII.
② 参见[德]拉萨尔《致卡尔·马克思(1851年5月12日)》,载《拉萨尔言论》,三联书店1976年内部版,第434页。
③ 参见[意]安东尼奥·葛兰西《狱中札记》,曹雷雨等译,中国社会科学出版社2000年版,第313页。
④ 参见 Mannel Castells, *The Urban Questions: A Marxist Approach*, translated by A. Scheridane, The MIT Press, 1979, p.87.
⑤ 参见刘怀玉《城市马克思主义的问题域、空间话语与中国实践》,载《理论视野》2017年第2期。
⑥ 参见《马克思恩格斯全集》第30卷,人民出版社1995年版,第48页。

论出发研究社会主义的历史必然性,而是从揭示城市社会日常生活微观角度入手思考社会主义的合理性问题,所以它似乎有些"空想"色彩。这好比在一座建筑物的地基没有打好之前,便把空中楼阁造好一样。众所周知,科学社会主义更关心工业社会发展问题、资本主义剥削问题以及无产阶级贫困化现象;与之相比,空想社会主义更关心城市问题或住宅问题。所以"城市马克思主义"类似于19世纪的空想社会主义,是21世纪的空想社会主义。但正像恩格斯当年所说,在经济科学形式上是"错误的"社会主义,在世界历史上却可能是"正确的"社会主义。[①] "城市马克思主义"如同西方马克思主义的那种"意志上的乐观主义"与"理智上的悲观主义"[②],是"栖居的"悲观主义者而不是"定居的"乐观主义者。也就是说,它不是从现实的科学批判中,而是从辩证的艺术文化想象中寻找替代性的解放方案。列斐伏尔的《都市革命》与威廉斯的《乡村与城市》是其中的奠基之作[③]。前者之所以著名在于首次大胆提出我们已经进入"完全都市化社会"这样一个颠覆性假设。故此,有人高度称赞列斐伏尔在20世纪第一个把都市想象为一个浓缩的全球或世界,同时把世界想象为"同一座"都市,"这是一个全新的开端"[④]。《都市革命》之革命性见解是:现代人类文明发展经历了两个革命阶段,一是从农业社会向工业化社会飞跃,二是从工业化社会向都市化社会飞跃——其中包括"全球或全社会从属于都市的社会"以及"都市从属于栖居的问题"。[⑤] 今天都市社会最大的问题是住户们的沉默寡言与消极。真正的社会主义需要关心的不是工业社会式的理性设计管理与经济增长,而是每个生活于其中的人们的城市权利,也就是"栖居的"权利。《乡村与城市》更多的

[①] 参见《马克思恩格斯文集》第4卷,人民出版社2009年版,第204页。
[②] 参见[英]佩里·安德森《西方马克思主义探讨》,高铦等译,人民出版社1981年版,第113页。
[③] 参见[法]亨利·列斐伏尔《都市革命》;[英]雷蒙·威廉斯《乡村与城市》,韩子满等译,商务印书馆2013年版。
[④] Rob Shields, *Lefebvre, Love and Struggle*, *Spatial Dialectics*, Routledge, 1999, p.141.
[⑤] 参见[法]亨利·列斐伏尔《都市革命》,第112页。

不是面向城市现实研究及其未来展望,而是用"以文证史"(陈寅恪语)的方式津津乐道地对逝去的乡村表示了无穷眷恋之情。此书可谓乡愁式的城市文化学、城市社会学研究著作。有人把这本书和列斐伏尔的城市著作系列①相提并论——它们不约而同地把"栖居的"城市权而不是财产所有权问题视为马克思主义理论的头等大事。当然我们今天必须警惕形形色色的虚假"栖居主义"的消费意识形态作祟(最为典型的就是城市中心的"绅士化"与"郊区化"这两种"伪栖居"现象)②。

在"城市马克思主义"看来,过去的马克思主义者(甚至包括马克思、恩格斯在内)的主要缺点是,只是把城市作为工业资本主义社会高度发展的产物,只是把城市社会作为工业社会的问题之一来理解与解决,而没有将其作为一个全新的总问题结构来理解,从而也没有把城市问题当成求解以往社会与现代世界的各种问题(包括全球化)的总问题。当年马克思心中的发达社会是工业资本主义,今天的发达社会则是城市社会。经典马克思主义只是把城市与乡村作为对立面来理解,这对于古代、封建社会甚至早期资本主义社会来说是完全正确的。但实际上,今天世界之二重化为城市与农村,或者发达世界与不发达世界,只能被合理地理解为城市社会内部矛盾的地理结构表现。这是因为,在马克思的时代,农业是工业的一个部门,今天农业与工业则完全变成城市社会的组成部门,城市化正成为"普照的光",成为理解全球化、国家区域化多元性发展的关键。

在"城市马克思主义"视野中,传统马克思主义的政治经济学批判、

---

① *Implosions/Explosions: Towards a Study of Planetary Urbanization*, edited by NeilJ Brenner, Jovis, 2014, pp. 218 - 231; Stefan Kipfer, Kanishka Goonewardena, Christian Schmid, and Richard Milgrom, *Space, Difference, Everyday Life: Reading Henri Lefebvre*, New York, London: Routledge, 2008, pp. 212 - 231.
② 参见[美]尼尔·史密斯《新城市前沿:士绅化与恢复失地运动者之城》,李晔国译,译林出版社2018年版;[美]马克·戈特迪纳《城市空间的生产》,任晖译,江苏凤凰教育出版社2014年版。这两本书分别批判了城市中心的旧城新造与郊区化这两种金融资本和国家政治合作精心布置的"伪栖居"现象。

社会主义政治运动与意识形态批判研究的"刚性"学科划界策略,已经不适应也满足不了今天复杂的城市社会现实发展要求,需要突破与激活自己的概念逻辑问题域。议程之一就是在政治经济学的批判理论视野中把握资本主义全球化进程中新的发展与摆脱危机的动力途径等现实运动,由此入手理解城市社会出现的世界历史背景及其深层的社会矛盾运动规律。议程之二就是透过城市社会对传统社会结构与阶级群体的巨大冲击,透视城市资本主义的新的压迫形式,由此来思考未来社会的民主力量形式,从而为探索未来真正意义上的现代民主治理形式做好理论准备。议程之三就是城市文化研究——通过文化视野研究城市,通过城市视野研究文化。诸如电影城市、网络城市、人工智能城市、游戏娱乐城市、音乐城市、身体城市、生活节奏城市、旅游地理城市、健康生命城市也就是生态城市。这正是马克思所说的自由全面发展的文明社会的应有之义。[①]

传统马克思主义只是把现代城市社会直观理解为消费与分配的再生产领域的生活表现,而后现代主义则把城市社会的本质视为文化资本主义的绝对统治,二者都有可能把城市理论研究引向抽象甚至神秘。全球化城市社会的形成表明,已经不再有资本主义"外围",而只有资本主义自身不断自我生产的"内部空间"扩张。这种扩张的表现,马克思称之为世界分工与市场,而"城市马克思主义"称之为城市空间的内爆与外爆,或集中化与扩张。就此而言,马克思主义的城市理论与其说是一种狭义的城市理论,不如说是方法论意义上的商品形式与价值形式理论,特别是马克思并未完成的世界市场理论。如果说早期资本主义的世界市场开辟是资本主义得以摆脱旧的社会制度的限制的一个条件,而今天资本主义的生产方式则是这种市场扩张的条件与基础了。"世界市场本身形成这个生产方式的基础。另一方面,这个生产方式所固有的以越来

[①] 参见刘怀玉《城市马克思主义与中国实践》,载《文化研究》第33辑,社会科学文献出版社2018年版。

越大的规模进行生产的必要性,促使世界市场不断扩大,所以,在这里不是商业使工业发生革命,而是工业不断使商业发生革命。"①如果我们把马克思所使用的"世界市场"概念换成"城市化"或"全球化"一词,这就是一种21世纪的马克思主义或"城市化"版的马克思主义。

总之,在"城市马克思主义"看来,马克思主义由于其诞生的温床是"城市的",所以是一种城市理论。其主体是城市化的现代社会及其革命的无产阶级,这就表明马克思主义的城市理论是一种面向未来的、潜在的改造现实世界的实践与战略,而不是对象或者构思式的认识论课题。

三、"城市马克思主义"哲学研究的人文精神底蕴与辩证想象

康德说过,思维没有内容则空,直观无形式则盲。在城市哲学研究中这两种问题都存在,但更为突出的是抽象与想象的形式缺失的问题。如何理解今天的这个全球化城市时代? 20世纪的科幻小说与抽象艺术均以自己的方式预感到了这个时代的来临。如美国科幻小说家阿西莫夫在其《基地》系列中以"敌托邦"的想象预见到:未来世界将是一个所有人都居住在一座城市的世界②,这座巨型全球城市在今天的网络社会似乎已经变成了虚拟现实。而波洛克的抽象的表现主义艺术③与毕加索的立体主义绘画④则同样向我们展示出抽象城市空间统治着整个人类的怪诞现实。在哲学中,其实,古希腊柏拉图的《蒂迈欧》《理想国》便是最古老的城市政治哲学想象。⑤ 斯宾诺莎的"实体、属性与样式的三位一体",黑格尔的"具体的抽象"辩证法以及马克思的"抽象成为现实"的商品"价

---

① 参见《马克思恩格斯文集》第7卷,人民出版社2009年版,第371页。
② 参见 Henri Lefebvre, *Writings on Cities*, selected, translated and introduced by Eleonore Kofman and Elizabeth Lebas, Blackwell Publishers Ltd., 1996, p. 160。
③ 参见[美]迈克尔·莱杰《重构抽象表现主义:20世纪40年代的主体性与绘画》,毛秋月译,江苏凤凰美术出版社2014年版,第157—274页。
④ 参见 Henri Lefebvre, *The Production of Space*, pp. 300 - 303。
⑤ 参见[德]多罗西娅·弗雷德《柏拉图的〈蒂迈欧〉:宇宙论、理性与政治》,刘佳琪译,北京大学出版社2014年版。

值形式"思想,均已经从哲学角度提出了今天的城市社会的认识与理解形式。而洛杉矶后现代地理学派代表索亚之"第三空间"的思想与美国杜克大学杰出的马克思主义文论泰斗詹姆逊的"认知图绘"理论,都是新时代城市哲学的抽象想象图式与概念方法的典范。限于篇幅,我们这里仅以詹姆逊为例。①

詹姆逊坚持马克思主义的生产方式理论,通过把资本主义分为三个时期,而指出每个时期都有自己相应的空间认识论或者空间表现或者再现性的图绘理论:在资本主义发展第一阶段,即古典的民族的自由的市场资本主义阶段,它的相应的文化表征与空间表达形式是把中世纪与古代社会一切神圣的、复杂的、异质的空间形式"一扫而光"的笛卡尔式的同质性空间(相当于尤尔与马克思所说的"工厂哲学",福柯将其概括为"透明的监狱")。由此形成以描绘冷酷无情的生活世界为己任的现实主义文学叙事形式(如狄更斯的《双城记》,巴尔扎克式的《人间喜剧》)。这是工业资本主义时代城市社会文化的叙事形式。在接下来的帝国主义阶段,主观与客观、主体与客体、个人微观与社会宏观、现象与本质、日常生活与社会历史现实、经济日常生活与政治文化之间发生了根本断裂。在这个时期,个人的主观认知能力已经无法直接理解他所处的现实。真正的现实,并不在身边,而需要辩证地把握或者以一种主观神秘的形式扭曲地表现出来。如果人们以一种日常直观感性方式理解帝国主义时代的资本主义,这种"现实主义"一定是主观唯心主义:所谓的经验现实恰恰是一种主观的误认——现实只能是通过"科学的抽象"才能把握到的本质结构。例如19世纪末伦敦街道上的某个行人的感性"周围世界"的本质并不在伦敦街道上,而是"并不在场"地控制整个世界的英国殖民主义体系。当年以福尔摩斯命名的侦探文学反倒更形象地反映了这个帝国主义时代深层的秘密。在该时期,金融城市文学表现的不再是现实主义而是现代主义,现代主义把这种缺失的、"无法到场"的、全球"同步

---

① 以下论述参见[美]詹明信(即詹姆逊)《晚期资本主义的文化逻辑》,第275—300页等处。

发生"的资本主义现实"完全主观化"为一种"感觉"、"诗歌语言"、"语言游戏"。也就是说,在现代主义文学中,资本主义现实是一个完全"缺席的原因",这个缺席的原因/现实通过文学和隐喻以扭曲和象征的方式得到表达。这种表达就是每个人的或者每一种感觉都是一种封闭的主观的世界,这是一个表面上封闭的、主观的记忆的情感的世界,实际上是一个巨大无边的、支配着整个资本主义现实的抽象空间。①

这种关于"纯粹主观"的(如乔伊斯式的意识流、普鲁斯特式的"回忆")个体内心的封闭的精神世界的描述与隐喻,不仅反映了金融资本与消费社会统治下的帝国主义时代的社会现实,而且更是今天被称作晚期资本主义或者全球化资本主义时代的社会现实。这就是资本主义的第三个时代——跨国资本主义时代,在这个时代人们对周围现实的把握更加的困难而扭曲。"精神分裂"是唯一比较恰当的隐喻了。正是在此情势下,詹姆逊所说的具有辩证批判的深度的把握现实的"认知图绘"才派上了用场②。在这种弹性积累扩张的资本主义社会中出现了新的再现的形式或者说"图绘"的形式,这种形式就是哈维所说的"时空压缩"的经验与想象。这种新的再现性的空间、经验表现为对距离的压制清除,这种空间又表现为一种纯粹分裂的主观精神世界,原来的那种封闭的纯粹的内在主观世界(现代主义),今天表现为一种不断流动着的、分裂的精神世界、符号王国、虚拟叙事(后现代主义)。③ 随着资本主义成功跨入更富有制度弹性与技术动力的全球化发展阶段,资本主义生产方式作为一种抽象的时间统治机制(即速度),把时间扩展到了全球,于是超越一切地点与空间限制的"同时性"发生的"时间"(极限速度)把自身"悖反性"地变成了"静止的""空间"。因此,"我们这里根据时间性试图寻求的一切,

---

① 参见[比利时]乔治·普莱《普鲁斯特的空间》,张新木译,华东师范大学出版社2015年版。
② 参见刘怀玉《政治文化哲学"转向"之图绘与作为"图绘"的政治文化哲学:一种空间化反思视角》,载《河北学刊》2018年第3期。
③ 参见刘怀玉等《马克思主义辩证法的一元性本质与多元化探索》,载《南京大学学报》2013年第2期。

必然会首先经过一种空间的基质才得以表达。"①所有的历史都变成了"空间性",同质化高速扩展的时间对空间与地方的统治,"二律背反"地依赖于或者"颠倒性"地表现为一种同质性空间对时间的统治格局。今天马克思主义的历史辩证法必须采用"空间的"辩证法形式,"城市马克思主义"研究自然而然地也需要一种新的即"空间化"的辩证唯物主义与历史唯物主义哲学想象力。

四、"城市马克思主义"哲学研究的空间辩证法

在城市哲学研究中,马克思主义辩证法的用武之地何在呢?已如前述,马克思主义通常习惯于从生产、分配、交换、消费以及阶级关系等这样一些宏观而本质的角度来理解城市问题。但从学理上说,不是直接地介入现实问题批判,而是反思性地从对主流的城市研究学科的方法论批判入手,可能是更恰当之举!诚如福柯所说,哲学家们只是试图以不同方式解释与改变现实,而问题在于如何改变有关"现实知识生产的话语结构与学科制度、研究方法"。② 这才是"批判的"真正意义之所在。

从对城市的规划设计实践的反思开始,马克思主义就可以找到介入现实问题的方法论抓手。初看起来该问题可能是一个非常具体的技术问题,但是按照一种严格的马克思主义观点来讲,它是现代社会"占统治地位"的经济基础和上层建筑的知识思想表现。城市设计是在执行占支配地位的经济基础和上层建筑的一种城市空间生产与布局意志的某种实践形式。一个城市发展的前途命运,看似掌握在城市的规划设计部门手里,但在它背后却有着深不可测、盘根错节的社会利益、关系与力量之角逐。比如土地所有权,这是最基本的东西,然后就是土地的分配、购买、流通、生产、消费、使用过程。这些问题的最"具体"的"表现"形式往

---

① [美]弗雷德里克·詹姆逊:《文化转向》,第61页。
② 参见《米歇尔·福柯访谈录》(1976),载杜小真编选《福柯集》,上海远东出版社2003年版,第447页。

往就是城市的规划设计。在一般人的心目中,城市发展就是规划设计师的工作,是建筑研究院、规划设计院或者政府主管部门能够拍板决定的事情。这种非反思的日常生活意识形态恰恰以颠倒方式反映了当代社会有决定性意义的空间生产之现实。

对城市,除了通过建筑师的设计目光来打量与透视之外,至少还可以通过另外两种空间视野来加以描述与还原。其中一种空间就是日常生活中的用于享受、使用的消费的城市景观,是一般人所接触到的那个日常生活经验性与知觉性空间。该空间是一种日常生活的实践的空间或者空间的一种实践生活形态。在很大程度上,日常生活空间实践的主体,往往属于被统治的或者说被主宰的社会即底层社会的民众,他们所能够参与的空间主要是这种空间。

而对于城市管理者或设计人员来讲,他会以一种"冷眼旁观"或"鸟瞰的"角度,例如从他所乘坐的一辆疾驶而过的汽车的位置或角度,来考虑城市美观不美观、街道宽不宽或绿化、环保、安全程度高不高。日常步行者的具体的身体节奏空间和规划设计院所规划的那种"高大上"的抽象化、符号化、立体化、透明化的城市几何学空间之间是有很大区别的,甚至存在着一种明显的阶层、阶级的利益的分野。借用当代法国著名社会理论家布尔迪厄的措辞来讲,建筑设计空间与日常生活空间之间往往存在着明显的利益与情趣的"区隔"。①

20世纪七八十年代法国情境主义国际后期著名代表人物米歇尔·德·塞托在其《日常生活实践》第七章"行走于城市"中有一个非常著名的隐喻:那些端坐在纽约摩天大楼一百多层上的办公室里的老板,同密密麻麻走在大街上的那些人,在空间视觉和城市理解上是有明显差别的:"上升到世贸大厦的顶楼,等于挣脱城市的控制……他所处高度的提升将他变成了观察者,将他放到远处。将施加巫法使人'着魔'的世界变

---

① 参见[法]皮埃尔·布尔迪厄《区分:判断力的社会批判》(上下卷),刘晖译,商务印书馆2015年版。

成了呈现在观察者面前与眼皮底下的奇观。它使得观察者可以饱览这幕奇观,成为太阳之眼,上帝之眼。这是一种想要像 X 光一样透视一切的神秘冲动所带来的激昂。"①

受德·塞托这段极富想象力的空间视角隐喻与想象的描述的启发,我们想到,除了这两种空间之外,应该还有第三种空间。这种空间所采取的是诸如想象的、文学的、游戏的、文化的、符号的这样一些形式,它更多是一种表征性的或者符号化的空间,一种意义升华了的可能的无限的想象空间。这种空间既体现出一个社会、一个制度的一种凝聚力或者记忆力(如纪念碑性建筑空间),但是有时候也会表现为很多人生活中所实现不了的一种文学艺术化的或者心理学化的解放的"梦想"。比如,我们每天观看的电影电视、闭目随身听的音乐、流连忘返的体育赛事、迷恋于其中不能自拔的电子网络游戏,甚至是充满风险刺激的飙车运动等这些流动不居的,或者冲破现有的社区、体制的种种空间局限的富有想象力、富有重新创造性的空间……②

以上所说的城市社会的三种空间形式或空间视野及其辩证关系的观点,来自西方马克思主义城市批判理论之父亨利·列斐伏尔的《空间的生产》一书。该书的核心观点之一就是"三元空间辩证法"(trilectic of space)③。此三元空间之第一"元"就是"空间实践"知觉,第二"元"就是"空间表象"构思,第三"元"就是"再现性的"或者说"表征性空间"体验。我们必须通过多种空间形式来想象、理解一个城市,这就是一个差异性的空间,或者说辩证法意义上的空间,而不是抽象的同质化的知性空间。我们只能从一个又一个单独角度来理解/认识/设计空间,但是可以从这个空间切换到另外一个空间,以至于无穷。这就是哲学上所说的本体论

---

① [法]米歇尔·德·塞托:《日常生活实践 1.实践的艺术》,方琳琳、黄春柳译,南京大学出版社 2009 年版,第 168 页。
② 参见刘怀玉《马克思主义如何研究城市问题:一种三元空间辩证法视角》,载《华中科技大学学报(社科版)》2017 年第 4 期。
③ Cf. Henri Lefebvre, *The Production of Space*, pp. 33-38.

或存在论意义上的那样一种冲决一切罗网限制的"解放感"或者"超越感"。任何一个学科或理论包括马克思主义在内,都不可能单独对城市这本"大书"做出一个透彻的说明,城市哲学研究一定是复合的、多方位的、交叉的与视野转换的研究过程。

这种"三位一体"的空间辩证法预示着一种适用于城市社会哲学研究的新辩证法。实际上,以尼尔·布伦纳、斯图亚特·埃尔登、安迪·麦瑞菲尔德、克里斯蒂安·施米德等几位"1960 后"为代表的辩证都市主义者或"城市马克思主义者",他们都试图在斯宾诺莎、黑格尔到马克思、尼采乃至列斐伏尔、德勒兹、哈维、索亚、吉登斯、詹姆逊等哲学家那里,寻找都市的辩证法灵感与资源。诚如马克思早已所言,辩证法在其"神秘形态"上能让现实显得"合理"甚至"闪光",而在其"科学与合理的"形态上则包含着对现实的"否定的批判的革命的"理解。辩证的"城市马克思主义"认为:在今天,城市哲学研究的正确提法不是以狭义的静止的城市区域作为研究对象,"城市"是一个 19 世纪的概念。21 世纪的城市哲学研究的正确提法是"资本的城市化""都市化社会""全球化都市社会视野中的城市问题研究"等动态图绘,城市研究必须被置于全球、国家与地方互动的关系之中。资本通过都市化把原始社会的"游牧化"与国家社会的"辖域化"有效结合起来。当代资本主义是电子游牧与智能亚细亚生产方式的综合体(德勒兹语)。最突出的问题之一是城市智能化信息化之后的集中化这种新官僚制治理形式。城市化意味着灭绝差异生命的决策中心,冲突的内卷或内爆与破坏的外扩或外爆的双重辩证法。这是都市革命的本义——在全球都市化的今天,不再有美丽乡村空间的异托邦,只有反抗的身体的差异化空间;不再有城市之外的前现代乡村,只有城市化之中的自然被殖民化。今天的问题不是城乡二元对峙或城国乡野的泾渭之别,甚或全球化与地方化之博弈和壁垒,而是国家的都市化治理以及全球国家与城市的"脱域化"和"再区域化"。正像列斐伏尔的"三元空间辩证法"所揭示的那样,辩证的"城市马克思主义"认为,城市是世界交往的网络及其纽结,是国家与地方管理的边界、区域,以及个人生活身体的差异化视野这样集宏观、中观与微观三者为一体的多元复合存在。换言之,城市因生产力发展、自然资源的流通、社会交往、消费生活需求而成为网络空间实践,因设计、管理、安全而有相对规范的秩序与界限,因每个人的生活而呈现出千差万别的节奏。①

五、中国发展道路的城市化问题以及马克思主义理论的实践转换

中国化的马克思主义城市理论研究总体起步较晚,是中国城市社会建设实践的呼唤与西方城市社会理论的接纳和冲击共同促成的结果。"目前马克思主义的城市社会理论研究既缺少社会科学与自然科学的知识准备、知识支持、方法运用,更缺少结合本土的经验性的研究著作"②。这就要求我们必须改变国内两极化的研究模式,既要注重对历史学、地理学、人类学、经济学和地方城市的实证主义的经验研究,又要注重对城市文化理论、社会空间批判的哲学资源的消化吸收与创造性运用。只有这样才能构建出一种科学性、严密性与包容性、开放性相统一的综合性人文社会科学,才能在辩证的批判的哲学理论的知识结构和经验性的学科架构上为建设具有当代中国特色的"城市马克思主义"学科做好充分的准备与奠定坚实的理论基础。

与西方的发达资本主义国家所走过的现代化发展道路相比,中国社会并不是从工业化走向城市化,而是在从农业社会走向工业社会,在市场经济社会转型过程中,"跳跃式"进入城市化这个存在状态。但毕竟中国社会总体上仍处于从传统农业社会向现代工业文明社会的过渡阶段,中国当代主要的社会问题还不是过度发展的"城市病",而是要走出传统的停滞的农业文明不发达状态,建设现代文明社会。中国的首要问题仍

---

① 参见 Urban Revolution Now, Henri Lefebvre in Social Research and Architecture, edited by Lukasz Stanek, Christian Schmid and Akos Moravanszky, Ashgate Publishing Ltd. /Ashgate Publishing Company, 2014; Implosions/Explosions: Towards a Study of Planetary Urbanization, edited by Neil Brenner, GmbH, Berlin: Jovis Verlag, 2014。
② 刘怀玉:《城市马克思主义的问题域、空间话语与中国实践》,载《理论视野》2017 年第 2 期。

是城市化发展，而不是城市化批判。当代中国具有一个明显的发展不平衡的、多种经济社会形态共时性并存的复杂性社会结构，包括农业社会、行政社会、市场社会、城市社会与网络社会以及智能技术社会，等等。中国已经不再是农业国家、传统的行政社会，也不仅仅是市场经济的社会，而且是全球化与城市化的社会或者高度空间化、流动化、网络化、区域化的社会。由此来看，从空间化的方法论维度研究中国近代以来的现代化进程与革命历史，思考中国的发展道路、发展经验与问题，是不可或缺的方法论前提与理论准备；在此基础上我们才能开始集中研究中国城市的历史，城市与工业化、农业现代化的关系，城市中的问题特别是近年来大规模城市化建设的经验教训，着力反思全球化背景下中国特色城市建设中的诸多问题。

必须看到，任何直接直观的认知方法都无从准确地把握当代中国的城市社会问题，同样，直接照搬西方现代化城市化理论也无济于事。我们固然承认，改革开放40多年最伟大的社会变革之一是城市化，"从以农村为主的社会向以城市为主的社会的过渡以及共同的国家文化的传播，是中国自公元前221年统一以来发生的最根本的社会变化之一。"①但对于中国来说，正在到来的城市社会是多重意义上的"既在场又不在场"；是矛盾不平衡发展在地理与空间上的表现。如果说"以农村包围城市"的"逆城市化"运动曾一度是中国革命道路以及反封建反殖民的新民主主义经济政治文化之核心任务，是基于半封建半殖民不平衡发展的客观历史辩证法，从而是20世纪中国化马克思主义的核心逻辑，那么，对于今日中国来说，中国城市化发展是在传统农业与工业化制造业进程遭遇严重衰退，全球的金融地产和消费经济畸形发展与严重膨胀等历史背景与空间结构下出现的，可谓"先天不足，后天失调"。"城市社会"就是这种不平衡或矛盾格局的现实症候。

中国的城市化究竟意味着什么？中国的城市化不是近现代社会"自

---

① ［美］傅高义：《邓小平时代》，冯克利译，香港：香港中文大学出版社2012年版，第630页。

然历史过程"的阶段性的"串联性"的产物,而是相对落后的农业文明、相对独立完备的工业文明与最先进的科学技术文明交叠在一起的"并联式"发展的结果。在其中,全球化资本空间的生产、社会主义国家的现代化治理体系建设与人民追求美好生活的愿望这三个主题左右着城市发展问题。现代民主法治建设的未完成性与城市化时代所需要的新的治理形式重叠于一处。民族国家的主权独立、法律治理与全球化资本主义的扩张所需要的新自由主义秩序的内在冲突,资本主义灵活投资所需要的殖民化地方分工与真正意义上的地方居民、城市居民的城市权利之间的冲突,越来越明显地体现了出来。规模空前、速度惊人的中国城市化发展能够在多大程度上不是就范于全球资本主义金融扩张而是实现自主创新,不是盲目地听命于资本的巨额利润追求的疯狂欲望之摆布而是满足人民的美好多样的生活需要,这对于正在走向富强民主文明和谐美丽社会的中国人来说至关重要。

"城市马克思主义"的奠基人列斐伏尔曾经说过,真正的社会主义必须生产出自己的社会空间特别是城市建筑空间。现实存在的社会主义城市化必须区别于资本主义"千城一面"的城市空间,而不断地进行千差万别的日常生活革命。①

正如习近平同志所说,"城市建筑是人类劳动和创造的结晶,承载着人类社会文明进步的历史。建筑也是富有生命的东西,是凝固的诗、立体的画、贴地的音符,每一个建筑都在穿行的岁月里留下沧桑的故事。城市特色风貌是城市外在形象和精神内质的有机统一,是自然地理环境、经济社会因素、居民生产生活方式等长期积淀形成的城市文化特征,决定着城市的品味。我国五千多年的悠久文明,城市是一个主要载体。我国古代城市建设,蕴藏着极为丰富且极具智慧的思想观念、理论原则、技术方法。……我们要借鉴国外城市建设有益经验,但不能丢掉了中国优秀传统文化。"中国城市建设中所存在的"同文化越来越远,同浮华越

---

① 参见 Henri Lefebvre, *The Production of Space*, pp. 53-55。

越来越近;同传统越来越远,同西化越来越近","城市风貌乱象横生、缺乏特色"的病态现象再也不能持续下去了。中国特色社会主义建设必须有富有自己民族历史特色的社会主义城市空间!城市建设"要保护弘扬中华优秀传统文化,延续城市历史文脉,保留中华文化基因"。① 这是"城市马克思主义"思想在中国再生产的最重要的意义之一。

毋庸置疑,中国特色的城市化建设实践必须具有全球视野,城市化建设必须既吸收西方城市建设的智慧和经验,充分享受世界多元文化的魅力,但同时也要警惕西方资本主义经济与文化霸权对我国城市建设的资本化、同质化趋势。应该在学习、借鉴西方城市建设的成功经验的同时,充分发挥中国本土、本民族的传统文化和智慧。例如,"阴阳五行说"、"天人合一"与"元气论"等具有高度对话性;老子的《道德经》、庄子的《齐物论》蕴含丰富的生态哲学思想;明代刘宗周在《圣学宗要》中说:"太极之妙,生生不息而已矣。生阳生阴,而生水火木金土,而生万物,皆一气自然之变化";《管子·禁藏》说:"顺天之时,约地之宜,忠人之和,故风雨时,五谷实,草木美多,六畜蕃息,国富兵强"。生态化、小型化、生活化的城市文明可以在中国的传统文化与社会主义生态文明建设的核心价值观那里找到重要的互证,例如《周礼·考工记》中就有关于古代都城规划布局的理论与模型。而古人对于城市的选址也非常注重生态和谐、适宜人类居住的特定的地理环境与人文状况,这就是所谓的"风水"文化观念。例如,《管子·乘马》:"凡立国都,非于大山之下,必于广川之上;高毋近旱,而水用足;下毋近水,而沟防省";《管子·度地》:"故圣人之处国者,必于不倾之地,而择地形之肥饶者。乡山,左右经水若泽。"《周易·乾卦·文言》中所述"夫'大人'者,与天地合其德,与日月合其明,与四时合其序,与鬼神合其吉凶。先天而天弗违,后天而奉天时",中国传统文化思想中的天、地、人"合一","天地与我并生,而万物与我为一"的生命节奏的城市概念,与列斐伏尔关于"未来的"、富有和谐节奏的、"诗

---

① 参见习近平《论坚持全面深化改革》,中央文献出版社2018年版,第228—230页。

意地栖居"的城市革命的展望相一致。①

总之,中国特色的城市化建设实践必须吸收中华民族传统文化思想智慧与当代地方性实践知识,尊重中国人民群众的创造性和参与城市建设的权利,处理好全球、都市与地方之间的关系,建设充满多元性、异质性的有中国特色的城市格局与生活方式。

第三节 中国道路自信的历史空间辩证法问题之若干反思

道路自信作为中国特色社会主义"四个自信"的首要组成部分,体现了马克思主义的历史逻辑理论与中国近现代历史实践的高度统一,具有其深刻的辩证法意义。百年中国所走过的并正在走的从"站起来"、"富起来"到"强起来"的发展道路,首先是一个合乎历史辩证法的必然过程;而中国正在实现的由生存问题向发展问题、由被动式发展向主动式发展、由民族历史向世界历史的多重转变,也是一个全球化和中国化两个空间相互重构的过程。因此,这一过程内含着深刻的历史空间辩证法。从历史空间辩证法视角揭示中国道路自信中蕴含的历史规律,有利于深化研究21世纪马克思主义和当代中国马克思主义,深入理解习近平新时代中国特色社会主义思想。

一、中国道路自信问题研究现状呼唤中国化马克思主义的空间辩证法研究

1. 国外学者研究综述:从中国的现代化发展到中国的世界性影响

中国道路已成为全球学者研究的热词。国外学界对于中国道路与发展空间之间关联的研究主要集中在海外中国学、国际政治学、国际地理学等领域,具有多学科、跨学科视角和综合性的特点。国外学界对该问题的关注焦点,起初是以西方现代化理论为标准来评判中国现代化的

---

① 参见刘怀玉、鲁宝《列斐伏尔思想在中国的传播、批评、运用与可能的生产——从日常生活哲学家到后现代都市思想家》,载《理论探讨》2018年第1期。

曲折性特殊性经验,后来转变成从区域性或全球现代性视野来把握中国道路的世界影响与创新意义。这种重点的转移说明中国道路的空间哲学意义已经得到了国外学者的关注。大致可概括为如下几个方面:

(1) 中国道路与中国现代化问题研究。美国历史学家罗兹曼主编的《中国的现代化》,用西方现代化的理论方法概括了从晚清到中共十一届三中全会召开中国现代化事业各个时期的艰难历程,持论颇为客观,有重要参考价值。[①]《世界历史中的中国》一书作者、英国历史学家艾兹赫德则以非常开阔的世界交往史视野指出,中国自古以来就是世界历史的一个部分甚至是世界中心,但自从晚清以来的现代时期的中国始终处于其传统的自我世界与以美国为中心的现代欧美世界秩序之间,实行具有自己特色的社会主义。[②] 阿里夫·德里克在《后革命时代的中国》中,把中国思想作为全球现代性展开过程中的一个问题,从而将中国"世界化"("worlding China")。[③] 费正清在《中国:传统与变革》中集中笔墨于中外关系和中国文化的发展,认为中国的现代化必须建立在原有旧制度的基础上。[④] 以俄国著名汉学家季塔连科为代表的国外学者认为,中国实现现代化的经验为发展中国家树立了榜样,提供了现代化模式。[⑤]

(2) 中国道路与区域发展的研究。美国学者保罗·柯文的《在中国发现历史》对中国进行了区域性研究,而不是把中国看成铁板一块。[⑥] 英国地理学家特里·坎农在《地区:空间不平等与区域政策》中,对中国在不同历史时期的地缘经济进行了分析,认为经济发展不平衡和区域差距

---

① 参见[美]吉尔伯特·罗兹曼主编《中国的现代化》,国家社会科学基金"比较现代化"课题组译,沈宗美校,江苏人民出版社1988年版。
② 参见[英]S.A.M.艾兹赫德《世界历史中的中国》,姜智芹译,上海人民出版社2008年版。
③ 参见[美]阿里夫·德里克《后革命时代的中国》,上海人民出版社2015年版。
④ 参见[美]费正清、赖肖尔《中国:传统与变革》,陈仲丹等译,吴世民等校,江苏人民出版社2012年版。
⑤ 参见[俄]米哈伊尔·列昂季耶维奇·季塔连科、李燕、康晏如《季塔连科论中国社会主义现象》,载《国外社会科学》2014年第5期。
⑥ 参见[美]柯文《在中国发现历史:中国中心观在美国的兴起》,林同奇译,中华书局2002年版。

的特点,是中国地缘政治和中国重大战略决策的重要决定因素。① 俄罗斯全球化研究所所长米哈伊尔·杰利亚金提出,来自中国的投资将有助于以往那些欠发达的欧亚国家的经济社会得到稳步长足的发展,进而改变欧亚大陆现有的经济地理格局。这些研究对中国的发展从区域空间视角进行了解读,但都没有呈现出全球变化和中国发展内在逻辑的互动空间。

(3) 中国道路对世界地缘政治影响的研究。美国学者索尔·科恩在《地缘政治学:国际关系的地理学》中认为,中国作为一个具有世界影响的新地缘战略辖区的中心出现,不仅要归因于美国和俄罗斯在西太平洋和北太平洋地区影响力的衰退,更多是因为中国本身发生了变化。② 傅高义认为,邓小平所开启的中国特色现代化道路,对内来说是秦朝以来发生的最根本的社会变化;对外来说,则使中国从亚洲文明中心变为世界大国,其参与全球化的魄力明显高于印度、俄罗斯与巴西。③ 基辛格在《世界秩序》中感慨,中国在重回世界舞台中心的同时,期望国际秩序有所发展,并且自身能作为中心角色参与国际规则的制定和修改。④ 布热津斯基在《大棋局:美国的首要地位及其地缘战略》中声称,中国会成为地区性大国,但不可能成为在各个主要领域都富有竞争力的全球性大国。⑤ 他的论调既警示我们对中国崛起要有冷静头脑,也反映出"山鹰折翅"的大国酸意。

2. 国内学界研究综述:"立中、接马、化西"之三位一体

国内学术界对中国道路自信与空间辩证法的研究,可称之为"立中、

---

① 参见 Terry Cannon and Alan Jenkins, *The Geography of Contemporary China, the Impact of Deng Xiaoping's Decade*, London: Routledge, 1990。
② 参见[美]索尔·科恩《地缘政治学:国际关系的地理学》(第二版),严春松译,上海社会科学院出版社2011年版。
③ 参见[美]傅高义《邓小平时代》,冯克利译,三联书店2013年版。
④ 参见[美]亨利·基辛格《论中国》,胡利平等译,中信出版社2012年版;《世界秩序》,胡利平等译,中信出版社2015年版。
⑤ 参见[美]布热津斯基《大棋局:美国的首要地位及其地缘战略》,中国国际问题研究所译,上海人民出版社2007年版。

接马、化西"。"立中"即立足于中国特色社会主义实践,从政治、经济、制度、文化等多个视角对中国道路自信问题进行概括和提升,揭示中国道路演化的内在生命力和特殊性,涌现出大量研究成果。"接马"即强调马克思政治经济学批判理论的全球化时代内涵及其辩证方法论思想;特别注意到当代资本主义已经从传统的物质生产走向空间化的生产。"化西"即在引介国外社会空间理论的过程中,致力于将西方社会空间化发展议题本土化、时代化,拓展细化为城市化与城市治理、全球化与全球治理、网络虚拟空间、空间正义与不平衡发展等新论域,强调中国空间实践历史与路径的特殊性。主要体现在以下几个方面:

(1) 中国道路与马克思空间哲学问题的研究。近年来,国内一些学者开始尝试回到经典文本探索马克思空间思想的形成与发展历程,以资本主义生产方式研究为中心勾勒马克思空间生产理论的思想轮廓,并形成了资本逻辑、城市化、世界历史与自由发展的人学等研究视角,这些成果从历史地理唯物主义、全球化视角理解当代中国的境遇,指出我国当前的新型城镇化、区域化发展之"新"在于替代资本主义推动的传统对抗性城市化,创造新型聚落形态,也即新文明的创造。

(2) 中国发展空间策略在不同时期的特点与影响的研究。张荣军等人的论文《毛泽东思想的空间之维》总结了毛泽东思想中包含的丰富的空间维度,并认为它是我们重要的精神财富。[①] 杨秀萍等人的论文《毛泽东、邓小平、江泽民区域经济发展战略比较与启示》研究了毛泽东的均衡发展战略、邓小平的非均衡发展战略和江泽民的协调发展战略,总结了经验教训,对避免出现新一轮的经济发展失衡具有借鉴意义。[②] 顾海良教授在《习近平经济思想全新内涵》一文中,把经济转型发展的新布局、以开放的最大优势谋求更大发展空间的新格局作为习近平经济思想的

---

① 参见张荣军、汪勇《毛泽东思想的空间之维》,载《吉首大学学报(社会科学版)》2014年第1期。
② 参见杨秀萍、张小萍《毛泽东、邓小平、江泽民区域经济发展战略比较与启示》,载《求实》2005年第5期,第14—17页。

重要组成部分。① 还有些学者分析了中共十八大之后习近平同志提出的新的区域发展战略思想引领中国区域发展迈进新的时代。

(3) 中国道路与区域发展空间问题的研究。蔡武的《我国区域经济一体化与协调发展的历史演变和新格局》一文系统阐述了新中国成立以来我国区域经济一体化与协调发展的历史演进以及现时期的新格局。② 鲁品越的《空间生产:开拓中国经济未来前景之路》一文从经济社会发展视角出发,认为中国经济新常态需要以经济空间的开拓与生产为前提,使社会生产的重心从物质生产向空间生产转移,充分发挥社会主义制度的优越性,通过空间生产来消除资本扩张悖论。③ 巫建国的《关于国家区域发展战略的几点思考》一文认为,我国区域开发已由重在"改革开放"的探索到重在追求社会、经济协调发展的阶段。④ 这些研究多从经济学实证层面引入空间发展问题,而从经济学—哲学视角出发的研究则相对不足。

(4) 中国道路与拓展国际发展空间问题的研究。王义桅教授在《中国以合作共赢应对世界之变》中指出,人类命运共同体思想继承了人类社会追求大同理想的传统,并赋予其全新的时代内涵,向世界庄严地表达了中国的天下胸怀,指明了人类新的前进目标与方向。⑤ 张文木教授的《世界地缘政治中的中国国家安全利益分析》结合宏大的视野和细致的观察研究,鞭辟入里地分析了全球大变局中的利益格局,高屋建瓴地提出了对中国国家战略顶层设计的设想。⑥ 武晓迪博士在《中国地缘政治的转型——走入全球化的深海》中认为,中国地缘政治的舞台正全面

---

① 参见顾海良《习近平经济思想全新内涵》,载《人民论坛》2015 年 3 月下期。
② 参见蔡武《我国区域经济一体化与协调发展的历史演变和新格局》,载《环渤海经济瞭望》2012 年第 11 期,第 18—21 页。
③ 参见鲁品越《空间生产:开拓中国经济未来前景之路》,载《创新》2015 年第 3 期。
④ 参见巫建国《关于国家区域发展战略的几点思考》,载《东北亚论坛》2007 年第 1 期。
⑤ 参见王义桅《再造中国:领导型国家的文明担当》,上海人民出版社 2017 年版。
⑥ 参见张文木《中国地缘政治论》,海洋出版社 2015 年版;《世界地缘政治中的中国国家安全利益分析》,中国社会科学出版社 2012 年版。

加速由内亚陆疆向沿海和海洋地带转移。① 这些成果对于中国发展的国际空间从不同角度进行了较好的梳理,但他们对发展空间特别是空间生产问题都没有给予足够重视。

国内外学者相关成果为进一步研究中国道路自信与空间辩证法问题奠定了较好理论基础,但也要看到,许多国外学者以西方发展模式看待中国道路,对其进行价值观层面评价的多,从实践生成视角分析的少。就国内学者而言,中国道路自信中的空间辩证法问题在很长时间内是隐性存在的线索,更多的不是来自哲学、马克思主义中国化领域的反思,而是来自区域经济、地缘政治、国际关系等领域研究的伴生品,亟须展开深层的逻辑梳理与系统化研究。一句话,中国道路自信问题呼唤着中国化马克思主义哲学的科学叙述与表达。而要研究这一时代课题,需要打好历史唯物主义空间化理论基础,也需要对经典马克思主义关于落后国家革命与建设的不平衡发展的历史空间辩证法思想资源加以继承和弘扬,当然更需要对中国革命、建设与现代化发展的历史空间辩证法作出历史反思与现实把握。

二、中国道路问题的空间化理论基础及其本质意义

在相当一段时间内,历史唯物主义与空间问题的关系并不大:人们在讨论空间问题时,往往会把社会历史搁置于一边;而当人们研究历史问题时,又把空间问题束之高阁。空间与历史分庭抗礼的局面要求我们必须坚持空间观与历史观的辩证统一,把空间问题提升为"空间化"问题。实际上,历史唯物主义视野中的"空间"问题与概念从来都不是静止与透明的几何学与地理学概念,也不是神秘和主观的文化心理形式与抽象封闭的符号结构,而是社会秩序的实践性建构过程,即它是一种动态的历史关系,故"空间化"或"空间的生产"一词更能体现历史唯物主义对空间的独特深刻理解。

---

① 参见武晓迪《中国地缘政治的转型:走入全球化的深海》,中国大百科全书出版社 2013 年版。

历史唯物主义的空间化理论形态可以从广义和狭义两个方面来理解。广义的空间化是指任何一个社会形态与结构都需要一定的空间存在方式作为其载体,诸如地理环境、地理位置,包括一些被神秘化的空间形式——宗教的、政治的,比如说纪念碑。国家统一的象征就是中心城市的纪念碑、庙宇、教堂等,这是传统社会中社会权力、社会关系的一种神秘的、神圣的载体。狭义的空间化,主要是指资本主义社会所开辟的统治全世界的抽象生产方式。资本主义之所以能够翻手为云、覆手为雨,在几百年时间里屡屡陷入危机却又屡屡幸免于难,生命力虽然衰而不竭,很重要的一个原因就是它具有自我修复、自我生成、自我发展的能力。列斐伏尔把这种能力称为"抽象的空间生产"。抽象的空间生产有其西方传统文化渊源:基督教一神教、法律体制、"普世价值观念"、印刷术、货币体系,等等。没有印刷技术就没有地图,没有地图就没有非常强烈的国家主权、边疆意识。另外,西方资本主义统治全球,很重要的一个原因就是建构了掌控世界的货币体制。此外,还有知识产权的垄断统治体制,对全球稀缺能源比如石油的掌控体制,等等。这都是西方资本主义的抽象空间生产的表现。

在当代,资本主义的发展已经从 19 世纪工业资本主义占主导地位的物质生产方式转变为金融、信息、数字技术主宰社会结构的抽象空间的生产。当然,这并不是说具体的物的生产已经完全被非物质生产方式所取代,而是说脱离地域的与具体的物质内容的"空间的生产"成为当代资本主义社会赖以生存与发展的主要方式。上升到一个规律性认识的高度的话,我们可以说,纵观历史发展趋势,整个人类社会特别是现代人类社会的"生产",不但是一定自然物质环境(其认识现象表现为空间与时间特性)制约下的物质生产,而且更是一个不断地超越地理空间与时间条件限制而实现的社会关系空间的"自我生产"过程,即创造出一个"普遍有用性体系"。换言之,现代人类社会的生产关系生产与再生产本身就是社会空间的反思性自我重构,而不是自然空间中的物的生产。资本主义生产由于其追求剩余价值与交换价值的"绝对命令",这便意味着其使命与任务从根本上就与传统社会与自然经济条件下的简单的重复生产绝对不可同日而语,而是要冲决一切自然的界限与神意的禁忌而实现既是"革命性的"也是"虚无主义的"疯狂扩张过程①。资本的扩张表面上是马克思所说的"用时间去消灭空间"②,而实际后果却是实现了自身空间的不断升级换代与无限高速的扩张。

历史唯物主义空间化视野中的现实问题研究包括三个层面或维度。其一曰城市化。它是资本主义和当代世界空间化发展最直接、最具体的地理景观。资本主义发展的经典公式就是不断地积累以进行扩大再生产:资本的本性是追求剩余价值,生产的目的不是为了生活需要,而是为更大一轮的投资做准备,剩余价值要变成一种新的投资。这样,随着时间的推移,一方面积累越来越多,另一方面工人阶级和第三世界人民的消费能力越来越下降,就导致了过度积累,相当一部分剩余资本无法实现转移。在这种情况下,资本家就必须将剩余的资本进行投资。资本缓解过度积累主要采取两种方式:对未来投资和对外围空间投资。对未来投资包括金融投机、教育投资等。对外围空间投资就是对人居住的环境或者人工环境的投资。作为对人造环境的投资与生产,资本主义的城市化发展很大程度上并不是基于人类生活需要,而是基于资本转移或者缓解过度积累而采取的一种投资形式,是资本扩大再生产或者说延长流通时间的一种投资形式。换言之,城市就是政府和大型企业把手中积累起来的剩余价值、利润、财政收入进行消费、投资的一种方式。

其二曰全球化。从空间化角度看,全球化是以今天发达的通信技术、交通技术和能源、金融等为支撑的世界经济、政治、文化联系越来越紧密的一体化过程。全球化是以发达的技术作支撑的,例如通信网络技术可以从根本上解决信息的传输问题,可以让世界同步为一个整体而存在。此外,空调、冷冻技术的发展可以使得一些企业的生产不受地方的

---

① 参见《马克思恩格斯全集》第30卷,人民出版社1995年版,第389—390页。
② 同上书,第538页。

气候和能源的限制,可以采取同步转包、子公司流水作业方式,让某个企业遍布全世界,这本身就提升了企业管理效率和管理水平。这都是由于技术引起的,但是主要还不是技术问题,而是廉价劳动力资源的存在。资本为何能全球化发展？一方面技术为其提供了可能,另一方面资本需要去寻找廉价劳动力进而追求剩余价值的最大化,这是资本的本性。全球化绝对不等于世界都普遍地从落后中解放了出来,而往往是以一个地方的进步加剧另一个地方的落后为代价。

其三曰"再区域化"发展。现在世界各国都被纳入全球化时代与体系之中。国家、民族的特征和界限没有被消灭,仍然存在,但是国家、民族的边界、内涵在松动在淡化。今天的国家还有固定的国土边疆,还有政治制度符号的认同,还有文化意识形态的认同,但实际上真正起重要作用的国家功能是一种高度的动态化区域化再生产性治理体系、技术和能力。国家的作用主要体现为以所在国、所在地区的超大城市或者超大城市群为中轴或者说为枢纽的一种经济、政治、文化的重新区域化发展。从空间生产角度理解,今天的国家主要是一种经济、政治的管理,或曰"服务型政府",而不复是原来所理解的剥削、统治工具。由此可见,在当今世界,城市、国家与全球化这三个基本层次的空间化发展已经交织为一体,变为多重空间尺度所组成的灵活弹性的复杂整体。也因此,传统意义上的地理国家边界与政治宗教或者民族的主权形式开始松动、移动甚至瓦解。相对稳定而独立的民族国家空间,一方面成为"脱域化"的全球化国家,另一方面成为"重新辖域化"的地方经济政治机构。①

历史唯物主义的空间化理论视角与思路,毫无疑问为"中国道路自信"问题之研究开启了全新的视野与论域。正如前所述,整个人类社会文明之进步趋势,就是一个各自社会的特定空间持续不断地扩展、提升与转换的过程。中华民族自近代以来的独立解放与社会主义革命、中国特色社会主义建设特别是改革开放以来的现代化发展,首先是一个从传

---

① 参见本书第一章第三节"空间化视野中的全球化、城市化与国家—区域化发展问题"。

统封闭的社会空间走向现代的开放文明空间的重构创新过程,但就其实质意义而言,从一开始就不是就范于现代世界占统治地位的空间秩序的"按步就班"的排队发展过程,而是艰难地穿越与突破形形色色的资本主义、殖民主义、帝国主义、霸权主义空间控制的过程;中国的发展道路不仅为中国新发展空间的构建创设了新的历史机遇,而且为人类命运共同体打造了新的、可能的文明发展空间。

对中国道路自信的空间哲学表达,主要是从空间辩证法视角历史地把握中国如何从封闭自大的中央王朝沦为西方附属边缘,进而陷入第一次不自信与危机;如何通过革命逻辑确立社会主义道路自信;如何通过改革开放逻辑走出传统建设模式主客观封闭的危机从而克服第二次不自信;如何在主动引领世界发展的基础上实现真正道路自信。由此理出一条中国道路自信的历史与逻辑统一的脉络。

其学术价值至少有以下四个方面:(1)以一种全新视角对中国现代化道路历史进程予以反思,有利于进一步思考中国发展新空间趋势与未来的可能性,丰富21世纪马克思主义和当代中国马克思主义。(2)在广义层面上拓展历史地理唯物主义研究视域,有助于更为完善地建构当代历史唯物主义,更新历史唯物主义的理论形态。(3)深化对全球现代性的理解,有益于进一步认识当代资本主义世界的内在危机,增强走中国道路的自信心。(4)研究全球变化与我国发展互动的内在逻辑,以便于进一步探索中国道路自信的辩证法内涵。

三、经典历史唯物主义视域中的历史空间辩证法研究

如前述,研究中国道路自信这个重大时代课题,除了要打好历史唯物主义空间化理解的基础之外,还需要对经典马克思主义关于社会发展不平衡思想以及落后国家建设社会主义思想中所蕴含的历史空间辩证法思想资源加以提炼与继承创新。

马克思的历史唯物主义革命的根本任务之一,是突破与消解包括黑格尔主义历史哲学在内的近代欧洲理性主义。马克思青年时代所面对

的"哲学信仰",是一种隐含着神学目的论基因的泛逻辑主义、普遍理性主义,特别是披着进化论科学外衣的历史决定论。马克思的新历史观革命所要突出的,并不是启蒙主义张扬的世界历史发展的必然性与普遍规律性,而是历史发展的非连续性、非目的性、复杂性与不平衡性特征。科学的历史唯物主义绝对异质于以费尔巴哈为代表的人本主义哲学所笃信的所谓人的类本质异化及其扬弃式复归的目的论式的历史概念。马克思心目中的历史唯物主义之核心逻辑,既不是第二国际所说的经济决定论意义上的直线进化论,也不是法兰克福学派所强调的颠倒的物化统治,而是共时性的然而又是异质性的历史结构。与《〈政治经济学批判〉序言》中所阐述的广为人知的关于人类社会普遍的必然的统一的发展规律与过程这样的通俗易懂的历史假设与概念明显不同,马克思在《〈政治经济学批判〉导言》这部生前并没有公开发表的文本中阐述了一种更加复杂而且严格的历史唯物主义概念:首先,历史发展的本质,并不是不同历史时代内在的连续性、一般性和共同性联系,反而是"区别于这个一般和共同点"的"差异"。其次,线性的平滑的积累式的启蒙主义进步观,作为一种隐性的唯心主义人性论历史观,必然让位于马克思心目中更能科学地再现客观现实的"断裂的""分叉的""不平衡发展"的历史观。最后,现代人类社会特别是资本主义社会的历史,并非人们通常所理解的从前人类历史的自然延续与充分发展,而是在一种全新的总体结构中对以往历史的摧毁和重构。①

换言之,历史唯物主义的真正革命意义并不是用一种与黑格尔的唯心主义历史概念相类似的"普遍的必然的"历史概念对此进行唯物主义改造,而是认为任何一种试图普遍说明一切民族、国家、地区的历史的做法均是"超历史"的思辨历史哲学之表现。② 因此,历史唯物主义的任务就在于用多种可能的特殊的历史发展道路之实践经验对所谓"大写的"

---

① 参见本书第二章第四节"论历史唯物主义的两种'历史'概念及其空间化意蕴"。
② 参见《马克思恩格斯文集》第 3 卷,人民出版社 2009 年版,第 466—467 页。

"唯一的"历史逻辑进行解构。相应的,马克思所谓的"唯一严格"的历史科学,不再是历史的普遍性与阶段性理论假设,而是充满着历史发展的不平衡性与空间差异性的开阔动态视野。①

晚年马克思首次从欧洲资本主义所开创的世界历史发展之内在不平衡性空间角度,思考落后国家历史发展的跳跃性与革命的可能性问题。19世纪70年代末80年代初,马克思为了进一步加工《资本论》第三卷、完善地租理论,把主要的注意力放到对农村公社的研究上,着力理清土地所有制的历史演化。马克思对唯物史观原有的"世界历史"理论的重大突破,集中体现在写于1873—1883年的"人类学笔记"、《历史学笔记》以及关于俄国农村公社命运问题的论述中,包括《给〈祖国纪事〉杂志编辑部的信》、《给维·伊·查苏利奇的复信》及其手稿、《〈共产党宣言〉1882年俄文版序言》等文本中,他在其中提出了农村公社跨越"卡夫丁峡谷"的东方社会发展道路设想等一系列新的思想,开始了对俄国农村公社发展道路的具体研究。正是晚年马克思对俄国道路特殊性的哲学关注,才吸引和启发了20世纪以降形形色色的落后国家现代化"优势论""自信论"的兴起,从而也为今天中国式现代化道路自信理论提供了重要的借鉴。比如印度裔的后殖民主义理论家查卡拉巴蒂便认为,马克思的资本主义历史观,既是以颠倒方式完成的普遍历史观,更是以差异分裂方式解构普遍历史观的多元历史观。在他看来,欧洲本来就是一个地方,今天我们所接受的世界历史乃是欧洲人发明的一个神话。后发国家的现代化道路乃是对西方历史表面上重复而实际上生成出特殊性的产物。②

卢森堡是第二国际时期极具创见的马克思主义理论家,其重要性就在于她"在马克思主义的基础上打开了马克思主义。而其他马克思主义

---

① 参见《马克思恩格斯文集》第8卷,人民出版社2009年版,第34页。
② 参见迪佩斯·查克拉巴蒂《马克思主义之后的马克思》,载俞可平编《全球化时代的"马克思主义"》,中央编译出版社1998年版,第86—104页;《迪佩什·查卡拉巴蒂读本》,陈恒译,上海人民出版社2013年版,第52页。

者中的很多则把马克思主义禁锢起来了"①。她是第一个真正关注资本主义在世界范围内空间化不平衡发展的思想家。卢森堡的资本积累论打开了历史唯物主义空间化解释的一个历史缺口。她在回答资本主义积累理论难题时,第一次把空间地理视角引入对资本主义生产方式的分析和批判。卢森堡把资本主义形成过程概括为三个不平衡的结构相继替代的过程,即资本首先战胜自然经济而获得主宰地位,其次资本获得对商品经济的支配地位,最后是资本在世界范围内最终获得积累的条件从而占据了绝对统治地位,并明确指出,具有不平衡性的空间结构是资本主义发展的历史前提而不是结果,资本主义历史地生育并发达于"非资本主义环境之中"。② 马克思《资本论》及其手稿中关于原始积累的理论与卢森堡的资本积累理论之间的一个基本差别是:前者认为资本积累主要剥夺的是"前资本主义"社会形态的经济,而后者认为资本积累主要涉及的是资本主义中心及其外围即"非资本主义"的关系,是一种始终同步发生的结构性不平等关系,而不是历史性的自我否定。一句话,卢森堡关心的问题是空间的辩证法而不是历史辩证法,是空间角度的"解区域化"与"再地域化",而不是传统社会的瓦解与否定以及现代社会的重建。受卢森堡的强烈影响,马克思主义地理学家大卫·哈维据此宁愿用"剥夺性积累"而不是"原始积累"概念来概括《资本论》的当代核心意义③。卢森堡认为,马克思的"纯粹资本主义"研究忽略了资本主义现实发展的结构性因素,只关注到它的历史阶段性与周期性,而实际上资本主义与非资本主义的不平等的结构关系,并不是科学抽象可以去掉的"次要因素"而是本质因素。如果说卢森堡之前的马克思主义者们只是从抽象一般的商品经济角度揭示资本主义转变为世界历史的资本主义之趋势,而卢森堡则"主要从资本主义与非资本主义之间出于资本积累

---

① [法]亨利·列斐弗尔:《论国家:从黑格尔到斯大林和毛泽东》,李青宜等译,重庆出版社1988年版,第189页。
② 参见[德]卢森堡《资本积累论》,彭尘舜、吴纪先译,三联书店1959年版,第291—292、335页。
③ 参见[英]大卫·哈维《新帝国主义》,初立忠、沈晓雷译,社会科学文献出版社2009年版。

的特殊需要而必然发生联系的这一经济逻辑必然性来论证,资本主义积累的顺利进行必然要依赖于资本不断向全球扩展的运动……出于实现剩余价值和进一步资本化的需要,资本必然要摆脱它的一切限止,无限地走向全球,朝着最终的统一的无个性的世界市场运动"①。不过,卢森堡虽然看到资本主义全球化积累的本质与发展趋势,却并没有真正理解资本主义垄断组织形式与国家以及民族国家战争所具有的再生产的空间经济学意义。她只看到战争的破坏性,她把外部市场与外围地区混为一谈,轻视了中心地带(资本和集中,决定的权力与巨大的城市的形成等)的经济的政治的结构与国家的相应作用。她确实没有摆脱列宁、葛兰西所批评的第二国际根深蒂固的经济决定论与政治革命自发主义观念的历史局限性②。这集中表现在她关于资本主义总危机未来前景的二重性预言上:"要么是社会主义,要么是野蛮"! 她并没有为落后国家的社会主义革命的可能性提供明确的实践途径与主体力量。

  列宁是第一个真正把"资本主义发展的不平衡"理论与社会主义革命实践结合起来的马克思主义者。如果说卢森堡以结构决定论假设的方式把"不平衡"发展作为资本积累的前提条件来处理,考茨基把"不平衡"实证主义地归结为工农业发展的不平衡,列宁则历史辩证法地把"不平衡"看成帝国主义的必然后果。列宁在《论欧洲联邦口号》《帝国主义论》《无产阶级革命的军事纲领》等著作中,分析了资本主义政治地理学与空间发展特点,认为资本主义把全球市场分割殆尽、把领土资源争夺完毕,必然导致帝国主义战争,因此,可以利用帝国主义的这种瓜分和不平衡结构,在处于薄弱环节的国家实现革命并建设社会主义。"资本主义的发展在各个国家是极不平衡的。而且在商品生产下也只能是这样。由此得出一个必然的结论:社会主义不能**在所有**国家**内**同时获得胜利。它将首先在一个或者几个国家内获得胜利,而其余的国家在一段时间内

---

① 熊敏:《资本全球化的逻辑与历史:罗莎·卢森堡资本积累理论研究》,人民出版社 2011 年版,第 14 页。
② 参见[法]亨利·列菲弗尔《论国家》,第 189 页。

将仍然是资产阶级的或资产阶级以前的国家。"①列宁的"帝国主义薄弱环节""落后国家的革命"理论就是从这种事物发展的不平衡性结构辩证法、空间辩证法中产生的。社会主义革命往往发生在帝国主义链条最薄弱的地方,即通常发生在经济文化比较落后的国家,而不是通常所认为的工业发达国家里。而列宁在其著名的《论我国革命》一文中则对落后东方国家的社会主义道路之实践意义作了非常精辟的把握,而第二国际的经济决定论者们根本不懂得马克思主义的革命辩证法,他们只看到西欧资本主义这一条固定的发展道路。这些庸人们做梦也没有想到,"处于东方即将开始或部分已经开始的革命边缘的俄国……使我们能够用与西欧其他一切国家不同的方法来创造发展文明的根本前提"②。"俄国是个介于文明国家和初次被这场战争最终卷入文明之列的整个东方各国即欧洲以外各国之间的国家,所以俄国能够表现出而且势必表现出某些特殊性,这些特殊性当然符合世界发展的总的路线,但却使俄国革命有别于以前西欧各国的革命,而且这些特殊性到了东方国家又会产生某些局部的新东西。"③"在东方那些人口无比众多、社会情况无比复杂的国家里,今后的革命无疑会比俄国革命带有更多的特殊性"。④ 这可谓是中国特色社会主义理论与实践的滥觞! 在不平衡发展的历史辩证法思想的指导下,毛泽东在领导中国革命的过程中创造性地提出了半封建半殖民地理论以及相应的新民主主义革命理论。他认为,由于苏联十月革命的世界历史性影响,中国革命从此以后便成为世界革命特别是社会主义革命的一个组成部分。由于西方资本主义与殖民主义的入侵,近代以来的中国社会逐步沦为半封建半殖民地性质。这就决定了中国革命必须分两步走。"第一步,改变这个殖民地、半殖民地、半封建的社会形态,使之变成一个独立的民主主义的社会。第二步,使革命向前发展,建立一

---

① 《列宁选集》第 2 卷,人民出版社 1995 年版,第 722 页。
② 《列宁选集》第 4 卷,人民出版社 1995 年版,第 777 页。
③ 同上书,第 776 页。
④ 同上书,第 778 页。

个社会主义的社会。"①也因为俄国革命与中国革命,世界历史发展的总格局发生了剧变,而卷入了世界历史总进程的每个国家、民族的历史命运与社会结构也因此发生了翻天覆地的改变。

俄国社会主义革命道路与中国革命道路之特殊性不仅具有通常我们所重视的历时性的"跨越"意义,也有共时性的"结构突破"或"空间转换"意义。上升到一种历史空间辩证法的哲学高度上说,落后国家的社会主义革命的源头决不能历史地经验地从某一个国家与地区的经济发展水平里面去寻找,而是要从整个资本主义世界或者整个现代人类社会的内在结构及其不可克服的矛盾那里去寻找。换言之,落后国家的革命历史道路,也就是全球资本主义多重决定因素与矛盾结构促成的一种地方性不平衡发展的景象,是本"应该"在发达经济基础之上或者西方社会内部发生的革命的一种"空间转移"。

发达资本主义国家社会内部的经济政治问题的对外转移,造成了落后国家的政治问题与发达资本主义国家问题的同步性整体性。从某种意义上说,正是落后国家的经济落后性促成了其本土政治问题的"发达",这就是一种生动具体的不平衡发展的空间辩证法,而不仅仅是历史辩证法。但我们并不能因此断言,落后国家通过政治革命就会自然而然地促成其本土产生发达的或者先进的政治社会制度。"并不是中国本土历史与经济基础的落后现状导致了中国会出现一种发达的社会主义政治,相反是其落后的现代经济状况与发达的丰富的传统政治资源,共时性地促生了一种发达的现代性政治问题。这种世界历史性的结构不平衡,即落后经济与发达政治问题之客观辩证法与本土的爱国主义、无产阶级革命觉悟意识,构成了中国革命辩证法的主客观两个方面"②。当然,正是客观条件的恶劣与革命道路的曲折,才导致中国革命从时间阶段维度向空间维度的转型。如果说以毛泽东为代表的中国共产党人在

---

① 《毛泽东选集》第 2 卷,人民出版社 1991 年版,第 666 页。
② 刘怀玉:《从历史决定论到被过度解释的"多元决定论":关于政治经济学批判方法论之当代意义的若干思考》,载《社会科学战线》2017 年第 9 期。

大革命时期还确信一场未来革命即将来临,大革命的失败则使毛泽东"对于革命的时间维度的看法遭受了严重打击,而迫使他确立了革命根据地建设方针即空间维度"。毛泽东在《中国的红色政权为什么能够存在》《井冈山的斗争》以及后来的《抗日游击战争的战略问题》《论持久战》中则逐渐形成了一系列革命的空间辩证法思想以及"革命的空间地图测绘"方法。①

四、中国道路自信的历史空间辩证法演变

中国道路自信的历史空间辩证法经历了若干形态与阶段,大致上可以从以下研究角度或思路来概括:

一是半封建半殖民地社会与新民主主义革命时期从分裂与依附的历史空间到独立发展的革命空间的辩证法。即以历史时间为线索,分析传统中国王朝空间崩溃的原因以及其沦为西方世界体系附属的必然性,重点阐明为获得中华民族独立发展空间而持续不懈努力的伟大历程,从中揭示近代中国如何从"第一次自信危机"到通过革命逻辑确立社会主义道路自信的内在历史规律。

中华文明五千年的历史空间观,自先秦开始到明清为止,均是以华夏为中心的"四方天下"的宇宙秩序。明清以降,由于西方传教士、旅行家、商人携带入境的大量地理、历史等科学知识图书的传播与仪器使用的影响,国人逐步接受"地分五洲"思想。自此伊始,根深蒂固的"南蛮北狄西戎东夷"的空间象征秩序轰然瓦解,旷日持久的"夏夷""古今""中西""体用"的意识形态空洞论战让位于东方与西方两种社会文明形态之残酷较量的严峻现实。在此历史时段,传统中国王朝空间由于其封闭与落后,必然走向瓦解并逐步沦为西方世界体系的附属。自鸦片战争以来

---

① 有关毛泽东的革命道路与军事战略的空间辩证法思想研究,参见[美]布兰特利·沃马克《毛泽东政治思想的基础(1917—1935)》,霍伟岸等译,中国人民大学出版社 2013 年版,第 87—99 页;周建伟《历史主体的建构:马克思主义农民理论中国化研究(1921—1949)》,中国社会科学出版社 2014 年版,第 106—112 页。

到中华人民共和国成立之初,近代中国一百多年的民族独立斗争、民主革命特别是新民主主义革命和社会主义革命的探索历程,都是一场东西方地缘政治之争,内含着中华民族争取生存发展空间的价值诉求。中国历史空间的近现代转型过程实乃一部"从'王朝地理学'到'革命地理学'的发展史"。[①] 为使中华民族获得独立发展空间,中国共产党开辟了一条具有中国特色的革命道路,从井冈山到苏区,从山区游击到全面解放中国,经过了从"以城市为中心"到"以农村为中心",再到"以城市为中心"的生存发展空间的曲折转换过程。正是这个"两次否定"的历史空间辩证法,揭示了近代中国如何从"第一次自信危机"到通过革命逻辑确立社会主义道路自信的内在历史规律。

二是中国社会主义现代化建设初期的历史空间辩证法。即以国际国内交织互动的结构关系为视野,分析新中国成立后30年间发展空间的探索过程,研究国内区域均衡发展空间战略和"三个世界"的国际发展空间辩证法理论,反思中国社会主义道路的"初步自信"经验及其内外问题。

中国新民主主义革命与社会主义革命的胜利,促成了中国道路形成的第一个历史逻辑环节——"中国人民从此站立起来",古老的民族在经历了漫长的繁荣与近代的屈辱之后,终于又以独立自主的崭新面貌屹立于世界东方。但由于西方帝国主义体系的包围以及东西方冷战格局的严重制约,新中国实际上被排除在全球性和大多数地区性国际制度之外,而仅仅在原社会主义阵营与第三世界发挥着一定作用。直到1971年恢复在联合国的合法席位之前,中国基本上是全球治理体系的"局外人"和消极的旁观者,甚至是对抗者[②]。中国的复兴道路可谓困难重重、扑朔迷离。

在被迫自我封闭的国际大空间背景影响下,在一个贫穷落后、人口

[①] 参见武晓迪《中国地缘政治的转型:走入全球化的深海》,中国大百科全书出版社2013年版;唐晓峰《阅读与感知:人文地理笔记》,三联书店2013年版,第171页。
[②] 参见靳诺等《全球治理的中国担当》,中国人民大学出版社2017年版,第77页。

众多、资源贫乏的东方大国,如何有效规划生产要素的空间分布从而进行社会主义建设,这是一个十分复杂和困难的问题。从 20 世纪 50 年代新中国成立之初到 70 年代中后期的改革前夜,社会主义中国走过了近30 年的计划经济时期,采取了一种"东西南北中"的"均衡发展"的"空间战略"。也就是以"全国一盘棋"的思想为指导,最大限度地改变半封建半殖民地旧中国所造成的东部沿海和西部内地严重不平衡发展的空间格局,实现东西部与南北方区域相对平衡发展的战略目标。一方面,在以重工业发展为核心的现代化蓝图指引下,国家统筹安排全国工业空间布局,强调更多地利用和发展沿海工业,为更有力量支持和发展内地工业作准备;另一方面,提出大力发展内地工业,把生产力落后的内地作为经济建设的重点,新的工业大部分摆在内地,使工业布局逐步平衡,缩小沿海与内地的差距。但也要看到,当时所谓的"空间发展均衡"战略毕竟是建立在总体生产力水平不高的基础之上,特别是以实际上牺牲东部沿海地区的发展速度与质量为代价的方式来支援内地西部的发展,这种"空间发展均衡"战略很大程度上也妨碍了东部沿海地区经济的发展和人民生活水平的提高。也就是说新中国成立后前 30 年中国道路的历史空间辩证法是基于相对封闭的国际环境形成的,具有明显的时代局限性。

三是中国特色社会主义对传统发展空间模式的突破与协调平衡的新发展空间辩证法之形成。即聚焦改革开放以来的 40 余年,在反思传统社会主义发展空间模式经验教训的基础上,研究国内"两个大局"的空间辩证法和全方位国际发展空间战略,从中把握当代中国如何克服第二次自信危机、主动融入世界文明因而确立新的道路自信之辩证发展规律。

以 1978 年党的十一届三中全会召开为标志,以邓小平同志为核心的党的第二代中央领导集体迅速结束了传统的发展战略与思想模式,对国际形势作出了新的判断,确立了和平与发展的时代主题,确定了以经济建设为中心,坚持改革开放长期不动摇的基本路线与国策,开始较为主动和积极地参与国际事务和全球治理。随着在世界银行、国际货币基金组织、关贸总协定及后来的世贸组织成员地位的恢复,中国逐渐成为国际制度的主要参与者,从区域大国变为世界大国,在国际治理空间中的作用不断增强。

邓小平在20世纪70年代末提出并开启了中国现代化发展空间建设战略构想与实践。他从国情出发,根据梯度发展理论,实施了区域经济非均衡发展战略。其核心内涵是"两个大局"的战略设想:一是"沿海地区要加快对外开放……从而带动内地更好地发展,这是一个事关大局的问题。内地要顾全这个大局";二是"发展到一定的时候,又要求沿海拿出更多力量来帮助内地发展……那时沿海也要服从这个大局"。① "两个大局"设想是反思新中国成立初期"区域均衡发展"战略经验教训的结果,为中国现代化发展寻找到了新发展空间。只不过,这种突出区域间梯层性开发的不平衡发展的空间战略,虽然解决了原来的发展水平低与发展不足的问题,却也引起了发展起来以后的新的发展空间不平衡问题。

非均衡发展战略促进了经济高速增长。但受"第一个大局"发展空间战略的制约,东西部地区的发展差距越来越大,同时还存在"中部塌陷"危险。为缩小地区差距,保持经济可持续性发展,从20世纪90年代开始,我国区域经济发展提出了区域经济协调发展战略。它强化了东、中、西部大发展的合作协调整合关系,旨在全力缩小各大主体区域间发展的不平衡性,逐步形成了新发展空间辩证法。

四是新时代中国特色社会主义发展空间辩证法。即重点研究中共十八大以来中国城市化区域化国际化发展过程与趋势中的新思想成果,特别是"一带一路"倡议与"共建人类命运共同体"战略构想中所包含的新文明空间辩证法思想问题,由此理解新时代中国如何主动引领世界进而实现真正道路自信之内在发生逻辑。

---

① 参见《邓小平文选》第3卷,人民出版社1993年版,第277—278页。

中国改革开放40余年的发展过程,从历史辩证法角度来看,是一个从以政治革命为中心的不平衡发展到以经济建设为中心的不平衡发展,再到以解决人民日益增长的美好生活需要与不平衡不充分的发展之间的矛盾为己任的全面发展过程;而从历史空间辩证法角度来看,可谓一幅从"革命地理学"到"发展地理学"再到"新文明空间"的动态变奏画面。中国首先是从东西方冷战与南北世界不平衡发展空间中破解了被封闭、孤立、排挤的问题,找到并找准了自己的发展空间与机遇;其次是通过充分利用全球化成果积极参与全球化进程,以迅速缩小自己与发达国家的发展差距;再次是在此基础上,充分利用自身增强的经济实力与国际竞争力进而引导全球化,逐步形成中国特色社会主义道路。这样的"三步走"的开放发展道路与过程,不仅推进了中华民族伟大复兴的新征程,而且有助于推进人类新文明空间的形成。这个人类新文明空间的构想集中体现在习近平同志多次阐明的"一带一路"倡议与"打造人类命运共同体"的构想之中[①]。

共建人类命运共同体是适应世界多极化、经济全球化、社会信息化、文化多样化,应对人类多重共同挑战的客观需要。正像习近平同志就《共产党宣言》及其时代意义举行的十九届中央政治局第五次集体学习时指出的,要坚定不移地"推动经济全球化朝着更加开放、包容、普惠、平衡、共赢的方向发展,让不同国家、不同阶层、不同人群共享经济全球化带来的机遇"[②]。这是另外一种意义上的"在批判旧世界中发现新世界"的历史空间辩证法。它既反映了世界人民对美好生活向往的共同呼声,也是中国道路自信的历史空间辩证法之未来前景。

---

① 参见习近平《携手构建合作共赢新伙伴,同心打造人类命运共同体》,载《人民日报》2015年9月29日。
② 习近平:《深刻感悟和把握马克思主义真理力量》,载《人民日报》2018年4月25日。

主要参考文献

一、经典文献

1. 马克思恩格斯全集:第1—50卷. 1版. 人民出版社,1956—1985
2. 马克思恩格斯全集:第3卷. 2版. 人民出版社,2002
3. 马克思恩格斯全集:第26卷. 2版. 人民出版社,2014
4. 马克思恩格斯全集:第30卷. 2版. 人民出版社,1995
5. 马克思恩格斯全集:第31卷. 2版. 人民出版社,1998
6. 马克思恩格斯全集:第37卷. 2版. 人民出版社,2019
7. 马克思恩格斯全集:第44卷. 2版. 人民出版社,2001
8. 马克思恩格斯全集:第45卷. 2版. 人民出版社,2003
9. 马克思恩格斯选集:第1—4卷. 人民出版社,1995
10. 马克思恩格斯文集:第1—10卷. 人民出版社,2009
11. 列宁全集:第1—60卷. 2版. 人民出版社,1984—1990
12. 列宁选集:第1—4卷. 人民出版社,1995
13. 毛泽东选集:第1—4卷. 人民出版社,1991
14. 毛泽东文集:第1—8卷. 人民出版社,1999
15. 毛泽东外交文选. 世界知识出版社,中央文献出版社,1994
16. 中共中央文献研究室编. 毛泽东年谱. 修订本(上). 中央文献出版社,2013
17. 邓小平文选:第1—3卷. 人民出版社,1993
18. 江泽民文选:第1—3卷. 人民出版社,2006
19. 胡锦涛文选:第1—3卷. 人民出版社,2016
20. 习近平谈治国理政:第1—3卷. 外文出版社,2016—2020

21. 习近平总书记系列重要讲话读本(2016). 学习出版社,人民出版社,2016
22. 中共中央党史研究室. 中国共产党历史:第二卷(1949—1978)上册. 中共党史出版社,2011

二、学术论文

1. 江泽民. 正确处理社会主义现代化建设中的若干重大关系.《人民日报》1995年10月9日
2. 陈硕. 历史唯物主义的空间化解释:历史与可能.《天津社会科学》2011年第1期
3. 陈政高. 拓展区域发展空间.《人民日报》2015年11月19日
4. 程恩富."历史终结论"评析.《政治学研究》2015年第5期
5. 冯雷. 全球化时代的空间论课题.《浙江树人大学学报》2007年第1期
6. 丰子义. 用马克思主义观点看待全球化.《求是》2001年第3期
7. 哈维. 马克思的空间转移理论:《共产党宣言》的地理学.《马克思主义与现实》2005年第4期
8. 哈维. 追忆与冀望(二).《中外文化与文论》第34辑. 四川大学出版社,2016
9. 胡大平. 马克思主义理论的时间敏感性.《河北学刊》2006年第2期
10. 胡大平. 历史地理唯物主义与希望的空间.《社会理论论丛》第三辑. 南京大学出版社,2006
11. 胡大平. 社会批判理论之空间转向与历史唯物主义的空间化.《江海学刊》2007年第2期
12. 胡大平. 空间生产:当代人文社会科学新的理论生长点.《中国社会科学报》2009年9月1日
13. 胡大平. 马克思主义与空间理论.《哲学动态》2011年第11期
14. 基辛格. 基辛格对话中国学者.《中国社会科学报》2015年11月4日
15. 李春敏. 资本积累的全球化与空间的生产.《教学与研究》2010年第6期
16. 李晓,李俊久."一带一路"与中国地缘政治经济战略的重构.《世界经济与政治》2015年第10期
17. 林密. 马克思资本主义生产方式批判的空间视域.《天津社会科学》2011年第1期
18. 刘奔. 时间是人类发展的空间:社会时-空特性初探.《哲学研究》1991年第10期
19. 马建英. 美国对中国"一带一路"倡议的认知与反应.《世界经济与政治》2015年第10期
20. 尼尔·布伦纳. 全球化与再地域化:欧盟城市管治的尺度重组.《城市研究》1999年第3期

21. 强乃社. 空间转向及其意义.《学习与探索》2011年第3期
22. 任平. 新全球化时代与马克思主义哲学:挑战和应答.《江苏社会科学》2002年第2期
23. 任平. 论空间生产与马克思主义的出场路径.《江海学刊》2007年第2期
24. 孙伯鍨,姚顺良. 从"两种生产"的理论谈对历史唯物主义的狭义和广义解释.《晋阳学刊》1982年第5期
25. 孙正聿. 列宁的"三者一致"的辩证法:《逻辑学》与《资本论》双重语境中的《哲学笔记》.《中国社会科学》2012年第9期
26. 王南湜. 新的全球秩序何以可能.《河北学刊》2002年第7期
27. 肖月. "出新意于法度之中":评高清海主编的《马克思主义哲学基础》(上).《江淮论坛》1986年第5期
28. 仰海峰. 全球化与资本的空间布展.《北京大学学报》(哲学社会科学版)2005年第4期
29. 仰海峰. 弹性生产与资本的全球空间规划:从马克思到哈维.《江海学刊》2008年第2期
30. 仰海峰. 历史唯物主义的双重逻辑.《哲学研究》2010年第11期
31. 杨学功. 全球化的多重维度与实质.《北京大学学报》(哲学社会科学版)2005年第4期
32. 俞吾金. 马克思时空观新论.《哲学研究》1996年第3期
33. 俞吾金. 论两种不同的历史唯物主义概念.《中国社会科学》1995年第6期
34. 张佳. 全球空间生产的资本积累批判:略论大卫·哈维的资本积累批判.《哲学研究》2011年第6期
35. 张康之. 基于人的活动的三重空间:马克思人学理论中的自然空间、社会空间和历史空间.《中国人民大学学报》2009年第4期
36. 张奎良. 马克思时空观新论.《江海学刊》2004年第1期
37. 章仁彪,李春敏. 大卫·哈维的新马克思主义空间理论探析.《福建论坛》(人文社会科学版)2010年第1期
38. 张一兵. 思想构境论:一种新文本学方法的哲学思考.《学术月刊》2007年第5期
39. 张一兵. 历史构境:哲学与历史学的对话.《历史研究》2008年第1期
40. 赵建红. 赛义德的"理论旅行与越界说"探讨.《当代外国文学》2008年第1期

三、中文学术著作

1. 阿尔都塞,埃蒂安·巴里巴尔. 读《资本论》. 中央编译出版社,2001
2. 阿尔都塞. 保卫马克思. 商务印书馆,2006

3. 阿尔都塞. 黑格尔的幽灵:政治哲学论文集. 南京大学出版社,2005
4. 阿尔都塞. 来日方长:阿尔都塞自传. 上海人民出版社,2013
5. 阿尔都塞. 列宁和哲学. 台北:远流出版公司,1990
6. 阿尔都塞. 哲学与政治:阿尔都塞读本. 陈越编. 吉林人民出版社,2003
7. 阿甘本. 潜能. 漓江出版社,2014
8. 阿格尔. 西方马克思主义概论. 中国人民大学出版社,1991
9. 阿明. 不平等的发展. 商务印书馆,2000
10. 阿明. 全球化时代的资本主义:对当代社会的管理. 中国人民大学出版社,2005
11. 阿锐基. 漫长的20世纪:金钱、权力与我们社会的根源. 江苏人民出版社,2001
12. 阿锐基. 现代世界体系的混沌与治理. 三联书店,2006
13. 阿若诺威兹,布拉提斯编著. 逝去的范式:反思国家理论. 吉林人民出版社,2008
14. 安德森. 当代西方马克思主义. 上海东方出版社,1989
15. 安德森. 西方马克思主义探讨. 人民出版社,1981
16. 奥尔曼. 辩证法的舞蹈:马克思方法的步骤. 高等教育出版社,2006
17. 巴加图利亚. 马克思的第一个伟大发现:唯物史观的形成和发展. 中国人民大学出版社,1981
18. 巴利巴尔. 马克思的哲学. 中国人民大学出版社,2007
19. 包亚明编. 现代性与空间的生产. 上海教育出版社,2003
20. 鲍曼. 流动的现代性. 上海三联书店,2002
21. 鲍斯泰尔曼. 二十世纪七十年代:从人权到经济不平等的全球史. 商务印书馆,2015
22. 贝斯特,科尔纳. 后现代转向. 南京大学出版社,2002
23. 本书编写组. 西部大开发战略干部读本. 中共中央党校出版社,2000
24. 柄谷行人. 历史与反复. 中央编译出版社,2007
25. 波兰尼. 大转型:我们时代的政治与经济起源. 浙江人民出版社,2007
26. 波兰尼. 巨变:当代政治与经济的起源. 社会科学文献出版社,2016
27. 波斯特. 战后法国的存在主义马克思主义:从萨特到阿尔都塞. 南京大学出版社,2015
28. 伯恩施坦文选. 人民出版社,2008
29. 布尔迪厄. 区分:判断力的社会批判:上下册. 商务印书馆,2015
30. 布哈林. 历史唯物主义理论:马克思主义社会学通俗教材. 人民出版社,1983
31. 布雷夫曼. 劳动与垄断资本:二十世纪中的劳动退化. 商务印书馆,1978

32. 布鲁厄. 马克思主义的帝国主义理论. 重庆出版社,2003
33. 布罗代尔. 15 至 18 世纪的物质文明、经济和资本主义. 三联书店,1996
34. 布罗代尔. 资本主义论丛. 中央编译出版社,1997
35. 蔡中兴,漆光瑛. 马克思主义经济思想史. 复旦大学出版社,1994
36. 陈永国编. 激进哲学:巴丢读本. 北京大学出版社,2010
37. 池上惇. 国家垄断资本主义论争. 中共中央党校出版社,1985
38. 达高涅. 理性与激情:加斯东·巴什拉传. 北京大学出版社,1997
39. 德勒兹. 尼采与哲学. 社会科学文献出版社,2001
40. 德勒兹. 斯宾诺莎与表现问题. 商务印书馆,2013
41. 德勒兹. 哲学的客体:德勒兹读本. 北京大学出版社,2010
42. 德里达. 多重立场. 三联书店,2004
43. 德里克. 跨国资本时代的后殖民批评. 北京大学出版社,2004
44. 迪尔. 后现代都市状况. 上海教育出版社,2004
45. 杜小真编. 福柯集. 上海远东出版社,2003
46. 厄里,拉什. 符号经济与空间经济. 商务印书馆,2006
47. 厄里,拉什. 全球复杂性. 北京师范大学出版社,2009
48. 厄里,拉什. 组织化资本主义的终结. 江苏人民出版社,2001
49. 费彻尔. 马克思与马克思主义:从经济学批判到世界观. 北京师范大学出版社,2009
50. 丰子义,杨学功. 马克思"世界历史"理论与全球化. 人民出版社,2002
51. 弗兰尼茨基. 马克思主义史:第 II 卷. 人民出版社,1988
52. 福柯. 规训与惩罚:监狱的诞生. 三联书店,1999
53. 福柯. 权力的眼睛:福柯访谈录. 上海人民出版社,1997
54. 高清海编. 马克思主义哲学基础:上册. 人民出版社,1985
55. 高清海编. 马克思主义哲学基础:下册. 人民出版社,1987
56. 戈特迪纳. 城市空间的社会生产. 2 版. 江苏凤凰教育出版社,2014
57. 格利高里,厄里编. 社会关系与空间结构. 北京师范大学出版社,2011
58. 葛兰西文选(1916—1937). 人民出版社,1992
59. 葛兰西文选. 人民出版社,2008
60. 广松涉. 物象化论的构图. 南京大学出版社,2002
61. 哈贝马斯. 交往行动理论:第一卷. 上海人民出版社,2004
62. 哈贝马斯. 认识与兴趣. 学林出版社,1999
63. 哈特,奈格里. 帝国. 江苏人民出版社,2005
64. 哈维. 跟大卫·哈维读《资本论》:第一卷. 上海译文出版社,2014
65. 哈维. 后现代的状况:对文化变迁之缘起的探究. 商务印书馆,2003
66. 哈维. 叛逆的城市:从城市权利到城市革命. 商务印书馆,2014

67. 哈维. 希望的空间. 南京大学出版社,2006
68. 哈维. 新帝国主义. 社会科学文献出版社,2009
69. 哈维. 新自由主义化的空间:迈向不均地理发展理论. 台北:群学出版有限公司,2008
70. 哈维. 新自由主义简史. 上海译文出版社,2016
71. 哈维. 正义、自然与差异地理学. 上海人民出版社,2010
72. 海德格尔. 演讲与论文集. 三联书店,2005
73. 贺麟. 现代西方哲学讲演集. 上海人民出版社,1984
74. 黑格尔. 精神现象学. 人民出版社,2013
75. 黑格尔. 美学:第一卷. 商务印书馆,1979
76. 胡大平,张亮等. 资本主义理解史:第五卷 西方马克思主义的资本主义批判理论. 江苏人民出版社,2009
77. 黄楠森,庄福龄,林利编. 马克思主义哲学史(修订本):第二卷. 北京出版社,2005
78. 吉登斯. 第三条道路. 三联书店,2000
79. 吉登斯. 历史唯物主义的当代批判. 译文出版社,2010
80. 吉登斯. 民族—国家与暴力. 三联书店,1998
81. 吉登斯. 社会的构成. 三联书店,1998
82. 吉登斯. 现代性的后果. 译林出版社,2011
83. 吉登斯. 现代性与自我认同. 三联书店,1998
84. 卡茨纳尔逊. 马克思主义与城市. 江苏凤凰教育出版社,2013
85. 卡斯特. 网络社会的崛起. 社会科学文献出版社,2001
86. 卡斯特. 信息化城市. 江苏人民出版社,2001
87. 凯德洛夫. 论辩证法的叙述方法:三个伟大的构想. 求实出版社,1988
88. 凯尔纳,贝斯特. 后现代理论:批判性的质疑. 中央编译出版社,2011
89. 科克尔曼斯. 海德格尔的《存在与时间》. 商务印书馆,1996
90. 科西克. 具体的辩证法. 社会科学文献出版社,1989
91. 科拉科夫斯基. 马克思主义的主要流派:第三卷. 黑龙江大学出版社,2015
92. 库兹韦尔. 结构主义时代:从莱维-斯特劳斯到福柯. 上海人民出版社,1988
93. 拉克劳,墨菲. 领导权与社会主义策略:走向激进民主政治. 黑龙江人民出版社,2003
94. 莱姆克等. 马克思与福柯. 华东师范大学出版社,2008
95. 莱文. 辩证法内部对话. 云南人民出版社,1997
96. 朗西埃. 歧义. 台北:麦田城邦文化出版社,2011
97. 勒高夫. 试谈另一个中世纪:西方的时间、劳动与文化. 商务印书馆,2014
98. 利奥塔. 非人:时间漫谈. 商务印书馆,2000;西南师范大学出版社,2019

99. 联共(布)中央特设委员会编. 联共(布)党史简明教程. 人民出版社,1975

100. 列斐伏尔. 空间与政治. 上海人民出版社,2008

101. 列斐伏尔. 论国家:从黑格尔到斯大林与毛泽东. 重庆出版社,1988

102. 刘怀玉. 现代性的平庸与神奇:列斐伏尔日常生活批判哲学的文本学解读. 中央编译出版社,2006

103. 刘力永. 资本主义国家和社会主义政治战略:普兰查斯思想研究. 中国文史出版社,2009

104. 刘森林. 辩证法的社会空间. 吉林人民出版社,2006

105. 卢卡奇. 理性的毁灭. 山东人民出版社,1988

106. 卢卡奇. 历史与阶级意识. 商务印书馆,1999

107. 卢森堡. 资本积累论. 三联书店,1959

108. 鲁克俭. 国外马克思学研究的热点问题. 中央编译出版社,2006

109. 罗宾逊. 全球资本主义论:跨国世界中的生产、阶级与国家. 社会科学文献出版社,2009

110. 罗森伯格. 质疑全球化理论. 江苏人民出版社,2002

111. 马基雅维里. 君主论. 商务印书馆,1986

112. 马健行. 帝国主义理论形成史. 中国社会科学出版社,1993

113. 马斯泰罗内. 一个未完成的政治思索:葛兰西的《狱中札记》. 社会科学文献出版社,2000

114. 马西. 劳动的空间分工. 北京师范大学出版社,2010

115. 麦克莱伦. 马克思传. 中国人民大学出版社,2006

116. 莫尔帕斯. 导读利奥塔. 重庆大学出版社,2014

117. 诺克斯,平奇. 城市社会地理学导论. 商务印书馆,2005

118. 欧阳康. 社会认识论导论. 中国社会科学出版社,1990

119. 皮特. 现代地理学思想. 商务印书馆,2007

120. 普列汉诺夫. 马克思主义的基本问题. 人民出版社,1957

121. 齐埃利涅茨. 空间和社会理论. 苏州大学出版社,2018

122. 齐泽克. 敏感的主体:政治本体论的缺席中心. 江苏人民出版社,2006

123. 奇尔科特. 比较政治经济学理论. 社会科学文献出版社,2001

124. 奇尔科特. 比较政治学理论:新范式的探索. 社会科学文献出版社,1998

125. 奇尔科特. 批判的范式:帝国主义政治经济学. 社会科学文献出版社,2001

126. 任平. 广义认识论原理. 江苏人民出版社,1992

127. 萨特. 辩证理性批判. 安徽文艺出版社,1998

128. 萨特. 辩证理性批判·方法问题. 商务印书馆,1963

129. 萨特. 存在与虚无. 三联书店,2007

130. 赛义德自选集. 中国社会科学出版社,1999

131. 塞托. 日常生活实践 1.实践的艺术. 南京大学出版社,2009
132. 舍勒选集. 上海三联书店,1999
133. 施密特. 历史和结构——论黑格尔马克思主义和结构主义的历史学说. 重庆出版社,1993
134. 苏绍智等编. 布哈林思想研究(译文集). 人民出版社,1983
135. 孙伯鍨. 探索者道路的探索. 江苏人民出版社,2002
136. 孙伯鍨,张一兵主编. 走进马克思. 4版. 江苏人民出版社,2020
137. 孙江. 空间生产:从马克思到当代. 人民出版社,2008
138. 孙正聿. 哲学通论. 复旦大学出版社,2005
139. 索亚. 第三空间——去往洛杉矶和其他真实和想象地方的旅程. 上海译文出版社,2005
140. 索亚. 后现代地理学——重申批判社会理论中的空间. 商务印书馆,2004
141. 唐晓峰. 阅读与感知——人文地理笔记. 三联书店,2013
142. 特纳编. Blackwell 社会理论指南. 上海人民出版社,2003
143. 田启波. 吉登斯现代社会变迁思想研究. 人民出版社,2007
144. 瓦卡卢利斯. 后现代资本主义——社会学批判纲要. 社会科学文献出版社,2012
145. 汪帮琼. 萨特本体论思想研究. 学林出版社,2006
146. 汪民安,郭晓彦编. 生产:第 8 辑. 江苏人民出版社,2013
147. 王宁,薛晓源编. 全球化与后殖民主义批评. 中央编译出版社,1998
148. 望月清司. 马克思历史理论的研究. 北京师范大学出版社,2009
149. 吴良镛. 广义建筑学. 清华大学出版社,2011
150. 武晓迪. 中国地缘政治的转型——走入全球化的深海. 中国大百科全书出版社,2013
151. 谢泼德等编. 经济地理学指南. 商务印书馆,2008
152. 熊敏. 资本全球化的逻辑与历史——罗莎·卢森堡资本积累理论研究. 人民出版社,2011
153. 雅格布斯. 美国大城市的生与死. 译林出版社,2005
154. 雅斯贝斯. 生存哲学. 上海译文出版社,2005
155. 阎嘉编. 文学理论精粹读本. 中国人民大学出版社,2006
156. 姚顺良等. 资本主义理解史:第二卷 第二国际时期资本主义批判理论的演变. 江苏人民出版社,2009
157. 叶秀山,王树人. 西方哲学史(学术版):第一卷. 江苏人民出版社,2004
158. 伊利延科夫. 马克思《资本论》中抽象和具体的辩证法. 福建人民出版社,1986;山东人民出版社,1993
159. 衣俊卿等. 20 世纪的新马克思主义. 中央编译出版社,2001

160. 俞可平,黄卫平主编. 全球化的悖论. 中央编译出版社,1998
161. 俞吾金,陈学明编著. 国外马克思主义哲学流派. 复旦大学出版社,1990
162. 约翰斯顿. 哲学与人文地理学. 商务印书馆,1999
163. 詹姆逊. 辩证法的效价. 中国社会科学出版社,2014
164. 詹姆逊. 晚期资本主义的文化逻辑. 三联书店,1996,1998;上海三联书店,2013
165. 詹姆逊. 文化转向. 中国社会科学出版社,2000
166. 詹姆逊文集:第1卷. 王逢振编. 中国人民大学出版社,2004
167. 张世英编. 新黑格尔主义论著选辑:下卷. 商务印书馆,2000
168. 张一兵. 回到马克思. 4版. 江苏人民出版社,2020
169. 张一兵. 马克思历史辩证法的主体向度. 河南人民出版社,1995
170. 张一兵. 问题式、症候阅读与意识形态. 中央编译出版社,2003
171. 赵一凡. 从卢卡奇到萨义德——西方文论讲稿续编. 三联书店,2009
172. 郑异凡. 布哈林论. 中央编译出版社,2006
173. 周慧. 利奥塔的差异哲学:法则、事件、形式. 重庆大学出版社,2012

四、外文学术论著

1. Arenz, Horst, Joachim Bischoff, and Urs Jaeggi. *Was ist revolutionarer Marxisums?* Berlin: VAS-Verlag, 1973

2. Balibar, Etienne. *We, the People of Europe? Reflections on Transnational Citizenship*. trans. James Swenson. New Jersey: Princeton University, 2004

3. Baugh, Bruce. *French Hegel: From Surrealism to Postmodernism*. New York: Routledge, 2003

4. Berndt, Heide. *Die Natur der Stadt*. Frankfurt am Main: Campus, 1978

5. Blanchot, Maurice. *Friendship*. Stanford Calif: Stanford University Press, 1971

6. Bortuzzo, Elisa T. *Fragmented Dhaka: Analyzing Everyday Life with Henri Lefebvre's Theory of Production of Space*. Franz Steiner Verlag, 2009

7. Brenner, Neil, Bob Jessop, Martin Jones, and Gordon MacLeod (eds.). *State/Space: A Reader*. Blackwell Publishing, 2003

8. Brenner, Neil. *New State Spaces: Urban Governance and the Rescaling of Statehood*. Oxford University Press Inc., 2004

9. Brenner, Neil. *New State Spaces: Urban Governance and the Rescaling of Statehood*. Oxford, New York: Oxford University Press, 2009

10. Brenner, Neil. The Urban Question as a Scale Question. *International Journal of Urban and Regional Research*, Volume 24. No. 2 (Jun. 2000)

11. Brockerhoff, Martin. Book Review on *The New Urban Frontier: Gentrification and the Revanchist City*. Population and Development Review, Vol. 23, No. 2 (Jun. 1997)

12. Burkhard, Bud. *French Marxism between the Wars, Henri Lefebvre and the "Philophies"*. Humanity Books, 2000

13. Busbea, Larry. *Topologies, The Urban Utopia in France, 1960–1970*. Cambridge, Massachusetts and London, England: The MIT Press, 2007

14. Butler, Chris. *Henri Lefebvre: Spatial Politics, Everydaylife and the Right to the City*. New York: Routledge Talor & Francis, Group, 2012

15. Castells, Mannel. *The Urban Questions: A Marxist Approach*. trans. A. Scheridane. London: The MIT Press, 1979

16. Catalano. *A Commentary on Jean-Paul Sartre's Critique of Dialectical Reason Volume 1, Theory of Practical Ensembles*. Chicago & London: The University of Chicago Press

17. Clark, Eric. *The Rent Gap and Urban Change, Case Studies in Malmö 1860–1985*. Lund University Press, 1987

18. Coleman, Nathaniel. *Lefebvre for Architects*. Routledge, 2014

19. Cusset, Francois. *French Theory, How Foucault, Derrida, Deleuze, & Co. Transformed the Intellectual Life of the United States*. trans. Jeff Fort with Josephine Bercanza and Marlon Jones. Minnesota, London: University of Minnesota Press, 2008

20. Dreyfus, Hubert L. *Being-in-the-World: A Commentary on Heidegger's Being and Time, Division I*. The MIT Press, 1991

21. Durth, Weiner. *Die Inszenierung der Alltagswelt Zur Kritik der Stadtgestaltung*. Braunschweig: Vieweg-Verlag, 1977

22. Edensor, Tim (ed.). *Geographies of Rhythm: Nature, Place, Mobilities and Bodies*. Ashgate Publishing Limited UK, 2010

23. Elden, Stuart, Elizabeth Lebas, and Eleonore Kofman (eds.). *Henri Lefebvre: Key Writings*. New York: Continuum, 2003

24. Elden, Stuart. *Understanding Henri Lefebvre: Theory and the Possible*. Continuum Intl Pub Group, 2004

25. Fell. *Heidegger and Sartre: An Essay on Being and Place*. New York: Columbia University Press, 1979

26. Fraser, Benjamin. *Henri Lefebvre and the Spanish Urban Experience: Reading from the Mobile City*. Bucknell University Press, Reprint edition, 2013

27. Fraser, Benjamin. *Toward an Urban Cultural Studies, Henri Lefebvre*

and the Humanities. Palgrave Macmillan, 2015

28. Gardiner, Michael E. *Critique of Everyday Life*. New York: Routledge, 2000

29. Giddens, Anthony. *A Contemporary Critique of Historical Materialism*. London and Basingstoke, 1981

30. Goonewardena, Kanishka, Stefan Kipfer, Richard Milgrom, & Christian Schmid (eds.). *Space, Difference, Everyday Life: Reading Henri Lefebvre*. New York and London: Routledge, 2008

31. Gottdiener, M. *The Social Production of Urban Space*. Austin: University of Texas Press, 1985. 中译本[美]马克·戈特迪纳. 城市空间的社会生产. 2 版. 江苏凤凰教育出版社, 2014

32. Gregory, Derek. *Geographical Imaginations*. Cambridge, Massachusetts: Blackwell Publishers, 1994

33. Gregory, D. *Geographical Imaginations*. Oxford: Basil Blackwell, 1994

34. Gronlund, B. *Lefebvre's Ontological Transformation(s) of Space*. Stockholm: Nordplan, 1993

35. Hack, Lothar. *Subjektivitat im Alltagsleben: Zur Konstitution sozialer Relevanzstrukturen*. Frankfurt am Main: Campus, 1977

36. Hadjimichalis, Costis. *Uneven Deverlopment and Regionalism*. New Hampshire: Croom Helm Ltd., 2005

37. Harvey, D. Population, Resources and the Ideology of Science. *Economic Geography* 50, 1974

38. Harvey, D. *Rebel Cities: From the Right to the City to the Urban Revolution*. Verso, 2012

39. Harvey, D. *Social Justice and the City*. Oxford: Basil Blackwell, 1988

40. Harvey, D. *Spaces of Hope*. University of California Press, 2000

41. Harvey, D. *Spaces of Neoliberalization*. Franz Steiner Verlag, 2005

42. Harvey, D. *The Condition of Postmodernity: An Enquiry into the Origins of Cultural Change*. Blackwell Publishers, 1990

43. Harvey, D. *The Limits to Capital*. London, New York: Verso, 2006. 中译本[英]大卫·哈维. 资本的限度. 中信出版集团, 2017

44. Harvey, D. *The New Imperialism*. Oxford University Press, 2003

45. Hess, Reme. *Henri Lefebvre et l'aventure du siecle*. Paris: Editions A. M. Metailie, 1988

46. Hess R. *Henri Lefebvre et la ponsee du possible: Théorie des momentset construction de la personne*. Paris: Economica-Anthroposopos, 2009

47. Highmore, Ben. *Everyday Life and Cultural Theory: An Introduction.* Routledge, 2002

48. Hindess, B. and P. Hirst. *Pre-Capitalist Modes of Production.* London: Routledge and K. Paul, 1975

49. Hirsh, A. *The French Left: A History and Overview.* Montreal: Black Rose Books, 1982

50. Howard, M. C. and J. E. King. *A History of Marxian Economics, Volume I. 1883-1929.* Macmillan Education Ltd., 1989. 中译本 M. C. 霍华德, J. E. 金. 马克思主义经济学史, 1883—1828. 中央编译出版社, 2014

51. Jacoby, R. *Dialectic of Defeat: Contours of Western Marxism.* Cambridge: Cambridge University Press, 1981

52. Jameson, Fredric. *Valences of the Dialectic.* Verso, 2009

53. Jay, M. *Marxism and Totality: Adventures of a Conception.* Barkley: University of California Press, 1984

54. Jessop, Bob. *The Future of the Capitalist State.* Blackwell Publishing, 2003

55. Judt, Tony. *Marxism and the French Left. Studies in Labour and Politics in France, 1830-1981.* Oxford: Clarendon Press; New York: Oxford University Press, 1986

56. Katznelson, Ira. *Marxism and the City.* Oxford: Clarendon Press, 1993

57. Kelly, Michael. *Modern French Marxism.* Oxford: Basil Blackwell, 1982

58. Kleinspehn, Thomas. *Der verdrangte Alltag: Henri Lefebvres Marxistiche Kritik des Alltagslebens.* Giesseb: Focus Verlag, 1975

59. Kurzweil, E. *The Age of Structurelism: Levi-Strauss to Foucault.* New York: Columbia University Press, 1980

60. Lefebvre, Henri. *Critique de la vie quotidienne, Tom II: Fondement d'une sociologie de la quotidiennete.* Paris: L'Arche, 1962

61. Lefebvre, Henri. *Critique de la vie quotidienne, Tom III: De La modernite au modernisme (Pour une metaphilosophie du quotidian).* Paris: L'Arche, 1981

62. Lefebvre, Henri. *Critique de la vie quotidienne, Tom I: Introduction.* Paris: L'Arche, 1947; Paris: Grasset, 2nd edn, 1958

63. Lefebvre, Henri. *Critique of Everyday Life, Vol II: Fondation of a Sociology of Everyday Life.* trans. John Moore. London, New York: Verso, 2002

64. Lefebvre, Henri. *Critique of Everyday Life, Vol. III, From Modernity to Modernism (Towards a Metaphilosophy of Daily Life).* trans. Gregory Elliott. London, New York: Verso, 2003

65. Lefebvre, Henri. *Critique of Everyday Life*, *Vol. I*. trans. John Moore. London, New York: Verso, 1991

66. Lefebvre, Henri. *Everyday Life in the Modern World*. trans. Sacha Rabinovitch. New Brunswick(USA) and London(UK): Transaction Publishers, 1994

67. Lefebvre, Henri. *Hegel Marx Nietsche ou Le Royaume des Ombres*. Paris: Casterman, 1975

68. Lefebvre, Henri. *Introduction to Modernity*, *Twelve Preludes*. trans. John Moore. London, New York: Verso, 1995

69. Lefebvre, Henri. *Kritik des Alltadlebens*. Frankfurt am Main: Surkamp Verlag, 1987

70. Lefebvre, Henri. *La Fin de l'Historire*. Paris: Editions du Minuit, 1970

71. Lefebvre, Henri. *La Production de l'espace*. 1e édn. Paris: Anthropos, 1974

72. Lefebvre, Henri. *La Production de l' espace*. 4e édn. Paris: Anthropos, 2000. 中译本[法]亨利·列斐伏尔. 空间的生产. 商务印书馆, 2021

73. Lefebvre, Henri. *La révolution urbaine*. Gallimard, 1970. 中译本[法]亨利·列斐伏尔. 都市革命. 首都师范大学出版社, 2018

74. Lefebvre, Henri. *La somme et le reste*. Paris: Méridien Klincksieck, 1989 (1959)

75. Lefebvre, Henri. *Marxist Thought and the City*. trans. Robert Bononno. Minneapolis, London: University of Minnesota Press, 2016

76. Lefebvre, Henri. *Metaphilosophy*. trans. Stuart Elden and David Fernbach. Verso, 2016

77. Lefebvre, Henri. *Pyrénées*. Pau, Cairn, 2e édn, 2000(1965)

78. Lefebvre, Henri. *Rhythmanalysis: Space, Time, and Everyday Life*. trans. Stuart Elden and Gerald Moore. London, New York: Continuum, 2004

79. Lefebvre, Henri. *State, Space, World, Selected Essays*. eds. Neil Brenner and Stuart Elden. trans. Gerald Moore, Neil Brenner, and Stuart Elden. Minneapolis, London: University of Minnesota Press, 2009

80. Lefebvre, Henri. *The Production of Space*. trans. Donald Nicholson-Smith. Blackwell Ltd., 1991

81. Lefebvre, Henri. *The Urban Revolution*. trans. Robert Bononno. Minneapolis, London: University of Minnesota Press, 2003

82. Lefebvre, Henri. *Toward an Architecture of Enjoyment*. eds. Lukasz Stanek. trans. Robert Bononno. Minneapolis, London: University of Minnesota

Press, 2014

83. Lefebvre, Henri. *Writings on Cities*. selected, translated and introduced by Eleonore Kofman and Elizabeth Lebas. Blackwell Publishers, 1996

84. Lefebvre, Henry. *La présence et l'absence*. Paris: Casterman, 1980

85. Lefebvre, Henry. *The Survival of Capitalism, Reproduction of the Relations of Production*. London: Allison & Busby, 1978

86. Leithauser, Thomas. *Formen des Alltagsbewusstseins*. Frankfurt: Campus, 1976

87. Lichtheim, George. *Marxism in Modern France*. New York: Columbia University Press, 1966

88. Marcus, G. *Lipstick Traces*. Cambridge, Mass.: Harvard University Press, 1989

89. Massey, Doreen. *Spatial Divisions of Labor*. New York: Routledge, 1995

90. Merrifield, Andy. *Henri Lefebvre: A Critical Introduction*. Routledge, 2006

91. Merrifield, Andy. *Metromarxism. A Marxist Tale of the City*. Routledge, 2002

92. Meyer, Kurt. *Henri Lefebvre: Ein romantischer Revolutionar*. Vienna: Europa Verlag, 1973

93. Meyer, Kurt. *Von Der Stadt zur urbanen Gesellschaft: Jacob Burkhardt und Henri Lefebvre*. Munich: Wilhelm Fink, 2007

94. Middleton, Sue. *Henri Lefebvre and Education: Space, History, Theory*. Routledge, 2013

95. Muller, Horst. *Praxis und Hoffnung: Studien Zur Philosophie und Wissenschaft gesellschaftlicher Praxis von Marx bis Bloch und Lefebvre*. Bochum: Germinal Verlag, 1986

96. Muller-Scholl, Ulrich. *Das System und der Rest: Kritische Theorie in der Perspektive Henri Lefebvre*. Mossingen-Talheim: Talheimer, 1999

97. Mumford, Lewis. *The Culture of Cities*. New York: Harcourt, Brace Jovanovich, 1938

98. Neugebauer, Rainer. *Alltagsleben: Zur Kritik einer politisch-historischen und dialektischen Kategorie*. Frankfurt am Main: Haag und Herchen, 1978

99. Poster, M. *Existential Marxism in Postwar France: From Satre to Althusser*. Princeton: Princeton University Press, 1975. 中译本[美]马克·波斯特. 战后法国的存在主义马克思主义:从萨特到阿尔都塞. 南京大学出版社, 2015

100. Poulantzas, N. *State, Power, Socialism*. London, New York: Verso,

2000

101. Raymond, Henri, Nicole Haumont, Marie-Geneviève Dezes, and Antoine Haumont. *L'habitat pavillonnaire*. I'Harmattan, 2001

102. Roberts, John. *Philosophizing the Everyday: Revolutionary Praxis and the Fate of Cultural Theory*. Pluto Press, 2006

103. Ross, Kristin. *Fast Cars, Clean Bodies: Decolonization and the Reordering of French Culture*. The MIT Press, 4th edition, 1996

104. Ross, Kristin. *The Emergence of Social Space: Rimbaud and the Paris Commune*. Palgrave Macmillan, 1988

105. Said, Edward W. *Reflection on Exile and Other Essays*. Cambridge, Mass.: Harvard University Press, 2000

106. Schatzki, Theodore R. *Martin Heidegger: Theorist of Space*. Franz Steiner Verlag, 2007

107. Schmid, Christian. *Stadt, Raum und Gesellschaft: Henri Lefebvre und die Theorie der Produktion des Raumes*. Franz Steiner Verlag, 2005

108. Schmidt, Hajo. *Sozialphilosophie des Krieges: Staats und subjekttheoretische Untersuchungen zu Henri Lefebvre und Georges Bataille*. Essen: Klartext-Verlag, 1990

109. Shields, Rob. *Lefebvre, Love and Struggle, Spatial Dialectics*. London, New York: Routledge, 1999(2005)

110. Smith, Neil. *American Empire: Roosevelt's Geographer and the Prelude to Globalization*. Berkeley, Los Angeles, London: University of California Press, 2003

111. Smith, Neil and Peter Williams (eds.). *Gentrification of the City*. Boston: Allen & Unwin, 1986

112. Smith, Neil. Gentrification and Uneven Development. *Economic Geography*, Vol. 58, No. 2 (Apr., 1982)

113. Smith, Neil. Scale Bending and the Fate of the National. *Scale and Geographic Inquiry*. eds. Eric Sheppard and Robert B. McMaster. Blackwell Publishing, 2004

114. Smith, Neil. Toward a Theory of Gentrification: A Back to the City Movement by Capital, not People. *Journal of the American Planning Association*, 45(4), (1979)

115. Smith, Neil. *Uneven Development: Nature, Capital, and the Production of Space*. Athens, London: The University of Georgia Press, 2008; 中译本[美]尼尔·史密斯. 不平衡发展：自然、资本和空间的生产. 商务印书馆, 2021

116. Smith, Neil. *Uneven Development: Nature Capital and the Production of Space*. Oxford: Basil Blackwell, 1990

117. Smith, Neil. Uneven Development Redux. *New Political Economy*, Vol. 16, No. 2(Apr.2011)

118. Soja, E. *Postmetropolis, Critical Studies of Cities and Regions*. Blackwell Pulishers, 2000

119. Soja, E. *Postmodern Geographies, The Reassertion of Space in Critical Social Theory*. London: Verso, 1989

120. Soja, E. *Thirdspace, Journey to Los Angeles and Other Real-and-Imagined Places*. Cambridge, Massachusetts: Blackwell Publishers, 1996

121. Stanek, Lukasz. *Henri Lefebvre on Space: Architecture, Urban Research, and the Production of Theory*. Minneapolis, London: University of Minnesota Press, 2011

122. Tiersky, Ronald. *Marxism in Modern France*. New York: Columbia University Press, 1974

123. Zukin, Sharon. *The Cultures of Cities*. Malden: Oxford, 1995; 中译本 [美]佐金. 城市文化. 上海教育出版社, 2006

124. 空間の生産(斎藤日出治訳・解説). 東京：青木書店, 2000

后　记

每一本书都有其自己的命运。本书诞生于2020年,正像整个人类共同经历新冠肺炎疫情的考验那样惊险与艰难。但笔者眼前首先浮现的却是马克思在自己最重要的著作中所用过的格言体警句。譬如,他在《政治经济学批判。第一分册》序言中说:"在科学的入口处,正像在地狱的入口处一样";他在《哥达纲领批判》结尾处说:"我已经说了,我已经拯救了自己的灵魂。"当然,笔者既无马克思那种无畏的探索精神,更无马克思那种解脱彻悟的境界。笔者虽然不再有青年时代那种惯常的迷惘、困惑、焦虑,却有更多的中老年人的那种难以言喻的遗憾与无奈。前者是有力而无心的鲁莽表现,而后者则是有心而无力的症候。本书最大的遗憾,就是笔者未能深入研究马克思政治经济学批判(主要是《1857—1858年经济学手稿》《1861—1863年经济学手稿》及《资本论》第二卷)中的空间哲学思想,虽然写成了一些思想研究片断,但考虑再三觉得不成熟,只好坚决地压下来,留待在以后的研究与著作中专门讨论。当然,可以释怀与宽慰自己的是,本书的主要任务毕竟不是对经典马克思主义哲学文本的解释,而是对历史唯物主义既有理论体系的改造及其现实问题领域的开辟与探索。

本书系国家社会科学基金资助课题"历史唯物主义的空间化问题研

究"(11BZX005)最终成果的压缩稿,该课题结项时被鉴定为优秀(A级)。从立项到结项再到交付出版,本书写作整整用去了十年光阴,萌芽于庚寅年冬日风雪中的美国厄尔巴纳小城伊利诺伊大学,而定稿于庚子初冬的南京仙林,其中的曲折艰辛一言难尽,自不必细说,甚至已经没有任何激情道说了,倒是十分感谢那些在课题写作与完成过程的日日夜夜中帮助我的许多友人与恩人。首先感谢我指导过的几位博士同学对我的帮助,其中有的名字已经写在结项成果书上,他们是陈硕、牛俊伟、林密、王玉珏、付清松、章慕荣、刘必好以及鲁宝、苏振源等同学。从撰写课题申请书开始到课题收集材料、阶段性成果撰写与发表,再到最后结项,以上同学均以不同方式给我以无私的帮助,深表感谢。除了感谢同学,还要特别感谢一直关心、支持与指导此课题研究并帮助此书出版的南京大学哲学系张异宾等老师。其次特别感谢江苏省委宣传部理论处的刘必好博士在我前几年生病期间为课题结项所作的贡献。最后感谢江苏人民出版社杨建平副总编辑、戴亦梁副总编辑的大力支持和帮助,他们为本书有幸列入出版计划作出了热诚的努力,尤其感谢戴亦梁女士为校正此书错讹所付出的大量辛勤劳动。最后,还要特别感谢中央编译出版社的刘溪博士,虽然本书最终未能通过国家出版基金资助计划,但此前他为本书的出版也做了很多工作。

刘怀玉

记于2020年10月18日南京大学哲学系建系一百周年之际

马克思主义研究丛书

《走进马克思》 孙伯鍨 张一兵 主编
《回到马克思:经济学语境中的哲学话语》(第四版) 张一兵 著
《当代视野中的马克思》 任平 著
《回到列宁:关于"哲学笔记"的一种后文本学解读》 张一兵 著
《回到恩格斯:文本、理论和解读政治学》 胡大平 著
《国外毛泽东学研究》 尚庆飞 著
《重释历史唯物主义》 段忠桥 著
《资本主义理解史》(6卷) 张一兵 主编
《阶级、文化与民族传统:爱德华·P. 汤普森的历史唯物主义思想研究》 张亮 著
《形而上学的批判与拯救》 谢永康 著
《21世纪的马克思主义哲学创新:马克思主义哲学中国化与中国化马克思主义哲学》 李景源 主编
《科学发展观与和谐社会建设》 李景源 吴元梁 主编
《科学发展观:现代性与哲学视域》 姜建成 著
《西方左翼论当代西方社会结构的演变》 周穗明 王玫 等著
《历史唯物主义的政治哲学向度》 张文喜 著
《信息时代的社会历史观》 孙伟平 著
《从斯密到马克思:经济哲学方法的历史性诠释》 唐正东 著
《构建和谐社会的政治哲学阐释》 欧阳英 著
《正义之后:马克思恩格斯正义观研究》 王广 著
《后马克思主义思想史》 [英]斯图亚特·西姆 著 吕增奎 陈红 译
《后马克思主义与文化研究:理论、政治与介入》 [英]保罗·鲍曼 著 黄晓武 译
《市民社会的乌托邦:马克思主义的社会历史哲学阐释》 王浩斌 著
《唯物史观与人的发展理论》 陈新夏 著
《西方马克思主义与苏联:1917年以来的批评理论和争论概览》 [荷]马歇尔·范·林登 著 周穗明 译 翁寒松 校
《物与无:物化逻辑与虚无主义》 刘森林 著
《拜物教的幽灵:当代西方马克思主义社会批判的隐性逻辑》 夏莹 著
《新中国社会形态研究》 吴波 著
《"崩溃的逻辑"的历史建构:阿多诺早中期哲学思想的文本学解读》 张亮 著
《"超越政治"还是"回归政治":马克思与阿伦特政治哲学比较》 白刚 张荣艳 著
《无调式的辩证想象:阿多诺〈否定的辩证法〉的文本学解读》(第二版) 张一兵 著
《马克思再生产理论及其哲学效应研究》 孙乐强 著
《希望的源泉:文化、民主、社会主义》 [英]雷蒙·威廉斯 著 祁阿红 吴晓妹 译
《后工业乌托邦》 [澳]鲍里斯·弗兰克尔 著 李元来 译
《未来考古学:乌托邦欲望和其他科幻小说》 [美]弗里德里克·詹姆逊 著 吴静 译
《重审马克思的"阶级"概念:基于政治哲学解读的尝试》 孙亮 著
《为马克思辩护:对马克思哲学的一种新解读》(第四版) 杨耕 著
《全球化的理论与实践:一种马克思主义的视角》 丰子义 杨学功 仰海峰 著
《马克思哲学要义》 赵敦华 著
《马克思与斯宾诺莎:宗教批判与现代伦理的建构》 冯波 著

《所有权与正义:走向马克思政治哲学》 张文喜 著
《马克思的生产方式概念》 周嘉昕 著
《走出现代性的困境:法兰克福学派现代性批判理论研究》 王晓升 著
《马克思拜物教批判理论研究》 李怀涛 著
《马克思思想变迁的社会主义线索》 韩蒙 著
《危机中的重建:唯物主义历史观的现代阐释》(第三版) 杨耕 著
《重建中的反思:重新理解历史唯物主义》(第三版) 杨耕 著
《历史唯物主义的空间化问题》 刘怀玉 著